Andreas Gößling

GOLDFIEBER

Weitere Titel des Autors:

Opus – Das besondere Buch (auch als Audio erschienen)
Opus – Die Bücherjäger (auch als Audio erschienen)

Andreas Gößling

GOLD FIEBER

Boje

ERSTES KAPITEL

Ergründe die Herzen

~ 1 ~

Am späten Vormittag erreichen wir die Bucht, die ihr Entdecker Grijalva auf den Namen *Puerto Deseado* getauft hat: »Ersehnter Hafen«. Ich stehe auf dem Vorderdeck der *Santa Maria*, eingezwängt zwischen meinem Kameraden Diego und all den anderen, und mein Herz schlägt wild und hart.

Wir schreiben den 15. März im 1519. Jahr des Herrn. Jetzt erst – jetzt endlich! – fängt unser Abenteuer an.

Ich bin Orteguilla, der dritte Sohn des *Hidalgo* Gonzalo de Villafuerte, eines kleinadeligen Grundbesitzers aus der Estremadura. Mein ältester Bruder wird den Hof unseres Vaters erben, mein zweiter Bruder besucht die Universität in Sevilla und soll einmal Rechtsanwalt werden. Für mich bleibt nur die Hoffnung, hier drüben mein Glück zu machen – also Gold zu finden, genug Gold, dass ich mir eines Tages vielleicht eine Hazienda davon kaufen kann.

Zuerst und vor allem aber will ich Abenteuer erleben. Ich träume davon, das Reich der Amazonen zu entdecken. Schon die berühmten Reisenden des Altertums erzählen von ihnen und gewiss werden wir über kurz oder lang auf Ansiedlungen dieser kriegerischen Frauen und Mädchen stoßen.

Letzten Herbst bin ich aus Spanien nach Kuba gekommen, um Gott und dem König hier in der Neuen Welt zu dienen. In Santiago habe ich als Hilfsschreiber bei einem Goldminenbesitzer gearbeitet, bis Cortés auf mich aufmerksam wurde und mich als Page in seine Dienste nahm. In jener Zeit habe ich gelernt, wie entsetzlich das Gold Menschen verändern kann. Wie sein gelber Glanz das Fieber der Begierde, ja des Wahnsinns in den Herzen stolzer Männer anzündet, die bis dahin besonnen und kaltblütig waren.

Die Bucht ist wie ein Halbmond geformt. Glitzernd weißer Strand, gesäumt von dichten Wäldern. Dahinter ragen wohl hundert Fuß hohe Felswände auf. Das Wasser ist türkisblau und durchsichtig bis zum Grund. Gewaltig große Fischschwärme fliehen vor unserer viermastigen Karavelle, die mit leichter Takelage in die Bucht hineinsegelt. Über uns kreisen Fischadler und Möwen und erfüllen die Luft mit ihrem Geschrei.

»Puerto Deseado«, sage ich zu Diego. »Der Name zeigt ja schon, wie verängstigt Juan de Grijalva gewesen sein muss.«

Er schaut mich verständnislos an. »Verängstigt, Orteguilla?«, fragt er. »Wieso das denn?«

»Durch feindselige Indianer natürlich – und ihre teuflischen Gebräuche«, antworte ich.

Diego ist erst vierzehn, zwei Jahre jünger als ich. Aber Hernán Cortés, der Anführer unserer Expedition, schätzt Kühnheit mehr als fast jede andere Eigenschaft. Also hat er Diego de Coria als zweiten Pagen neben mir in seine Dienste genommen – dabei hat Diego noch nicht einmal gelernt, das Schwert richtig zu führen. Doch er versteht es, in jeder Lage unerschütterlich Haltung zu bewahren. Außerdem besitzt er eine klare, fast rechteckige Handschrift, und wenn Cortés einen Schreiber für seine Berichte oder Briefe braucht, ruft er öfter nach Diego als nach mir.

Was mich betrifft, ich habe andere Stärken. So zumindest hat es mir unser Herr erst vor ein paar Tagen wieder erklärt: Die Menschen öffnen mir ihr Herz – dabei weiß ich selbst nicht recht, wie ich es anstelle, ihr Vertrauen zu gewinnen.

Diego zuckt mit den Schultern und schenkt mir ein spöttisches Grinsen. »Keine Ahnung, wovon du redest, Orte.«

Und doch kennt er die schauerlichen Geschichten genauso gut wie ich. Einige Männer, die schon letztes Jahr mit Grijalva bis hierher gekommen waren, schlossen sich, kaum nach Kuba zurückgekehrt, gleich wieder unserer Expedition an. Während der Tage auf dem Meer haben sie uns von den Teufelsaltären mit Überresten von Menschenopfern und vom unaufhörlichen Trommeln bei Nacht erzählt. Außerdem von gewissen »Spukerscheinungen«, die selbst hartgesottene Konquistadoren erzittern ließen – wandelnde Tote, die ihre Köpfe unter dem Arm trugen, und andere Schrecknisse mehr.

Natürlich ist auch Diego erschauert, als er diese Geschichten gehört hat. Aber er würde niemals zugeben, dass er Gefühle wie Angst und Verzagtheit aus eigener Erfahrung kennt. So wenig wie unser Vorbild, dem wir beide glühend nacheifern – Hernán Cortés. Selbst wenn uns die Sonne auf den Kopf fallen würde, unser verehrter Herr würde uns sogleich davon überzeugen, dass dieser Zwischenfall nichts an unseren Plänen ändert. Ja, er würde sogar die Sonne selbst dazu überreden, an ihren angestammten Platz zurückzukehren.

Hernán Cortés steht über uns auf der Kapitänsbrücke, gekleidet in die prächtigen Gewänder, die er sich gleich nach seiner Ernennung zum *Caudillo* zugelegt hat – zum obersten Kommandanten unserer Expedition. Er trägt den Hut mit Federbusch und seinen schwarzen Samtumhang mit den goldenen Quasten und Schleifen. Golddurchwirkt sind auch seine Strümpfe, die unter dem Saum des Umhangs hervorblitzen, und die Troddeln an seinen Stiefeln, die ich ihm vorhin eigens für diesen Anlass blank putzen musste. Sein Gesicht ist blass und starr wie meistens, doch seine Brust ist gewölbt und seine Augen funkeln.

»Das Vertrauen der Menschen kann kostbarer als alle irdischen Schätze sein«, hat Cortés vor einigen Wochen zu mir gesagt.

»Ihre Herzen sind wie unsichtbare Goldminen, Orteguilla – und du bist dazu berufen, dieses Gold zu schürfen.«

Segel werden gerafft, Anker fahren rasselnd in die Tiefe. Oben auf der Brücke hebt Cortés seine Hand – auf allen elf Schiffen heben die Hornbläser ihre Instrumente an die Lippen und spielen eine überschwängliche Fanfare.

Wer auch immer in den Wäldern da drüben lauern mag, so lautet unsere Botschaft – wir werden uns nicht verstecken! Geschweige denn, uns zermürben und verjagen lassen wie der zaghafte Grijalva letztes Jahr.

Viel weiter als bis hierher ist er nicht vorgedrungen. Nur ein paar Dutzend Seemeilen nördlich befahl er seinen Kapitänen, Hals über Kopf nach Kuba zurückzukehren. Dabei hatten sie unten in Yucatan schon beträchtliche Goldschätze erbeutet – Goldfiguren und -masken und vergoldete Holzscheiben so groß wie Wagenräder. Doch wo immer sie anlegten, wurden sie mit einem Hagel von Speeren und Pfeilen empfangen. Gut zwei Dutzend Männer hatten ihr Leben bereits verloren – die meisten von ihnen auf Opferaltären –, als Grijalva den Befehl zur Rückkehr nach Kuba gab. Dort aber beschimpfte ihn Gouverneur Velazquez als feige Milchamme und beauftragte Cortés, so schnell wie möglich eine neue Expedition auszurüsten und dort weiterzumachen, wo Grijalva den Mut verloren hatte.

Die Matrosen haben unterdessen die Beiboote zu Wasser gelassen. Gleich werde ich zum ersten Mal die wilde, unerforschte Welt betreten, von der ich seit so vielen Jahren träume. Mein neues Leben hat begonnen! Was wird es mir bringen – welche unerhörten Abenteuer und Entdeckungen?

Während ich an der Strickleiter ins Boot hinunterklettere, schicke ich ein Stoßgebet zum Himmel empor: *Heilige Muttergottes, bitte mach, dass wir kein Gold finden – jedenfalls hier noch nicht, Amen!*

2

Mit zweihundertfünfzig Mann in zwei Dutzend Booten gehen wir an Land. Der größere Teil unserer Streitmacht bleibt vorerst auf den Schiffen. Wir sind die gewaltigste Expedition, die jemals in diesen Breitengraden gekreuzt ist – fünfhundertfünfzig Konquistadoren; nicht mitgerechnet Pagen wie mich und Diego, Kapitäne und Seeleute, Zimmerer und Schmiede, Priester, Ärzte und Notare; und ganz zu schweigen von den fast zweihundert Sklaven aus Kuba und Afrika, die Cortés für alle groben Arbeiten mitgenommen hat, heimlich und gegen Gouverneur Velazquez' Befehl.

Ich springe aus dem Boot ins flache Wasser und verliere fast das Gleichgewicht. Nach sechs Tagen auf See muss ich mich erst wieder daran gewöhnen, dass der Boden unter meinen Füßen nicht unaufhörlich schlingert und stößt. Außerdem ist die Luft hier so feuchtheiß, dass sie über dem blendend weißen Sand flimmert. Der Schweiß tropft mir nur so aus den Haaren und Diego geht es nicht besser. Schwankend wie Betrunkene stapfen wir durch den knöcheltiefen Sand, der zum Wald hin sanft ansteigt.

Hernán Cortés ist uns ein Dutzend Schritte voraus, doch als seine Pagen sind wir verpflichtet, in Sicht- oder wenigstens Rufweite zu bleiben. Wie üblich wird er von seinen drei engsten Vertrauten begleitet – dem »Dröhnenden«, dem »Durchtriebenen« und dem »Tollkühnen«, wie ich diese ungleiche Dreiheit für mich nenne.

»Verdammt noch mal, hier ist doch keine Sau!«, schreit gerade eben Alonso de Portocarrero und schaut sich nach allen Seiten um.

Er ist Ende zwanzig und stämmig wie ein Weinfass. Sein rundes Gesicht mit dem dünnen schwarzen Bart ist wie meistens ziegelrot. Cortés hat ihn aus irgendeinem Grund in sein Herz geschlossen, vielleicht nur deshalb, weil sie beide in Medellín aufgewachsen sind. Portocarrero ist sogar mit dem Grafen von Medellín verwandt, doch er flucht von früh bis spät wie ein Henker.

»Bist du sicher, dass du damals nicht stinkbesoffen warst, Pedro«, fährt er mit seiner dröhnenden Bassstimme fort, »als du hier einen Haufen verdreckter Eingeborener gesehen hast?«

Pedro de Alvarado wirft ihm einen abschätzigen Blick zu. »Wahrscheinlich haben sie dich schreien gehört, Alonso«, sagt er, »und sind in den Wald abgehauen.«

Sein schmales Gesicht ist zu einem verschlagenen Lächeln verzogen. Während er spricht, sieht er sein Gegenüber nie länger als für einen Atemzug an. Seine bernsteinbraunen Augen, wie stets zu Schlitzen zusammengekniffen, flitzen unablässig hin und her.

»Dann fangen wir sie eben ein!«, steuert Gonzalo de Sandoval bei.

Sandoval ist erst einundzwanzig Jahre alt, und doch gehört er schon zu den Männern, denen Cortés am meisten vertraut. Er ist hochgewachsen, breitschultrig und der vortrefflichste Schwertkämpfer, den ich jemals gesehen habe. Außerdem der geschickteste Reiter und beste Armbrustschütze weit und breit. Er hat vor nichts und niemandem Angst und Diego und ich bewundern ihn hemmungslos. So wie dieser tollkühne Hüne mit den hellbraunen Locken, den blauen Augen, dem offenen Lachen möchten auch wir einmal werden.

»Langsam, Gonzalo«, wendet Alvarado ein. »Gerade hier sind uns die Indianer zuerst ganz friedlich begegnet. Wir hatten ja nur den schielenden Melchorejo als Dolmetscher dabei und der Kerl versteht bloß ein paar Brocken Spanisch. Aber mit seiner Hilfe hat Grijalva den Indianern irgendwie klargemacht, dass wir in friedlicher Absicht gekommen sind und von ihnen nichts weiter als Nahrungsmittel und Wasser wollen.«

Er wirft Cortés einen Blick zu, seine Augen funkeln. »Und Gold«, fügt er hinzu. »So viel Gold, wie sie auftreiben könnten – im Tausch gegen Glasperlen und sonstigen Klimperkram.«

Alvarado war bei Grijalvas Expedition letztes Jahr dabei. Als er erfuhr, dass Cortés eine neue Expedition organisierte, war er sofort zur Stelle und bot von sich aus an, eines der Schiffe auf eigene Kosten auszurüsten. In Kuba hat Cortés ihn tagelang auf seiner Hazienda bewirtet, und dort habe ich selbst mit angehört, wie er von den goldenen Statuen, Masken und Rädern erzählte. Seine Augen glänzten, und da erkannte ich, dass auch er vom Goldfieber befallen ist. Aber er versteht es, sich vollkommen zu verstellen, und ich glaube, dass Cortés ihn vor allem wegen dieser Gabe schätzt: Pedro de Alvarado lässt sich niemals anmerken, was er im Schilde führt.

»Und da sind sie zornig geworden?«, fragt Sandoval und tastet unwillkürlich nach seinem Schwert. »Als ihr von ihnen Gold verlangt habt?«

Alvarado schüttelt den Kopf. »Da noch nicht«, antwortet er. »Das kam erst, als Grijalva befohlen hat, ihre Götzenbilder zu zerstören.«

Hernán Cortés bleibt unvermittelt stehen und seine Begleiter tun es ihm gleich. Während Diego und ich zu ihnen aufschließen, schaut sich unser Herr die wellenförmigen Linienmuster im Sand an.

»Pedro hat recht«, sagt er und wie immer klingt seine Stimme vollkommen beherrscht. »Vor Kurzem muss es hier noch vor Indianern gewimmelt haben. Dann aber haben sie wohl unsere Schiffe da draußen gesehen und daraufhin alle Spuren mit Palmwedeln verwischt. Seht ihr?« Er deutet auf die Muster im Sand.

Unser Herr ist einen halben Kopf kleiner als Alvarado und Portocarrero und der junge Hüne Sandoval überragt ihn sogar um mehr als Haupteslänge. Trotzdem wäre jedem, der diese vier Männer zufällig beobachten würde, auf der Stelle klar, wer von ihnen das Sagen hat. Und das liegt keineswegs nur an den kostbaren Gewändern, die Cortés trägt.

Der »Dröhnende«, der »Durchtriebene« und der »Tollkühne« pflichten ihm nickend bei. Auch ich schaue mir die Linienmuster genauer an. Auf den ersten Blick sehen sie aus, als ob die Meeresflut sie in den Sand gezeichnet hätte. Dafür sind sie allerdings nicht gleichmäßig genug – doch das wäre mir von selbst bestimmt nicht aufgefallen.

»Weit können sie noch nicht sein«, fügt Cortés hinzu.

Er wirft einen Blick zum Wald hinauf, der in einer Entfernung von vielleicht fünfzig Schritten beginnt. Eine Wand aus Stämmen, Astwerk und fleischig aussehenden Blättern, dunkelgrün, fast schwarz. Zumindest aus dieser Entfernung ist kein Weg durch das Dickicht auszumachen. Doch je länger ich zum Waldrand hinaufstarre, desto mehr kommt es mir vor, als ob dort hinter Laub und Zweigen Augenpaare lauern.

»Alonso, Pedro«, sagt Cortés, »stellt zweimal hundert Mann zusammen – mit voller Rüstung, Schild und Schwert. Auch eine Fahne brauchen wir, den Dolmetscher und natürlich den Notar. Aber keine Geschütze, überhaupt keine Feuerwaffen – verstanden?«

Portocarrero und Alvarado nicken erneut.

»Abmarsch in einer halben Stunde«, sagt Cortés. »Grijalva hat richtig gehandelt, als er die Götzenbilder zerstören ließ. Die Indianer sind Teufelsanbeter – das hat der Heilige Vater höchstpersönlich erklärt. Also ist es auch unsere Christenpflicht, sie zum Glauben an Gott den Herrn zu bekehren.«

Er hält inne und sieht seine drei Vertrauten nacheinander eindringlich an.

»Deshalb sind wir hier, vergesst das niemals«, fährt er fort. »Um die Macht Gottes auf Erden zu mehren!«

»Und unsere Erträge«, murmeln Portocarrero, Alvarado und Sandoval im Chor.

In ihren Augen bemerke ich wieder diesen fiebrigen, fast irrsinnigen Glanz. Auch in den dunkelbraunen Augen von Hernán Cortés.

~ 3 ~

Kaum sind wir drei Schritte tief im Dickicht, da umfängt uns Dämmernis. Nur in dünnen Fäden, zitternd wie Spinnweb, flirren Sonnenstrahlen durch die Wipfel hoch über uns.

Pedro de Alvarado stapft auf dem Trampelpfad voran, gefolgt von einem Fahnenträger, der die *Tanto Monta*, die spanische Flagge, an einem Messingstab trägt. Dahinter marschieren Cortés und Sandoval, dann Diego und ich, gefolgt von Alvarados Einheit. In geringem Abstand folgt Portocarrero mit dem Notar Pedro Gutierrez, dem schielenden Dolmetscher Melchorejo und weiteren Hundert Konquistadoren.

Papageien krächzen, Affen schreien. Mit einem Palmwedel fächele ich mir stickig heiße Luft zu. Bleischwer hängt das Kurzschwert an meinem Gürtel und will mich mit sich zu Boden ziehen. Am liebsten würde ich mir Wams und Hemd vom Leib reißen, doch das käme den Mücken, die uns in hellen Schwärmen umschwirren, gerade recht. Vor allem aber würden mich die Konquistadoren verfluchen, die in voller Rüstung durch diese dampfende Hölle marschieren. Der Boden erbebt unter ihren Tritten. Die Scharniere an ihren Arm- und Beingelenken rasseln. Portocarreros Flüche dröhnen durch den Wald.

Damit wir die Indianer in ihrem Versteck überraschen könnten, müssten sie schon allesamt stocktaub sein. Aber Anschleichen gehört ohnehin nicht zu Cortés' bevorzugten Plänen. Unterwegs auf der *Santa Maria* hat er Sandoval und den beiden anderen Männern einmal seine Kampfstrategie erklärt. »Wir müssen die Indianer in Angst und Schrecken versetzen – durch unser Auftreten und Aussehen, durch Schnelligkeit und Entschlossenheit. Auch durch Grausamkeit, wenn es nicht anders geht – aber wirklich nur dann.«

Nach einigen Hundert Schritten wird der Pfad zum Weg, breit genug, dass Diego bequem neben mir gehen kann. Wie mit dem Lineal gezogen, führt er auf einen rechteckigen Platz zu, in dessen

Mitte sich ein wuchtiges Bauwerk erhebt. Eine steinerne Plattform, mit Moosflechten überzogen, zu der fünf Stufen emporführen. Darauf ein würfelförmiger Tempel mit einem gewaltigen Säulenportal.

»Bis hier war ich auch mit Grijalva«, sagt Alvarado, der mittlerweile zur Linken von Cortés geht. »Aber dann keinen Schritt mehr weiter. Die Indianer hatten sich im Wald versteckt, wir hörten nur ihre Trommeln, Triller und Schreie – aber die scheinbar von überall. Grijalva ließ uns die Götzenbilder zertrümmern und die Überreste unserer geopferten Gefährten begraben – danach hasteten wir zu den Schiffen zurück.«

Wir gehen auf den Tempel zu, und mein Herz beginnt wieder, hart und schnell zu schlagen. Das Bauwerk macht einen düsteren, ja unheilvollen Eindruck. Die oberste Treppenstufe ist fingerdick mit Blut verkrustet. Aber es ist altes Blut, geronnen und so schwarz wie das Tempelinnere hinter dem Türloch.

Sandoval geht furchtlos hinein und kehrt im nächsten Moment zurück: »Da drinnen ist niemand – auch keine Dämonen.«

Zersplitterte Balken und Bretter, leuchtend grün und rot bemalt, liegen um den Tempel verstreut. Auf der Plattform, auf den Treppenstufen, im knöchelhoch wuchernden Gras. Anscheinend sind es Überreste der Götzenbilder, die Grijalvas Männer hier in Trümmer gehauen haben.

Unsere Männer hocken sich auf Felsbrocken und Baumstämme vor dem Tempel oder einfach ins Gras. Viele von ihnen haben ihre Helme abgenommen und trocknen sich den Schweiß auf Stirn und Wangen. Auf einmal kommt es mir geradezu unwirklich still vor. Nur das Sirren der Mücken ist zu hören und das leise Scheppern von Eisen. Keine Affenschreie mehr, keine Vögel. So als ob der ganze Urwald urplötzlich den Atem anhalten würde.

»Und, Orteguilla«, flüstert mir Diego zu, »bist du jetzt auch ›verängstigt‹ – wie damals Grijalva?«

Ich grinse ihn nur an. Eigentlich kann ich Diego ziemlich

gut leiden – wie einen jüngeren Bruder. Aber die können einem manchmal auch auf die Nerven gehen.

Erst vor ein paar Tagen habe ich ja versucht, ihm zu erklären, was es meiner Ansicht nach mit der Angst auf sich hat. Dass wir uns niemals wacher, nie lebendiger fühlen als in Momenten großer Gefahr – das verdanken wir doch einzig unserer Angst! Sie ist es, die alle unsere Sinne wie Kampfdolche schärft. Nur durch sie scheint die Sonne strahlender, das Himmelsblau leuchtender, jeder Laut um uns herum tausendfach intensiver als im gewöhnlichen Alltag – durch unsere Angst! Sie ist die Feder in unserem Innersten, die uns bis zum Zerreißen spannt. Ohne unsere Angst würden wir nicht einmal richtig bemerken, welches Abenteuer wir gerade erleben!

So habe ich auf Diego eingeredet, aber er hat mich nur mit großen Augen angeschaut. »Bei mir ist das anders«, hat er gesagt. Doch als ich von ihm wissen wollte, wie anders, da zuckte er wieder nur mit den Schultern.

Während mir diese Gedanken durch den Kopf gehen, berät sich Cortés mit dem »Tollkühnen« und dem »Durchtriebenen«. »Den Tempel hier haben sie aufgegeben«, erklärt er ihnen. »Also müssen wir ihnen dorthin folgen, wo sie jetzt ihre Teufelsmessen abhalten. Dort werden wir wiederum alle Götzenbilder zerstören. Aber dabei lassen wir es nicht bewenden.«

Ohne diesen dunklen Zusatz zu erläutern, befiehlt er uns, weiter vorzurücken. Die Männer rappeln sich auf und wir setzen uns aufs Neue in Bewegung. Schnurgerade zieht sich der Weg tiefer in den Wald hinein. Nach einigen weiteren Hundert Schritten geht er in eine befestigte Dammstraße über.

Verwundert schauen wir uns um. Als Straßenbelag verwenden die Indianer keine einzelnen Steine, wie es in unserer Heimat üblich ist, sondern eine Art gehärteten Stuck, der den Weg mit einer fugenlos glatten Schicht überzieht.

»Ihre Kultur ist offenbar höher entwickelt als die der Eingeborenen auf Kuba«, erklärt Cortés. »Und doch sind auch sie Götzenanbeter, denen ihr Teufelsglaube ausgetrieben werden muss.«

Sandoval und Alvarado bekunden murmelnd ihre Zustimmung.

»Alles, was sie können und besitzen«, fährt unser Anführer fort, »verdanken sie allein dem Teufel. Deshalb genügt es nicht, dass wir nur ihre Götzenbilder zerstören. Wir müssen auch alle heidnischen Blendwerke, die sie aus Gold gefertigt haben, an uns bringen und einschmelzen – nur so können wir sie aus dieser Hölle befreien.«

»So ist es«, murmeln die beiden Männer wie aus einem Mund.

Im nächsten Moment bricht um uns herum wahrhaftig die Hölle los.

Trommeln dröhnen, Pfiffe, spitz wie Vogelkrallen, fahren uns in die Ohren. Dazu ertönen Schreie, Jaulen und Geheule wie aus Tausend Kehlen – ein markerschütterndes Getöse, sodass wir alle wie gelähmt stehen bleiben und mit schreckgeweiteten Augen um uns schauen. Die Straße hinauf und hinunter und ins Dickicht links und rechts, aber nirgendwo sind Indianer zu sehen. Sie schreien und trommeln und trillern, und an der Art, wie Alvarado bedeutungsvoll in Cortés' Richtung nickt, kann ich mir leicht zusammenreimen, was er sagen will: Genauso haben sie es auch gemacht, als er mit Grijalva hier war. Und natürlich glauben sie, dass wir genauso erschrocken zur Küste zurückrennen werden wie damals Grijalva und seine Leute.

Aber Cortés ist nicht der Mann, der sich durch Trommeln und Geheule in die Flucht schlagen lässt. Mit einem Satz springt er auf einen Felsbrocken am Wegrand und hebt beide Hände. Sein Gesicht ist so blass, seine Miene so gefasst, ja starr wie nahezu immer.

»Die Schilde hoch, die Reihen dicht!«, schreit er gegen das höllische Lärmen an. »Wir marschieren weiter!«

Diego und ich wechseln einen Blick. Er ruft mir etwas zu, aber ich sehe nur seinen Mund, der auf- und zugeht – zu verstehen ist überhaupt nichts.

Stumm stolpern wir hinter Cortés und Alvarado her. Der hat mittlerweile ein Dutzend Konquistadoren herbeigewunken, um unseren Tross nach vorne abzusichern. Gegen ihre Rüstungen und Schilde können die Indianer mit Pfeilen und Speeren wenig ausrichten. Wohl deshalb versuchen sie gar nicht erst, uns den Weg abzuschneiden – dabei müssen sie zu Hunderten sein. Der Wald hallt von ihren Trommeln und Schreien.

Oder wollen sie uns nur tiefer ins Dickicht locken – an einen Ort, an dem sie uns niedermachen können? Mithilfe von Skorpionen und Giftschlangen, die sie laut Grijalva herbeizurufen vermögen, oder mit Steinlawinen, die wie von selbst auf Berghängen niederdonnern, wenn der Teufel ihre Zauberpriester erhört?

Aber Cortés fürchtet weder den Teufel noch die Götzen, in deren Gestalt sich der Satan von den Indianern anbeten lässt – so jedenfalls haben es uns die Priester auf Kuba und noch an Bord der *Santa Maria* wieder und wieder erklärt. Unser Herr fürchtet niemanden als Gott und den König, und selbst diese beiden vielleicht nicht jederzeit. Im Marschieren macht er dem Flaggenträger ein Zeichen, und der nimmt das Horn, das ihm am Lederriemen über der Schulter hängt, und bläst einen aufsteigenden Dreiton.

Im nächsten Moment rennen wir los.

~ 4 ~

Für die Dauer eines halben Herzschlags hört das Getöse im Dickicht auf, und wieder ist es, als ob der ganze Urwald zu atmen vergäße. Dann beginnen die Indianer aufs Neue, zu trommeln und zu heulen, und überall im Gestrüpp kann ich nun ihre erschrockenen Gesichter sehen. Stirn und Wangen leuchtend grün und blau und gelb bemalt, dazwischen die weit aufgerissenen Augen. Bunter Federschmuck wippt auf ihren Köpfen, und so bizarr ihr Anblick ist, so unbegreiflich furchterregend muss unsere Heerschar in ihren Augen erscheinen: Hunderte bärtiger Männer in eiserner Kleidung, mit Schilden und Schwertern, die klirrend und scheppernd auf ihrer Prunkstraße entlangrennen, so wie die Indianer es ja eigentlich vorgesehen hatten.

Nur dass wir in die falsche Richtung stapfen – nicht in panischer Flucht zu den Schiffen zurück, sondern tiefer in den Wald! Auf ihren Teufelstempel zu, denn gewiss führt diese Straße geradewegs zu dem Heiligtum, in dem sie ihre abscheulichen Messen zelebrieren, seit Grijalva befohlen hat, ihre Götzen in dem anderen Tempel zu zertrümmern. Damit hat er ganz richtig gehandelt, wie Cortés uns erklärt hat – nur hielt Grijalvas Mut seinen eigenen Befehlen leider nicht stand.

Das Wummern der Trommeln wird leiser, ebenso die Pfiffe und Schreie. Bald schon sind sie gänzlich verstummt und nun ist nur noch das Stampfen unserer Schritte und das Rasseln von Eisen zu hören.

»Warum im Sturmschritt«, keucht neben mir Diego, »verstehst du das, Orte?«

Ich habe schon angefangen, meinen Kopf zu schütteln, da fällt mir die Antwort ein. »Menschenopfer!«

Für mehr reicht mein Atem nicht, aber an Diegos Gesicht sehe ich, dass er auch so schon verstanden hat. Dass ihm genauso wie mir wieder eingefallen ist, was die Männer, die mit Alvarado letztes Jahr hier waren, auf der *Santa Maria* erzählt haben. Die Götzen sind die vielerlei Fratzen und Gestalten des Satans. Wenn die Indianer sie auf genau vorgeschriebene Weise anbeten, werden sie dafür mit verschiedenerlei Zauber belohnt. Mit Regengüssen, die ihre Felder bewässern – oder eben mit Giftmückenplagen, Schlammlawinen oder sonstigen Verheerungen, die ihre Feinde schwächen. Doch als Gegenleistung verlangen die Teufelsgötzen jedes Mal ein Menschenopfer, das auf ihren Altären geschlachtet wird.

Und deshalb rennen wir! Im Sturmschritt auf das Heiligtum der Indianer zu – um ihnen zuvorzukommen, um ihre Priester zu überwältigen, die ausersehenen Opfer unter dem Schlachtbeil fortzureißen! Um Jesu Christi willen, aber genauso zu unserem eigenen Wohl. Bevor die Götzenpriester das Opfer dargebracht haben, bevor der Teufel sie dafür mit einem Schadenszauber belohnen kann, müssen wir zur Stelle sein!

Bei allen Heiligen im Himmel, denke ich, warum laufen wir nicht schneller! Von teuflischen Tempeln ist weit und breit nichts zu sehen – nur Dickicht links und rechts und vor uns das graue Band der Straße, das sich scheinbar endlos dahinzieht. Übergangslos bricht nun auch noch ein Sturzregen auf uns herein – mit Tropfen so groß wie Gewehrkugeln, die auf Blätter und Äste, auf die Helme und Schilde der Konquistadoren prasseln, dass es wahrhaftig wie Gewehrschüsse knallt. Nur ein paar Atemzüge später sind wir von Nebel umgeben – so dicht und dampfend, dass ich kaum mehr meinen Vordermann sehen kann.

Ist das schon ein Unwetter, das der Teufel geschickt hat, um uns zu schaden? Aber diese Straße hier, sage ich mir dann, kann unmöglich Teufelswerk sein – dafür ist sie zu klug erdacht und zu solide erbaut. Weiterhin stürzen die Wassermassen vom Himmel und abseits des Weges hat sich der Boden längst in Schlamm verwandelt. Doch die Straße ist zur Mitte hin gewölbt und so laufen die Fluten gurgelnd nach beiden Seiten ab. Daher kommen wir weiter rasch voran, auch wenn im Nebel kaum mehr zu sehen ist, wohin der stürmische Marsch uns führt.

Irgendwo vor uns im Wald sind nun auch wieder Trommeln zu hören, dazu schrilles Pfeifen wie von Muschel- oder Knochenflöten. Ein Mann ruft irgendetwas in beschwörendem Tonfall und eine Vielzahl dumpfer Stimmen antwortet ihm im Chor.

Der Teufelstempel!, denke ich. Er muss irgendwo da vor uns im Nebel sein! Ich werfe Diego einen Blick zu und er schaut mich aus blitzenden Augen an. Bei allen Heiligen der Christenheit, durchfährt es mich – Diego hat mich nicht angelogen! Sein Mund ist halb geöffnet, als hätte er Mühe, das Jauchzen zurückzuhalten, das ihm in der Kehle sitzt. Was immer uns da vorne erwarten mag – er hat keine Angst davor, ja er kann es kaum erwarten, sich ins Getümmel zu stürzen!

Wir rennen und keuchen, Wasser platscht auf uns nieder, und im nächsten Moment hört das Unwetter urplötzlich auf. So maßlos, wie eben noch der Regen geströmt ist, flutet Sonnenlicht herab. Geblendet schaue ich um mich. Die Straße hat sich zu einem gigantischen Platz geweitet, auf dem unzählige kolossale Bauten stehen. Die meisten von ihnen scheinen Ruinen zu sein – gewaltige Flachbauten mit eingestürzter Säulendecke oder Pyramiden, deren Treppen und Firste von Bäumen und Buschwerk überwuchert und teilweise zersprengt sind.

Unser Fahnenträger hebt erneut sein Horn an die Lippen und lässt die Fanfare erklingen. Beim Anblick des gewaltigen Tempelplatzes waren wir langsamer geworden, doch nun setzen wir erneut zum Sturmlauf an. Vielleicht zwanzig Schritte vor uns, am Ende einer Allee aus baumartigen Steinskulpturen, erhebt sich ganz genau so eine Plattform wie weiter vorne im Wald. Mit einem würfelförmigen Tempel darauf, zu dem wuchtige Stufen hochführen, und einem Säulenportal – doch im Unterschied zu dem Heiligtum, das Grijalvas Männer verwüstet haben, ist der Tempel da vorne offenbar noch in Gebrauch.

Im Rennen erkenne ich eine Gestalt, die mit weit ausgebreiteten Armen vor dem Tempelportal steht – anscheinend ist es der Zauberpriester, der jene rituellen Beschwörungen hervorbringt. Auf den Stufen kauern wenigstens zwei Dutzend weitere Gestalten – einige von ihnen blasen in Knochenflöten, andere schlagen auf Trommeln und antworten in dumpfem Chor auf die Anrufungen des Priesters.

Auf einem lang gestreckten Stein zu seinen Füßen aber liegt

eine weitere Figur. Ungewiss, ob lebendig oder tot, ob Steinskulptur oder ein Mensch aus Fleisch und Blut. Die Figur liegt auf dem Rücken, vollkommen reglos, und nun reißt der Priester seine Rechte mit einem langen, gezackten Messer in die Höhe und stößt es auf den Liegenden hinab!

Im grellen Licht der Mittagssonne kann ich einen Moment lang die zahnartigen Zacken an der Klinge ganz genau sehen. Wie mit der Tuschfeder gezeichnet, so überdeutlich, wie man nur in solchen Augenblicken alles wahrnimmt – in den Augenblicken äußerster Gefahr. Wenn alles in dir schreit vor Angst, aber du gleichzeitig weißt, dass dein Wille stärker ist. Dass du deiner Angst keinesfalls nachgeben wirst, dass du weiter voranstürmen wirst, was auch passieren mag – und dadurch, nur dadurch wird das angstvolle Schreien in dir zu brausendem Jubel.

Ja, denke ich, ganz genau so ist das bei mir, wenn ich mich in ein Wagnis stürze! Ich muss es mir merken, damit ich es nachher Diego erklären kann – und nicht nur wegen Diego, sondern mehr noch, weil mich Cortés beauftragt hat, die Regungen des Herzens zu ergründen.

Wir stürmen auf den Teufelstempel zu, zwischen den steinernen Alleebäumen, die mit schreiend bunten Fratzen und Bildzeichen bedeckt sind.

»Angriff!«, ruft Cortés. »Ich will sie lebend – alle!«

~ 5 ~

Die Kompanien von Alvarado und Portocarrero teilen sich auf und umstellen blitzschnell die Plattform mit dem Tempel. Auf ein Zeichen von Cortés stürmen fünfzig Konquistadoren die Stufen hoch – in voller Rüstung, mit gezücktem Schwert.

Diego will sich unter sie mischen, sein Kurzschwert in der Hand, doch Gonzalo de Sandoval hält ihn lachend zurück. »Du Milchbart!«, schreit er. »Kannst es wohl nicht erwarten?«

Währenddessen ist Portocarrero schon oben auf der Plattform.

Er stürzt sich auf den Priester, gerade als der sein gezacktes Messer erneut auf die liegende Gestalt hinabstößt. Der »Dröhnende« reißt ihn zurück – und schreit vor Abscheu auf. Der Priester ist von Kopf bis Fuß mit Blut verschmiert. Seine Haare starren vor Blut, sein Umhang, seine Arme.

»Du stinkendes Stück Teufelsdreck!«, schreit Portocarrero. »Diese verfluchten Höllenpriester baden in Blut!«

Die Konquistadoren werfen die Indianer zu Boden, drücken ihnen die Schwertspitze gegen Brust oder Kehle. Das Messer fällt klirrend hin und zerspringt – seine schwarze, gezackte Klinge ist anscheinend aus Stein. Auch die Trommeln und Knochenflöten werden von den Stiefeln der Konquistadoren zertreten. Stockstarr liegen die Indianer da und schauen aus großen Augen zu ihren Bezwingern hoch.

Der Kampf ist zu Ende, bevor er überhaupt begonnen hat. Doch für die Gestalt auf dem Opferstein kommt unser Sieg offenbar zu spät. Es ist ein muskulöser Mann, stämmig gebaut und nur mit einem Hüfttuch bekleidet, und er liegt so reglos da, wie das nur Tote fertigbringen. Seine Augen sind geschlossen, seine linke Brustseite ist blutüberströmt. Soweit ich das sehen kann, ist sein ganzer Körper mit Tätowierungen bedeckt – ein gelbbraunes, gleichförmiges Muster wie auf Schildkrötenhaut. Seine Haare sind kurz geschoren, sein Gesicht ist hager und seltsam ausdruckslos.

Cortés erklimmt die Stufen und tritt neben den Opferstein. Suchend schaut er sich um und winkt dann Alvarado und Portocarrero zu sich.

»Pedro, Alonso«, sagt er, »nehmt jeder fünfzig Mann und sucht das Gelände ab! Allerdings glaube ich nicht, dass ihr hier noch irgendwen finden werdet. Diesmal waren wir zu schnell für sie – die restliche Teufelsbande wird die Flucht ergriffen haben, als ihnen klar wurde, dass ihre Priester das hier nicht zu Ende bringen würden.«

Alvarado beugt sich über den Opferstein. Mit Daumen und Zeigefinger zieht er dem anscheinend toten Mann die Augenlider auseinander und richtet sich wieder auf.

»Wenn du mich fragst, in dem Burschen ist kein Funken Leben mehr«, sagt er zu Cortés. »Aber du hast recht – wir haben sie gestört, bevor sie ihn auf jene Weise hinschlachten konnten, die der Satan von ihnen fordert.«

Diego und ich wechseln einen Blick. »Auf jene Weise« – wir beide wissen, was Alvarado damit meint. Während der Überfahrt von Kuba haben einige der Männer, die schon mit Grijalva hier waren, mehr als einmal von den Opferriten erzählt. Rasch schüttele ich den Kopf, bevor Diego irgendwelche grässlichen Einzelheiten erwähnen kann, wie er das nur allzu gerne macht. Schon um mir zu beweisen, dass er weder Angst noch Abscheu kennt.

Alvarado und Portocarrero stellen Suchtrupps zusammen und durchforsten das Tempelgelände. Währenddessen schaut sich Cortés aufs Neue suchend um. Diesmal winkt er den Notar Gutierrez und den Fahnenträger herbei.

»Dich brauche ich auch, Orteguilla«, fügt er in meine Richtung gewandt hinzu. »Und bring Melchorejo mit.«

Die Stufen hinauf zur Plattform sind mit schwarz-roter Schmiere überzogen. Blut, vermischt mit Regenwasser und Schlamm. Melchorejo taumelt neben mir die Treppe empor. Seine Augen schielen so sehr, dass er alles verschwommen und zugleich zweifach sieht. Melchorejo ist eigentlich Fischer, ein kaffeebrauner Indianer von vielleicht fünfundzwanzig Jahren. Letztes Jahr hat ihn Grijalva an der Küste von Yucatan gefangen und als Dolmetscher mitgenommen. Bei den Indianern werden die Schielenden angeblich als »Seher« verehrt, die in die Götter- und Geisterwelt hinüberspähen können. Jedenfalls hat Melchorejo mir das an Bord der *Santa Maria* erzählt – oder zumindest habe ich ihn so verstanden. Sein Spanisch ist allerdings so miserabel, dass eigentlich kaum etwas zu verstehen ist. Umgekehrt scheint er auch von dem, was man auf Spanisch zu ihm sagt, so gut wie nichts aufzufassen. Aber einen anderen Dolmetscher haben wir leider nicht, und deshalb hat mich Cortés beauftragt, jeden Tag wenigstens eine halbe Stunde mit Melchorejo Spanisch zu reden.

»Nur Mut«, sage ich zu ihm und deute mit dem Kopf zu Pedro Gutierrez, der vor uns die Treppe hinaufstakst.

Der Notar Gutierrez ist mehr als sechs Fuß groß und hager wie ein Skelett. Er bewegt sich so vorsichtig, als ob seine überlangen Gliedmaßen aus morschem Holz wären und jederzeit zerbrechen könnten. Er trägt einen knöchellangen schwarzen Umhang und unter dem Arm ein großes Buch mit dem königlichen Wappen darauf.

Melchorejo schielt eingeschüchtert zu Gutierrez empor und gleichzeitig zu mir herüber. Wir beide wissen, dass er von den feierlichen Sätzen, die Gutierrez gleich vorlesen wird, höchstens einen Bruchteil versteht. Aber natürlich wird er alles so gut, wie er es hinbekommt, in die Sprache der Indianer übersetzen.

Die Sprache heißt *Chontal*, falls ich Melchorejo richtig verstanden habe. Und die Indianer dieser Gegend nennen sich *Maya* – die Eingeborenen unten in Yucatan genauso wie die Bewohner dieser Insel, die Grijalva auf den Namen *Don Juan* getauft hat. Laut Melchorejo ist es allerdings keine Insel, sondern der Ausläufer einer großen, geschlossenen Landmasse, die sich bis weit nach Norden und Westen erstreckt. Aber das kann eigentlich nicht sein. Auf den Landkarten, die Cortés eigens für unsere Reise hat zeichnen lassen, gibt es in dieser Weltgegend nur den Ozean mit einer unbestimmten Anzahl von Inseln darin. Das indische Festland muss ein gutes Stück weiter westlich liegen. Doch Melchorejos Spanisch ist wirklich ungeheuer schlecht und bestimmt habe ich ihn wieder einmal falsch verstanden. Noch immer kann er nur ein paar Dutzend Brocken Spanisch, und manchmal befürchte ich, dass es auch mit seinen Kenntnissen des Chontal nicht viel weiter her ist.

Unterdessen hat unser Fahnenträger das flache Tempeldach erklommen und unsere heimatliche Flagge gehisst. Zusammengedrängt kauern die gefangenen Indianer auf der Plattform, von zwei Dutzend Konquistadoren mit gezogenen Schwertern bewacht. Auch Diego hat sich irgendwie zu ihnen durchgeschlagen und hält einen der Opferpriester, die vorhin auf Flöten gepfiffen oder im Chor gesungen haben, mit seinem Kurzschwert in Schach.

»Gonzalo, du eilst mit dreißig Mann zurück zur Küste«, sagt Cortés zu Sandoval, gerade als der Notar, Melchorejo und ich oben auf der Plattform angekommen sind. »Bringt einen Zimmerer her und genügend Balken und Bretter für einen Altar.«

Sandoval schaut Cortés verständnislos an. Sein Mund öffnet sich, aber was immer er einwenden wollte, bleibt ungesagt. So tollkühn, Cortés offen zu widersprechen, ist nicht einmal er.

»Und bringt Weihrauch, eine Glocke und eine Madonnenfigur mit«, fügt Cortés hinzu.

Sandoval nickt, wendet sich ab und ruft einige Männer zu sich. Nur ein paar Augenblicke später eilt er mit einer Schar Konquistadoren auf der Straße zurück in Richtung Meer.

Aber dann brauchen wir auch einen Pater!, denke ich und schaue Cortés eindringlich an. Wenn er hier einen Altar errichten will, dann benötigt er einen christlichen Priester, der diesen Tempel von allem Teuflischen reinigt und feierlich der Muttergottes weiht!

Cortés scheint meinen Blick bemerkt zu haben – ganz kurz wendet er sich zu mir um und nickt mir mit kaum merklichem Lächeln zu. Im nächsten Moment dreht er sich wieder zu Gutierrez. »Das *Requerimiento*«, sagt er, »die königliche Erklärung.«

Notar Gutierrez sieht sich unbehaglich um. Offenbar ist ihm klar geworden, dass er sich an diesem Ort nirgendwo niederlassen kann, ohne seine Robe mit frischem oder geronnenem Blut zu beflecken. Also bleibt ihm nichts anderes übrig, als das *Reque-*

rimiento im Stehen zu verlesen. Er macht einen halben Schritt rückwärts, aber auch das hilft ihm wenig: Der Tempelbau ist zu flach, um seiner hoch aufgeschossenen Gestalt ausreichend Schatten zu bieten.

Fast senkrecht brennt die Sonne auf die Plattform herab und der Gestank nach Blut ist kaum zu ertragen. Unmittelbar vor Melchorejos und meinen Knien liegt der Geopferte auf dem Stein. Obwohl seine Augen geschlossen sind, habe ich den beklemmenden Eindruck, dass er mich durch seine Lider hindurch anstarrt. Doch das kann eigentlich nicht sein – schon weil auch seine Lider mit diesem eigenartigen Schildkrötenmuster tätowiert sind.

»*Im Namen Gottes, Unseres himmlischen Herrn, und Seines Stellvertreters auf Erden, des Heiligen Vaters Papst Leo X., erklären Wir, König Karl I. von Spanien, hiermit, dass ihr, die natürlichen Einwohner der Insel San Juan, nach himmlischem Ratschluss allesamt Unsere Vasallen seid und Uns für alle Zeiten Tribut und Gehorsam schuldet.*«

Der Notar unterbricht sich und sieht Melchorejo auffordernd an. Der Dolmetscher schielt zu Tode erschrocken in alle erdenklichen Richtungen und dann mit seinem linken Auge flehend zu mir.

»Du schaffst das«, murmele ich und nicke ihm ermutigend zu.

Melchorejo ist einen halben Kopf kleiner als ich und seine Schultern sind schmaler als Diegos. Neben den Konquistadoren in ihren Eisenrüstungen sehen die meisten Indianer aus wie halbwüchsige Knaben.

Melchorejo stottert irgendetwas und verstummt gleich wieder. Was immer er gesagt hat, es war viel zu kurz, um den feierlichen Wortschwall von Gutierrez auch nur einigermaßen vollständig wiederzugeben.

»Weiter, Melchorejo«, murmele ich.

Er schielt erneut in alle Richtungen und stottert dann das Gleiche noch einmal hervor. Jedenfalls hat es sich für meine Ohren genauso angehört. Die gefangenen Indianer starren ihn fassungslos an.

Währenddessen hat der Notar begonnen, den nächsten Absatz des *Requerimiento* vorzutragen. Cortés und die Konquistadoren hören mit andächtigen Gesichtern zu, während Gutierrez den Indianern erklärt, was vor mehr als eintausendfünfhundert Jahren in einem Stall zu Bethlehem geschehen ist. In feierlichen Sätzen trägt er die gesamte Geschichte der Christenheit vor, von der Geburt Jesu bis zum heutigen Tag. Nach jedem Absatz legt er eine Pause ein und schaut Melchorejo erwartungsvoll an.

Melchorejo gibt sich jedes Mal redlich Mühe, doch die Gesichter der gefangenen Indianer drücken vollkommene Ratlosigkeit aus.

»*Und aus allen diesen und einigen weiteren Gründen*«, erklärt Notar Gutierrez schließlich, »*hat der Heilige Vater Uns, dem spanischen König, diese Inseln auf immer und ewig zu eigen gegeben. Als Gegenleistung haben Wir Uns verpflichtet, euch, die natürlichen Einwohner der Inseln Yucatan und Don Juan, zum Christentum zu bekehren. Und so soll es geschehen, im Namen des Erlösers, Amen!*«

Der erschöpfte Melchorejo krächzt einige abschließende Laute hervor. Der Notar klappt das in Leder gebundene *Requerimiento* zu und wischt sich mit dem Ärmel über die Stirn. Und genau in diesem Moment flüstert es irgendwo vor meinen Knien mit kraftloser Stimme, doch in fehlerfreiem Spanisch:

»Im Namen des … Erlösers … Amen!«

6

Unser Zimmerer heißt Jesus Mendoza und hat ungeheuer geschickte Hände. Mit Säge und Hobel hantiert er so kunstvoll, dass es fast wie Zauberei aussieht. Ich schaue ihm dabei zu und behalte gleichzeitig den geretteten Mann vom Opferstein im Blick. Er liegt abseits des Tempels im Schatten eines Maniokbaums, und ich kauere neben ihm, wie es mir Cortés befohlen hat – sobald der Gerettete neuerlich erwacht, soll ich ihn aushorchen. Doch der Mann liegt reglos im Gras und schläft wie ein Toter.

Gleich nachdem er vorhin jene wenigen Worte gemurmelt hatte, sank er aufs Neue in Ohnmachtsschlaf. Unser Wundarzt Carlos Jeminez, genannt »der Schlitzohrige«, versorgte seine Wunden und netzte seine Lippen mit Wasser – mehr war fürs Erste nicht zu tun. Der schwarze Steindolch scheint nicht allzu tief in seine Brust eingedrungen zu sein – Jeminez ist sich sicher, dass keine lebenswichtigen Organe verletzt worden sind. Und wenn irgendwer das beurteilen kann, dann unser Wundarzt: Seine Ohren wurden ihm Anno Domini 1507 in Sevilla zur Strafe zerschnitten, weil er heimlich Leichen sezierte. Fünf Jahre saß er deshalb in Kerkerhaft und nach seiner Freilassung heuerte er auf der nächsten Karavelle an und fuhr in die Neue Welt.

Jeminez hat ausgiebig die Pupillen unseres Geretteten betrachtet und schließlich verkündet, dass dem Mann ein betäubendes Mittel eingeflößt worden sei. Er nimmt an, dass die Götzenpriester üblicherweise so verfahren – nicht aus Erbarmen, sondern damit die Opfer nicht schreiend um sich schlagen, wenn man sie bei lebendigem Leib abschlachtet.

Ich starre den Geretteten an, und mich überläuft ein Frösteln – dabei ist es sogar hier im Schatten furchtbar schwül. Ich brenne darauf, sein Geheimnis zu erfahren, doch mehr noch giere ich danach, mich vor Cortés auszuzeichnen. Ich will ihm und mir selbst beweisen, dass ich wirklich jene Gabe besitze – die Fähigkeit, das Vertrauen der Menschen zu gewinnen, das unsichtbare Gold aus ihren Herzen hervorzuschürfen. Der Gerettete muss mir sein Geheimnis verraten!

Ich beuge mich über ihn und am liebsten würde ich ihn an den Schultern packen und rütteln. Aber Jeminez hat mich streng ermahnt, ihn nicht aus seinem Heilschlaf aufzustören. Er hat viel Blut verloren – wenn auch sehr viel weniger, als er nach den Plänen der Teufelspriester verlieren sollte.

Alvarado und Portocarrero streifen noch immer mit ihren Einheiten durch die Ruinenstadt. Sie scheint von gewaltiger Ausdehnung zu sein – selbst von Portocarreros Flüchen ist nur noch ein fernes Dröhnen zu hören, wie Donner bei einem Gewitter, das sich langsam verzieht.

Währenddessen schafft der narbenreiche Guerrero mit etlichen weiteren Konquistadoren Unmengen an Götzenbildern aus dem finsteren Tempel ins Freie. Einige Bildsäulen sind so gewaltig groß, dass die Männer sie zu zweit aus dem Tempel schleppen müssen. Abscheulichere und zugleich kunstvoller geschnitzte Statuen habe ich niemals vorher gesehen. Einer der Götzen gleicht einer sich windenden Schlange, die mit bunten Vogelfedern geschmückt ist. Ein weiterer hat eine Nase wie eine sich aufbäumende Viper, und jede einzelne dieser Fratzen stiert so düster und bedrohlich, dass es mich bei ihrem Anblick kalt überläuft.

Unsere Männer werfen die bunten Schnitzereien die Stufen hinab und die gefangenen Indianer sehen ihnen mit ausdruckslosen Gesichtern zu. Sie protestieren nicht einmal, als Gonzalo de Guerrero die zertrümmerten Bildnisse zu einem Haufen aufschichten lässt und mit einer Fackel in Brand setzt.

Sehr viel mehr als die Zerstörung ihrer alten Götzenbilder interessiert sie offenbar, welches neue Heiligtum unter Jesus Mendozas geschickten Händen entsteht. Oben auf der Plattform, zwischen dem Tempel und den gefangenen Indianern, steht der Zimmerer über den Altar gebeugt und prüft die Glätte der Platte, indem er mit einer Hand darüber reibt. Sein Kopf ist zur Seite geneigt, so als lauschte er dem seidigen Klang, den das Reiben auf den Brettern hervorruft.

Cortés steht ein paar Schritte neben ihm, an seiner Seite Melchorejo. Er befragt die gefangenen Götzenpriester, und obwohl seine Stimme vollkommen beherrscht klingt, spüre ich, dass er seine Ungeduld nur mühsam bezähmt. Der arme Melchorejo stottert irgendetwas, einmal auf Chontal, dann wieder auf Spanisch – und bestimmt ist weder das eine noch das andere auch nur halbwegs zu verstehen. Wonach Cortés die Priester auch fragen mag – nach ihrem Glauben, ihren Gebräuchen und gewiss auch nach Gold –, er wird aus den Antworten so wenig schlau werden wie die Indianer aus Melchorejos Fragen.

So ruhen also alle Hoffnungen auf dem Geretteten, der wundersamerweise fließend Spanisch spricht, obwohl er wie ein Maya aussieht. Aber er liegt weiterhin reglos neben mir, und nur das fast unmerkliche Heben und Senken seines Brustkorbs verrät mir, dass er noch atmet.

Wer bist du?, befrage ich ihn im Stillen, doch der Gerettete antwortet mir nicht. Meine Gedanken schweifen aufs Neue ab, und bald bin ich bei der Frage, zu der mich über kurz oder lang fast alles führt: Wer bin eigentlich ich? Bin ich wirklich derjenige, den Cortés in mir sieht? Warum sollte irgendjemand gerade mir sein Herz ausschütten – obwohl schon mein eigenes Herz mir oft so unergründlich scheint? Wieso liege ich so häufig halbe Nächte wach und beklage mein Schicksal, das mich gezwungen hat, meine geliebte Heimat zu verlassen? Dasselbe Schicksal hat mich doch zu Hernán Cortés geführt und auf diese abenteuerliche Lebensbahn gebracht, von der ich schon als Knabe träumte!

Ich starre den Geretteten an, doch ich nehme ihn nicht mehr wahr. In Momenten wie diesen sehe ich nur noch mich selbst.

Schon richtig, sage ich mir, von diesem abenteuerlichen Leben hast du immer geträumt! Aber warum hast du davon geträumt? Weil du wusstest, schon als kleiner Knabe wusstest, dass zu Hause, auf dem Hof deines Vaters, für dich kein Platz vorgesehen war! Und deshalb ist es ebenso wahr, dass ich zuweilen, in dunklen Stunden, meinen Bruder Leonel verfluche. Ich hasse mich dafür, ich verachte mich, ich bereue und gelobe Besserung – aber es hilft alles nichts! Beim nächsten Mal, wenn mich jenes dunkle Rasen wieder überkommt, ergeht es mir genauso.

Dabei sind Sitte und Gesetz ganz und gar auf seiner Seite. Leonel ist der Zweitgeborene und ich bin nur der Dritte. Aber zugleich ist er mein Zwilling – und gerade einmal zehn Minuten älter als ich! Wäre ich als Erster von uns beiden zur Welt gekommen, so würde jetzt ich in Sevilla auf der Universität studieren – und Leonel säße in irgendeinem gottverlassenen Winkel und würde mit den Zähnen knirschen!

Mir wird bewusst, dass ich tatsächlich mit den Zähnen knirsche, und beschämt fahre ich mir mit der Hand über das Gesicht. Erneut richte ich meine Aufmerksamkeit auf den Geretteten und versuche, sein Geheimnis zu ergründen.

Er spricht Spanisch wie ein Mann, der in Sevilla oder Medellín aufgewachsen ist, sage ich mir – doch seinem Äußeren nach ist er ein Indianer! Sogar seine Schneidezähne sind spitz zugefeilt und die Zwischenräume mit Splittern von Türkisstein ausgefüllt, wie es bei den Maya hierzulande Brauch ist. Ob seine Haut von Natur aus hell oder kaffeebraun ist, kann ich unmöglich entscheiden – aber ein Spanier käme niemals auf den Gedanken, sich von Kopf bis Fuß mit so einem Schildkrötenmuster zu tätowieren!

Nein, er muss ein Indianer sein – aber wieso spricht er dann Spanisch? Vor Grijalvas Expedition ist niemals ein spanisches Schiff in diesen Gewässern gekreuzt – und der mutlose Grijalva hat zwar Dutzende Männer zurückgelassen, aber keiner von ihnen war mehr am Leben. Einige fielen im Kampf, die weitaus meisten starben auf den Opfersteinen der Götzenpriester – und ganz bestimmt hätte keiner von Grijalvas Männern sich die Zähne spitz gefeilt und seine Haut mit Schildkrötenmuster tätowiert!

Ich schüttele den Kopf über mich selbst – dieses ewige Grübeln bringt mich keinen Schritt weiter. Wie gut es Diego doch hat, sage ich mir, der Junge kennt weder Selbstzweifel noch Angst! Zumindest versteht er es, vor sich selbst und vor aller Welt diesen Anschein zu erwecken. Wie enttäuscht er vorhin war, als Sandoval ihn nicht mit auf die Plattform stürmen ließ! Diego kann es wirklich kaum erwarten, mit dem Schwert in den Kampf zu ziehen.

Ich drehe meinen Kopf hin und her, aber ich kann ihn nirgendwo entdecken. Verstohlen beobachte ich Cortés, der es offenbar aufgegeben hat, die gefangenen Indianer zu verhören. Mit seinem prachtvollen Samtumhang, den breitkrempigen Federhut auf dem Kopf, schreitet er auf der Plattform auf und ab.

Aus irgendeinem Grund fällt mir die Geschichte wieder ein, wie Cortés vor rund zehn Jahren in der Neuen Welt ankam. Damals waren seine Taschen praktisch leer, und so wie die Geschichte meistens erzählt wird, handelt sie von einem mittellosen Einwanderer Anfang zwanzig, der in kurzer Zeit zum reichen *Haziendero* aufsteigt. Aber Cortés selbst hat mir gleich bei unserem ersten Zusammentreffen eine ganz andere Version erzählt. »Nichts daran kam unerwartet, Orteguilla«, sagte er damals zu mir. »Ich bin in die Neue Welt gekommen, um reich und mächtig zu werden. Schon unterwegs auf dem Schiff, ja bereits drüben in Sevilla fühlte ich, dass alles ganz genauso kommen würde, wie ich es mir vorgenommen hatte.«

Auf der Insel Hispaniola ließ sich Cortés eine *Encomienda* zuweisen – ein Landstück sowie einige Dutzend Eingeborene für die Arbeit, wie sie jedem neuen Siedler aus Spanien zustehen. Er befahl ihnen, im Fluss nach Gold zu suchen. Er selbst stand von früh bis spät bis zu den Knien im Wasser und wusch Sand und Kiesel im Sieb. Nach Monaten harter Arbeit wurde er fündig: Er entdeckte Goldkrumen in seinem Sieb, folgte der Spur zu ihrem Ursprung und stieß auf ein funkelndes Flöz im Fels.

Die Mine enthielt Gold für rund zehntausend Pesos. Cortés kaufte sich eine Hazienda und scharte zahlreiche Gefolgsleute und Bedienstete um sich, darunter auch Jesus Mendoza. Dem Zimmerer ging der Ruf voraus, dass niemand prächtigere Altäre schreinern könne als er. Als Cortés' Tochter zur Welt kam, gezeugt mit einer getauften Indianerin namens Lenita, war die Kapelle auf seiner Hazienda gerade fertig geworden. Das Taufbecken stand neben dem Altar, den Jesus Mendoza gezimmert und mit kunstvollen Schnitzereien versehen hatte. Fray Bartolomé, Cortés' geistlicher Vertrauter, der uns auch auf dieser Expedition begleitet, taufte die kleine Mestizin auf den Namen Leonor.

Das alles geschah, Jahre bevor ich in die Neue Welt kam und Cortés auch mich in seine Dienste nahm. Doch noch auf seiner neuen Hazienda, die er inzwischen in Kuba erworben hatte, wurde von dem verschwenderischen Tauffest erzählt. Gouverneur Velazquez war der Pate der kleinen Leonor und nicht nur er soll über die ungeheuer prunkvolle Feier erstaunt gewesen sein. »Es war, als ob eine Prinzessin getauft würde«, so äußerte sich manch einer mit Bewunderung und Befremden, »und nicht bloß ein Halbblut, gezeugt von einem drittklassigen Hidalgo und einem Indianerweib aus einem dreckigen Lehmhüttendorf.«

Doch so hat Cortés sich selbst niemals gesehen. »Ich wusste schon als kleiner Knabe«, sagte er damals zu mir, »dass ich dazu berufen bin, eines Tages zum König gekrönt zu werden.« Dabei sah er mich mit seinen dunklen Augen so durchdringend an, wie nur er das vermag.

Während ich über seine Worte nachdenke, fällt mein Blick auf den Geretteten – und gerade in diesem Moment schlägt er seine Schildkrötenlider auf.

7

Der Gerettete dreht seinen Kopf im Liegen hin und her. Sein Blick flackert zum Tempel und zu dem Haufen brennender Götzenbilder davor. Er murmelt irgendetwas, doch ich verstehe kein Wort. Es klingt überhaupt nicht spanisch. Da durchzuckt mich der Gedanke: Vielleicht hat er vorhin nur im Rausch oder Fiebertraum die letzten Worte aus dem *Requerimiento* nachgelallt!

Also kann er gar kein Spanisch? Aber das darf nicht sein! Wie soll ich jemals sein Herz ergründen, wenn wir unterschiedliche Sprachen sprechen?

Ich beuge mich über ihn und berühre ihn an der Schulter. »Wie heißt du?«, frage ich.

Seine Augen fallen wieder zu. Ein Lächeln fliegt über sein Gesicht und enthüllt ganz kurz seine raubkatzenhaft zugefeilten Zähne. Offenbar bereitet es ihm Mühe, halbwegs wach zu bleiben.

»So war es also kein Traum?«, murmelt er mit schlafverquollener Stimme, doch in fehlerlosem Spanisch.

»Nein, kein Traum«, sage ich und rüttele ihn ein wenig fester. »Schlaf nicht wieder ein«, bitte ich ihn. »Sage mir deinen Namen! Wie kommt es, dass du so gut Spanisch sprichst?«

»Du meinst …« Seine Stimme erstirbt zu einem Flüstern. »So gut Chontal …?«

»Oder auch so herum«, antworte ich erstaunt. »Aber wie kannst du Spanier sein – und siehst doch wie ein Indianer aus? Deine Haut …«

Sein Lächeln wird zum listigen Grinsen. »Es sieht echt aus, oder?«, murmelt er. »So viele Nadeln …« Er unterbricht sich und stöhnt auf. Seine Hand tastet nach dem Verband auf seiner linken Brustseite.

»Sie nehmen die Nadeln von Kakteen«, flüstert er. »Tauchen sie in Pflanzenfarben und stechen sie dir in die Haut. Überall, eine nach der anderen, stundenlang. Tagelang – bis du es nicht mehr zu ertragen glaubst! Aber natürlich lässt du dir nichts anmerken … du zuckst nicht einmal mit der Wimper … das ist hier ganz wie zu Hause in …«

»In?«, wiederhole ich und schüttele ihn hin und her. »Weiter!«, stoße ich hervor. »Wo kommst du her, wie heißt du? Wie hat es dich hierher verschlagen?«

Doch der Gerettete schenkt mir keine Beachtung. Meine Fragen scheint er überhaupt nicht mitbekommen zu haben. »Weißt du noch?«, flüstert er. »Als wir beide Knaben waren …«

Seine Augen gehen wieder auf und diesmal scheint er mich zu sehen. »Carlito?«, murmelt er, und ein verzücktes Lächeln lässt sein Gesicht erstrahlen, soweit das trotz Schildkrötenmuster möglich ist. »Du bist es doch – mein kleiner Bruder, Carlos de Aguilar?«

Ich schüttele den Kopf – Leonels kleiner Bruder zu sein reicht mir völlig aus. »Mein Name ist ...«, beginne ich und beiße mir auf die Unterlippe. Gerade noch rechtzeitig ist mir klar geworden, dass der Gerettete drauf und dran ist, mir sein Herz zu öffnen.

»Na klar, Bruder«, murmele ich und nicke ihm eifrig zu, »ich bin's – Carlito, wer denn sonst?«

Er starrt mich an und seine Augen füllen sich mit Tränen. Mir wird heiß und kalt, weil ich ihn angelogen habe, aber gleichzeitig spüre ich, dass ich so und nicht anders handeln musste.

Der Gerettete hebt seine Arme empor und umfasst meinen Kopf mit seinen Händen. »Carlito, mein lieber Carlito«, flüstert er unter Tränen, »wie oft habe ich davon geträumt, dich und unsere Eltern eines Tages wiederzusehen!« Er unterbricht sich und schaut mich erschrocken an. »Aber sag doch«, fragt er dann, »wie geht es ihnen? Dem Vater, der Mutter – sie sind doch am Leben?«

Ich nicke so gut, wie das geht, wenn jemand deinen Kopf mit beiden Händen festhält. Aber dem Geretteten scheint es zu genügen.

»Gott sei es gedankt«, murmelt er. »Sie leben! Du lebst! Und ich bin frei!« Wieder fallen seine Augen zu, aber gleichzeitig bricht ein Redestrom aus seinen Lippen hervor – wie ein Wasserfall, der dort über viele Jahre, in Tausenden Stunden schwärzester Verzweiflung, angestaut worden war.

Sein Name ist Geronimo de Aguilar, so viel kann ich seinem rasenden Gestammel entnehmen. Er stammt aus Ronda und ist ein Minoritenmönch, der im Jahr 1511 auf einer Brigg nach Jamaika unterwegs war. Doch sie erlitten Schiffbruch und Geronimo wurde zusammen mit einem Dutzend Leidensgefährten an die Küste von Yucatan gespült. Damals war er dreiundzwanzig Jahre alt. Tagelang waren sie im Meer getrieben, an einige Planken geklammert. So konnten die Indianer sie leicht überwältigen und in eine Siedlung im Landesinneren verschleppen. Sie wurden in Käfige gesperrt und bekamen reichlich zu essen und zu trinken. Die Indianer behandelten sie zuvorkommend, als ob sie hochgestellte Persönlichkeiten oder sogar Götter wären. Doch eine Woche, nachdem sie in die Käfige gesteckt worden waren, legten die Indianer in jener Siedlung ihren prächtigsten Federschmuck an. Sie schlugen auf ihre Trommeln, pfiffen auf ihren Knochenflöten, und unter diesen Klängen wurden die Schiffbrüchigen aus den Käfigen gezerrt und zu einer Pyramide in der Mitte des Hüttendorfs geführt.

An dieser Stelle unterbricht sich Geronimo. Er schwitzt, sein Mund zuckt. »Carlito«, flüstert er, »du bist noch so jung! Wirst du ertragen, was ich dir jetzt erzählen muss?«

Ich schlucke krampfhaft und zwinge mich zu nicken. Ich bin keineswegs sicher, ob ich es ertragen werde. Aber ich muss wissen, was dort passiert ist, bei der Pyramide, unter dem Wummern der Trommeln – ich muss alles in Erfahrung bringen, damit ich Cortés davon berichten kann. Und vielleicht mehr noch, um ihm und mir selbst zu beweisen, dass ich die Geheimnisse eines ganz und gar fremden Mannes zu ergründen vermag.

»Sprich weiter, Bruder!«, sage ich.

Glücklicherweise hat er mittlerweile meinen Kopf losgelassen und hält stattdessen meine Hände umfasst. Seine Hände sind schwielig und sein Griff ist eisenhart.

Die Indianer, fährt er fort, zerrten alle Gefangenen zum Dach ihrer Pyramide hinauf. Dort mussten sie sich nebeneinander aufstellen, und ein Orakelpriester warf Kakaobohnen und Bambusstangen auf ein aufgeschlagenes Buch, dessen Blätter mit bunten Bildern und Schriftzeichen bedeckt waren. Durch das Orakel sprach anscheinend einer der Teufelsgötzen zu den Indianern, und er befahl, dass acht der zwölf Gefangenen geopfert werden sollten. Geronimo verstand kein Wort von dem, was die Indianer miteinander besprachen. Aber er sah, wie der Orakelpriester die rechte Hand spreizte und von der linken nur drei Finger: acht.

Er erlitt tausend Qualen der Todesangst, während die Priester endlos beratschlagten, wie der Orakelspruch zu erfüllen sei. Auf dem Pyramidendach stehend musste er schließlich mitansehen, wie seine Leidensgefährten einer nach dem anderen auf den Opferstein gestreckt wurden. Der Teufelspriester stach sie mit einer Pfeilspitze, die mit einem betäubenden Gift bestrichen war. Daraufhin ließen sie alles mit sich geschehen und gaben höchstens noch ein dumpfes Stöhnen von sich. Mit dem schwarzen, gezackten Steindolch schnitt der Priester ihnen das Herz aus der Brust. Das Blut quoll hervor und er salbte sich damit an Händen und Armen. Die anderen Gefangenen aber, die noch nicht an der Reihe waren, bekamen kein Gift und mussten folglich bei vollem Bewusstsein alles mitansehen.

Das Herz wurde in eine steinerne Schale gelegt und mit brennendem Harz übergossen, der wie Weihrauch roch. Mit Hacke und Säge hieben und schnitten währenddessen weitere Priester den Kopf und die Gliedmaßen vom Rumpf herunter. Arme und Beine wurden in ein Kohlebecken gelegt und wie Wildbret gebraten. Der Gestank nach verkohltem Menschenfleisch war entsetzlich, aber die Gesichter und Gebärden der Indianer verrieten, dass sie sich auf das grausige Mahl freuten.

Die kannibalische Zeremonie zog sich stundenlang hin, erzählt mir Geronimo. Die Priester schrien Beschwörungen und andere Priester antworteten mit dumpfen Chorgesängen. Zwischendurch wurde auch die Menge mit einbezogen, die sich auf dem Platz unter der Pyramide versammelt hatte: Sie tanzten und sangen dort unten, lachten oder heulten, je nachdem, was die Priester oben auf dem Heiligtum gerade verkündeten.

Währenddessen wummerten unablässig die Trommeln, die Knochenflöten schrillten und stöhnten, und längst wünschte sich Geronimo nur noch, dass es endlich zu Ende wäre. Dass die Teufelsschergen auch ihn packen und auf den Opferstein niederdrücken würden. Dass sie ihm die vergiftete Pfeilspitze in die Armbeuge oder in die Zunge stechen würden – Hauptsache, es war endlich vorbei!

Doch als dann wirklich einer der Götzenpriester kam und ihn am Arm ergriff, da schrie er auf und riss sich los. Es war ein Irrtum! Er wollte überhaupt nicht, dass es zu Ende ging! Lieber in Todesangst noch Stunde um Stunde auf dieser Höllenpyramide stehen, durchfuhr es ihn, oder wenigstens noch ein paar Minuten – alles lieber als jetzt schon, in diesem Augenblick, sterben müssen!

Der Teufelspriester lachte ihm ins Gesicht mit seinem Mund voller Raubkatzenzähne. Er fauchte irgendetwas, und Geronimo verstand kein Wort, denn damals konnte er noch kein Chontal. Aber schließlich begriff er, dass der Indianer irgendwohin deutete, und als er in die gewiesene Richtung schaute, gaben seine Beine urplötzlich unter ihm nach.

»Vor Entsetzen, vor Erleichterung, Carlito. Vor Ekel, vor Reue, vor Dankbarkeit!«, stammelt Geronimo. »Kannst du das verstehen?«

Ich nicke, obwohl ich es nicht verstanden habe, jedenfalls noch nicht ganz. »Du wurdest nicht geopfert«, sage ich, denn das zumindest steht ja fest.

Er schüttelt den Kopf. Seine Augen sind weit geöffnet, doch sein Blick geht durch mich hindurch.

Der Priester deutete auf eine Pyramide aus Köpfen, die sie auf der Steinpyramide aufgeschichtet hatten. Ohne richtig zu bemerken, was er da machte, hatte Geronimo sofort zu zählen begonnen – sechs, sieben, acht! Es waren acht Köpfe, die sie abgehackt und sorgsam übereinandergestapelt hatten – vier, dann drei, obendrauf einen einzelnen Kopf, der Geronimo in starrem Entsetzen ansah.

»Ich gehörte zu denen, die weiterleben durften«, keucht mir Geronimo in rasendem Redestrom ins Ohr. »Sie brachten uns zurück in die Käfige, um uns zu mästen, bis der Götze weitere Opfer fordern würde. Aber die Todesangst und die Wut über die Gräuel, die wir miterleben mussten, verliehen mir und meinen drei verbliebenen Gefährten neue Kräfte. In der nächsten Nacht gelang es uns, die Käfige aufzubrechen und unbemerkt zu entkommen. Wir stahlen ein Kanu und flohen die Küste entlang nach Norden. Drei Tage lang wagten wir uns nicht an Land, doch brennender Durst zwang uns schließlich, eine Bucht anzusteuern. Dort wurden wir erneut von Indianern überwältigt.«

Er schließt die Augen und schweigt so unvermittelt, dass ich schon glaube, er wäre wieder eingeschlafen. Aber nach ein paar Atemzügen spricht Geronimo weiter.

8

Seine drei Gefährten wurden noch am selben Tag auf dem Opferstein hingeschlachtet. Für Geronimo aber, den andalusischen Minoritenmönch, bat ein junges Indianermädchen um Gnade. Sie hatte sich auf den ersten Blick in ihn verliebt, und weil sie eine Tochter des Häuptlings Aak-ek war, setzte sie ihren Willen durch.

Sie hieß Ixnaay, Träumerin. Der Häuptling stellte nur eine Bedingung: Geronimo müsse sich von Kopf bis Fuß tätowieren lassen, denn mit einem so gespensterbleichen Mann würde seine Tochter vom ganzen Dorf verhöhnt werden. Häuptling Aak-ek zu Ehren, dessen Name »Schwarze Schildkröte« bedeutet, entschied sich Geronimo für ein Muster wie auf Schildkrötenhaut. Er selbst erhielt den Maya-Namen Angemalte Schildkröte, und nur ein paar Tage später wurden er und Ixnaay von den Götzenpriestern feierlich zu Mann und Frau erklärt.

Als Geronimo de Aguilar seine Augen abermals öffnet, schwimmen sie in Tränen. »Verzeih mir, Carlito, ich flehe dich an!«, presst er hervor. »Aber was verlange ich da von dir, mein kleiner Bruder! Ich habe unermessliche Schuld auf mich geladen!«

Ich schaue ihn an und schüttele nur wortlos meinen Kopf, damit er aufhört, sich selbst zu beschuldigen – aber zu meinem Schrecken versteht er mich ganz und gar falsch.

»Du hast recht, Carlito«, flüstert er. »Natürlich hast du recht, ich selbst weiß es ja längst! Ich habe dem Teufel meine Seele verschachert, nur um noch ein paar Jahre weiterleben zu dürfen! Diese Sünde ist unverzeihlich!«

Erneut fallen seine Augen zu, und abermals spricht er kurz darauf weiter, stammelnd und sich überstürzend wie im Fieberwahn.

Er war ein Mönch und hatte sein Leben der Lehre Jesu Christi geweiht. Niemals vorher hatte er ein Mädchen geliebt oder auch nur geküsst – und nun war er nach indianischem Brauch mit Ixnaay vermählt! Er verliebte sich rettungslos in sie. Er lernte, das Wild in den Wäldern zu jagen und mit den Kriegern des Dorfes in den Kampf zu ziehen. Ixnaay gebar ihm eine Tochter, im Jahr darauf einen Sohn. Sein früheres Leben verblasste. Manchmal vergaß er tage- oder wochenlang, dass er einmal ein weißer Mann gewesen war, ein Minoritenmönch aus Ronda, der auf dem Weg nach Jamaika verschollen war. Nur manchmal nachts fuhr er noch aus grässlichen Träumen auf – Träumen voller Höllenqualen und Teufelsgelächter, weil er seine Seele verkauft hatte, im Tausch gegen dieses zweite Leben als falscher Indianer namens Angemalte Schildkröte.

Geronimo presst meine Hände so fest, dass ich mit den Zähnen knirsche, um nicht zu schreien. Aber ich darf ihn nicht unterbrechen, ich darf ihn nicht aus seinem Fieberwahn aufschrecken, das ist mir längst klar. Er stammelt und weint, und ob seine Augen geöffnet oder geschlossen sind, macht eigentlich keinen Unterschied: Er nimmt nichts von dem, was um ihn herum vorgeht, wahr. Er ist in seinem Albtraum gefangen, er will nur rasch alles loswerden, was ihn seit so vielen Jahren beschwert – dann wird er in den Ohnmachtsschlaf zurücksinken, das sehe ich immer deutlicher voraus.

Sieben Jahre lebte er auf diese Weise. Er nahm auch an Opferzeremonien teil, das war unumgänglich – schließlich war er der Schwiegersohn des Häuptlings, der stets das beste Stück vom Opferfleisch bekam. Aber Geronimo hatte niemals Menschenfleisch gekostet – er schwört es mir, nein, seinem Bruder Carlito, unter Tränen.

Und doch fühlte er sich, als heute früh die Gardekrieger des Häuptlings zu ihm kamen, wie ein von Reue zermürbter Schwerverbrecher, den nach Jahren der Flucht die gerechte Strafe ereilt. Oder vielmehr: Der Mönch in ihm empfand es so – aber der Indianer, zu dem er doch auch geworden war, bäumte sich gegen sein Schicksal auf!

Die Gardekrieger packten ihn und zerrten ihn zu dem Käfig, in dem die Gefangenen vor der Opferung gemästet wurden. Ixnaay schrie und weinte und beschimpfte ihren Vater, Häuptling Aak-ek. Ihre beiden Kinder rannten schreiend hinter ihnen her und riefen immer wieder: »Papa! Papa! Das dürfen sie nicht mit dir tun!« Angemalte Schildkröte gab ihnen recht und spuckte den Gardekriegern ins Gesicht, doch der Mönch Geronimo schüttelte unter Tränen den Kopf und ergab sich in sein Los.

Später erschien Häuptling Aak-ek bei seinem Käfig und erklärte ihm, was geschehen war. Elf schwimmende Inseln voll bleicher Männer waren an der Küste angetrieben worden. Die Götter verlangten, dass ihnen das Herz eines Mannes geopfert würde, der so bleichhäutig wie die Eindringlinge war. Als Gegenleistung versprachen sie, einen mächtigen Schadenzauber zu schicken – einen Sturm, der alle weißen Männer mitsamt ihren schwimmenden Inseln aufs Meer zurücktreiben und dort in den Fluten versenken würde.

Häuptling Aak-ek machte keinen Versuch, seine Entscheidung zu rechtfertigen. Er hatte nicht anders handeln können, denn die Zeit drängte, und außer Geronimo war kein geeignetes Opfer zur Hand. Dass seine Haut unter dem Schildkrötenmuster so hell war wie die der bleichen Eindringlinge, würde den Göttern nicht verborgen bleiben – das behauptete jedenfalls Aak-ek, und Geronimo gab ihm recht.

Er küsste seine Frau und seine Kinder zum Abschied. Er wehrte sich nicht mehr, als sie ihn hierherbrachten, zum Opfertempel in der heiligen alten Stadt, der nur noch zu besonderen Anlässen verwendet wurde. Und das hier war zweifellos ein besonderer Anlass.

Als sie ihn auf den Opferstein legten, durchzuckte Geronimo als Letztes die Frage, was er sich eigentlich wünschte – dass der Schadenszauber gelingen und die weißen Männer mitsamt ihren schwimmenden Inseln im Meer versenken würde. Oder dass die Spanier und ihr Gott mächtiger wären als die Götzen der Maya.

Er grübelte noch immer darüber nach, als ihn der Priester mit dem Giftdorn stach und ins Reich der Fieberträume schickte. Angemalte Schildkröte wünschte sich das eine und Geronimo das andere. Aber eigentlich konnte sich auch Geronimo, der einstige Mönch, nicht frohen Herzens wünschen, dass die Spanier ihn finden und befreien würden. Die Zeichen seiner Sünde bedeckten ihn untilgbar von Kopf bis Fuß.

Als der Gerettete mit seiner Erzählung bis hierher gekommen ist, erklingt seltsamerweise eine silbrig helle Glocke. Wir beide fahren zusammen und schauen verwirrt um uns.

Aber Geronimo scheint wiederum etwas ganz anderes zu erblicken als ich. »Carlito!«, stammelt er. »Endlich daheim!«

Das verzückte Lächeln kehrt in sein Gesicht zurück. Sein Kopf sinkt zur Seite – und im nächsten Moment fällt Geronimo de Aguilar wieder in den Ohnmachtsschlaf.

~ 9 ~

Ich rappele mich aus dem Gras auf und schüttele meine Beine aus, die vom langen Kauern ganz taub geworden sind. Während ich Geronimo zugehört habe, sind Alvarado und Portocarrero mit ihren Suchtrupps zurückgekehrt. Offenbar haben sie keine weiteren Indianer gefunden, wie Cortés es vorausgesagt hat. Nun haben sich alle Konquistadoren um die Plattform versammelt, die unterdessen gereinigt worden ist.

Anstelle der Kruste aus blutigem Schlamm bedecken nun frische Zweige und Blütenblätter die Stufen und die Plattform rings um den Tempel. Neben der Fahne ragt ein gigantisches Holzkreuz in den Himmel auf, wenigstens sechzig Fuß hoch. Der Altar ist mit einem weißen Tuch verhüllt, und darauf steht die Muttergottes – eine einfache Schnitzfigur, doch ihr Lächeln ist dem Künstler so wohlgeraten, dass jeder, der diese Madonna anblickt, gleichfalls lächeln muss.

Hinter dem Altar steht ein nicht allzu groß gewachsener Mann in einer schwarzen Robe, gehüllt in eine Wolke aus Weihrauch. Also hat Cortés doch noch einen Pater herbeiholen lassen, sage ich mir und versuche zu erraten, um welchen unserer Priester es sich handelt. Er hat eine Glocke in der einen Hand und einen Weihrauchkessel in der anderen. Er schwenkt beides im gleichen feierlichen Takt, und mir wird klar, dass die heilige Messe in wenigen Augenblicken beginnen wird.

Wenn ich Cortés nur irgendwo in der Menge entdecken könnte! Ich würde mich zu ihm durchschlängeln und mich in stillem Triumph in seiner Nähe halten. Dann irgendwann, während alle andächtig der Predigt lauschen, würde sein Blick wie zufällig zu mir hinübergleiten und ich würde ihm zunicken – mit ernster, fast gleichgültiger Miene, wie er selbst es bei solchen Gelegenheiten macht. Ich würde nicht etwa grinsen, nicht mit irgendwelchen Neuigkeiten herausplatzen, ich würde meinen Mundwinkeln nicht das kleinste Zucken erlauben. Und doch würde Cortés von meinem Gesicht alles ablesen, was ihm in diesem Moment wichtig wäre – schließlich ist er selbst ein Meister in der Kunst, die Herzen zu ergründen.

Aber wie ich mich auch in die Höhe recke und auf meinen Zehenspitzen im Kreis drehe – ich kann ihn einfach nicht finden.

»*In nomine patris et filii et spiritus sancti*«, erschallt hinter mir eine wohlbekannte Stimme, volltönend und vollkommen beherrscht wie stets. »Im Namen des Vaters und des Sohnes und des Heiligen Geistes …«

Ich fahre herum und reiße die Augen auf. Der Mann im Priesterkleid, der da oben auf der Plattform steht, hinter dem Altar von Jesus Mendoza – das ist niemand anderes als Hernán Cortés!

Er schwenkt das Weihrauchfässchen und die Silberglocke, als ob er in seinem Leben nichts anderes gemacht hätte. Dazu singt er die vorgeschriebenen Formeln, mal auf Lateinisch, dann wieder auf Spanisch, und die Konquistadoren stimmen mit lautem Chorgesang ein. Sie fallen auf die Knie, falten ihre Hände und beten. Ich tue es ihnen gleich, und dabei schaue ich unablässig nach oben – zu meinem Herrn, der mit feierlichen Schritten hinter dem Altar hervorkommt und uns mit einer kaum merklichen Handbewegung gestattet, uns wieder zu erheben.

Cortés beginnt zu predigen. Ich schaue andächtig zu ihm auf und sehe zugleich in meinen Augenwinkeln, wie aus dem Wald rings um den Platz unzählige Indianer hervorkommen. Auch die Männer um mich herum haben es bemerkt, aber niemand kommt auf die Idee, auch nur nach seinem Schwert zu tasten. Dafür ist viel zu offensichtlich, dass die Indianer nicht von feindseligem Zorn, sondern von scheuer Neugier zu uns getrieben werden. Sie verständigen sich durch Blicke, sie bewegen sich gleichsam auf Zehenspitzen, und jedes Mal, wenn die silberne Glocke läutet, bleiben sie wie versteinert stehen.

Unser Herr predigt von der Macht und Herrlichkeit Gottes, von der Barmherzigkeit Jesu und der Jungfrau Maria, und zweifellos verstehen die Indianer kein einziges Wort. Aber der Geist der christlichen Botschaft hat von ihnen Besitz ergriffen und zieht sie unwiderstehlich herbei. Der Geist unseres allmächtigen Gottes, der aus der Glocke klingt und in Cortés' Stimme vibriert und im Lächeln der Madonna widerscheint. Die Konquistadoren bekreuzigen sich und werfen sich auf die Knie und recken die gefalteten Hände zum Himmel hoch.

Hunderte Indianer sind mittlerweile aus den Wäldern herübergekommen, und einer nach dem anderen ahmen sie, von scheuer Frömmigkeit ergriffen, die rituellen Gebärden nach. Sie fallen auf die Knie und recken die unbeholfen ineinander verknoteten Hände. Sie bekreuzigen sich, und es sieht mehr wie ein W oder Y aus, aber dazu lächeln sie und singen mit schwankenden Stimmen die Kirchenverse nach. *Stabat mater dolorosa* und *Ave Maria, Vater unser* und *O Haupt voll Blut und Wunden.* Tränen brennen in ihren Augen, vielleicht nur von dem Weihrauch, der in Schwaden über unseren Köpfen hängt. Vielleicht sind es aber auch Tränen der Ergriffenheit, weil sie spüren, dass die Gottheit, die Cortés anruft und zu der wir alle in kindlicher Frömmigkeit beten, so viel mächtiger und gerechter als alle ihre falschen Götzen ist.

»So gehet hin in Frieden – im Namen des Vaters, des Sohnes und des Heiligen Geistes!«, ruft Cortés schließlich und macht das Kreuzzeichen über uns. Dann wiederholt er die Formel auf Chontal – jedenfalls schließe ich aus dem Lächeln in den Gesichtern der Indianer, dass er sie in dieser Weise angesprochen hat.

Die Mischung aus Stolz und Entsetzen, mit der Melchorejo zu ihm emporschielt, gibt mir vollends Gewissheit. Melchorejo steht ganz in meiner Nähe, und als Cortés einen weiteren Satz auf Chontal ausruft, sehe ich den Dolmetscher fragend an.

»*Tas-si ooroj!*«, ruft unser Herr den Indianern zu und dann einen ganzen Schwall weiterer Worte auf Chontal.

Die Indianer liegen allesamt vor ihm auf den Knien, die Hände emporgereckt, flach gegeneinander gepresst oder ungeschickt ineinander geringelt. »*Ave Maria!*«, jauchzen sie. »*Stabat mater dolorosa!*«

Melchorejo schielt mit einem Auge hoch zu Cortés und mit dem anderen zu mir. »Bringt Gold!«, formen seine Lippen auf Spanisch. »Bringt alles Gold, das ihr auftreiben könnt, zu den Schiffen. Dort erhaltet ihr gerechten Lohn.«

Den Weihrauchkessel und das Silberglöckchen schwenkend, schreitet Cortés die Stufen hinunter und, so feierlich wie der Heilige Vater höchstpersönlich, die Allee mit den steinernen Fratzen entlang. Dazu singt er *O Haupt voll Blut und Wunden* und dann weitere fromme Lieder, eines nach dem anderen. Portocarrero, Alvarado und Sandoval machen ihren Männern Zeichen und sie stellen sich in Zweierreihen auf und marschieren singend hinter ihren Anführern her. Der Wundarzt Jeminez und der Schreiner Mendoza haben den Geretteten auf eine rasch gezimmerte Trage gelegt und schleppen ihn hinterdrein. Der Altar bleibt auf dem einstigen Teufelstempel zurück, mit der lächelnden Madonna, dem sechzig Fuß hohen Holzkreuz und unserer Fahne, die sich im Nachmittagswind träge bewegt.

Singend und schreitend dreht sich Cortés um, und ich wage kaum, meinen Augen zu trauen: Hat er etwa mir ein Zeichen gemacht?

»Na lauf schon, Orte!«, flüstert mir Diego zu. Er ist von irgendwoher plötzlich wieder aufgetaucht und marschiert neben mir so stramm wie ein Soldat. »Du siehst doch, dass unser Herr nach dir verlangt.«

Ich schlängele mich durch die Prozession nach vorne. Cortés winkt mich an seine Seite und fragt mich in genau dem gleichen Singsang, in dem er eben noch *In nomine patris* gesungen hat, ob mir der Gerettete sein Herz geöffnet habe.

Ich nicke ihm zu. Meine Augen leuchten, ich spüre es so deutlich, als ob mir brennende Kerzen in den Augenhöhlen stecken würden. Und mein Herz wummert wie eine Trommel und jubelt vor Stolz.

Er neigt mir sein Ohr entgegen und ich beuge mich zu ihm hinüber. Viel lauter, als ich es eigentlich geplant hatte, rufe ich: »Er heißt Geronimo und ist ein Mönch aus Ronda, Herr! Er hat sieben Jahre bei den Indianern gelebt!«

Cortés singt und schwenkt den Weihrauchkessel und ein feines Lächeln kräuselt seine Lippen. »Ein Zeichen der Vorsehung, Orteguilla!«, singt er. »Ein Zeichen mehr, dass Gott mit mir ist.«

Dann befiehlt er mir, einen Bericht anzufertigen und alles niederzuschreiben, was der Gerettete mir anvertraut hat. Diesen Bericht darf niemand außer ihm selbst, Hernán Cortés, zu sehen bekommen, und ich darf auch keinem erzählen, was Geronimo mir offenbart hat. »Nicht einmal Diego de Coria«, singt Cortés, »gerade ihm nicht, denn er neigt zur Prahlsucht.« Von Geronimo aber, setzt er hinzu, solle ich mich während der folgenden Tage fernhalten.

Warum, Herr, will ich fragen, warum soll ich den Umgang mit dem Geretteten meiden? Doch Cortés gibt mir durch ein Zeichen zu verstehen, dass er mich nicht länger an seiner Seite sehen will. Gehorsam lasse ich mich zu Diego zurückfallen. Cortés winkt Sandoval zu sich her und erteilt nun dem »Tollkühnen« singend und die Glocke schwenkend seine Instruktionen.

Währenddessen hat sich die Menge der Indianer, die uns zur Küste folgen, auf nahezu Tausend vergrößert. Von allen Seiten kommen sie aus dem Wald herbeigelaufen und viele von ihnen sind mit Bündeln beladen. Die Augen von Portocarrero, Alvarado und allen anderen funkeln, wann immer ihr Blick, scheinbar beiläufig, auf einen dieser bunt umhüllten Packen fällt. Sicherlich fragen sie sich, was die Bündel enthalten mögen, und jedes Mal antworten sie sich selbst voll gieriger Hoffnung: Gold!

Schließlich lassen wir den Wald wieder hinter uns und treten hinaus auf den sandigen Hang, der zum Meer hin abfällt, von der sinkenden Sonne beschienen. Unsere Schiffe wiegen sich in der Dünung, und die Boote liegen nebeneinander am Strand, von einem Dutzend gelangweilter Männer bewacht.

Als sie Cortés in der Priesterrobe sehen, wie er ihnen singend und Weihrauch schwenkend entgegenschreitet, springen sie auf und reißen die Augen auf. Cortés geht zielstrebig auf ein Boot zu, das umgekehrt im Sand liegt, und schwingt sich darauf.

Die Indianer nähern sich scheu, fallen vor ihm auf die Knie und breiten ihre Gaben aus: kunstvollen Federschmuck, Brote und Früchte, Figuren aus Jade und Grünstein. Auch goldene Gaben sind hier und dort dazwischen, eine kleine Goldmaske, eine winzige Statue, eine Vase mit Blattgoldverzierung. Doch eingeschmolzen ergibt das alles gewiss nur ein paar Bröckchen reines Gold.

Sobald die Indianer ihre Hände wieder frei haben, falten sie sie aufs Neue zum Gebet und stoßen Rufe aus, die entfernt wie *Ave, Maria* oder *Stabat Mater* klingen. Unter diesen Anrufungen begeben sie sich zu den Tauschgaben, die einige Schritte abseits für sie ausgebreitet liegen. Cortés hat offenbar Boten vorausgeschickt und alles vorbereitet: Wer eine Gabe abgeliefert hat, darf sich dafür aus dem Klimperkram etwas auswählen, den wir aus Kuba mitgebracht haben – Scheren und Nadeln, Spiegel und Ketten aus grünen Glasperlen.

In den Gesichtern unserer Männer spiegelt sich Enttäuschung, als sie die geringe Ausbeute an goldenen Gegenständen in Augenschein nehmen. Die Indianer scheinen von unseren Tauschgaben gleichfalls wenig angetan. Nachdem alle Gaben abgeliefert sind und jeder sich etwas im Tausch dafür ausgesucht hat, wird die Stimmung unversehens wieder frostig.

Die Indianer machen finstere Gesichter. Sie messen uns mit drohenden Blicken, und plötzlich wird mir bewusst, dass sie allesamt bewaffnet sind. Mit bemalten Bogen, die sie über der Schulter tragen, mit Köchern voller Pfeile auf dem Rücken, Speeren und gewaltigen Holzprügeln. Doch angesichts unserer Schwerter und Rüstungen bezähmen sie ihren Zorn.

Ein stämmiger Indianer mittleren Alters tritt vor. Sein Kopf ist prachtvoll mit grünen und blauen Federn geschmückt, sein Gesicht in den gleichen Farben bemalt. Er hält einen Speer mit einer faustgroßen Spitze aus schwarzem Stein in der Hand. An seinem Gürtel hängt ein Holzknüppel, in dessen Seiten gezackte Klingen aus dem gleichen schwarzen Stein eingelassen sind. Noch ehe er das Wort ergreift, ist mir klar, dass er niemand anderes sein kann als Häuptling Aak-ek.

Er tritt ganz nah an Cortés heran, der unterdessen von dem Boot heruntergestiegen ist. Aak-ek faucht einen Wortschwall hervor und stößt zur Bekräftigung seinen Speer mit dem stumpfen Ende in den Sand.

Cortés weicht keinen Zoll vor ihm zurück. Sie sind ungefähr gleich groß und berühren sich beinahe mit den Nasen.

»Melchorejo«, sagt er mit vollkommen beherrschter Stimme und sieht dabei dem Häuptling in die Augen. »Frage ihn, warum sie nicht mehr Gold gebracht haben.«

Unser Dolmetscher stammelt irgendetwas und der Häuptling sieht ihn wütend an und faucht eine Antwort.

»Dorfkönig sagen«, radebrecht der verängstigte Melchorejo, »sie hier kein Gold!«

Noch während Melchorejo stammelnd übersetzt, hebt Häuptling Aak-ek seinen Arm und deutet die Küste hinauf nach Norden. »Besteigt eure Inseln und schwimmt davon«, befiehlt er uns. »In groß, groß Stadt Potonchan oben am Tabasco-Fluss gibt es viel, viel Gold!«

Cortés dankt dem Häuptling und verspricht ihm, dass wir bald wiederkehren werden. Aus Aak-eks Miene kann ich mühelos ablesen, dass ihm dieses Versprechen wenig Freude macht.

Unsere Männer raffen die Gaben der Indianer zusammen und verladen sie in die Boote. So starr wie die steinernen Alleebäume in ihrer alten Stadt verharren Häuptling Aak-ek und seine Tausend Krieger am Strand und schauen uns hinterher, während wir die Boote besteigen und zurück zu unseren Schiffen rudern.

»Diese einfältigen Wilden«, sagt Diego später an Bord der *Santa Maria* zu mir. »Wie leicht sie zu beeindrucken sind!«

»Einfältig?«, wiederhole ich, und diesmal bin ich es, der ihn verständnislos ansieht. »Glaubst du das wirklich, Diego?«

Seine Antwort besteht nur aus einem spöttischen Schnauben, aber das ist mir ganz recht so. Wir liegen in unseren Kojen, in dem Verschlag vor Cortés' Kajüte, und ich verschränke die Hände hinter meinem Kopf und schließe die Augen.

Ich muss nachdenken. Was war das eigentlich, frage ich mich, was wir heute erlebt haben? Haben wirklich wir die Indianer überrumpelt – oder waren nicht im Gegenteil sie es, die uns überlistet haben?

Ergründe ihre Herzen!, befehle ich mir. Wie werden die Indianer wohl einschätzen, was heute passiert ist? Zweihundert überlegen bewaffnete Männer sind in ihr Allerheiligstes vorgedrungen – doch sie haben es geschafft, uns wieder zum Abzug zu bewegen. Dabei haben sie nicht einen Krieger verloren und es schlau vermieden, uns mit offener Feindseligkeit zu begegnen. Den Verlust ihrer Götzenbilder können sie gewiss verschmerzen – zumal sie dafür den Altar und die Madonna zurückbehalten haben. Und vielleicht ist Häuptling Aak-ek sogar froh, dass er seinen Schwiegersohn, den falschen Indianer Angemalte Schildkröte, wieder los ist?

Von ihrem Gold, überlege ich weiter, haben wir nur ein paar Krümel erbeutet. Dagegen haben es die Indianer verstanden, aus unserer Goldgier eine Waffe zu schmieden – eine Waffe gegen ihre Feinde im Norden, in der angeblich so goldreichen Stadt Potonchan.

Diego hat schon recht, sage ich mir schließlich, diese Indianer sind unglaublich leicht zu beeindrucken! Doch ich ahne, dass ihre Herzen wie der Strand vor ihrer Bucht sind, die Grijalva »Ersehnter Hafen« getauft hat: Jeder Fußtritt drückt sich dort in den Sand ein, aber nicht lange, dann haben Wind und Wellen alle Spuren wieder verwischt.

Zweites Kapitel

Bringt mir sieben Körbe voll

~ 1 ~

»Besinnt Euch auf Euren Auftrag, Caudillo – ich flehe Euch an!« Mit diesen Worten versucht Francisco de Morla, unseren Herrn von seinen Plänen abzubringen. Dabei müsste er so gut wie jeder andere wissen, dass sich Cortés von einmal gefassten Entschlüssen unter keinen Umständen abbringen lässt.

Nach eintägiger Schiffsfahrt in Sichtweite der Küste sind wir gestern Abend hier vor Anker gegangen, in einer kleinen Bucht unweit der Mündung des Tabasco-Stroms. Die Sonne steht noch tief am Himmel und doch ist es schon wieder stechend heiß. Wenige Meilen flussaufwärts soll die Indianerstadt Potonchan liegen, dessen Herrscher angeblich gewaltige Goldschätze hortet. Jedenfalls hat Häuptling Aak-ek das behauptet.

»Nur die Umrisse der Inseln Yucatan und Don Juan sollen wir erforschen und von Indianern, die an der Küste siedeln, so viel Gold eintauschen, wie wir auf friedlichem Weg erlangen können!«, fährt Morla in dringlichem Tonfall fort. »Aber Gouverneur Velazquez hat uns strikt verboten, ins Landesinnere vorzudringen – das alles wisst Ihr so gut wie ich!«

Morla hat sich eigens von seiner Karavelle zu uns herüberrudern lassen, um mit Cortés zu sprechen. Wir befinden uns noch an Bord der *Santa Maria*, doch die Beiboote sind bereits zu Wasser gelassen und zum Besteigen bereit.

Hernán Cortés sieht ihn mindestens eine halbe Minute lang schweigend an. Ungeachtet der Hitze trägt er wieder seinen Samtumhang und den federgeschmückten Hut. »Du verstehst überhaupt nichts, Francisco«, sagt er schließlich. »Aber das wird sich ändern – heute noch. Du übernimmst das Kommando der einen Brigantine, Sandoval das der anderen. Los geht's!«

Das Blut schießt Morla in die Wangen. Er ist ein Neffe von Gouverneur Velazquez und so blond und hellhäutig wie sein Onkel, wenn auch von weniger massiger Gestalt. Seine Augen werden schmal, seine Kiefer beginnen zu mahlen. Aber er ist klug genug, kein weiteres Widerwort zu wagen.

Als Caudillo besitzt Cortés die oberste Befehlsgewalt über die gesamte Expedition. Damit ist er zugleich unser Richter und kann jeden Mann, der sich seinem Kommando widersetzt, nach spanischem Recht aburteilen – bis hin zur Todesstrafe.

»Wie Ihr befehlt, *Commandante*«, presst Morla hervor und wendet sich ab.

Von Anfang an hat Morla wenig Zweifel daran gelassen, dass er unserem Anführer misstraut. Noch auf Kuba, kurz bevor wir in See stachen, versuchte der Gouverneur, Cortés das Kommando über die Expedition wieder zu entziehen. Anscheinend war ihm klar geworden, dass sich sein einstiger Sekretär nicht an seine Instruktionen halten würde – oder jedenfalls nur so lange, wie sie seinen Plänen nicht zuwiderliefen. Doch Cortés bewies einmal mehr seine unheimliche Überzeugungskraft: Er hielt den Häschern, die Velazquez ausgesandt hatte, eine flammende Rede, und anstatt ihn zu verhaften, schlossen sie sich allesamt der Expedition an. Auch Morla entschied sich, mit uns in See zu stechen, doch jedem war klar, dass er nach dieser Wendung nicht mehr als Gefolgsmann von Cortés mitkommen würde, sondern als Velazquez' Späher.

»Warte noch, Francisco«, sagt Cortés. »Erst wollen wir zusammen den Tabasco-Fluss auf seinen neuen Namen taufen.«

Morla presst die Lippen aufeinander. Stocksteif tritt er an die Reling und sieht zu, wie Cortés dem heidnischen Fluss einen neuen Namen gibt.

Unser Herr breitet die Arme aus. Dabei schaut er in Richtung Westen, wo der gewaltig breite Strom in den Ozean mündet. »Im Namen des Heiligen Vaters und des allerkatholischsten Königs von Spanien«, ruft er, »das Gewässer, das die Indianer Tabasco-Fluss nennen, heißt fortan Rio Grijalva!«

Ich bin nicht besonders abergläubisch, doch bei diesen Worten beschleicht mich ein ungutes Gefühl. So als würden wir, den umgetauften Fluss aufwärts segelnd, nun allesamt so mutlos werden wie Juan de Grijalva.

Kurz darauf fahren wir mit den beiden Brigantinen den Fluss entlang, ein halbes Dutzend Beiboote von den Karavellen im Schlepptau. Unser Spähtrupp besteht nur aus hundertfünfzig Mann, nicht mitgerechnet die Rudersklaven. Der größte Teil unserer Streitmacht ist in der Bucht zurückgeblieben und mit ihnen auch unsere Kanonen und Armbrustschützen.

Anfangs verläuft der Rio Grijalva zwischen hohen Felswänden und ein kräftiger Südwind treibt uns voran. Doch schon hinter der ersten Biegung erlahmt die Brise und die Berge weichen zurück. Stattdessen ragt an beiden Ufern nun Urwald auf, ein Gewirr aus Bäumen, Gestrüpp und armdicken Lianen. Obwohl wir sämtliche Segel gesetzt haben, kommen wir nur noch sehr langsam vorwärts. Die Sklaven in den Beibooten rudern mit aller Kraft gegen die Strömung an. Ihr Keuchen wird übertönt von den vielfältigen Lauten des Dschungels. Den Schreien der Affen, den glucksenden Rufen der Vögel, deren buntes Gefieder in der Sonne leuchtet.

Diego lehnt neben mir an der Reling und schaut mit ausdruckslosem Gesicht auf den Fluss hinab. Ich spüre, dass auch ihm beklommen zumute ist, aber ihn danach zu fragen hat keinen Sinn. Er würde mich nur wieder auslachen, und bei der nächsten Gelegenheit würde er Gonzalo de Sandoval erzählen, dass ich mich wieder einmal »vor den Teufelsjüngern geängstigt« hätte.

Dabei müsste auch Diego zu denken geben, was Häuptling Aak-ek seinem Schwiegersohn Geronimo de Aguilar erklärt hat, bevor er ihn zum Opferstein schleppen ließ: Nur wenn die Indianer ihren Götzen hellhäutige Menschen opfern, sendet der Teufel ihnen als Gegenleistung einen Schadenszauber, der uns vernichtet oder zumindest wieder vertreibt. Nur aus diesem Grund sind unsere Schiffe bisher nicht untergegangen und einzig deshalb wurden wir im Wald bei Puerto Deseado weder von Steinlawinen verschüttet noch von Skorpionen oder Giftschlangen angegriffen: weil der Teufel auch seinen treuesten Jüngern nichts umsonst gibt. Aber wenn die Indianer jetzt auf die Idee kämen, uns hier auf dem Fluss mit ihren Kanus zu umzingeln, dann müssten wir uns ihrer schieren Überzahl geschlagen geben. Nach kürzester Zeit hätten sie genügend Gefangene erbeutet, um ihre Götzen wochenlang mit Christenfleisch zu mästen.

Doch von alledem sage ich nichts – weder zu Diego noch gar zu Cortés.

Der Schweiß tropft mir in den Kragen, dabei bewege ich mich so wenig wie überhaupt möglich. Aber den anderen geht es nicht besser. Auf der Hemdbrust von Francisco de Morla prangt ein Schweißfleck mit den Umrissen eines abstürzenden Adlers. Das Gesicht von Portocarrero ist dunkelrot und glänzt vor Schweiß. Nur ein paar Schritte neben Diego und mir hockt der »Dröhnende« auf einem Holzfass und starrt ungewohnt schweigsam in den Dschungel hinüber.

Selbst Sandoval kommt mir heute weniger draufgängerisch vor. Er steht ganz vorn im Bug der zweiten Brigantine, die an unserer Backbordseite segelt, und seine Blicke schweifen unruhig umher. Dicht nebeneinander fahren wir in der Mitte des wohl dreihundert Fuß breiten Stroms – aus Angst vor Sandbänken, an denen wir stranden könnten, aber wohl mehr noch, um den Speeren und Pfeilen der Indianer kein leichtes Ziel zu bieten.

Der Urwald da drüben sieht nur auf den ersten Blick undurchdringlich aus. Schaut man genauer hin, so erkennt man schmale Wassergräben, die zwischen Ästen und Blättern in der Mittagssonne blitzen. Wie Adern durchziehen sie die Wälder auf beiden Seiten des Rio Grijalva. Es müssen Dutzende, ja Hunderte sein, und überall dort, wo ein solcher Graben in den Rio Grijalva mündet, liegen die Indianer mit ihren Kanus auf der Lauer.

Doch aus irgendeinem Grund scheint Cortés mit keinerlei Zwischenfällen zu rechnen. Oder vielleicht will er auch nur diesen Anschein erwecken – dass wir friedlich und arglos seien wie die Enten im Uferschilf. Neben Kapitän Morla steht er auf der Kommandobrücke und schaut so starr wie beinahe immer voraus. Nicht einmal die finsteren Blicke, die Morla ihm zuwirft, scheint er zu spüren. Aber ich weiß ganz genau, dass dieser Eindruck täuscht. Cortés entgeht nichts von dem, was um ihn herum geschieht. Auf unserem Schiff, draußen im Fluss oder drüben im Dschungel.

Plötzlich schießt von rechts ein Kanu aus dem Dickicht und pfeilschnell auf den Strom hinaus. Da steht Cortés schon steuerbord an der Reling und schaut den Indianern in ihrem Langboot entgegen.

»Orteguilla«, ruft er mir zu, ohne den Blick vom Wasser abzuwenden, »bring mir Melchorejo!«

Ich laufe nach achtern, wo ich den schielenden Fischer zuletzt gesehen habe. »Melchorejo!«, rufe ich. »Rasch – zu unserem Herrn!«

Der Dolmetscher macht einen halbherzigen Versuch, sich hinter einer Taurolle zu verstecken. Ich packe ihn beim Handgelenk und ziehe ihn hinter mir her, zurück ins Vorderschiff. Den Geretteten mit der Schildkrötentätowierung, geht es mir durch den Kopf, habe ich nicht mehr zu sehen bekommen, seit wir vorgestern Abend in Puerto Deseado an Bord gegangen sind. Doch vom Wundarzt Jeminez hörte ich, dass er heute früh aus dem Fieberschlaf erwacht sei.

Als ich mit Melchorejo wieder vorn bei Cortés bin, gehen die Indianer mit ihrem Boot gerade längsseits. Es sind zwölf muskulöse Männer, von stämmiger Gestalt und bis an die Zähne bewaffnet. Sie tragen Umhänge aus Hirschleder, die mit funkelnden Fäden verziert sind, und auf den Köpfen kunstvollen Federschmuck. Ihre Gesichter sind leuchtend gelb und rot bemalt. Mit den zurückweichenden Stirnen und den spitz zugefeilten Zähnen sehen sie bedrohlich aus, wie Raubkatzen mit Menschenkörpern. In den Händen halten sie Blasrohre und hölzerne Knüppel, deren Seiten mit schwarzen Steinsplittern gezähnt sind. In ihren Gürteln stecken weitere Waffen, vielleicht Streitäxte, aber die sind unter den Umhängen nur undeutlich zu sehen.

»Im Namen des allmächtigen Gottes und des Königs von Spanien«, ruft Cortés zu ihnen herunter, »seid mir gegrüßt!«

Ich stoße Melchorejo mit dem Ellbogen an und er stottert eine Grußformel auf Chontal hervor.

»Bärtige Fremdlinge«, antwortet der Indianer mit dem prächtigsten Kopfschmuck, »was sucht ihr hier?« Die Türkissteine zwischen seinen zugefeilten Zähnen glitzern. »Dies ist das Land des Herrschers von Potonchan«, fügt er hinzu, »und ihr habt nicht das Recht, euch hier aufzuhalten!«

Melchorejo wagt es anscheinend kaum, diese grimmige Begrüßung zu übersetzen. Er zieht den Kopf ein und murmelt noch leiser als gewöhnlich vor sich hin. Als der Indianer einen weiteren Satz hervorbellt, zuckt unser Dolmetscher sichtbar zusammen.

»Na los, rede!« Cortés packt ihn im Nacken und drückt ihn gegen die Reling. »Was hat er gesagt?«

»Er … er … Krieger sagen«, stammelt Melchorejo, »Herrscher von Potonchan hat fünftausend Krieger und seine Götter sind tausendmal mächtiger als die Götter der bärtigen Fremden.«

Cortés lauscht dieser Drohung mit einem zerstreuten Lächeln. »Alonso«, ruft er über die Schulter, »schau dir das an!«

Portocarrero kommt zu uns herübergestampft und beugt sich neben Cortés über die Reling. »Bei allen Teufeln der Hölle!«, schreit er und reißt die Augen auf. »Ihre Äxte sind aus reinem Gold! Und ihre Umhänge sind mit Goldfäden durchwirkt!«

Portocarrero und Cortés wechseln einen Blick. In beider Augen bemerke ich wieder jenes fiebrige Glitzern, wie es nur das sonnengelbe Metall hervorrufen kann.

»Wir brauchen Proviant«, sagt Cortés. Seine Stimme klingt ruhig, geradezu gleichgültig, doch im Sprechen packt er Melchorejo aufs Neue im Nacken, wie ein Kaninchen oder einen jungen Hund. »Erkläre ihnen, dass wir nur aus diesem Grund gekommen sind: Wir brauchen Nahrung für unsere Männer. Truthahn und Maisfladen. Das ist alles. Wir werden gut bezahlen und sofort weiterfahren, wenn der Handel abgewickelt ist. Na los, sag es ihnen!«, befiehlt er und versetzt Melchorejo einen Stoß.

Die Indianer unten im Kanu hören sich mit ausdruckslosen Gesichtern an, was unser Dolmetscher zu ihnen herunterstottert. Als Melchorejo zu Ende gesprochen hat, verzieht der Indianer mit dem prächtigsten Federschmuck sein Gesicht zu einer argwöhnischen Grimasse.

»Truthahn, Maisfladen und sonst nichts?«, wiederholt er in ungläubigem Tonfall.

Cortés nickt ihm mit feierlicher Miene zu.

Die Indianer beraten sich murmelnd. »Zwei Meilen flussaufwärts liegt Potonchan«, sagt ihr Sprecher schließlich. »Macht eure Boote am linken Ufer fest und verbringt dort die Nacht. Wenn ihr euch morgen bei Sonnenaufgang auf dem Platz vor unserer Stadt versammelt, sollt ihr die gewünschte Nahrung bekommen.«

Er stößt die zur Faust geballte Rechte in die Luft und schaut grimmig zu unserem Herrn hinauf.

»Aber wagt es nicht, Potonchan zu betreten oder irgendetwas

an euch zu nehmen, das euch nicht gehört«, fügt er hinzu, nachdem Melchorejo fertig übersetzt hat. »Jeder bleichhäutige Fremde, den wir in unserer Stadt aufgreifen, wird den Göttern geopfert!«

Er stößt erneut seine Faust in die Luft. Diesmal folgen alle anderen Indianer im Kanu seinem Beispiel. Aus zwölf Kehlen erklingt ein trillernder Schrei, der mir noch in den Ohren gellt, als das Kanu bereits wieder über den Strom jagt und in einem der Gräben im Uferschilf verschwindet.

~ 2 ~

»Wir haben genug Proviant für mindestens acht Tage«, sagt Morla, nachdem wir schon eine ganze Weile weiter stromaufwärts gesegelt sind. »Allein in unserem Frachtschiff lagern noch fast tausend Rationen Maniokwurzelbrot und mehr als doppelt so viele Rationen Dörrfleisch«, fährt er fort. »Also lasst uns umkehren, Caudillo – diesen Wilden ist nicht zu trauen! Und nach den Instruktionen, die Euch Gouverneur Velazquez erteilt hat …«

Er unterbricht sich mitten im Satz. Sein Unterkiefer klappt herunter, seine Augen werden groß und starr. Ich folge seinem Blick und schaue zum rechten Flussufer hinüber. Unvermittelt endet dort der Urwald und macht einer vollkommen kahlen Fläche von gewaltiger Ausdehnung Platz. Einem natürlichen Felsplateau, denke ich zuerst, aber dann erkenne ich, dass der gesamte Platz mit jenem gehärteten Stuck überzogen ist, den die Indianer auch für ihre Straßen verwenden. Er misst mindestens dreihundert Schritte in der Breite und zweihundert in der Tiefe, und was sich dahinter erhebt, kommt mir noch tausendmal wundersamer vor. Eine Stadt von so unglaublicher Pracht und Größe, mit hoch in den Himmel emporragenden Türmen und Pyramiden, dass ich mich fühle wie in einem Traum oder in einem Abenteuerroman.

Aber das hier ist kein Traum. Und es ist auch keine Fantasiewelt aus einem Ritterroman, sage ich mir – was sich da am Ufer zu unserer Rechten unabsehbar weit erstreckt, muss die Maya-Stadt Potonchan sein. Eine breite Allee, gesäumt von baumartigen Steinskulpturen, verläuft über den Platz, geradewegs auf einen gewaltigen Torturm zu. Vor einer halben Stunde noch, als der Indianer aus dem Kanu behauptet hat, ihr Herrscher könne fünftausend Krieger aufbieten, da kam mir das wie eine prahlerische Übertreibung vor. Aber in der Stadt da drüben, sage ich mir jetzt, müssen mindestens zwanzig- oder dreißigtausend Menschen wohnen – also wird es dort bestimmt auch fünftausend Männer geben, die in der Kriegskunst geübt sind. Und wenn sie auch nur einen Einzigen von uns gefangen nehmen und ihren Göttern in der vorgeschriebenen Weise opfern, dann setzt sich der Teufel persönlich an ihre Spitze und macht uns mit einem grauenvollen Vernichtungszauber nieder.

Ich meine schon zu spüren, wie die Verzagtheit Grijalvas auf mich überspringen will. Doch ich schüttele mich, um die düsteren Gedanken loszuwerden – und mehr noch, weil mich ein Frösteln überläuft.

»Was ist denn mit dir los?«, fragt Diego und schaut mich von der Seite spöttisch an. »Dir ist doch nicht etwa kalt?«

Ich lache ihm ins Gesicht, so unbekümmert ich das nur hinbekommen kann. »Bei der Hitze?«, rufe ich aus. »Wie soll das denn gehen, Dummkopf?«

Bevor er mir irgendetwas antworten kann, wende ich mich ab und starre aufs Neue zur Indianerstadt hinüber.

»Wir gehen vor Anker«, befiehlt Cortés. »Am linken Flussufer, wie von unseren neuen Freunden gewünscht.« Er fährt sich mit der flachen Hand über das Gesicht, als hätte auch er Mühe, seinen Augen zu trauen. Die Pyramiden und Türme sind mit kräftigen Rot- und Grün- und Ockertönen bemalt und leuchten in der Mittagssonne so intensiv wie die Federn der prächtigsten Urwaldvögel. »Lass am Waldrand ein Lager aufschlagen«, weist er Portocarrero an. »Doppelte Wachen, die ganze Nacht über. Wer ohne meine Erlaubnis das Lager verlässt, wird wegen unerlaubten Entfernens gehenkt!«

Portocarrero salutiert grinsend und schwingt sich über Bord, noch während der Anker in den sandigen Flussgrund hinunterrasselt.

»Gonzalo!«, ruft Cortés zur zweiten Brigantine hinüber. »Warte, bis es dunkel ist. Dann alles wie besprochen – Plan Nummer zwei.«

Sandoval lacht und nickt. Er strahlt über das ganze Gesicht und seine Augen blitzen vor Übermut. Er winkt Diego und mir zu, wir winken lachend zurück – und im gleichen Moment wird mir klar, was Cortés vorhat. Was er mit Sandoval und wohl auch mit seinen beiden anderen Vertrauten als »Plan Nummer zwei« schon gestern besprochen hat, während wir an der Küste entlangfuhren.

Der »Tollkühne« soll im Schutz der Nacht von den anderen Schiffen Verstärkung herbeiholen – und das nicht etwa, weil sie einen Überfall der Indianer fürchten. Ganz im Gegenteil lässt Sandovals lachende Vorfreude nur einen Schluss zu: »Plan Nummer zwei« bedeutet, dass wir die Indianerstadt angreifen werden!

Erneut überläuft mich ein frostiger Schauder. Aber das heißt überhaupt nicht, dass ich an Cortés' Weisheit zweifeln würde – es fehlt mir nur manchmal an der nötigen Kühnheit, um die Weisheit seiner Pläne sogleich zu erkennen.

Der restliche Tag vergeht mit der Errichtung unseres Nachtlagers. Die kubanischen Sklaven schlagen Hunderte junger Bäume und erbauen daraus mit verblüffender Raschheit ein ganzes Rundhüttendorf. Die Hütten werden mit Palmwedeln gedeckt, und kaum ist diese Arbeit getan, da wird der Himmel schwarz und ein gewaltiger Sturzregeln prasselt auf uns nieder. Diego und ich flüchten uns mit Cortés und Sandoval in eine der Hütten. Hier drinnen ist es düster und eng und es riecht nach frisch geschlagenem Holz. Durch die scheinbar achtlos übereinandergeworfenen Palmzweige dringt kein einziger Regentropfen.

»Genauso wasserdicht«, sagt Sandoval und deutet lachend nach oben, »wie Plan Nummer zwei!«

Gerade in diesem Moment tritt Francisco de Morla ein, mit finsterer Miene und bis auf die Haut durchnässt. »Wozu der Aufwand, Commandante?«, knurrt er. »Ein ganzes Dorf für eine Nacht! Warum habt Ihr nicht befohlen, dass wir die Nacht auf den Schiffen an der Küste verbringen und morgen früh hierher zurückkehren – wenn Ihr schon unbedingt Proviant von den Wilden kaufen wollt?«

Obwohl die Hütte kaum drei mal drei Schritte misst, geht Cortés mit raschen Schritten auf und ab, wie es seine Gewohnheit ist.

»Du verstehst immer noch nicht, Francisco«, sagt er im Tonfall milden Tadels. »Und vor allem hast du etwas Wichtiges übersehen: Dieses Hüttendorf, wie du es nennst, ist für unseren Spähtrupp viel zu groß geraten. Rechne einmal nach: Wir können hier glatt dreimal so viele Männer unterbringen, wie heute früh mit uns aufgebrochen sind. Sogar für Artilleristen haben wir Platz genug, ganz zu schweigen von den Armbrustschützen.«

Er bleibt vor Morla stehen und schaut zu dem um eine halbe Haupteslänge Größeren empor. Doch wenn Cortés seinen Kopf in den Nacken legt, sieht das seltsamerweise immer so aus, als schaue er auf sein Gegenüber hinunter.

»Nur wenn wir auch noch die Pferde herbeiholen wollten«, fügt er mit sanfter Stimme hinzu, »würde es etwas eng werden. Aber diese Wunderwaffen halten wir fürs Erste noch geheim.«

Velazquez' Neffe starrt unseren Herrn an. Sein Gesicht drückt Wut und Verwirrung aus, dann allmähliches Begreifen und noch mehr Wut. »Ihr wollt also«, stößt er hervor, »im Schutz der Dunkelheit weitere Kompanien von der Küste hierher verlegen? Mitsamt Armbrustschützen und Artillerie? In dieses Hüttendorf? Aber zu welchem Zweck?«

Cortés wirft Sandoval einen raschen Blick zu. »Liegt das nicht auf der Hand, Francisco?«, gibt er zurück und schüttelt den Kopf. »Truthahn und Mais für siebenhundert Mann – glaubst du wirklich, dass sie uns morgen früh so viel Proviant liefern werden?« Er legt erneut seinen Kopf in den Nacken und mustert Francisco de Morla wie einen begriffsstutzigen Schüler. »Wir müssen Geduld aufbringen, bis sie unsere Wünsche schließlich doch noch erfüllen. Morgen werden sie uns nicht einmal zwanzig Rationen bringen – das weiß ich genau.«

Morla kneift die Augen zusammen. »Das wisst Ihr genau?«, wiederholt er in einem Tonfall, in dem sich Erstaunen und Ärger die Waage halten. »Aber woher denn, in Gottes Namen?«

»Da hast du dir deine Frage schon selbst beantwortet«, erwidert Cortés und seine Miene wird feierlich. »Gott der Herr hat es mir verkündet – vor einigen Nächten im Traum.«

Er wendet sich um und geht zur Tür. Schlank, beinahe zierlich steht er da, an den notdürftigen Türrahmen gelehnt, und schaut nach draußen, wo sich knöcheltiefe Pfützen im Schlamm gebildet haben. Regenwasser tropft von Dächern und Bäumen, doch der Himmel ist schon wieder wolkenlos. Über der Stadt Potonchan auf der anderen Flussseite geht gerade eben die Sonne unter, ein glühend roter Ball.

»Ihr habt es geträumt?«, wiederholt Morla.

Dabei schaut er erst Sandoval, dann mich, schließlich sogar Diego hilfesuchend an. Doch wir alle starren so ausdruckslos zurück, als ob wir auch nur solche steinernen Baumskulpturen wären wie die da drüben auf dem unglaublich großen Platz.

Vor einigen Wochen hat mir Cortés erzählt, dass er noch in Sevilla dreimal hintereinander geträumt hat, wie er in der Neuen Welt zum König gekrönt würde. Vorher war er sich noch nicht ganz sicher gewesen, ob er wirklich nach Kuba reisen sollte. Aber nach diesen »prophetischen Träumen«, erklärte er mir, stand für ihn fest, dass Gott selbst ihn als Sein Werkzeug ausersehen habe.

»Ganz recht«, sagt er jetzt über die Schulter, ohne Morla oder irgendwen dabei anzusehen. »Zuerst habe ich Orteguillas vorzüglichen Bericht über die verborgensten Herzensgründe von Geronimo de Aguilar gelesen«, fährt er fort und mein Herz macht einen freudig erschrockenen Satz. »Anschließend habe ich geschlafen und im Traum ganz genau vor mir gesehen, was morgen früh da drüben auf dem Platz geschehen wird: Wir werden uns dort mit dreihundertfünfzig Mann versammeln, und eine Abordnung der Indianer wird uns ein schmales Dutzend Truthahnrationen bringen und beteuern, dass sie mehr nicht für uns haben.«

~ 3 ~

Während der Nacht brennen drüben in Potonchan Hunderte Fackeln und Feuer. Nicht anders als wir treffen auch die Indianer irgendwelche Vorbereitungen, und im Unterschied zu uns machen sie sich nicht die Mühe, ihre Betriebsamkeit zu verbergen. Ganz im Gegenteil – Stunde um Stunde schallen Trommelschläge und schrille Flötentriller zu uns herüber.

Vielleicht beschwören sie ihre Höllengötter, damit die ihnen morgen beistehen. Oder sie hoffen, uns mit dem teuflischen Gelärme zu zermürben, damit wir unverrichteter Dinge wieder abziehen, so wie Grijalva und seine Leute die Flucht ergriffen haben. Das Herz hämmert mir in der Brust, auch mein Pulsschlag ist erhöht. Aber als Diego wieder einmal eine abschätzige Bemerkung über die »einfältigen und feigen Wilden« macht, beeile ich mich, ihm zuzustimmen.

Nicht, dass ich wirklich seiner Meinung wäre. Doch in dieser unheimlichen Nacht wünsche ich mir mehr als alles andere, dass er recht behält. Dass die Indianer im Schutz der Nacht fliehen und wir morgen früh ihre Stadt verlassen vorfinden werden.

»Siehst du, Orte«, sagt Diego leise und zeigt zur anderen Flussseite. »Sie hauen ab!«

Tatsächlich entfernt sich dort drüben ein langer Zug schwankender Lichter nach Süden hin aus der Indianerstadt. Ich schaue ihm hinterher, bis das letzte Fackellicht vom Urwald verschluckt worden ist.

»Aber das Trommeln und Flöten«, wende ich ein, »es ist so laut wie vorher – und es kommt nach wie vor aus der Stadt!«

Bis zu den Knien stehen wir im Uferwasser des Rio Grijalva, einige Hundert Schritte flussabwärts vom Lager. Zusammen mit einem halben Dutzend von Sandovals Männern weisen wir die Boote ein, die seit Anbruch der Nacht eines nach dem anderen von unserem Stützpunkt an der Küste hier eintreffen. Flüsternd und mit pantomimischen Gebärden machen wir den Männern klar, wo sie die Boote festzurren sollen und wo der rasch angelegte Pfad verläuft, auf dem sie ihre Ausrüstung ins Lager transportieren können. Ihre Rüstungen und Schwerter, Arkebusen und Armbrüste. Auch drei Feldschlangen haben sie in den Booten hierhergeschafft, doch der Boden ist so weich, dass die Geschütze bis über die Achsen im sandigen Schlamm versinken.

Glücklicherweise ist unterdessen auch Pedro de Alvarado eingetroffen und wie immer weiß der »Durchtriebene« Rat. Er befiehlt, dreißig Sklaven herbeizuholen, die den Pfad von der Landestelle bis zum Lager mit Ästen und Zweigen aus dem Unterholz auslegen sollen. Rumpelnd und rasselnd rollen gegen vier Uhr früh alle drei Feldschlangen hintereinander auf ihren klobigen Rädern den Pfad entlang. Es hört sich an wie Donnergrollen und der Boden unter meinen Füßen erzittert.

»Wenn sie das mitkriegen«, behauptet Diego, »hauen sie noch schneller ab!«

Plötzlich taucht Sandoval neben uns auf und gibt Diego einen freundschaftlichen Stüber. »Die hauen nicht ab, Jungs«, sagt er leise lachend. »Die bringen nur ihre Frauen und Kinder in Sicherheit – und gleichzeitig verlegen sie Krieger aus den umliegenden Dörfern in die Stadt.«

Diego reißt die Augen auf. »Woher wisst Ihr das, Don Gonzalo, wenn Ihr die Frage erlaubt?«, murmelt er ehrerbietig.

Sandoval schiebt sich zwischen Diego und mich und legt uns jedem einen Arm um die Schultern. Dass sich der »Tollkühne« dazu herablässt, uns Pagen etwas zu erklären, kommt höchst selten vor. Mein Herz jubelt ihm entgegen, und im Schein des Mondes, der über dem Fluss zwischen rabenschwarzen Regenwolken hervoräugt, sieht Diegos Gesicht beinahe schreckensstarr aus. Aber das kommt nur von seiner Angst, sich vor unserem verehrten Vorbild durch irgendwelches blödes Gestammel zu blamieren. Auch mich versetzt Sandovals Gegenwart immer in ungeheure Spannung und Diego bewundert ihn noch viel maßloser als ich.

»Ganz einfach, Jungs«, sagt Sandoval und hat immer noch dieses Strahlen im Gesicht. »Der Herrscher von Potonchan hat zehn- oder vielleicht sogar zwanzigmal mehr Männer unter Waffen als wir. Warum also sollte er seine Stadt kampflos aufgeben?«

Diego wirft mir einen ratlosen Blick zu. Er wirkt verunsichert und verwirrt, und ich kann mir leicht denken, was ihn so durcheinanderbringt. »Weil der Allmächtige mit *uns* ist«, sagt er schließlich, »und mit den Wilden nur der Teufel!« Er stößt es in empörtem Tonfall hervor und erschrickt im nächsten Moment über sich selbst. »Verzeiht, Don Gonzalo«, murmelt er und beißt sich auf die Unterlippe, während sich seine Wangen vor Verlegenheit röten.

Sandovals Lächeln wirkt nun ein wenig spöttisch. Er umfasst uns fester bei den Schultern und schüttelt uns ein wenig hin und her. »Warten wir's ab«, sagt er dann aber nur, »nachher werden wir bestimmt schon etwas klarer sehen.« Er lässt Diegos und meine Schultern wieder los und wendet sich halb zu Alvarado um, der ihm vom Pfad her Zeichen macht.

»Was werden wir sehen?«, frage ich.

Sandoval dreht seinen Kopf noch einmal zu uns zurück. »Ich bin kein Priester, Orteguilla«, sagt er, und ich spüre, dass ihm unser Gespräch unbehaglich wird. »Aber eines weiß ich«, fügt er hinzu. »Der Teufel kann nur Trugbilder erzeugen und durch seine Dämonen kurzzeitig Verwirrung stiften. Und ich bin ziemlich sicher, dass die Stadt da drüben keine Spukerscheinung, sondern aus soliden Steinen ungemein kunstvoll erbaut worden ist.«

Diego und ich starren uns an. Wir beide überlegen verzweifelt, wie Sandoval diese Worte gemeint hat und was wir darauf antworten sollen. Doch währenddessen eilt der »Tollkühne« bereits die sandige Böschung zu dem Pfad empor, wo Alvarado auf ihn wartet.

»Er wollte doch bestimmt nicht andeuten«, murmele ich, »dass Gott der Herr auch den Indianern beisteht – genauso wie uns? Oder was glaubst du, Diego?«

Aber Diego hat alle Verwirrung längst wieder tief in seinem Herzen begraben. »Natürlich nicht!«, sagt er. »Wir müssen ihn irgendwie falsch verstanden haben. Und jetzt will ich noch ein paar Stunden schlafen – bevor es da drüben losgeht.«

4

Als wir in unsere Boote steigen und zur Indianerstadt übersetzen, geht die Sonne gerade erst auf. Die Luft ist noch kühl, aber so feucht, dass ich trotzdem bei der kleinsten Bewegung ins Schwitzen komme. Graue Wolken treiben durch den Himmel – in der Morgendämmerung ist ein weiterer Sturzregen niedergegangen. Unsere Hütten haben auch dieser Flut getrotzt, doch das Prasseln der Tropfen und das unaufhörliche Dröhnen der Trommeln haben mich wach gehalten. Dabei war ich so müde, dass um mich herum alles zu schwanken schien, als ich endlich in meiner Hängematte lag.

Diego schlief natürlich auf der Stelle ein, und vorhin hatte ich Mühe, ihn überhaupt wieder wach zu bekommen. »Geh allein, Orte«, murmelte er schlaftrunken, »lass mich in Ruhe!« Doch nur einen Wimpernschlag später war er hellwach und noch vor mir bereit zum Abmarsch.

Mit dreihundertfünfzig Mann in voller Rüstung samt Schilden und Schwertern marschieren wir die Allee mit den steinernen Baumskulpturen entlang. Es sind gleichmäßig geformte Steinsäulen, fast sechs Fuß hoch und von oben bis unten mit Fratzen und Bildzeichen bedeckt. Doch obwohl mein Kopf vor Müdigkeit dröhnt, erkenne ich, dass Sandoval ganz offensichtlich recht hat: Diese Allee, der ganze weite Platz und sicher auch die riesenhafte Stadt dahinter sind kein Trugbild, das uns durch irgendeinen Teufelszauber vorgegaukelt wird.

Das alles hier ist von indianischen Steinmetzen und Bildhauern mit einer Kunstfertigkeit erbaut worden, die ich bewundern muss, ob ich will oder nicht. Ein Wall von wenigstens neun Fuß Höhe grenzt die Stadt von dem gewaltigen Vorplatz ab, in regelmäßigen Abständen von Türmen unterbrochen. Die Allee läuft auf den mächtigsten dieser Türme zu, doch das Tor an ihrem Ende ist ebenso wie alle anderen geschlossen. Auch in den schmalen Fensterluken weiter oben in der Mauer ist kein Gesicht und auch kein Blasrohr oder Bogen mit eingelegtem Pfeil zu sehen. Hinter dem Wall erheben sich gewaltige Pyramiden, weitere Türme, unzählige Ziegelbauten und Säulenhallen von solcher Ausdehnung, wie es sie wahrscheinlich in ganz Spanien nicht zu sehen gibt.

»Und sie sind doch abgehauen«, flüstert Diego neben mir, »jede Wette!«

Tatsächlich ist aus dem Innern der Stadtmauern kein Laut mehr zu hören. Weder Trommeln noch Flötentriller. Allerdings dröhnen und rasseln unsere Männer mit ihren Rüstungen ohrenbetäubend.

Ich schüttele den Kopf in Diegos Richtung. Der »Tollkühne« hat recht, denke ich wieder – die Maya von Potonchan waren imstande, diese Ehrfurcht gebietende Stadt zu errichten, und ihr Herrscher gebietet über zehn- oder zwanzigmal mehr Bewaffnete als wir. Warum sollten er und seine Männer vor ein paar Hundert fremden Kämpfern fliehen?

Doch damit bin ich auch gleich wieder bei der Frage, die mich noch viel stärker beunruhigt. Woher haben diese Indianer überhaupt die Fähigkeit, Städte und Statuen zu errichten, die sich mit spanischen Bau- und Kunstwerken messen können – obwohl sie doch falsche Götzen anbeten, hinter denen sich bloß der Teufel verbirgt? An diesem Rätsel grübele ich noch herum, als unser Zug ein paar Dutzend Schritte vor dem Stadttor zum Stehen kommt.

Diego und ich marschieren unmittelbar hinter Cortés, an dessen linker Seite Portocarrero dahinstampft. Auch der »Dröhnende« hat seine Rüstung angelegt, doch unser Herr trägt wie üblich seinen Samtumhang und den federgeschmückten Hut. Die Goldfäden in seinen Strümpfen und die goldenen Quasten an seinem Überwurf funkeln in der Morgensonne. Vor Cortés und Portocarrero befindet sich nur noch unser Fahnenträger, der die spanische Flagge an ihrem Messingstab in den grauen Morgenhimmel emporreckt.

Ich beuge mich ein wenig nach rechts, um an Cortés vorbeizuspähen. Und da wird mir klar, warum unsere Kolonne plötzlich stehen geblieben ist.

Das zweiflügelige schwarze Holztor am Ende der Allee schwingt gerade eben mit leisem Knarren auf. Eine unabsehbare Schar bewaffneter Krieger strömt auf den Platz heraus – es müssen Hunderte sein! Sie tragen kunstvollen Federschmuck auf den Köpfen und ihre Gesichter und Oberkörper sind in kräftigen Farben bemalt. Sie halten Knüppel mit steinernen Klingen in den Händen oder wuchtige Streitäxte, deren Köpfe tatsächlich golden funkeln.

Aber goldene Äxte, denke ich, das ergibt doch keinen Sinn? Jeder weiß doch, dass Gold nicht nur kostbarer ist als jedes andere Metall, sondern auch viel weicher als Eisen oder sogar als viele Steinsorten.

Doch ich komme nicht dazu, darüber nachzudenken. Immer noch eilen Scharen bemalter und bewaffneter Krieger aus dem Torturm, und jetzt sehe ich auch, dass die Fensterluken in der Mauer mit Bewaffneten besetzt sind. Mittlerweile müssen es weit mehr als Tausend Krieger sein, die zu uns auf den Platz herausgekommen sind. Sie machen keine Anstalten, uns zu umzingeln oder anzugreifen, aber sie schauen grimmig und abweisend. Einige von ihnen halten Speere in der Hand, die so dick wie junge Baumstämme sind. Anderen baumeln bemalte und mit Schnitzereien verzierte Blasrohre vor der Brust.

Als Letzter tritt ein kostbar gekleideter Indianer mit langen grauen Haaren aus dem Tor, begleitet von sechs jungen Männern, die jeder einen Flechtkorb auf dem Rücken tragen. Auf dem Kopf des Grauhaarigen sitzt ein kunstvoller Federschmuck, dessen Enden hinter ihm fast auf dem Boden schleifen, während er mit feierlichen Schritten durch die steinerne Allee auf uns zukommt. Für einen Indianer ist er ungewöhnlich hochgewachsen und sein Umhang aus Hirschleder ist über und über mit Goldstickereien verziert.

Unser Fahnenträger tritt zur Seite und Cortés schreitet dem Grauhaarigen ebenso feierlich entgegen. Als sie noch drei Schritte voneinander entfernt sind, bleiben beide gleichzeitig stehen. Auf ein Zeichen von Cortés hin hebt unser Fahnenträger sein Horn an die Lippen und spielt einen grandios aufsteigenden Fünfton. Es hört sich an, als ob ein Engel in den Himmel emporfliegen würde, doch der grauhaarige Indianer verzieht keine Miene.

Er knurrt irgendetwas und seine Begleiter stellen ihre Körbe vor Cortés ab. Dann beginnt er mit fauchender Stimme zu sprechen und ich greife hinter mich und ziehe Melchorejo zwischen zwei Konquistadoren hervor.

»Was hat er gesagt?«, flüstere ich. »Übersetze, Melchorejo – und keine Angst, du schaffst das schon!«

Melchorejo schlottert vor Angst und stammelt irgendetwas vollkommen Unverständliches vor sich hin. Ich sehe ihn von der Seite beschwörend an, und da steigt in mir eine Ahnung auf, was mit ihm los ist. Wahrscheinlich stammt er ursprünglich aus dieser Gegend und hat Angst, dass ihn seine Leute erkennen und als Verräter beschimpfen oder sogar töten werden.

»Keine Sorge, Melchorejo«, wiederhole ich flüsternd. »Sie werden dir nichts tun, bei uns bist du in Sicherheit!«

»Hier ... hier wir euch bringen«, stammelt unser Dolmetscher, »sechsmal zwei Portionen Truthahn und Mais. Nehmt es, wir schenken es euch – und nun geht!«

Diese letzten Wörter bringt Melchorejo mit eingezogenem Kopf und nahezu winselnd hervor. Zweifellos ähnelt das, was uns der grauhaarige Indianer gebracht hat, sehr viel eher einer Schmähung als einem Geschenk. Jeder der sechs Körbe enthält zwei gebratene Truthahnschenkel, umwickelt mit Maisfladen und in Palmblätter gehüllt. Zwölf Rationen für ein sechzigmal größeres Heer!

Doch unser Herr scheint nicht im Mindesten erzürnt. Ein stilles Lächeln kräuselt seine Lippen. Während ich ihn ansehe, wird mir klar, warum er so heiter und mit sich selbst zufrieden wirkt: Was wir hier gerade erleben, hat er ganz genau so vorausgeträumt.

»Im Namen des allmächtigen Gottes und des Königs von Spanien«, antwortet Cortés, »danke ich dir für dein Geschenk, Herrscher von Potonchan. Wenn du mir nun auch noch verrätst, wie ich meine Männer mit einem Dutzend Rationen satt bekommen kann, will ich deinen Wunsch sogleich erfüllen.« Er wendet sich halb um und deutet mit ausgestrecktem Arm auf unsere Streitmacht. »Das hier sind dreihundertfünfzig Männer«, fährt er fort, nachdem Melchorejo zitternd und stotternd übersetzt hat, »und noch einmal so viele Männer sind bei unseren Schiffen an der Küste.«

Er macht einen Schritt auf den grauhaarigen Indianer zu und der zieht drohend die Augenbrauen zusammen. »Du scheinst das Geheimnis zu kennen«, spricht Cortés weiter, »wie ich alle diese Kämpfer mit einem Dutzend Truthahnrationen sättigen kann. Also lass mich an deinem Wissen teilhaben, Herrscher von Potonchan! Oder aber, falls du dieses Wunder nicht zu wirken vermagst, befiehl deinen Leuten, mehr Nahrung herbeizuschaffen. Viel mehr«, fügt er hinzu. »Sehr viel mehr, Herrscher von Potonchan – so viel, dass alle meine Männer ihren Hunger stillen können. Wir werden euch gut dafür bezahlen, und danach werden wir weiterfahren, das verspreche ich dir. Aber bevor du uns diese Bitte erfüllt hast, können wir auf keinen Fall auf unsere Schiffe zurückkehren.«

Melchorejo windet sich wie eine Schlange. Ich halte ihn an den Handgelenken fest und rede flüsternd auf ihn ein. »Kann nicht … kann nicht«, sträubt sich unser Dolmetscher und schielt gleichzeitig zu dem grauhaarigen Indianer und zu Cortés. »Wenn ich das sage – er reißt uns allen das Herz heraus!«

»Raus damit, Stinkfisch!«, zischt ihm Portocarrero zu.

Natürlich meint der »Dröhnende« nur, dass er endlich mit der Übersetzung herausrücken soll. Aber Melchorejo heult auf und krümmt sich zusammen, als sollte ihm wahrhaftig das Herz herausgerissen werden.

Mit hängendem Kopf beginnt er, auf Chontal zu wiederholen, was Cortés eben gesagt hat. Mit jedem Wort wird die Stimmung bei den Indianern noch feindseliger. Als Melchorejo geendet hat, schreien alle durcheinander und schwingen ihre Speere. Sie bilden eine dichte Traube vor dem Tor und um ihren Anführer herum, der nun seine Rechte zur Faust ballt und in die Luft emporstößt.

Augenblicklich kehrt wieder Ruhe ein. Der grauhaarige Indianer greift unter seinen kostbar verzierten Umhang und zieht einen funkelnden Gegenstand hervor. Dazu faucht er etwas und bleckt seine spitz zugefeilten Zähne.

»Du scheinst mich für den Herrscher von Potonchan zu halten, doch ich bin nur ein Gesandter unseres Königs«, übersetzt Melchorejo. »Diese Maske hier ist aus reinem Gold geschmiedet. Unser Herrscher schenkt dir auch dieses Kunstwerk, bärtiger Fremdling. Nimm es – und dann geht!«

Er macht gleichfalls einen Schritt nach vorn und überreicht Cortés die Maske. Sie ist groß genug, um das Gesicht eines Mannes vollständig zu bedecken, und überaus prachtvoll gearbeitet. Doch unser Herr wirft nur einen kurzen Blick auf das funkelnde Kunstwerk und reicht es scheinbar achtlos an Portocarrero weiter. Seine Augen glitzern, aber das bemerkt in diesem Moment wohl niemand außer mir.

»Richte deinem König meinen Dank aus«, sagt er. »Ich bin Hernán Cortés, der Statthalter des einzigen und allmächtigen Gottes. Teile ihm das mit. Und erkläre ihm, dass wir sein Angebot gerne annehmen.«

Bereitwillig übersetzt Melchorejo, und auch der Gesandte des Königs von Potonchan vergisst für einen Moment, finster dreinzublicken. »Welches Angebot meinst du?«, erkundigt er sich.

»Dein König bietet uns nicht nur Proviant, sondern auch Gold an«, antwortet Cortés. Wie zum Beweis deutet er auf die Körbe am Boden und anschließend auf die Maske in Portocarreros Händen. »Versichere ihm, dass wir dieses Angebot sehr zu schätzen wissen«, fährt unser Herr fort. »Bringt uns siebenhundert Rationen Truthahn und Maisfladen – und außerdem sieben solcher Körbe voller Gold. Wir werden gut bezahlen und noch am gleichen Tag weiterfahren.«

Der grauhaarige Gesandte starrt Cortés ungläubig an. Sämtliche Indianer schreien aufs Neue durcheinander, doch diesmal kommen sie mir weniger zornig als verängstigt vor.

»Sieben Körbe voller Gold?«, wiederholt der Gesandte, nachdem er seine Krieger zum Schweigen gebracht hat. »Dein Gott muss dir den Verstand verwirrt haben! Wenn ihr so viel Gold haben wollt, geht weiter nach Norden, nach Cholollan – oder besser gleich bis nach Tenochtitlan! Hier in der Gegend gibt es keine Goldminen. Unser König besitzt nur einige wenige goldene Kunstwerke – und das kostbarste davon habe ich dir eben überreicht.«

Cortés wirft Portocarrero einen raschen Blick zu. Seine Augen glänzen, seine Wangen sind rosig überhaucht. Beinahe kommt er mir wie ein leidenschaftlicher Jüngling vor, der gerade eben erfahren hat, an welchem Ort er seine schmerzlich vermisste Geliebte wiederfinden wird.

Doch als er sich erneut dem Indianer zuwendet, ist sein Gesicht so ausdruckslos wie beinahe immer. »Nur der Teufel stiftet Verwirrung«, lässt er den Gesandten wissen. »Der einzige und allmächtige Gott dagegen erleuchtet mich mit Weisheit und schärft meinen Verstand wie ein Schwert. Also geh jetzt und richte deinem König aus, dass wir siebenhundert Proviantrationen und sieben Körbe voller Gold von ihm wollen. Falls er wirklich nicht so viel aufbringen kann, gebietet es die Höflichkeit, dass er selbst mir das sagt.«

Melchorejo übersetzt schwitzend und stammelnd. Der grauhaarige Gesandte schaut ihn fassungslos an.

»Heute in drei Tagen«, fügt Cortés hinzu, »werden wir uns erneut hier einfinden, wiederum zur frühesten Morgenstunde. Wenn ihr schon vorher alles beisammen habt, schickt einen Boten zu uns herüber.«

»Und wenn unser Herrscher eure Bitte nicht erfüllt?« Der grauhaarige Gesandte bleckt erneut seine Raubkatzenzähne. Es sieht aus wie ein höhnisches Grinsen, doch im nächsten Moment blickt er wieder ernst und finster drein.

Cortés schaut ihn mit übertriebenem Erstaunen an. »Er selbst hat es angeboten!«, ruft er aus.

Einen Moment lang sieht es aus, als ob er noch etwas hinzufügen wollte. Doch dann tippt er sich nur mit dem Zeigefinger an die Hutkrempe und wendet sich ohne ein weiteres Wort ab. Er winkt ein halbes Dutzend unserer Männer herbei, die sich die Körbe auf den Rücken laden.

Währenddessen beginnen die Indianer abermals durcheinanderzuschreien. Ihre goldenen Streitäxte funkeln im Licht der aufsteigenden Sonne. Einige greifen zu ihren Waffen, aber es ist nur ein zaghaftes Zucken. Viel lauter als ihre Rufe ist der jubelnde Dreiton, der in diesem Moment aus dem Horn unseres Fahnenträgers erschallt. Unser Heerzug wendet sich um und marschiert zurück zum Rio Grijalva. Als ich noch einmal über meine Schulter schaue, stehen die Indianer und ihr hochgewachsener Gesandter wie erstarrt vor dem Torturm, beinahe so, als ob sie selbst zu Skulpturen versteinert wären.

Vielleicht hat Cortés ja deshalb dem Tabasco-Fluss gerade diesen neuen Namen gegeben, geht es mir durch den Kopf – damit Grijalvas Verzagtheit die Indianer von Potonchan ergreift?

6

Zwei Tage später sitzen wir immer noch im Hüttendorf auf der anderen Flussseite und scheinbar geschieht überhaupt nichts. Das Tor drüben in der Stadtmauer bleibt Tag und Nacht verschlossen und auf dem riesigen Vorplatz lässt sich kein Indianer sehen. Natürlich wagt niemand in unserem Lager, offen gegen Cortés' Pläne aufzubegehren, aber genauso wenig versteht irgendjemand, wie diese Pläne überhaupt aussehen. Außer seinen Vertrauten, der ungleichen Dreiheit, doch die wagt auch niemand zu fragen.

Mit starrer Miene marschiert Cortés auf und ab, wie es seine Gewohnheit ist. Mal unten am Flussufer, mal oben am Waldrand, scheinbar blicklos, Stunde um Stunde. Gestern hat er weitere Kompanien von den Schiffen herbeibeordert. Unter der Führung von Alvarado und einem schon älteren Konquistador namens Alonso de Avila fuhren sie in einem halben Dutzend Booten weiter den Fluss hinauf. Sie sollen erkunden, ob es dort oben eine

Möglichkeit gibt, rasch und unbemerkt auf die Hinterseite der Stadt zu gelangen.

Aber heißt das, dass sich unser Herr allen Ernstes entschlossen hat, Potonchan anzugreifen? Mit fünfhundertfünfzig Konquistadoren gegen zehntausend oder noch mehr Indianer, die in einer festungsartigen Stadt verschanzt sind? Von früh bis spät rätseln Diego und ich an dieser Frage herum. Dabei streifen wir durch das Lager und ab und zu wechseln wir auch ein paar Worte mit anderen Pagen und Knappen. Aber sehr viel mehr als »Hallo« und »Wie geht's?« lassen wir uns nicht entlocken, obwohl die meisten der anderen Jungen einen ihrer kleinen Finger hergeben würden, wenn sie dadurch mein oder Diegos Vertrauen gewinnen könnten.

Doch wir sind nun einmal die Pagen des Caudillo und deshalb dürfen wir eigentlich mit niemandem sprechen außer mit Cortés selbst. Und auch das natürlich nur, wenn er uns eine Frage stellt oder wenn unsere Pflichten erfordern, dass wir ihm Meldung erstatten. Darüber hinaus ist es uns stillschweigend erlaubt, mit Cortés' Vertrauten zu sprechen, aber dass Portocarrero, Alvarado oder unser strahlender Held Sandoval das Wort an uns richten, kommt sehr selten vor. Und so bleiben Diego und ich meistens unter uns und beobachten unseren Herrn unaufhörlich, damit uns nicht der kleinste Wink von ihm entgeht.

Meistens ruft er Diego am frühen Vormittag zu sich, um ihm Briefe oder Berichte zu diktieren. Mich dagegen winkt er zu vollkommen unvorhersehbaren Zeitpunkten zu sich heran. So wie beispielsweise gestern, als er plötzlich ein Gespräch mit mir über Geronimo de Aguilar begann. Der einstige Minoritenmönch ist mittlerweile wieder so weit bei Kräften, dass Cortés ihn von der *Santa Maria* in unser Lager beordern will. »Er hat nicht die geringste Erinnerung daran, was zwischen euch beiden passiert ist«, sagte Cortés zu mir. »Daran, dass er dich für seinen Bruder Carlos gehalten und dir unter Tränen gebeichtet hat, dass er hier mit einer Indianerin verheiratet war. Mir hat er erzählt, er sei gegen seinen Willen mit diesem Schildkrötenmuster tätowiert und all die Jahre wie ein Gefangener gehalten worden – mal in einem Käfig, dann wieder in einer Erdhöhle. Und bis auf Weiteres«, fügte Cortés hinzu, »werden wir ihn in dem Glauben belassen, dass wir seine wahre Geschichte nicht kennen.«

Er legte mir seine Hände auf die Schultern und sah mich aus seinen dunklen Augen durchbohrend an. »Aguilar trägt sowieso schon schwer an der Sündenlast, die er auf sich geladen hat«, erklärte mir Cortés. »Wenn er herausbekommt, dass wir von diesen Sünden auch noch bis ins Einzelne wissen, würde er sich das Leben nehmen oder zumindest vor Verzweiflung kein Wort mehr herausbringen. Also müssen wir ihn schonen, denn wir brauchen einen Dolmetscher. Melchorejo ist nicht nur ein miserabler Übersetzer – er wird bei der nächsten Gelegenheit die Flucht ergreifen.«

Dazu lächelte Cortés so gelassen wie jemand, der regelmäßig Nachrichten aus der Zukunft erhält. Und bei allen Heiligen Kastiliens – in diesem Moment war ich mir sicher, dass er in der Zukunft wie in einem aufgeschlagenen Buch lesen kann!

»Wir werden die Stadt der Wilden umzingeln und ihre Mauern überrennen!«, sagt Diego jetzt zu mir und seine Augen leuchten vor Begeisterung. »Eine andere Möglichkeit bleibt uns doch gar nicht! Die Wilden haben sich da drüben verschanzt und warten einfach, dass wir wieder abziehen. Freiwillig bringen die uns keine Goldkrume und keinen einzigen Maisfladen mehr! Genau deshalb hat Cortés ja auch Alvarado und Avila ausgeschickt«, fügt Diego im Tonfall unerschütterlicher Gewissheit hinzu. »Er will die Stadt in die Zange nehmen – und wenn wir erst drinnen sind, werden wir ihren Goldschatz bis auf das letzte Staubkörnchen plündern!«

Ich schüttele den Kopf und schaue Diego missbilligend an. »Du redest ja, als ob wir eine Räuberbande wären«, sage ich. »Du hast doch gehört, was Cortés gesagt hat: Wir wollen nichts geschenkt haben und schon gar nicht werden wir ihnen mit Gewalt irgendetwas wegnehmen. Unser Herr will erreichen, dass sie uns freiwillig geben, was er von ihnen haben will – und sie sollen für alles gerechte Bezahlung erhalten.«

Wir stehen am Waldrand, hinter der doppelten Reihe der Rundhütten. Unmittelbar davor fällt die sandige Böschung zum Fluss hin ab, der im Licht der schon wieder sinkenden Sonne glitzert.

»Das glaubst du wirklich, oder?«, fragt Diego und schaut mich verwundert an. »Träum nur weiter, Orte – aber beklag dich nicht, wenn du demnächst durch Kanonenschüsse geweckt wirst!«

Ich beschirme meine Augen mit der flachen Hand und schaue zur Indianerstadt hinüber. »Hast du nicht gespürt, wie neugierig sie sind?«, frage ich zurück. »Sie haben Angst vor uns, aber sie platzen auch fast vor Wissbegierde! Und deshalb glaube ich, dass sie es da drüben hinter ihren Mauern nicht mehr lange aushalten werden.«

Diego starrt mich an. Er hat seinen Mund schon halb geöffnet, zweifellos, um mich einmal mehr als »Träumer« und was sonst noch zu verspotten. Aber im nächsten Moment wird sein Gesicht nachdenklich. »Neugierig?«, wiederholt er und wirft eine Hand in die Luft. »Na, warten wir's ab!«

Auch der restliche Tag vergeht ohne besondere Zwischenfälle. Die Dunkelheit sinkt wieder herab und drüben in Potonchan werden abermals Hunderte Feuer und Fackeln angezündet. Die Trommeln wummern, die Flöten trillern noch lauter als in den Nächten zuvor. Zwei Boten treffen in unserem Lager ein – Diego und ich erkennen auf den ersten Blick, dass sie zu Alvarados Spähtrupp gehören. Eine Stunde später wird Geronimo de Aguilar ins Lager gebracht und sogleich zu der Hütte geführt, in der sich Cortés seit der Abenddämmerung mit Portocarrero und Sandoval berät.

Gegen Mitternacht legen Diego und ich uns in unsere Hängematten. Unsere Hütte steht direkt neben der Behausung, in der Cortés noch immer mit seinen beiden Vertrauten Pläne schmiedet. Die Boten haben sie längst wieder weggeschickt und der Tätowierte liegt neben Diego in einer Hängematte und schnarcht ungeheuer laut. Aber nicht allein diese Geräusche, auch nicht die Trommeln und Flöten oder die Tierschreie, das Knacken und Rascheln draußen im Dschungel rauben mir in dieser Nacht den Schlaf.

Heilige Muttergottes, bete ich wieder und wieder – bitte mach, dass wir auch hier in Potonchan keine Goldschätze finden! Ich habe doch gesehen, was das Goldfieber in den Köpfen und Herzen anrichten kann. Durst oder Hunger lassen sich stillen oder zumindest lindern, indem wir zu uns nehmen, wonach uns so sehr verlangt hat. Dagegen wird die Goldgier durch das gelbe Metall nicht gestillt, sondern nur noch ärger entfacht! Wer bloß ein wenig Gold besitzt, verfällt auch nur ein wenig dem Irrsinn, doch je mehr er davon an sich rafft, desto höher steigt sein Fieber. Also sei so gütig, heilige Maria, bete ich – und verschone Cortés und uns alle vor dem funkelnd gelben Wahn!

In Kuba, auf der Hazienda jenes Goldminenbesitzers, habe ich Männer gesehen, die zehn oder zwanzig Körbe voller Gold besaßen. Sie hätten in die Heimat zurückkehren, sich dort Schlösser und Ländereien kaufen und für den Rest ihres Lebens wie der Graf von Medellín Hof halten können. Aber nein, sie kehrten bei der ersten Gelegenheit in die Wildnis zurück, um dort aufs Neue mit der Spitzhacke, ja mit ihren bloßen Händen nach Gold zu schürfen.

Und von zwei Goldgräbern hörte ich, die waren durch ihre Funde so reich geworden, dass sie nie wieder einen Finger hätten krümmen müssen. Doch die Gier hatte sie beide verblendet. Als sie von einem Fluss im unwegsamen Gebirge hörten, an dessen Ufer Goldkrumen entdeckt worden waren, eilten sie heimlich dorthin, ohne einander in ihre Pläne einzuweihen. In jenem Fluss fanden sie tatsächlich Gold – doch über der Frage, wem von beiden der Fund gehörte, gerieten sie in Streit. Der eine zog sein Messer, der andere wehrte sich mit der Schaufel, die er gerade in der Hand hielt – und kurz darauf waren sie beide tot. Das Gold hatte sie reich gemacht, aber zugleich ihre Herzen verwüstet. Es hatte jenes Fieber in ihnen entzündet, das selbst besonnene, ja weise Männer binnen Kurzem in Tobsüchtige verwandeln kann.

Ich flehe dich an, heilige Mutter unseres Erlösers Jesus, bete ich wieder und wieder. Lass uns in Potonchan kein Gold finden – oder höchstens ein paar Hände voll!

~ 7 ~

Irgendwann muss ich doch noch weggedämmert sein. Als ich aus einem wirren Traum aufschrecke, ist es immer noch dunkel. Vom Fluss her wehen Fetzen eines zornigen Wortwechsels herauf – spanische Flüche und Drohungen, dazwischen heiseres Fauchen auf Chontal.

Ich springe aus meiner Hängematte und stelle fest, dass der Gerettete – Geronimo de Aguilar – nicht mehr in seiner Matte neben Diego liegt. Schlaftrunken tappe ich nach draußen und zwischen den Hütten hinunter zum Fluss. Über der Indianerstadt dämmert der Morgen, aber ganz schwach erst – der Himmel ist dunkelgrau wie rußiges Blech.

»Mehr haben wir nicht«, übersetzt gerade eben Aguilar. »Unsere Bauern fürchten sich vor euch – sie sind alle in die Berge geflohen!«

Ich erkenne den Geretteten an seiner muskulösen Gestalt und, als ich näher herangekommen bin, an seiner Schildkrötentätowierung. Neben ihm stehen Cortés und zwei seiner Vertrauten – der »Dröhnende« und der »Tollkühne«. Sie halten brennende Fackeln in den Händen. Vor ihnen sind ein halbes Dutzend Indianer aufgereiht, die anscheinend mit dem großen Kanu gekommen sind, das hinter ihnen am Flussufer liegt. Sie haben vier Körbe mitgebracht, und als ich neben Sandoval trete, bestätigt sich mir, was ich vermutet hatte: Die Körbe enthalten bloß ein paar zusätzliche Rationen Truthahn und Maisfladen.

»Sagt eurem Herrscher, wir geben ihm ein letztes Mal Aufschub – bis heute Mittag!«, antwortet Cortés und wie immer klingt seine Stimme vollkommen beherrscht. »Wenn die Sonne ihren höchsten Stand erreicht hat, nehmen wir vor eurem Stadttor sieben Körbe voller Gold und siebenhundert Rationen in Empfang – alles gegen gute Bezahlung.«

Er macht Aguilar ein Zeichen, und der ehemalige Minoritenmönch übersetzt flüssig, ohne einen Augenblick lang zu zögern. Nur als sein Blick auf mich fällt, gerät er kurz ins Stocken, und sein Gesichtsausdruck wird fragend. So als ob er sich zu erinnern versuchte, wo er mich schon einmal gesehen hat.

Ich nicke ihm zu und er runzelt die Stirn. Er wirkt verwirrt und ich fühle mich ein wenig schuldig.

»Bringt ihr jedoch nicht, worum ich euch gebeten habe«, fährt Cortés fort, »so werden wir den Zutritt in eure Stadt erzwingen und jeden, der sich uns in den Weg stellt, töten.«

Aguilar übersetzt auch diese Drohungen, ohne auch nur zusammenzuzucken. Er trägt nun Hemd und Wams, Hosen und einen Baumwollumhang nach spanischer Sitte, aber das graugelbe Muster an seinen Händen und im Gesicht kann er natürlich trotzdem nicht verbergen. Die Indianer hören ihm mit ausdruckslosen Gesichtern zu, doch zum ersten Mal habe ich den Eindruck, dass sie wirklich verstehen, was Cortés ihnen mitteilen lässt. Ich überlege, wie sie sich das Aussehen und die Sprachkenntnisse unseres Dolmetschers erklären mögen. Aber das liegt ja eigentlich auf der Hand: Bestimmt wissen sie längst, was weiter unten an der Küste geschehen ist, bei dem Teufelstempel im Wald hinter Puerto Deseado.

»Euer Gott muss euch mit Blindheit geschlagen haben!«,

antwortet einer der Indianer. Jetzt erst erkenne ich, dass es der grauhaarige Gesandte ist, der uns vorgestern vor dem Stadttor empfangen – oder, besser gesagt, abgewiesen – hat. »*Wir* werden jeden von euch töten«, fügt er hinzu, »der es wagt, unsere Stadt zu betreten.«

Er wirft seinen Begleitern einen raschen Blick zu. Anscheinend haben sie Mühe, ihre Erheiterung zu verbergen. Die Vorstellung, dass wir mit ein paar Hundert Kämpfern versuchen könnten, ihre Festung zu überrennen, reizt sie offenbar zum Lachen.

Mir dagegen werden die Knie weich vor Angst. Ich kenne meinen Herrn mittlerweile gut genug, um zu wissen, dass er diese Drohung ernst meint.

»Und jetzt geht!«, befiehlt Cortés den Indianern und deutet über den Rio Grijalva nach Potonchan hinüber.

Diese Worte muss Aguilar nicht einmal mehr übersetzen. Die Indianer schieben ihr Kanu in den Fluss zurück, springen hinein und sind im nächsten Moment von der Dunkelheit über dem Fluss verschluckt.

»Die stinkenden Wilden halten uns doch zum Narren!«, ruft Portocarrero aus. Obwohl er seine Stimme zu dämpfen versucht, klingt es, als ob Eisenkugeln über eine steinerne Fläche rollen würden. »Nachher werfen sie uns dann noch mal fünf Truthahnkeulen hin und, wenn du Glück hast, drei Goldkrümel als Gewürz!«

Cortés macht eine dämpfende Handbewegung. »Du hast schon recht, Alonso«, sagt er. »Es wird Zeit, dass wir ihnen ein wenig Beine machen.«

Er bedeutet Aguilar durch einen Wink, dass er sich entfernen soll. Als sein Blick auf mich fällt, bin ich schon darauf gefasst, dass er mich gleichfalls wegschicken wird. Doch zu meinem Erstaunen winkt unser Herr mich näher zu sich heran.

»Orteguilla«, sagt er mit jenem stillen Lächeln, das nur seine Lippen kräuselt, »es ist gut, dass du schon auf bist. Du wirst Sandoval und etliche seiner Männer begleiten. Dorthin, wo ihr mit Alvarados und Avilas Truppen zusammentreffen werdet.«

Ich vergesse beinahe zu atmen – vor Freude über diese Auszeichnung, aber fast mehr noch vor Schreck. »Bitte hört mich an, Herr«, wende ich ein und die Stimme droht mir zu versagen. »Ich bin Euch überaus dankbar, dass Ihr solches Vertrauen in mich setzt. Aber Ihr wisst ja, ich besitze keine Rüstung, und mein Schwert ist auf der *Santa Maria* geblieben.«

Doch Cortés hat sich schon abgewendet. »Sandoval wird dir alles erklären«, sagt er noch, dann geht er mit raschen Schritten zu den Hütten zurück und lässt mich mit Portocarrero und Sandoval allein.

»Eine Rüstung, Junge?«, ruft der »Dröhnende« aus und schlägt mir auf die Schulter, dass ich beinahe zusammenbreche. »Sei froh, dass du keine eisernen Hosen hast! Und außerdem: Wie soll man mit so einem scheppernden Panzer über die verdammte Mauer klettern?«

»Über die Mauer?«, wiederhole ich, und im gleichen Moment wird mir klar, auf welche Weise sie den Indianern »Beine machen« wollen. »Ihr wollt heimlich in die Indianerstadt eindringen, Don Gonzalo?«, frage ich Sandoval.

Der »Tollkühne« legt mir eine Hand um die Schultern und zieht mich mit sich, weiter flussaufwärts am Ufer entlang. »Ob heimlich oder unheimlich, muss sich zeigen«, sagt er leise lachend, wendet sich kurz zu Portocarrero um und hebt grüßend die Hand. »Hab keine Bange, Junge«, fährt er fort, »ich passe schon auf dich auf. Und du sollst auch nicht als Kämpfer mitgehen – Männer, die das Schwert zu führen verstehen, habe ich genug. Cortés will, dass du dich dort so aufmerksam umsiehst, wie nur du das vermagst.«

Einige Dutzend Schritte jenseits unseres Lagers warten zwei der großen Karavellen-Beiboote am Ufer. Mindestens dreißig Männer sitzen darin, und kaum sind wir eingestiegen, legen die

Boote auch schon ab. Die Ruder knarren, das Flusswasser gurgelt, sonst ist kaum ein Geräusch zu hören. Im Osten färbt sich der Himmel bleigrau.

»Du weißt ja«, sagt mir Sandoval leise ins Ohr, »dass Alvarado einen Pfad suchen soll, auf dem man von hinten in die Stadt gelangen kann. Unterwegs hat er noch etwas anderes gefunden, das aber vielleicht fast genauso gut ist: eine Stelle, an der die Stadtmauer eingefallen ist. Dahinter sind nur Ruinen – keine bewohnte Hütte weit und breit. Dort gehen wir hinein – du wirst schon sehen.«

Dort gehen wir hinein … Die Worte hallen in meinem Innern nach. Ich will den »Tollkühnen« fragen, was um Himmels willen wir machen sollen, wenn wir da drinnen von Indianern bemerkt werden. Sie haben doch angekündigt, jeden von uns zu töten, den sie in ihrer Stadt aufgreifen! In höchstens einer halben Stunde ist es hell, und was dann? Aber ich getraue mich nicht, die Stille mit meinen ängstlichen Fragen zu durchbrechen.

Kaum fünf Minuten später legen wir am rechten Flussufer an. Wir springen auf die schlammige Böschung hinaus und jeweils acht unserer Männer schieben und ziehen eins der schweren Boote unter die tief hängenden Zweige eines Buschs. Noch immer ist es so düster, dass man kaum zehn Schritte weit sehen kann. Dort oben über der Böschung beginnt der Wald. Doch eine Mauer, eingefallen oder nicht, kann ich weit und breit nicht entdecken.

Sandoval fasst mich am Unterarm. »Bleib dicht neben mir, Orteguilla«, sagt er dicht an meinem Ohr. »Und keine Angst, ich werde dich behüten.«

»Ich habe keine Angst«, flüstere ich zurück, doch dabei klappern mir die Zähne.

Der »Tollkühne« tätschelt mir die Schulter. »Dann ist es ja gut«, sagt er. »Los geht's, Junge!«

8

Wir bahnen uns einen Weg durch das Dickicht und nach einem Dutzend Schritten stehen wir vor einem doppelt mannshohen Wall. Es ist dieselbe Art Mauer wie vorn bei dem Torturm, nur dass der Wall hier mit Moos überzogen und dunkel vor Nässe ist. Ein paar Schritte linkerhand hat eine Würgefeige ihre Wurzeln ins Mauerwerk hineingetrieben und die Steine regelrecht zersprengt. Eine Bresche klafft dort in der Mauer, breit genug, dass sich ein ausgewachsener Mann mit der Schulter voran hindurchzwängen kann. Außer er trägt eine Rüstung oder hat einen Leibesumfang wie Portocarrero.

Ich zerbreche mir den Kopf, wie Alvarado und seine Männer diese versteckte Lücke im Stadtwall gefunden haben. Aber es ist wieder einmal kein guter Zeitpunkt zum Grübeln. Oder, wie Diego sagen würde: Die meisten Fragen, mit denen du dich herumquälst, Orte, sind es gar nicht wert, gestellt zu werden.

Er meint es nicht böse, sage ich mir, und er ist wirklich fast noch ein Kind. Währenddessen schiebt mich Sandoval vor sich her, auf das Loch in der Mauer zu. Die Hälfte unserer Männer ist bereits hindurch. Ich krieche hinter ihnen her und stolpere drinnen über einen herumliegenden Mauerbrocken.

»Leise, Bursche!«, zischt mir jemand ins Ohr.

Zwischen den Bäumen schien es noch beinahe nachtdunkel zu sein. Aber hier in der Stadt, ohne das Gewölbe der Äste über uns, ist es fast schon heller Tag. Wir stehen am Ende einer schmalen Gasse, die tatsächlich auf beiden Seiten von Ruinen gesäumt wird. Doch auf dem kleinen Platz am anderen Ende geht es schon weit lebhafter zu.

Ich erkenne Schemen, die dort im ersten Morgenlicht vorüberschlendern oder eilig irgendeinem Ziel entgegenhasten. Hähne krähen, Hunde kläffen – ganz offensichtlich beginnt die Indianerstadt zu erwachen. Weshalb um Himmels willen glauben Cortés und seine Vertrauten, dass wir ihnen »Beine machen« könnten, indem wir am helllichten Tag mit drei Dutzend Männern in ihre Stadt eindringen? Sie werden ganz im Gegenteil *uns* die Beine *abschneiden*, wie es Aguilar von den Menschenopferzeremonien erzählt hat! Die Beine werden sie uns abschneiden, wiederhole ich mir im Stillen, und die Arme sowieso – und vorher reißen sie uns bei lebendigem Leib das Herz aus der Brust!

Mein armes, unergründliches Herz, denke ich, während ich, geduckt wie Sandoval, hinter ihm und den anderen die Gasse entlanggehe. Mein Herz, das mir in der Brust hämmert, wie ein zum Tode verurteilter Häftling mit der Faust an seine Kerkertür schlägt. Ohne jede Hoffnung, dass ihm die Flucht noch gelingen könnte, und doch hämmert er unaufhörlich weiter, längst irrsinnig geworden vor Angst.

Als wir den kleinen Platz am Ende der Gasse erreichen, ist weit und breit niemand mehr zu sehen. Anscheinend haben uns die Einwohner bemerkt und sich in ihre Behausungen zurückgezogen. Der Platz ist kreisrund und in alle Himmelsrichtungen zweigen Straßen ab. Einige sind mit jenem harten Stuck überzogen, andere bestehen bloß aus gestampftem Lehm. Anscheinend befinden wir uns in einem eher bescheidenen Außenbezirk von Potonchan. Doch selbst hier leben die Menschen nicht in Hütten, sondern in eingeschossigen Ziegelhäusern. Und die prachtvoll bemalten Tempel und Pyramiden im Innern der Stadt leuchten in der Morgensonne bis hier herüber und bestrahlen selbst diese ärmlichen Häuser mit ihrem Glanz.

»Wo würdet ihr das Gold horten?«, fragt einer von Sandovals Männern und gibt sich gleich selbst Antwort. »Natürlich in einem der Teufelspaläste da drüben.«

Der »Tollkühne« begnügt sich mit einem Nicken. Er setzt sich an die Spitze unseres kleinen Zugs, und ich beeile mich, zu ihm aufzuschließen.

Hinter uns tuscheln und murmeln die Männer. Einige von ihnen kenne ich beim Namen – den würdevollen Cristóbal de

Tapia oder auch den narbenreichen Gonzalo Guerrero, dem der Ruf vorauseilt, ein blutdürstiger Kämpfer zu sein. Doch etliche Männer aus unserem Trupp kenne ich kaum vom Sehen. Unsere Expedition zählt mehr Häupter als manche kleine Stadt in Spanien. Und doch viel zu wenige, denke ich wieder, um es mit Zehntausenden indianischer Krieger aufzunehmen!

Ich fühle die Anspannung der Männer, doch sie scheinen keinerlei Angst zu verspüren. Dabei trägt niemand von ihnen eine Rüstung, und so wäre es für die Indianer ein Leichtes, uns mit Speeren und Pfeilen niederzumachen. Augenpaare belauern uns aus jeder Fensterluke, in jedem Türloch. Je näher wir dem Palast- und Tempelbezirk im Innern der Stadt kommen, desto breiter werden die Straßen und desto höher ragen die Häuser auf. Zwei- oder sogar dreigeschossig, mit flachen Dächern, die Fassaden mit bunten Reliefbändern geschmückt. Auf Fensterbänken stehen Flechtrohrkäfige mit singenden Vögeln, deren Gefieder in der Sonne leuchtet. Blühende Bäume säumen die Straßen und verbreiten Wohlgeruch. Im Grunde kommt mir die Indianerstadt ganz friedlich vor. So heiter und freundlich, wie eine Stadt, deren Bewohner den Teufel anbeten, doch eigentlich gar nicht sein kann.

Scheu treten einige Einwohner aus ihren Türen und kommen auf uns zu. Krieger und halbwüchsige Jünglinge, auch etliche uralte Männer und Frauen mit zahnlosen Mündern und dünnem grauem Haar. Plötzlich sind wir von ihnen umringt. Ich habe gar nicht richtig mitbekommen, wie das passiert ist – eben noch war die Straße vollkommen verlassen, doch nun wimmelt es um uns herum von Indianern. Manche von ihnen tragen einfache Gewänder aus Pflanzenfasern, andere sind in prächtige Umhänge gehüllt. Aber soweit ich sehen kann, trägt niemand von ihnen eine Waffe.

Sie überwinden ihre Scheu und kommen immer näher. Sie zupfen an unseren Hemden und Wämsern und etliche von ihnen klopfen uns mit den Fingerknöcheln gegen Brust oder Arm. So als ob sie prüfen wollten, ob wir vielleicht aus Holz geschnitzt worden sind.

»Sie wundern sich«, ruft einer von Sandovals Männern, »dass wir heute keine Haut aus Eisen haben!«

Ich muss lachen, genauso wie die anderen. Ja, das wird es sein!, sage ich mir. Natürlich haben sie nicht geglaubt, dass wir Holzmenschen wären. Aber vor ein paar Tagen noch sind wir mit dreihundertfünfzig Mann in eisernen Rüstungen vor ihrem Torturm aufmarschiert.

»Bestimmt halten sie uns für Götter oder so etwas!«, ruft Guerrero. Er stößt einen alten Indianer zurück, der ihm einen zittrigen Faustschlag auf die Brust versetzt hat. »Macht nur so weiter!«, schreit er ihn an. »Dann zeige ich euch, was ein Gott des Zorns ist!«

»Ganz ruhig bleiben«, ermahnt ihn Sandoval. »Einfach weitergehen und alles unterlassen, was sie wütend machen könnte.«

Mittlerweile sind wir von mindestens fünfhundert Indianern umringt. Sie schnattern und lachen alle durcheinander. Niemand von ihnen scheint sich vor uns zu fürchten. Doch anscheinend haben sie auch nichts dagegen, dass wir durch ein Loch in der Mauer einfach so in ihre Stadt hineinspaziert sind.

Es ist wirklich so, sage ich mir, wie ich gestern zu Diego gesagt habe: Sie sind einfach nur neugierig. So etwas wie uns haben sie noch niemals vorher gesehen. Bestimmt fragen sie sich, ob wir Menschen aus Fleisch und Blut sind oder was sonst.

Allerdings glaube ich nicht, dass sie uns für Götter halten. Für mich sieht es eher so aus, als würden sie uns als eine Art Affen ansehen. Sie zupfen an der schwarzen Behaarung, die vielen Konquistadoren auf Armen und Händen wuchert. Dazu machen sie große Augen und kichern. Wer besonders mutig ist, reckt sich auf die Zehenspitzen und zieht einen unserer Männer am Bart. Dann brechen sie alle in quiekendes Gelächter aus, schlagen sich die Hände vor den Mund und schütteln ungläubig die Köpfe.

Vielleicht halten sie uns auch nicht für Affen, überlege ich weiter. Aber bestimmt glauben sie, dass wir höchstens so etwas wie Halbmenschen sind, die Fetzen von Tierfell im Gesicht und am Körper tragen. Bei ihnen dagegen kann ich nicht einmal ein paar Bartstoppeln entdecken. Und dann fällt mir auch noch auf, dass sie jedes Mal, wenn sie nah an einen von uns herangetreten sind, die Nase rümpfen. Ihre Gesichter verzerren sich dann vor Ekel und manche von ihnen prallen richtiggehend zurück. Jedenfalls soweit das in diesem Gedränge überhaupt noch möglich ist.

Ergründe ihre Herzen!, befehle ich mir. Nur aus diesem Grund hat dich Cortés hierhergeschickt!

Und dann wird mir mit einem Schlag klar, was wir in den Augen der Maya von Potonchan sind. Ich stöhne sogar leise auf, so grell durchzuckt mich diese plötzliche Einsicht. Sie sehen in *uns* genau dasselbe wie wir in *ihnen*, sage ich mir: Für sie sind wir Wilde! Stinkende, barbarisch wilde Männer, die von ihren Sitten und Gebräuchen nichts verstehen!

9

Ich weiß nicht, wie lang ich über diesem Gedanken nachgegrübelt habe: Wir halten sie für Wilde – und sie uns genauso! Als ich irgendwann wieder um mich schaue, marschiere ich immer noch dicht hinter Sandoval, und die Menge um uns herum ist noch weiter angewachsen. Mittlerweile müssen es weit mehr als Tausend Indianer sein, die uns umringen, uns rufend und lachend voraus- oder hinterherlaufen.

Ich recke meinen Hals und drehe mich hin und her, so gut das in der zähen Menschentraube geht. Anscheinend haben wir das Innerste der Indianerstadt erreicht. Wir befinden uns am Rand eines rechteckigen Platzes, der von prachtvollen Bauten gesäumt ist. Von Pyramiden, Tempeln und Palästen, und jedes dieser Bauwerke scheint darum zu wetteifern, das am kunstfertigsten verzierte zu sein. Mit gemeißelten Götterfratzen, die ungemein finster dreinschauen, und mit bunten Reliefbändern, die eine Art Bilderschrift darstellen.

Die Sonne steht mittlerweile hoch am Himmel. Bald schon wird sie ihren höchsten Stand erreicht haben, und als mir klar wird, was das bedeutet, setzt mein Herz für einen Schlag aus. In allenfalls einer halben Stunde wird Cortés mit unserer Streitmacht da draußen vor dem Stadttor aufmarschieren! Und wenn die Indianer ihm dann nicht bringen, was er von ihnen verlangt hat, und er daraufhin seine Drohung wahrmacht und die Stadt angreift – dann, spätestens dann werden die Indianer uns hier drinnen allesamt töten! Sie werden uns niederwerfen und auf ihre Opfersteine binden, damit ihre Priester uns die Herzen aus der Brust schneiden!

Wir müssen uns zurückziehen, will ich zu Sandoval sagen. Bestimmt hat er diese Gefahr ja längst erkannt, aber warum spaziert er dann weiter seelenruhig in der Indianerstadt umher? Doch ich komme nicht dazu, den »Tollkühnen« danach zu fragen.

Gerade in diesem Moment packt der narbenreiche Guerrero einen Indianer und reißt ihm irgendetwas von seinem Gewand ab. *»Orooj!«*, schreit er. *»Tu'ux?«*

Mittlerweile kenne auch ich genügend Brocken Chontal, um zu verstehen, was Guerrero von dem Indianer will. Außerdem schwenkt er den Gegenstand, den er ihm eben vom Kragen abgerissen hat – eine goldene Troddel oder Quaste, die das Ende einer fingerdicken Kordel aus geflochtenen Goldfäden bildet.

»Orooj – tu'ux?«, schreit Guerrero. »Gold – wo?« Dazu schwenkt er die goldene Kordel mit der Quaste in der Luft und hält den Indianer mit der anderen Hand am Kragen gepackt.

Ich brauche nicht in sein Gesicht zu sehen, um zu wissen, dass Guerreros Augen vor fiebriger Begierde glitzern. So wie die Augen seiner Gefährten, die jetzt seinem Beispiel folgen und wild durcheinanderschreien.

»Wo habt ihr das Gold versteckt, ihr verfluchten Wilden?«, brüllt einer von ihnen.

»Wir wollen es ja nicht umsonst!«, schreit ein anderer unserer Männer. »Wir werden euch gut bezahlen!«

Voller Erstaunen stelle ich fest, dass es der sonst so auf seine Würde bedachte Cristóbal de Tapia ist. Sein bleiches Gesicht mit dem langen, ein wenig vorstehenden Kinn ist mit roten Flecken gesprenkelt. Seine Augen funkeln, seine Hände zittern. Er fasst unter seinen Umhang und bringt eine Handvoll glitzernder Glasperlen zum Vorschein.

»Ihr bekommt Perlen!«, schreit er. »Perlen, so viel ihr wollt! Aber jetzt verratet uns endlich, wo ihr euer dreckiges Gold versteckt!«

Die Stimmung wird mit einem Mal frostig. Die Indianer starren uns an, und in ihren Gesichtern kann ich keine Neugierde, schon gar keine Heiterkeit mehr erkennen. Nur noch Feindseligkeit und Zorn. Einer von ihnen versetzt Tapia einen Stoß. Die Glasperlen fliegen in hohem Bogen in die Luft und prasseln dann wie bunte Tropfen auf uns herunter.

»Verdammt, Cristo!«, ruft Sandoval. »Ruhig bleiben, habe ich gesagt!«

Von allen Seiten drängen die Indianer auf uns ein. Die Enge ist so entsetzlich, dass ich keine Hand mehr regen kann. Unsere Männer sind mit Schwertern und Schilden bewaffnet, aber in diesem Gedränge ist es so gut wie unmöglich, die Waffe blank zu ziehen. Guerrero und einige andere schlagen mit ihren Schilden um sich, doch die Indianer können gar nicht zurückweichen – von allen Seiten, aus sämtlichen Ecken und Gassen drängen immer noch mehr von ihnen herbei.

»Orteguilla!«, ruft mir Sandoval zu. »Bleib dicht bei mir!«

Bevor ich ihm irgendetwas antworten kann, erschallt vom Fluss her ein furchtbarer Donnerknall.

»Die Artillerie!«, schreit einer unserer Männer. »Es geht los!«

Die Indianer um uns herum brüllen wie aus einer einzigen Kehle auf. Ein weiterer Kanonenschuss donnert los und lässt die Stadt erzittern. Das Krachen der Feldschlange und das Geheule um uns herum sind so grauenvoll laut, dass es mir in den Ohren klingelt. Alle rennen panisch durcheinander und wir werden hilflos mitgerissen, erst in Richtung Torturm, dann wieder zurück ins Innere der Stadt.

Ich versuche, mir darüber klar zu werden, was hier überhaupt passiert. Mittlerweile muss Cortés mit unserer Streitmacht da draußen auf dem Vorplatz aufmarschiert sein, und weil die Indianer ihm abermals nicht gebracht haben, was er von ihnen verlangte, hat er seine Drohung wahrgemacht und die Stadt angegriffen. Aber warum hat einer von Sandovals Männern eben gerufen »Es geht los!«? Heißt das etwa, dass Cortés, Sandoval und die anderen alles so geplant haben – den Angriff vom Fluss her, während wir noch hier in der Stadt sind?

Glücklicherweise ist Sandoval so hochgewachsen, dass ich ihn auch im ärgsten Gedränge nicht aus den Augen verliere. Der Schweiß läuft mir aus den Haaren, während ich hinter ihm her haste, umschlossen von einem rennenden Ring aus unseren Männern, die uns mit Schwertern und Schilden schützen. Doch die Indianer sind sowieso viel zu durcheinander, um uns ernsthaft anzugreifen.

Alte Männer und Frauen bringen sich in Sicherheit, so rasch sie können. Auch Krieger mit Speeren und Schwertern rennen mittlerweile in großen Scharen durch die Straßen. Anscheinend haben sie Befehl, zum Torturm zu eilen, um ihre Stadt gegen den Angriff vom Fluss her zu verteidigen. Nur gelegentlich schwirrt ein Pfeil herbei und bleibt in einem unserer Schilde stecken. Ein halbes Dutzend Krieger mit gezähnten Holzschwertern beobachtet uns von einer Gasse aus, doch offenbar kommen sie zu dem Schluss, dass es nicht ratsam ist, uns anzugreifen. Oder vielleicht auch nicht nötig, da wir sowieso in der Falle sitzen.

Dann kracht zum dritten Mal ein Kanonenschlag, gefolgt von grässlichem Dröhnen und Bersten. Offenbar hat die Stadtmauer einen Treffer abbekommen. Selbst aus einer Entfernung von einer Meile oder mehr ist deutlich zu hören, wie ungeheure Steinmassen in sich zusammensacken. Im nächsten Moment beginnen die Indianer wieder durcheinanderzuschreien, nun aber sind es Schreie voll wilder Wut.

Mit verdoppelter Eile rennen nun alle in Richtung Norden, auf den Torturm zu. Wiederum werden wir mitgerissen, doch jetzt richtet sich der Zorn der Indianer auch gegen uns. Eine Hundertschaft bewaffneter Krieger kreist uns ein und drängt uns von dem rechteckigen Tempelplatz zurück in eine schmale Straße.

»Wo bleibt denn Alvarado?«, ruft Guerrero. »Müssten er und Avila nicht längst hier sein?«

»Bestimmt sind sie das auch!«, antwortet Sandoval.

Er zieht ein Horn unter seinem Umhang hervor und setzt es an die Lippen. Der Klang steigt wie eine Frage in den Himmel empor und nach nicht einmal zwei Atemzügen antwortet ihm ein zweites Horn.

»Alvarado ist da!«, ruft Guerrero. »Dann nichts wie hin zu ihm und seinen Männern. Hier wird es allmählich ungemütlich!«

»Ungemütlich« ist stark untertrieben. Die Indianer haben uns in eine Sackgasse abgedrängt und beschießen uns mit Hageln von Pfeilen. Nachdem sie ihre Pfeile verschossen haben, dringen sie mit den gezähnten Holzknüppeln, mit Spießen und Streitäxten auf uns ein.

»Das schaffen wir nicht«, ruft Sandoval. »Nur wegen dir, Gonzo! Hättest du dich nicht einen Moment noch zusammenreißen können?«

»Das verfluchte Gold!«, schreit Guerrero zurück. »Du kennst das doch selbst, oder nicht? Ich sah die verdammte Goldquaste funkeln – und da kam es über mich!«

Das Goldfieber, denke ich, die irrsinnige Begierde nach dem

gelben Metall! Einer von Sandovals Männern bricht direkt neben mir zusammen, einen Pfeil in der Brust. Der »Tollkühne« schaut kurz zu ihm hin, dann schwingt er sein Schwert mit der Rechten hoch empor. Rasch wende ich meinen Blick ab – ich weiß auch so, dass unsere Schwerter unter den Indianern ein grässliches Blutbad anrichten. Ihre Knüppel zersplittern wie morsches Treibholz, wenn sie mit einer Stahlklinge zusammenprallen. Um uns herum liegen schon mindestens zwanzig Indianer am Boden, verwundet oder tot.

Doch auch wir haben mittlerweile mehrere Opfer zu beklagen – drei Männer liegen reglos auf der Straße, ein vierter kauert einige Schritte abseits, mit totenbleichem Gesicht in einer schmalen Lücke zwischen zwei Häusern. Es ist Tapia – der würdevolle Cristóbal de Tapia, den ich während der Überfahrt von Kuba aus irgendwelchen Gründen in mein Herz geschlossen habe, auch wenn er meist den Eindruck macht, dass er um sich herum niemanden wahrnimmt. Seine Augenlider flattern, seine Rechte hält er auf seine Brust gepresst, als wollte er gleich ein patriotisches Lied anstimmen. Doch zwischen seinen Fingern quillt Blut hervor.

»Ich schaue nach Tapia!«, rufe ich in Sandovals Richtung und renne schon los, ohne auf seine Antwort zu warten.

In den Augenwinkeln sehe ich noch, wie der »Tollkühne« mit der Rechten sein Schwert schon wieder emporschwingt, während er mit der Linken aufs Neue das Horn an seine Lippen setzt. Diesmal ertönt eine schrille Fanfare, deren dringlicher Klang erkennen lässt, wie sehr wir in Not sind. Wiederum antwortet Alvarado nur ein paar Wimpernschläge später, und noch ehe seine Antwort verklungen ist, schreien Sandovals Männer schon durcheinander:

»Bravo, Pedro!« – »Er haut uns hier raus! – »Aber hoffentlich beeilt er sich!« – »Lange können wir uns hier nicht mehr halten!«

Gerade als ich mich neben Tapia hinkauern will, rappelt der sich wieder auf. Auf seiner linken Brustseite ist ein großer Blutfleck, aber als Tapia meinen erschrockenen Blick bemerkt, winkt er mit einer würdevollen Handbewegung ab.

»Halb so schlimm«, sagt er und hebt Schwert und Schild auf. Seine Stimme klingt matt. »Jetzt schnell zurück zu den anderen«, fügt er hinzu. »Hier können sie uns abschießen wie Rehe auf einer Lichtung!«

Taumelnd läuft er los, zurück zu unserem Trupp, der sich hinter seinen Schilden eingeigelt hat. Ich eile ihm hinterher und in diesem Moment löst sich aus der Traube der Kämpfenden ein hünenhafter junger Krieger und kommt im Sturmschritt auf uns zugerannt. Er trägt einen gezähnten Holzknüppel in der einen und einen Spieß mit furchterregender schwarzer Spitze in der anderen Hand.

»Achtung, Don Cristóbal!«, schreie ich und packe Tapia von hinten bei der Schulter.

Der hünenhafte Krieger ist jetzt so nah bei uns, dass er Tapia oder mich mit seinem Knüppel niederschlagen könnte. Aber Tapia wird sich sowieso nicht mehr lange auf den Beinen halten – meine Hand ist noch immer in seine Schulter gekrampft, und ich spüre, wie er am ganzen Körper zittert.

Ohne einen Moment lang zu überlegen, was ich da eigentlich mache, stoße ich Tapia zur Seite. Er rudert mit den Armen und fällt zu Boden. Der riesenhafte Indianer hebt seinen Knüppel und starrt mich an. Die schwarzen Steinzähne an beiden Seiten seiner Waffe funkeln im Morgenlicht. Angst schießt in mir hoch und ich fahre herum und renne in die enge Lücke zwischen den Häusern.

Hinter mir höre ich das Keuchen und die trappelnden Schritte meines Verfolgers. Er ruft irgendetwas auf Chontal, und auch Tapia schreit hinter mir her, aber ich verstehe kein Wort. Ich haste immer tiefer in den engen Gang hinein. Ganz am Ende sehe ich einen schmalen Lichtfleck – dort muss eine weitere Straße sein oder ein Platz. Wenn ich mich erst dorthin durchgeschlagen habe, sage ich mir, werde ich auch den Kerl hinter mir irgendwie abschütteln!

Aber ich selbst kann an meine Worte kaum glauben. Ich habe mich in eine Falle manövriert, und egal ob ich weiterrenne oder mich umdrehe und zum Kampf stelle – meine Lage ist aussichtslos. Die Indianer werden mich einfangen und in einem ihrer Götzentempel opfern!

Auf der linken Seite entdecke ich eine winzig schmale Nische in der Hauswand. Ich will schon dorthin stürzen, mich hineinzwängen – was auch dahinter sein mag! Da bemerke ich die zierliche Gestalt, die dort halb verborgen in der Nische lehnt. Ihre Haut ist dunkelbraun, genauso wie ihr Gewand, und so sind im Dunkeln fast nur ihre Augen zu sehen. Riesig große, ungemein ausdrucksvolle Augen, die mich beschwörend anschauen. Es ist ein Mädchen, oder vielleicht auch eine junge Frau, und obwohl ich eigentlich kaum etwas von ihr erkennen kann, bin ich mir ganz und gar sicher, dass sie wunderschön ist. Und dass sie mir helfen will – ja, dass sie nur aus diesem Grund dort in der schattenreichen Mauernische steht: um mir gegen meinen mordgierigen Verfolger beizustehen.

Als ich fast schon auf einer Höhe mit ihr bin, schüttelt sie ganz leicht ihren Kopf und deutet mit den Augen nach links. Ohne einen Moment zu zögern, befolge ich ihre Weisung und renne weiter den Gang entlang. Mein Verfolger ist mir mittlerweile so dicht auf den Fersen, dass ich seinen Atem in meinem Nacken spüre – und nur einen halben Herzschlag später einen harten Schlag auf meinen Hinterkopf.

Ich gerate ins Stolpern. Dass ich zu Boden falle und auf dem Rücken liegen bleibe, bekomme ich nur noch verschwommen mit. Im nächsten Moment wird um mich herum alles schwarz.

DRITTES KAPITEL

Kostbarer als Gold

~ 1 ~

»Du bist ein Held, Orte – das sagen alle, auch Cortés!« Diego steht über mich gebeugt und grinst wie ein Affe. »Du hast Cristóbal de Tapia das Leben gerettet – das erklärt er seit vorgestern jedem, der es hören will. Und allen anderen auch.«

»Seit vorgestern?«, wiederhole ich.

Diego nickt. »Am ersten Tag, nachdem wir die Stadt erobert hatten, lag er selbst noch hier im Krankensaal und war zu schwach, um mehr als ein paar Seufzer von sich zu geben. Er hatte wohl ziemlich viel Blut verloren, und wenn du diesen riesengroßen Indianer nicht umgehauen hättest ...«

»Sag das noch mal!«, falle ich ihm ins Wort. »Wieso umgehauen?«

Diego macht große Augen. »Erinnerst du dich denn an gar nichts?«

Ich schüttele den Kopf und stöhne im nächsten Moment auf. Vorsichtig taste ich über meinen Hinterkopf und spüre einen Verband mit einer dicken Beule darunter. Verschwommen sehe ich den Krieger mit dem Holzknüppel vor mir, der mich bis in die Lücke zwischen den beiden Häusern verfolgt hat.

»Er hat dir seinen Knüppel auf den Kopf geschlagen«, sagt Diego. »Kein Wunder, dass du dich erst mal an nichts erinnerst. Aber irgendwie musst du ihm dann noch diesen enormen Mauerbrocken über den Schädel gehauen haben – obwohl du schon am Boden lagst.«

Ich setze mich vorsichtig auf und schaue um mich. Wir befinden uns in einer Säulenhalle von gewaltigen Ausmaßen. Die Wände sind mit seltsamen Gemälden und Reliefbändern bedeckt, die anscheinend eine gefiederte Riesenschlange darstellen. Die Sonne scheint zwischen den Säulen hindurch, und draußen erkenne ich eine breite Treppe, die auf den Tempelplatz hinunterführt. Kein Zweifel, sage ich mir – wir sind in der Indianerstadt! Cortés muss sie also tatsächlich erobert haben – mit ein paar Hundert Kämpfern gegen eine Streitmacht von vielen Tausend Kriegern!

In einiger Entfernung entdecke ich unseren Wundarzt Jeminez, der gerade einen der Gänge zwischen den Krankenlagern entlangeilt. Fünfzig oder noch mehr unserer Männer liegen auf Flechtmatten am Boden und jeder von ihnen hat einen Verband am Kopf, um die Brust oder einen Arm.

»Das sieht schlimmer aus, als es ist«, behauptet Diego. »Wir haben siebenundfünfzig Verwundete, aber keinen einzigen Toten. Unser einziger Verlust heißt Melchorejo – er hat das Durcheinander anscheinend genutzt, um die Flucht zu ergreifen. Aber was soll's«, fügt Diego lachend hinzu. »Als Dolmetscher haben wir jetzt ja den Tätowierten.«

Ich komme mir vor wie in einem Traum. Doch gleichzeitig weiß ich ganz genau, dass ich all das hier wirklich erlebe – nicht nur deshalb, weil mein Kopf so schmerzhaft dröhnt.

»Die Indianer haben über tausend Krieger verloren«, fährt Diego fort. »Rund vierhundert, als wir vor drei Tagen ihre Stadt erobert haben. Und bei den Kämpfen gestern und vorgestern draußen in den Maisfeldern haben wir noch einmal mindestens siebenhundert Indianer getötet.«

In allen Einzelheiten erzählt er mir dann, wie sich die Eroberung von Potonchan abgespielt hat. Mit den Feldschlangen schossen unsere Artilleristen zweimal ins Leere – trotzdem waren die Indianer zuerst wie gelähmt vor Schreck, weil die Kanonen einen solchen Donnerkrach machten. Schon nach kurzer Zeit fassten sie sich wieder und verteidigten sich mit äußerster Entschlossenheit. Aber dann schlug der dritte Schuss in die Stadtmauer ein, direkt neben dem Torturm. Gleichzeitig drangen Alvarado und Avila von hinten mit ihren Kompanien in die Stadt ein. Sandoval und seine Männer waren mittlerweile zu ihnen gestoßen, abgesehen von einem kleinen Trupp, der Tapia und mich mit einem Boot zurück ins Lager brachte. Cortés und seine dreihundertfünfzig Kämpfer griffen also vom Fluss her an, und mit nochmals fast zweihundert Kämpfern drangen Alvarado, Avila und Sandoval von Süden her zum Stadtzentrum vor. Auf dem großen Tempelplatz kam es dann zur Schlacht, bei der Hunderte Indianer getötet oder verwundet und gefangen genommen wurden.

»Wir verstanden zuerst gar nicht, warum sie sich so ungeschickt anstellten«, erzählt Diego und seine Augen leuchten vor Begeisterung. »Mit ihren gezähnten Knüppeln oder auch mit ihren Speeren und Spießen hätten sie uns genauso tödliche Verwundungen beibringen können, wie wir das bei ihnen gemacht haben. Aber dann hat Sandoval ausgerufen: ›Männer, wisst ihr was? Sie wollen uns gar nicht töten! Sie wollen uns nur verwunden und gefangen nehmen – töten dürfen nur ihre Priester!‹ Und ganz genauso war es auch«, redet Diego weiter, »sie spießten sich geradezu auf unsere Schwerter auf bei dem Versuch, einen von uns kampfunfähig zu machen und zu ihren Tempeln zu schleppen. Deshalb konnte jeder von uns es mit acht oder sogar zehn von ihnen aufnehmen – wie der Rasende Roland im Ritterroman!«

»Langsam, Diego«, sage ich und hebe eine Hand. »Du sagst die ganze Zeit *wir* und *uns* – heißt das etwa, dass du an diesen Kämpfen teilgenommen hast?«

Er sackt ein bisschen in sich zusammen. »Ich musste die ganze Zeit an Portocarreros Seite bleiben«, murmelt er. »Nachdem sie dich bewusstlos und mit blutendem Kopf unter dem toten Indianer hervorgezogen hatten, wollten sie wohl auf keinen Fall riskieren, dass auch noch Cortés' zweiter Page aus den Stiefeln kippt. Und jedes Mal, wenn ich mit meinem Kurzschwert einen Indianer angreifen wollte, hatte der ›Dröhnende‹ ihn schon umgehauen – und gleich noch zwei oder drei weitere dazu.«

Diese letzten Sätze von Diego bekomme ich kaum mehr mit. »Tot …«, murmele ich und mein Mund fühlt sich mit einem Mal staubtrocken an. »Hast du eben gesagt, dass auch der Indianer, der mich verfolgt hat, tot ist?«

»So tot, wie man nur sein kann«, bestätigt Diego. »Du musst ihm diesen Mauerbrocken mit voller Kraft auf den Kopf gehauen haben. Sein Schädel war zerplatzt, und was darin …«

»Ist schon gut, ist ja schon gut«, unterbreche ich ihn erneut. »Verschone mich mit blutigen Einzelheiten!«, fahre ich fort. »Oder willst du, dass ich dir auf die Füße kotze?«

»Das lass mal besser sein«, empfiehlt mir Diego und grinst mich ungerührt an. »Sonst bringen sie dich in die Halle gegenüber – zu den rund hundert Mann, die gestern nach der Schlacht fauliges Wasser getrunken haben. Du kannst dir nicht vorstellen, wie es da drüben zugeht.«

»Vor allem *will* ich es mir nicht vorstellen«, sage ich und werde von einem eisigen Schauder durchgeschüttelt. Ich werfe einen raschen Blick zu der Säulengalerie, aber das Bauwerk gegenüber ist glücklicherweise zu weit entfernt. Außer einer Treppe und einer weiteren Säulengalerie darüber kann ich von hier aus nichts erkennen.

Doch mit meinen Gedanken bin ich sowieso immer noch bei meinem seltsamen Kampf mit dem Indianer. »Ein Mauerbrocken«, murmele ich. »Ich kann mich wirklich nicht erinnern. Ich weiß nur noch, wie ich von hinten diesen grässlichen Schlag auf den Kopf bekommen habe. Aber sonst …«

Ich unterbreche mich mitten im Satz. Auf einmal sehe ich das Mädchen wieder vor mir, die braune, halb vom Dunkel verschluckte Gestalt. Wie sie in dem schmalen Durchlass in der Hauswand stand und mir mit ihren Augen ein Zeichen machte, dass ich weitergehen soll …

»Hey, Orte, was ist los?«, ruft Diego. Er hat mich bei den Schultern gepackt und schüttelt mich nicht gerade sanft hin und her. »Verlierst du jetzt wieder das Bewusstsein, oder was?«

»Ganz im Gegenteil«, murmele ich.

Mir ist nämlich gerade klar geworden, dass niemand anderes als das Mädchen den Steinbrocken auf den Kopf meines Verfolgers gehauen haben kann. Jetzt sehe ich sogar vor mir, wie sich alles abgespielt haben muss. Er zog mir seinen Knüppel über, ich ging zu Boden, und wahrscheinlich kauerte er sich dann neben mich, um nachzusehen, ob ich noch lebte. Als Nächstes hätte er mich zweifellos zu einem Götzentempel geschleppt, um mich dem Teufel opfern zu lassen. Aber dann kam das Mädchen aus seinem Versteck hervor und schlug ihm den Steinbrocken auf den Kopf.

Sie muss ungeheuer stark sein, sage ich mir, und ein Grinsen zieht meinen Mund auseinander. So stark wie eine Amazone …

»Was ist denn jetzt schon wieder los?«, fragt mich Diego. »Erst starrst du so glasig vor dich hin, als ob du gleich wieder umkippen würdest. Und jetzt grinst du so blöd, als hättest du dich verliebt! Aber hier gibt es keine Mädchen, Orte, schau dich nur um! Nicht mal Indianerinnen – die haben die Krieger alle aus der Stadt geschafft. Aber vielleicht hast du dir deine schöne Geliebte ja einfach erträumt? Würde zu dir passen, Junge«, fügt Diego hinzu und klopft mir gönnerhaft auf den Oberarm. »Auch wenn du neuerdings ein Held bist und Tapia das Leben gerettet hast – ein Träumer bist und bleibst du trotzdem!«

So schwatzt Diego vor sich hin, und ich höre ihm mit brummendem Kopf zu und versuche gleichzeitig, mich zu erinnern.

Vielleicht habe ich mir ja wirklich nur eingebildet, dass sich dort in der Nische ein Mädchen versteckte? Womöglich habe ich ja, als ich schon halb ohnmächtig war, den Stein irgendwie zu fassen gekriegt und dem Indianer auf den Kopf gehauen, ohne es noch bewusst mitzubekommen?

Aber das glaube ich keinen Augenblick lang. Ich habe das Mädchen gesehen, sage ich mir, und ich habe sogar gespürt, dass sie mir helfen wird. Und ganz genauso muss es dann ja auch gekommen sein. Aber warum hat sie mir überhaupt geholfen? Sie ist doch bestimmt ein Indianermädchen von hier – weshalb also hat sie einen ihrer eigenen Leute getötet, um mir das Leben zu retten?

An diesem Rätsel grübele ich herum, während sich Diego auf die Suche nach Cortés macht. Unser Herr hat befohlen, ihm sogleich Meldung zu erstatten, wenn ich wieder zu mir gekommen bin. Dieser Befehl schmeichelt mir sehr, aber mehr noch beunruhigt er mich: Schließlich habe ich in der Indianerstadt nichts Besonderes beobachtet, wovon ich Cortés berichten könnte.

2

»Erhebe dich, Orteguilla, falls deine Kräfte dafür reichen.« Wundarzt Jeminez reicht mir seine Hand und zieht mich von meinem Lager hoch. »Der Commandante betritt soeben unser bescheidenes Hospital«, fährt der Schlitzohrige fort, »und ich wette meinen prächtigsten Gallenstein, dass er wegen dir gekommen ist.«

Ich werfe meine Decke zurück und rappele mich auf. Die verwundeten Männer im ganzen Saal sind urplötzlich verstummt und schauen Cortés in ehrerbietigem Schweigen entgegen. Unser Herr grüßt nach links und rechts, ruft dem einen ein paar Scherzworte, dem anderen eine aufmunternde Floskel zu, aber er bleibt bei niemandem stehen. Suchend schweift sein Blick durch die Halle, und als er mich in meinem Winkel entdeckt hat, kräuselt jenes stille Lächeln seine Lippen.

Mit federnden Schritten eilt er herbei und streckt mir beide Hände entgegen. Ungeachtet der feuchtheißen Witterung trägt er wieder seinen Samtumhang und den breitkrempigen Hut. »Orteguilla!«, ruft er aus. »Ich habe mir Sorgen um dich gemacht. Aber nun sehe ich, dass du wieder wohlauf bist.«

Zögernd reiche ich ihm meine Hände. Er zieht mich zu sich heran, das ist niemals vorher geschehen. Ich bin gerührt, aber mehr noch beunruhigt. Cortés tut nichts ohne sorgfältigste Berechnung, jedenfalls steht er in diesem Ruf. Wenn er mich nun vor aller Augen derartig auszeichnet, kann das eigentlich nur heißen, dass er etwas ebenso Außerordentliches von mir erwartet. Eine weitere »Heldentat« vielleicht oder einen Bericht, der vor tiefgründigen Erkenntnissen zu den Eigenarten der Indianer strotzt.

Aber ich werde ihn enttäuschen müssen, so oder so. Den riesenhaften Indianer habe nicht ich besiegt, sondern ein geheimnisvolles Mädchen. Und von der Stadt habe ich bestimmt viel weniger gesehen als er. Ehe ich irgendwelche Herzen ergründen konnte, lag ich schon bewusstlos am Boden.

»Du bist doch wieder bei Kräften?«, fragt Cortés. »Dann lass uns ein paar Schritte gehen«, fügt er hinzu, bevor ich irgendetwas antworten kann. »Ich will dir etwas zeigen.«

Zwischen den Säulen hindurch treten wir ins Freie. Meine Beine fühlen sich noch ein wenig schwach an, aber abgesehen von dem klopfenden Schmerz in meinem Hinterkopf fühle ich mich eigentlich ganz gut. Vorhin habe ich eine ganze Schüssel Fleischbrühe in mich hineingeschlürft, und ich spürte richtiggehend, wie ich mit jedem Schluck wieder etwas stärker wurde.

Die Treppe hinab zu dem gewaltig großen Tempelplatz sieht aus wie für Riesen erbaut. Die gigantischen Pyramiden und Paläste kommen mir mit einem Mal vollkommen unwirklich vor. Vielleicht liegt es daran, dass der Platz heute fast menschenleer ist.

»Du hast im Schlaf geredet«, sagt Cortés, nachdem wir die Riesenstufen hinter uns gelassen haben. »Jeminez sagt, es war nur wenig zu verstehen. Aber du musst hier in der Stadt etwas erlebt haben, das dich bis in deinen Ohnmachtsschlaf hinein verfolgt hat.«

Der Atem stockt mir bei diesen Worten, doch ich nehme mich zusammen. Ich darf mir nichts anmerken lassen!, durchzuckt es mich, und niemals ist mir ein Gedanke wahrer erschienen als dieser. Obwohl ich selbst nicht richtig verstehe, was ich vor Cortés so dringend verbergen muss. Und aus welchem Grund.

»Was habe ich denn gesagt?«, frage ich und schaue ihn mit gespielter Gleichgültigkeit an. »So viel wie Aguilar hatte ich ja bestimmt nicht zu erzählen.«

Unser Herr wirft mir einen forschenden Blick zu. »Du hast eine Amazone besungen«, sagt er, »aber das hat wohl nichts weiter zu bedeuten.«

Er lächelt versonnen, und mir fällt ein, was ich auf Kuba mehr als einmal über Cortés munkeln hörte. Bevor er die Goldmine fand und ein reicher Haziendero wurde, soll er der ärgste Weiberheld in der ganzen Neuen Welt gewesen sein. Angeblich ließ Gouverneur Velazquez ihn sogar einmal in den Kerker sperren, weil er der Schwester eines Hazienderos die Ehe versprochen, sich dann aber lieber mit anderen Frauen vergnügt haben soll. Zu dem heutigen Cortés scheinen diese Geschichten überhaupt nicht zu passen, und doch bin ich mir aus irgendeinem Grund sicher, dass sie wahr sind.

»Was ist dort in dem Durchgang zwischen den Häusern passiert?«, fragt mich Cortés. »Du hast den Indianer besiegt, der hinter dir her war. Wenn du ihn nicht von Tapia abgelenkt hättest, wäre der Ärmste vermutlich auf einem Opferaltar gelandet. Aber jetzt verrate mir, Orteguilla: Wie hast du das gemacht?«

Er nimmt mich beim Ellbogen und zieht mich quer über den Platz. Die Sonne scheint, aber der Platz ist mit Pfützen übersät. Die Luft ist dampfend feucht, und ich spüre, wie mir Schweißtropfen den Rücken hinunterrollen.

»Dein Gegner war ein starker Mann und schwer bewaffnet«, fährt Cortés fort. »Du lagst bereits am Boden und hattest eine Wunde am Hinterkopf. Du musst benommen gewesen sein. Und trotzdem hast du ihn mit einem einzigen Schlag getötet! Sogar Portocarrero war beeindruckt – und das will wirklich etwas heißen.«

Er spricht in beiläufigem Tonfall, doch ich spüre, dass es ihm ernst ist. Er hat ein Gespür für Dinge, die scheinbar nebensächlich sind – wenn man aber an so einem Fadenende zieht, dann zeigt sich oftmals, dass alles, was man gesucht hat, wie aufgefädelt daran hängt. So hat es mir Cortés einmal auf Kuba erklärt.

»Es tut mir leid, Herr«, antworte ich, »aber ich weiß nicht, wie es sich zugetragen hat. Der Schlag auf meinen Kopf hat mein Gedächtnis verdunkelt. Ich weiß nicht einmal, wo der Stein herkam, den ich ihm anscheinend auf den Schädel gehauen habe.«

Wieder wirft mir Cortés einen raschen Seitenblick zu. »Irgendetwas Geheimnisvolles steckt dahinter«, sagt er, »das spürst du bestimmt genauso wie ich. Aber du wirst es ergründen, Orteguilla, und dann erstattest du mir Bericht.«

Ich nicke und murmele, dass ich ihn ganz bestimmt nicht enttäuschen werde. Dabei komme ich mir wie ein Lügner und Verräter vor, und doch fühle ich, dass ich so und nicht anders handeln muss. Ich darf niemandem von dem Mädchen erzählen, sage ich mir – auch wenn es dadurch so aussieht, als wollte ich mich mit fremden Taten schmücken. Nur *warum* ich weder Cortés noch Diego oder irgendwem sonst von dem Mädchen erzählen darf, das ist mir alles andere als klar. Wieder einmal kommt mir mein eigenes Herz so unergründlich vor wie das tiefe Meer.

Cortés steuert auf einen bunt bemalten Rundturm in einer Seitenstraße hinter dem Tempelplatz zu. Vor der Tür stehen zwei unserer Männer Wache. Als wir bei ihnen sind, salutieren sie und treten zur Seite, um uns einzulassen. Cortés eilt die enge Wendeltreppe hoch, und ich folge ihm, so rasch ich kann.

Oben treten wir in einen dämmrigen Saal. Durch Lukenfenster dringt nur wenig Sonnenlicht ein. Der Boden ist mit Flechtmatten ausgelegt, an den Wänden stehen tönerne Krüge in Regalen.

»Weißt du, was das hier ist?«, fragt mich Cortés.

Auf den Matten liegen bemalte und beschriebene Blätter verstreut. Einige sind zusammengerollt und mit Schnüren umwunden, andere zu langen Faltbüchern zusammengeklebt – Leporello-Heften, wie wir sie auch in Spanien verwenden. Nur dass die Falthefte der Indianer viel bunter sind, ein Gewirr aus Schrift- und Bilderzeichen, das jedes Blatt bis in das letzte Eckchen bedeckt.

»Ein Lese- und Schreibsaal«, sage ich und kann es selbst kaum glauben. »Habe ich recht, Herr?«

Ich kauere mich auf eine Flechtmatte und nehme eins der beschriebenen Blätter zur Hand. Es fühlt sich an wie ein dünnes Tuch aus Pflanzenfasern, das mit einer lackartigen Oberfläche versehen worden ist.

Cortés nickt mir zu. »Jeder dieser Krüge«, sagt er und deutet auf die Wandregale, »enthält eines oder mehrere solcher Bücher. Die Tonkrüge sollen sie offenbar vor der Feuchtigkeit beschützen. Es sind Tausende Bücher – eine ganze Teufelsbücherei!«

Er schüttelt den Kopf und beginnt, in der Indianerbibliothek auf und ab zu gehen. »Meine Männer«, sagt er, »reden von den Indianern immer noch so, als ob es Wilde wären, Waldmenschen, halbe Tiere. Aber du und ich wissen, dass das nicht wahr ist, Orteguilla. Sie können lesen und schreiben. In dieser Stadt hier stehen prächtigere Bauten als in den meisten Städten der Alten Welt.«

Erneut wirft er mir einen forschenden Blick zu. Allmählich wird mir dieses Zwiegespräch unheimlich. Unser Herr hat mich schon mehr als einmal in sein Vertrauen gezogen, aber niemals vorher in solchem Maß. Und nie zuvor hatte ich so wie heute das Gefühl, dass er gleichzeitig einen leisen Argwohn gegen mich hegt.

»Wir müssen schleunigst ergründen, was wirklich in diesen Indianern vorgeht«, fährt er fort. »Wie sie denken und fühlen, was sie fürchten und was sie begehren – nur wenn wir das herausbekommen, werden sie uns verraten, wo ihre Goldschätze verborgen sind.«

Er geht weiter auf und ab, die Hände auf dem Rücken verschränkt. »In den letzten Tagen haben wir mehr oder weniger die ganze Stadt durchsucht«, erzählt er mir. »Wir haben alle gefangenen Indianer verhört, aber sie behaupten nur immer wieder, dass es hier in der Gegend kein Gold gebe. Bis auf ein paar kleine Figuren und Masken haben wir tatsächlich nichts gefunden. Auch die Schneiden ihrer Streitäxte sind nicht aus Gold, wie wir anfangs geglaubt haben – es sind Kupferbeile, die sie wohl mehr zur Zierde mit sich herumtragen. Jedenfalls polieren sie das Metall, bis es beinahe wie Gold glänzt. Aber wie dem auch sei: Ich *rieche*, dass es hier irgendwo gewaltige Goldmengen geben muss.«

Direkt vor mir bleibt er plötzlich stehen und legt mir seine Hände auf die Schultern. »Sie haben das Gold vor uns versteckt«, sagt er, »und mit deiner Hilfe werde ich es finden.«

Ich muss schlucken. Es ist wie ein Krampf. Das Mädchen fällt mir wieder ein, und erneut spüre ich, dass ich Cortés auf gar keinen Fall von ihr erzählen darf. Ich öffne meinen Mund, aber außer krampfhaften Schluckgeräuschen dringt nichts daraus hervor.

»Verzeiht, Herr«, gelingt es mir schließlich zu sagen. »Meine Verwundung ...« Ich taste über den Verband an meinem Hinterkopf. Die Beule darunter fühlt sich uneben an, wie mit schorfigen Höckern bedeckt.

Cortés nimmt mich beim Arm und führt mich zu einer steinernen Bank, die in die Turmwand eingelassen ist. Ich lasse mich darauf fallen und versuche verzweifelt, meine Gedanken zu ordnen.

»Und jetzt heraus mit der Sprache«, sagt unser Herr, »was ist dir Besonderes aufgefallen, als du mit Sandoval hier herumgelaufen bist?«

3

»Es ist nur sehr wenig, Herr«, beginne ich zögernd, »und bestimmt werdet Ihr finden, dass auch dieses Wenige für Euch wertlos ist.«

Ich gebe mir einen Ruck. Jetzt will ich es nur noch hinter mich bringen, egal was danach geschieht.

»Sie halten *uns* für Wilde«, presse ich hervor, »genauso wie wir geglaubt haben, dass *sie* Wilde sind!«

Ich rechne schon damit, dass er mich auslachen oder verärgert wegschicken wird. Aber Cortés schaut mich nur erstaunt an und gleich darauf wird sein Gesichtsausdruck nachdenklich.

Er setzt sich neben mich auf die Mauerbank. »Wie kommst du darauf?«, will er wissen.

»Für ihre Nasen scheinen wir nicht gerade Wohlgeruch zu verströmen«, sage ich, »und bei ihnen sind auch die erwachsenen Krieger weder im Gesicht noch an Handrücken oder Armen behaart. Aber das allein ist es nicht.«

»Was ist es dann?«, fragt mich Cortés.

Ich überlege hin und her, wie ich es ihm – und vor allem erst einmal mir selbst – erklären soll. »Es ist nur ein Eindruck, kaum mehr als eine Ahnung«, sage ich. »Sie glauben, dass ihre Welt wertvoller und höher entwickelt ist als unsere. Für sie sind *wir* die Barbaren, die von ihren Sitten und Gebräuchen nichts verstehen. Und deshalb haben sie zwar manchmal auch Angst vor uns – aber nur ungefähr so, wie wir uns vor einem Bären oder Tiger erschrecken würden, der plötzlich vor uns auftaucht.«

Cortés starrt mindestens eine Minute lang vor sich hin, dann nickt er mehrfach. »Wenn sie uns für Verkörperungen ihrer Götter halten würden«, sagte er, »wäre natürlich alles viel einfacher. Aber du hast recht, Orteguilla, du hast völlig recht: Für sie sind wir höchstens eine Art Ungeheuer.« Er hebt seinen Kopf und schaut mich wieder von der Seite forschend an. »Und was sonst noch?«

»Sie sind neugierig!«, platze ich heraus. »Aber verzeiht, Herr, das ist nun wahrhaftig keine Neuigkeit. Die Indianer sind so neugierig, dass sie darüber alles andere vergessen können – ihre Angst, ihren Zorn, sogar ihre Feindseligkeit.«

Auch das lässt sich Cortés einen Moment lang durch den Kopf gehen. »Dass sie so neugierig wie Kinder sind, ist wirklich keine Neuigkeit«, sagt er schließlich. »Aber dass sie darüber sogar ihre Feindseligkeit vergessen können, hatte ich so noch nicht gesehen.«

Er denkt erneut eine kleine Weile lang nach. »Du glaubst vielleicht, dass deine Beobachtungen von geringem Wert für mich seien«, fährt er fort. »Aber das Gegenteil trifft zu. Erst jetzt beginne ich zu begreifen, warum wir diese dreitägige Schlacht gegen eine zehnfache Übermacht letzten Endes gewonnen haben. Und warum es zwischenzeitlich so aussah, als ob sie uns abschlachten oder günstigstenfalls davonjagen würden.«

Er springt wieder auf und geht erneut zwischen den Krügen voller Faltbücher und den am Boden verstreut liegenden Blättern auf und ab. Dabei erzählt er mir, wie die Kämpfe der letzten beiden Tage verlaufen sind. Vorgestern befahl er drei Kompanien unter der Führung von Sandoval, Portocarrero und Alvarado, in einem Umkreis von fünf spanischen Meilen nach Maisbauern und Truthahnzüchtern zu suchen. Die Männer sollten für alles, was sie mitnahmen, einen gerechten Preis bezahlen, aber wenn die Bauern ihnen nicht freiwillig Lebensmittel verkauften, dann sollten sie sie notfalls mit Waffengewalt dazu zwingen.

Alvarado stieß bald schon auf eine große Zahl von Feldern, die mit Mais bebaut und von Wassergräben durchzogen waren. Doch als sie die Bauern aufforderten, ihnen einen Teil ihrer Ernte zu verkaufen, da wurden sie auf einmal von mehreren Hundert Indianern angegriffen. Sie riefen die anderen Kompanien zu Hilfe, und auch Cortés selbst eilte mit einer weiteren Kompanie, dreißig Armbrustschützen und zwei Kanonen herbei. Doch diesmal blieben die Geschütze wirkungslos. Um ihre Treffsicherheit ist es ohnehin nicht sehr gut bestellt, und an den Donnerkrach, das Blitzen und Qualmen aus dem Mündungsrohr hatten sich die Indianer nach der Schlacht am Vortag bereits gewöhnt.

»Sie sind neugierig, das hast du ganz richtig beobachtet«, sagt Cortés, »aber ihre Neugierde ist nicht nur schnell entfacht, sondern fast noch schneller wieder abgekühlt. Und dann kämpfen sie so zäh und furchtlos weiter, als ob sie alle mit Kanonendonner aufgewachsen wären.«

Wegen der hochragenden Maispflanzen auf den Feldern blieben auch die Armbrustschützen wirkungslos, erzählt Cortés weiter. Unsere Männer stolperten in den Äckern herum, fielen in Wassergräben, und nach kürzester Zeit waren dreißig von ihnen verwundet, davon die Hälfte so schwer, dass sie sofort verarztet werden mussten. Hätten die Indianer es darauf angelegt, ihre Gegner zu töten, so wären bei dieser Schlacht zweifellos viele unserer Männer ums Leben gekommen.

Schließlich befahl Cortés den Rückzug und die Indianer schickten ihnen noch Hagel von Pfeilen und höhnisches Gelächter hinterher. Unser Herr aber blieb unbeeindruckt. Er befahl, die Verwundeten zu versorgen, und schickte Sandoval mit einem kleinen Trupp zur Küste, damit sie im Schutz der Nacht die Pferde herbeiholten.

»Gestern früh zogen wir aufs Neue in die Schlacht«, sagt er, »wieder draußen in den Maisfeldern, aber diesmal mit allen Pferden. Du kannst dir kaum vorstellen, was für eine ungeheure Wirkung wir bei den Indianern hervorriefen: sechzehn Ritter in voller Rüstung zu Pferde. Sie starrten uns mit offenen Mündern an oder rannten schreiend davon. So oder so vergaßen sie zu kämpfen und schauten nur wie gelähmt zu, während wir ihre Streitmacht wie eine Schafherde zusammentrieben und niedermachten. Einige von ihnen ließen wir am Leben und nahmen sie als Gefangene mit in die Stadt. Sie versicherten nur immer wieder, dass sie von Ungeheuern angegriffen worden seien – Mischwesen, halb Menschen mit Eisenhaut und halb Hirsche ohne Geweih. Ich glaube«, fügt Cortés hinzu, »sie haben bis jetzt noch nicht begriffen, dass die Männer, von denen sie verhört wurden, dieselben waren, die vorher auf den Pferden sitzend gegen sie gekämpft hatten.«

Er bleibt mit dem Rücken zu mir vor einer Fensterluke stehen und schaut auf die Straße hinaus. »Aber auch an die Pferde werden sie sich bald gewöhnt haben«, sagt er, »und was dann? Weitere Geheimwaffen haben wir nicht. Und auch wenn wir nun weiter ins Landesinnere vordringen werden – die Botschaft, dass wir feuerspeiende Feldschlangen und schnaubende Zentauren mit uns führen, wird uns windesschnell vorauseilen.«

Ich stehe auf und gehe zu Cortés hinüber. »Ihr wollt weiter ins Landesinnere, Herr?«, frage ich.

Er dreht sich um und sieht mich so starr und ausdruckslos an, wie nur er das kann. »Morgen früh wird der Herrscher von Potonchan hier erscheinen und mir irgendwelche Geschenke übergeben«, antwortet er. »Um uns friedlich zu stimmen und vor allem, um uns zum Abzug zu bewegen. Natürlich wird es nicht der wirkliche Herrscher sein, sondern irgendein Indianer, den sie für diese Aufgabe ausgesucht haben. Aber glaubst du wirklich, Orteguilla, dass er mir den Goldschatz seines Königs zu Füßen legen wird?«

Ich schüttele meinen Kopf – behutsam, denn unter dem Verband klopft der Schmerz wieder stärker. »Er wird wieder nur Truthahn und Maisfladen bringen«, sage ich.

Cortés lächelt mich an, doch seine Augen bleiben wachsam. »Aber vielleicht findest du ja noch heraus«, sagt er, »wo sie ihr Gold verborgen haben.«

»Ich, Herr?«, frage ich. »Wie stellt Ihr Euch das vor?«

Cortés legt mir einen Arm um die Schultern und zieht mich mit sich, zur Treppe zurück. »Letzte Nacht sandte mir Gott der

Herr wieder einen Traum«, sagt er. »Ich sah dich, Orteguilla, mit einem ungeheuren Haufen goldener Masken und Figuren, die vor dir aufgehäuft lagen. Also denke nach, geh in dich, versuche vor allem, dich zu erinnern! Du besitzt den Schlüssel zum Goldschatz von Potonchan. Wenn deine Erinnerung zurückgekehrt ist, wirst du auch wissen, wo das Gold ist.«

Mein Herz beginnt, wie irrsinnig zu hämmern, und einen Moment lang befürchte ich, dass meine Beine unter mir zusammenklappen werden. Aber ich schaffe es erneut, mir nichts anmerken zu lassen.

»Ich will mich bemühen, Herr«, gelobe ich mit halbwegs fester Stimme.

Cortés versetzt einem der bunt beschrifteten Falthefte einen Tritt. »Und bevor wir von hier weggehen«, sagt er abschließend, »werden wir diese Teufelsbibliothek natürlich niederbrennen.«

4

Nach diesem sonderbaren Zwiegespräch mit unserem Herrn bin ich wie von Sinnen. Mein Herz rast, das Blut rauscht mir in den Ohren. Wundarzt Jeminez murmelt etwas von wiederkehrendem Fieber und befiehlt mir, mich erneut auf meine Matte zu legen. Bereitwillig befolge ich seine Weisung – hier im Krankensaal lassen sie mich zumindest in Ruhe.

Bevor es so weit ist, erscheint allerdings erst noch Cristóbal de Tapia an meinem Krankenlager. Mit würdevollen Verneigungen beteuert er, dass er mir auf ewig dankbar sein werde. »Wenn ich dir irgendwie einmal gefällig sein kann, Orteguilla de Villafuerte, lass es mich wissen«, verkündet er. »Für den Retter meines Lebens werde ich keinerlei Mühen scheuen!«

Ich murmele »Ihr seid zu gütig« oder etwas Ähnliches und flattere mit den Lidern, so als ob ich die Augen nicht länger aufhalten könnte. Endlich zieht er sich zurück und kurz darauf lässt mich auch Diego allein.

Zusammengerollt wie ein Teppich liege ich in meinem Winkel in der Säulenhalle und versuche, meine Gedanken zu ordnen und, mehr noch, mein tobendes Herz zu beruhigen.

Wer ist das Mädchen?, frage ich mich ein ums andere Mal. Warum hat sie mir beigestanden? Und dann wieder: Ist *sie* der »Schlüssel zum Goldschatz«, von dem Cortés geträumt hat? Dass unserem Herrn wirklich dieser Traum gesandt wurde, bezweifle ich keinen Augenblick lang. Schließlich hat er sogar vorausgesehen, wie viele Truthahnrationen uns die Indianer vor ihr Stadttor bringen würden. Er hat prophezeit, dass und wann Melchorejo die Flucht ergreifen würde – und wieder ist alles so gekommen, wie er es vorausgesagt hat.

Werde ich hier in Potonchan also wirklich ungeheure Mengen goldener Masken und Figuren finden, wie sie Cortés im Traum erblickt hat – »zu deinen Füßen aufgehäuft«? Und das Indianermädchen, meine geheimnisvolle Amazone, wird sie mir wirklich dabei helfen?

Aber ich will das nicht!, schreit es in mir. Wie oft habe ich die heilige Muttergottes angefleht: Lass uns kein Gold finden, zumindest noch nicht jetzt! Ich weiß doch, was das sonnengelbe Metall in den Herzen und Köpfen der Männer anrichtet, die vom Goldfieber befallen werden! Und jetzt soll ich selbst dieses Fieber entfachen?

Ich werfe mich auf meinem Lager hin und her. Wundarzt Jeminez beugt sich über mich. Er kühlt mir die Stirn und träufelt mir eine Flüssigkeit auf die Lippen. »Was ist denn, Junge?«, murmelt er. »Hast du Schmerzen?«

Ich schüttele den Kopf und knirsche mit den Zähnen. Niemand darf auch nur das Geringste von dem Durcheinander in meinem Innern erfahren!, beschwöre ich mich selbst. Von dem Mädchen oder gar von meinen heimlichen Gebeten, dass unsere Suche nach Gold vergeblich sein soll. Nur wenn wir hier in Potonchan keinen Goldschatz finden, wird Cortés uns weiter ins Landesinnere führen – das hat er ja gerade eben zu mir gesagt!

Ich fühle mich vollkommen erschöpft, mein Kopf tut schrecklich weh. Und mein Herz will einfach nicht aufhören, wie tobsüchtig in meiner Brust zu hämmern.

Irgendwann schlafe ich trotzdem wieder ein. Als ich zu mir komme, dämmert vor der gigantischen Säulenwand der neue Morgen. Gleich wird der Herrscher von Potonchan erscheinen, geht es mir durch den Kopf – und bald danach werden wir aufbrechen und die Indianerstadt hinter uns lassen! Und solange ich hier fiebernd auf dem Krankenbett liege, kann auch niemand von mir verlangen, dass ich das Versteck aufspüre, in dem der Herrscher von Potonchan seinen Goldschatz verborgen hat. Also muss ich nur einfach hier in meinem Winkel bleiben und mich krank und schlafend stellen, bis draußen das Signal zum Aufbruch ertönt.

Das sage ich mir wieder und wieder vor, dabei weiß ich ganz genau, dass keine Silbe davon stimmt. Der Schlüssel zum Goldschatz ist in meiner Erinnerung, hat Cortés zu mir gesagt. Wenn ich mich erinnere, was in jenem Gang zwischen den beiden Häusern passiert ist, werde ich auch den Goldschatz finden. Und das Mädchen *ist* dieser Schlüssel, ich weiß es ja längst! Ich spüre es mit jeder Faser meines irrsinnig klopfenden Herzens: Sie hat mich gerettet, und sie wird mir zeigen, wo das Gold von Potonchan verborgen ist. Auch wenn sich in mir alles dagegen sträubt und auch wenn ich nicht im Mindesten begreife, wie das vor sich gehen soll.

Irgendwann später erschallt draußen auf dem Tempelplatz eine Fanfare. Alle Verletzten, die sich irgendwie voranschleppen können, rappeln sich von ihren Matten auf. Ich folge ihrem Beispiel und gehe gleichfalls zur Säulenwand hinüber. Unten auf dem Platz legen Jesus Mendoza und einige weitere Zimmerer gerade letzte Hand an ein gewaltiges Podest an. Es erhebt sich unmittelbar vor der größten und prächtigsten Pyramide, auf deren First die spanische Fahne neben einem gewaltig großen Holzkreuz weht. Auf einen Wink von Mendoza hin nähern sich einige Dutzend unserer kubanischen Sklaven und bestreuen das Podest mit frisch geschnittenen Palmzweigen.

Heute ist Palmsonntag, wird mir klar, der letzte Sonntag vor Ostern. Weitere Sklaven eilen herbei, Körbe voller Palmwedel auf dem Rücken. Von feierlich gekleideten Konquistadoren beaufsichtigt, streuen sie die Palmzweige quer über dem Tempelplatz in Richtung Norden aus, geradewegs auf den zerschossenen Torturm zu.

Ich beginne zu ahnen, was Cortés vorhat. Auch wenn ich keine prophetischen Kräfte besitze, weiß ich schon im Vorhinein, dass es ihm auch diesmal gelingen wird, die Indianer zu beeindrucken. Und dass ihre Begeisterung und Ergriffenheit wiederum nicht lange andauern wird – weil ihre Neugierde rasch entfacht ist, aber noch schneller wieder erlahmt.

Auf der Straße, die von Süden her, aus dem gebirgigen Hinterland, nach Potonchan führt, nähert sich währenddessen eine würdevolle Prozession dem Tempelplatz. Von hier oben aus, zwischen den Säulen über der Treppe, könnte man fast meinen, dass dieser feierliche Zug bereits zur heiligen Palmsonntagsmesse gehört. Dabei ist es die Delegation der Indianer, angeführt von einem Krieger, der von Kopf bis Fuß in schillerndes Gefieder gehüllt ist. Hinter ihm schreiten zwanzig weitere Indianer, mit kunstvollem Kopfschmuck aus Vogelfedern und in prächtige Umhänge gekleidet. Wahrscheinlich sind es Häuptlinge verschiedener Dörfer und Stämme aus den umliegenden Bergen, sage ich mir, und der Gefiederte, der ihnen voranschreitet, wird sich zweifellos als Herrscher von Potonchan ausgeben.

In einem Abstand von ein paar Dutzend Schritten folgen dreißig oder vierzig weitere Indianer. Sie tragen gleichfalls Federschmuck auf den Köpfen, doch ihre Oberkörper sind entblößt und wie ihre Gesichter bunt bemalt. Auf dem Rücken schleppen sie Lastkörbe, die mit Tragebändern an ihrer Stirn befestigt sind. Etliche von ihnen ziehen außerdem vermummte Gefangene hinter sich her.

»Wen zerren sie denn da herbei?«, murmelt einer der verwundeten Männer in meiner Nähe.

Die Gefangenen tragen Säcke aus Pflanzenfasern über den Köpfen. Ihre Körper sind bis zu den Füßen in unförmige Gewänder gehüllt.

»Das sieht ganz so aus«, rätselt ein Zweiter, »als wollten sie Gefangene austauschen – dabei haben sie doch keinen Einzigen von uns geschnappt!«

»Und wenn sie einen von uns erwischt hätten«, mischt sich der Nächste ein, »dann hätten sie ihn längst dem Teufel geopfert und seine Arme und Beine aufgefressen, wie es Aguilar erlebt hat!«

5

Angespannt sehe ich zu, wie sich der (angebliche) Herrscher von Potonchan und sein Gefolge dem palmgeschmückten Podest auf dem Tempelplatz nähern. Dort thront unser Herr mittlerweile auf einer Art Flechttruhe, unter einem Baldachin, der ihn vor der ärgsten Hitze schützt. Die Sonne steht schon wieder hoch am Himmel, dennoch trägt Cortés seinen schwarzen Samtumhang und den federgeschmückten Hut. Die goldenen Troddeln an seinem Gewand und die Goldfäden in seinen Strümpfen funkeln bis zu mir herüber. Links und rechts von ihm stehen seine drei Vertrauten. Auch sie haben ihre kostbarste Feiertagskleidung angelegt. Portocarreros Gesicht ist feuerrot, und obwohl er seine Stimme zu dämpfen versucht, dröhnen seine Flüche über den Platz.

Auf dem Podest vor Cortés kauert der Tätowierte. Einen Schritt hinter der Flechttruhe entdecke ich den Notar Pedro Gutierrez, der mit eingezogenem Kopf unter dem Baldachin steht. Er hält ein großes schwarzes Buch vor seine Brust gedrückt – zweifellos das *Requerimiento.*

Der angebliche Herrscher der Indianerstadt kniet vor dem Podest nieder, beugt seinen Oberkörper weit nach vorn und stülpt die Lippen vor, als wollte er den Boden küssen. In dieser Haltung faucht er einige Worte hervor und richtet sich wieder auf.

»Der König von Potonchan grüßt Euch ehrerbietig, Caudillo«, ruft Aguilar mit lauter Stimme, »und er bittet Euch um Frieden!«

Cortés sieht sein Gegenüber durchbohrend an. »Ich, Hernán Cortés, der Statthalter des einen und allmächtigen Gottes«, sagt er, »heiße den Herrscher von Potonchan im Namen des Heiligen Vaters und des Königs von Spanien willkommen. Übergib mir sieben Körbe voller Gold, so will ich mit dir Frieden schließen.«

Aguilar übersetzt und die Miene des Gefiederten wird bei jedem Wort grimmiger. »Du wirst heute zahlreiche Geschenke von mir erhalten, bärtiger Fremdling«, antwortet er, »goldene Kunstwerke und anderes, das weit kostbarer ist als Gold.«

Er wendet sich um und macht eine gebieterische Handbewegung. Die Krieger mit den Körben auf dem Rücken nähern sich dem Podest und ziehen die vermummten Gefangenen hinter sich her. Sie setzen ihre Körbe ab und reihen sie nebeneinander am Rand des Podestes auf.

Der Gefiederte greift scheinbar wahllos in einzelne Körbe hinein, hebt goldene Masken, Figuren aus Türkisstein und bunt bemalte Holzscheiben in die Höhe. »Dies alles sind kostbare Kunstwerke«, erklärt er, »und es schmerzt mich sehr, sie Euch überlassen zu müssen. Aber Ihr habt uns im Kampf besiegt, und so dürfen wir uns nicht beklagen. Eure Götter waren diesmal stärker als die unseren.«

Der angebliche Herrscher von Potonchan legt die Masken und sonstigen Kunstwerke in die Körbe zurück und wendet sich abermals um. Auf ein Zeichen von ihm ziehen seine Männer den zwanzig Gefangenen fast gleichzeitig die Tücher von den Köpfen herunter. Ein Raunen und Stöhnen geht über den Platz.

Erstaunt schaue ich mich um, und da erst fällt mir auf, dass rings herum im Schatten der Pyramiden und Paläste unzählige unserer Männer aufgereiht stehen. Anscheinend ist jeder, der nicht irgendwo anders in der Stadt, im Lager am Fluss oder bei den Schiffen an der Küste Wache halten muss, herbeigeeilt, um mitzuerleben, wie sich die Indianer von Potonchan unserem Herrn unterwerfen. Und vor allem, um mit eigenen Augen zu sehen, ob sie uns endlich bringen, wonach die meisten von uns lechzen wie der Verdurstende nach Wasser und der Erstickende nach Luft.

Aber der Gefiederte hat uns wiederum kein Gold gebracht, oder bloß ein paar Masken und Figuren – und trotzdem stöhnen unsere Männer wie aus einer Kehle auf. Ganz gleich, ob sie bei Kräften oder im Kampf verwundet worden sind, ob sie Verbände tragen oder sich nur mit notdürftig gezimmerten Krücken aufrecht halten. Sie raunen und stöhnen und seufzen, aber es sind keine Laute der Enttäuschung – oder jedenfalls nicht nur.

Die Krieger werfen die Tücher zu Boden, die sie den Gefangenen von den Köpfen gezogen haben. Es sind junge Frauen, oder vielleicht sogar noch Mädchen, alle mit brauner Haut und glänzend schwarzen Haaren.

»Kostbarer als Gold!«, wiederholt der Gefiederte und deutet auf die jungen Frauen. »Sie gehören Euch, Herr«, übersetzt Aguilar. »Ihr Lächeln wird Eure Herzen besänftigen, sodass ihr nicht länger nach den goldenen Tränen des Sonnengottes giert. Und sie werden für euch kochen, Herr«, fügt er hinzu. »Dann braucht ihr keine fremden Städte mehr wegen ein paar Truthahnrationen zu belagern.«

Ob der vermeintliche Herrscher von Potonchan bei diesen Worten seine Raubkatzenzähne zu einem Grinsen entblößt hat, kann ich nicht sagen. Auch was Cortés ihm antwortet, bekomme ich nicht mit.

Meine ganze Aufmerksamkeit ist auf das Mädchen gerichtet, das zwischen den anderen jungen Frauen vor dem Podest steht. Ich erkenne sie an ihren Augen, die groß und dunkel sind und mich über den weiten Platz hinweg so beschwörend ansehen, wie auch ich zu ihr hinüberstarre.

Es ist das Mädchen, das mir das Leben gerettet hat. Obwohl ich damals kaum mehr als ihre Augen im Dunkel der Nische gesehen habe, würde ich sie unter Tausenden wiedererkennen. Meine kriegerische Schöne, die Amazone meiner Träume – und laut Cortés der »Schlüssel zum Goldschatz von Potonchan«.

Auf einen Wink von Cortés klappt Notar Gutierrez das schwarze Buch auf und beginnt abermals, Absatz für Absatz das *Requerimiento* zu verlesen. Der Tätowierte übersetzt, und ich bin sicher, dass die Indianer diesmal – anders als bei Melchorejo – zumindest im Groben verstehen, worum es in der königlichen Erklärung geht. Aber ich bekomme wiederum kein einziges Wort mit. Unentwegt starre ich das Mädchen an und stelle mir vor, wie sie den Stein gehoben und auf den Kopf des Kriegers geschmettert hat. Meine Amazone, denke ich und versuche zu erraten, warum sie das getan hat – ich durchbohre sie mit meinen Blicken und schicke ihr ein ums andere Mal die Frage: Warum? Aber sie schaut nur stumm und beschwörend zurück.

Schließlich erhebt sich Cortés von der Flechttruhe. Er murmelt Sandoval etwas zu und der winkt einige seiner Männer herbei. Sie bringen die zwanzig jungen Indianerinnen zu einem prachtvoll bemalten Flachbau, vor dem bereits zwei Konquistadoren Wache stehen. Die Frauen werden hineingeführt, und nachdem sich das Mädchen ein letztes Mal zu mir umgedreht hat, geht die Tür hinter ihnen wieder zu.

»Wiederhole die Unterwerfungsformel!«, befiehlt Cortés und sieht mit vorgerecktem Kinn über den Gefiederten hinweg.

Am anderen Ende des Platzes bringen zwei Artilleristen eine unserer Kanonen in Stellung. Sie richten das Geschütz nicht auf den Tempelplatz, sondern auf die schmale Straße, an deren Anfang der Rundturm voller Tonkrüge aufragt – die »Teufelsbibliothek«.

Währenddessen faucht der Gefiederte eine Antwort hervor und Aguilar übersetzt: »Freudigen Herzens erkläre ich mich im Namen aller Stämme und Sippen von Potonchan zum Vasallen des Königs der bärtigen Fremdlinge.«

Der angebliche Herrscher von Potonchan fletscht die Raubkatzenzähne, dass die Türkissteine in seinem Mund funkeln. »Uns wurde zugetragen, dass ihr eine lächelnde Göttin anbetet«, setzt er hinzu. »Wir würden uns sehr geehrt fühlen, wenn ihr eure Göttin auch heute anrufen würdet.«

»Zum Teufel mit deiner Göttin, du stinkender Riesenvogel!«, schreit Portocarrero und sein Gesicht verfärbt sich violett. »Du wagst es, den einen und allmächtigen Gott zu verhöhnen?«

Der Gefiederte erstarrt. Genau in diesem Moment reißt Cortés seinen rechten Arm hoch und die beiden Artilleristen am anderen Ende des Platzes feuern die Kanone ab.

Die Indianer brechen in Geschrei aus und halten sich die Ohren zu. Einige fallen auf die Knie, aber der Gefiederte macht ihnen ein gebieterisches Zeichen. Im nächsten Moment stehen alle wieder wie Steinsäulen da und schauen ausdruckslos vor sich hin.

Dabei hat das Geschütz offenbar großen Schaden angerichtet. Von meinem Platz bei den Säulen kann ich den Bücherturm nicht sehen – doch ich habe so gut wie jeder andere den dumpfen Schlag gehört, das Rumpeln und Malmen von Steinmassen, die in sich zusammensacken. Und wie alle anderen sehe ich die Flammen, die nun dort drüben fauchend in den Himmel hinaufzüngeln, und spüre den beißenden Qualm in Augen und Kehle.

Ist es wirklich richtig, was wir hier machen?, frage ich mich mit plötzlichem Erschrecken. Dass sie ihren Götzen Menschenopfer bringen, ist gewiss ein teuflischer Brauch. Aber kann es denn überhaupt sein, dass sie all das hier allein dem Teufel verdanken: ihre prächtigen Bauwerke, Kunstwerke und Bücher, ein allem Anschein nach wohlgeordnetes Reich? Vielleicht haben sie ja früher einmal an den einen und allmächtigen Gott geglaubt – bevor sie irgendwann den Einflüsterungen des Satans erlegen sind?

Ist nicht auch in der Bibel irgendwo von einem Volk die Rede, das zum Götzenglauben abirrte und schließlich auf den rechten Weg zurückfand? Der Kopf brummt mir immer stärker. Schließlich bin ich kein Mönch oder Priester, und bisher schien es mir immer sonnenklar, wo die Grenzlinie zwischen Gut und Böse, Gott und Teufel verläuft.

Der angebliche Herrscher von Potonchan legt die flachen Hände vor seiner Brust gegeneinander und deutet eine Verneigung vor Cortés an. »Ihr habt uns im Kampf besiegt«, wiederholt er, »und eure Götter waren diesmal stärker als die unseren. Aber ich bitte Euch, bärtiger Herrscher, brennt unsere Stadt nicht nieder!«

Cortés wirft dem Gefiederten einen Blick zu. Dann schiebt er Daumen und Zeigefinger zwischen seine Lippen und stößt einen gellenden Pfiff aus. Fast noch im selben Moment fliegt an einem Palast auf der anderen Seite des Platzes eine Tür auf. Vier prachtvolle Pferde kommen wiehernd und schnaubend heraus – und galoppieren quer über den Platz auf das Podest zu! Vorneweg Cortés' milchweißer Hengst, dahinter Portocarreros stämmiger Rappe, dann einträchtig nebeneinander Sandovals Schecke und Alvarados fuchsroter Hengst. Ihre Mähnen wehen, ihre Hufe trommeln auf den steinernen Boden – und die Indianer starren ihnen mit schreckgeweiteten Augen entgegen.

~ 6 ~

Die vier Rösser umringen die Häuptlinge und ihren von Kopf bis Fuß gefiederten Herrscher. Sie schnauben und tänzeln und vor ihren Mäulern bläht sich weißer Schaum. Die Indianer geben ihr Bestes, um unbeeindruckt zu scheinen, aber sie können ihr

Grauen nicht vollständig verbergen. Ihre Gesichter sind verzerrt, ihre Beine schlottern. Sie werfen einander Blicke voller Entsetzen zu.

»Die Apostel sind zornig!«, schreit Cortés und deutet mit ausgestreckten Armen auf die schnaubenden Pferde. »Weil ihr es gewagt habt, mich anzugreifen – mich, den Statthalter des einen und allmächtigen Gottes!«

Er klatscht in die Hände und sein Schimmelhengst bäumt sich vor dem Gefiederten auf. »Euch bleibt noch eine einzige Chance, den Zorn der Apostel zu besänftigen!«, ruft Cortés. »Bringt uns sieben Körbe voller Gold!«

Der Gefiederte und die zwanzig Häuptlinge fallen auf die Knie. Sie küssen den Boden, richten ihre Oberkörper wieder auf und recken die Hände zu den Pferden empor.

»Vierfüßige Götter!«, ruft der vermeintliche Herrscher von Potonchan. »Alles, was wir an Gold besitzen, haben wir Eurem Statthalter überreicht! Ich schwöre es – mehr haben wir nicht! Wenn Euch nach großen Goldschätzen verlangt, so zieht weiter nach Norden! Oben am See von Texcoco herrscht der große Montezuma, König der Azteken!«

Auf einen Wink von Cortés werden die Pferde von vier Konquistadoren wieder weggeführt. Der Gefiederte rappelt sich auf und die zwanzig Häuptlinge folgen seinem Beispiel.

»Montezuma, König der Azteken?«, wiederholt Cortés, nachdem Aguilar die Worte des Gefiederten übersetzt hat. »Warum sollte ich dir glauben, dass er Gold besitzt?«

Der Gefiederte starrt ihn so entgeistert an, als ob er an Cortés' Verstand zweifeln würde. »Niemand ist reicher und mächtiger als Montezuma!«, ruft er aus. »Außer Eurem bärtigen König und Euren zwei- und vierfüßigen Göttern natürlich!«, schiebt er eilends hinterher. »Seine Hauptstadt heißt Tenochtitlan. Seine Schatzkammern quellen über voller Gold und Silber, Federschmuck und Edelsteinen!«

Cortés und seine Vertrauten wechseln bedeutungsvolle Blicke.

»Wenn Ihr uns nicht glaubt, dann martert uns zu Tode«, setzt der angebliche Herrscher von Potonchan hinzu. »Aber dann könnt Ihr uns auch genauso gut auf der Stelle töten. Mehr Gold besitzen wir nicht und das werden auch unsere letzten Worte sein. Egal, ob ihr uns die Fußsohlen verbrennt oder die Haut abzieht.«

Genau in diesem Augenblick wendet unser Herr seinen Kopf nach links und schaut zu mir herüber. Seine dunklen Augen sehen mich durchbohrend an. Er hat die ganze Zeit über gewusst, dass ich gerade hier zwischen den Säulen stehe!, schießt es mir durch den Kopf. Hat er etwa auch mitbekommen, wie das Indianermädchen und ich einander angestarrt haben?

Ich nicke ihm zu, wie um zu sagen: Ja, Herr, er spricht die Wahrheit. Aber gleichzeitig spüre ich, dass der Gefiederte lügt, dass sie ihren Goldschatz hartnäckig vor uns verbergen – und dass Cortés das genauso gut weiß wie ich selbst. Ich spüre sein Erstaunen, seinen Argwohn, doch tief in meinem Herzen fühle ich zugleich die Gewissheit, dass ich so und nicht anders handeln muss.

Auch ohne die Qualmschwaden, die vom brennenden Bücherturm herüberziehen, hätte ich nur wie durch eine Nebelwand mitbekommen, was danach noch alles passiert. Unsere Männer erklimmen die Pyramiden rings um den Tempelplatz und werfen dutzendweise hölzerne Götzenbilder in die Tiefe. Die Figuren kollern die Pyramidenstufen hinab, es kracht und rumpelt. Wenn die Götzenbilder unten angekommen sind, ist nur noch ein Durcheinander bunt bemalter Trümmer und Splitter von ihnen übrig. Der Gefiederte und seine Gefolgschaft schauen sich das alles ohne erkennbare Gemütsbewegung an.

Sandoval überreicht Cortés sodann eine silberne Glocke, Portocarrero einen dampfenden Weihrauchkessel. Von irgendwo her wird außerdem eine Madonnenfigur herbeigeholt. Geschickt schmückt Alvarado die Truhe mit einem weißen Leinentuch und einigen Palmwedeln, ehe er die geschnitzte Muttergottes darauf stellt.

Cortés schwenkt den Weihrauchkessel und die Glocke und stimmt erneut einen feierlichen Singsang an. Er trägt nun auch wieder eine Priesterrobe und so singt und predigt er und schwenkt die heiligen Requisiten. Unsere Männer kommen von allen Seiten herbei. Ich entdecke Cristóbal de Tapia und den narbenreichen Gonzalo Guerrero. Sogar Francisco de Morla ist herbeigeeilt, der Neffe von Gouverneur Velazquez. Unsere Männer bekreuzigen sich und murmeln die vorgeschriebenen Formeln, und nachdem sie eine Weile zugeschaut haben, machen ihnen die Indianer auch diesmal alles nach. Sie beugen ihre Knie, schlagen unbeholfen das Kreuzzeichen und singen so gut sie können das *Ave Maria* mit.

»Im Namen des Heiligen Vaters und des allerkatholischsten Königs von Spanien!«, ruft Cortés aus. »Hiermit verleihe ich der Indianerstadt, die bisher Potonchan hieß, den christlichen Namen *Santa Maria de la Vitoria* – denn nur durch sie, die heilige Muttergottes, nur durch ihren Beistand haben wir die Teufelsjünger besiegt!«

Weiterhin singend, Glocke und Weihrauchkessel schwenkend, steigt Cortés vom Podest hinab. Feierlich schreitet er den Pfad entlang, den unsere Männer mit Palmzweigen quer über den Platz ausgelegt haben. Eine große Schar von Konquistadoren folgt ihm und auch der Gefiederte, seine Häuptlinge und Krieger reihen sich singend und die Knie beugend in die Prozession ein.

Also hat Cortés eingesehen, sage ich mir, dass wir hier in Potonchan kein Gold mehr finden werden? Allem Anschein nach hat er doch angeordnet, dass wir alle die Stadt umgehend verlassen und zu unseren Schiffen an der Küste zurückkehren! Diese Aussicht erfreut mich so sehr, dass ich beinahe in lautes Jubeln ausgebrochen wäre.

Doch da entdecke ich Diego, der in großen Sprüngen die Freitreppe heraufgerannt kommt. Und im nächsten Moment ist es mit meiner Freude wieder vorbei.

»Befehl unseres Herrn!«, ruft er atemlos. »Die Verwundeten und die Kranken bleiben noch bis morgen hier in Potonchan – in Santa Maria de la Vitoria!«, berichtigt er sich mit leuchtenden Augen. »Zu eurer Sicherheit lassen wir eine Kompanie unter Alvarados Kommando hier«, fährt er fort. »Morgen bei Sonnenaufgang nehmen euch die Boote vorne am Fluss auf. Wir anderen machen währenddessen die Schiffe für die Weiterfahrt klar.«

Wundarzt Jeminez hat sich zwischen den Verletzten hindurch einen Weg zu Diego gebahnt. »Das ist ein guter Plan«, sagt er. »Die meisten meiner Patienten können noch etwas Ruhe vertragen, bevor wir in die nächste Schlacht ziehen. Außerdem haben wir sowieso nicht genügend Boote, um alle Mann gleichzeitig zurück zur Küste zu bringen.«

Diego nickt ihm zu und will sich schon wieder abwenden – zweifellos, um im Sturmschritt zu unserem Herrn zurückzulaufen und ihm genauso atemlos Bericht zu erstatten. Er liebt solche Botendienste, besonders den Moment, wenn er die Botschaft verkündet und ihm alle gespannt an den Lippen hängen.

Doch nachdem er sich schon halb herumgeworfen hat, wird er durch einen Ausruf noch einmal aufgehalten. Und der kommt unseligerweise von mir.

»Warte, Diego!«, rufe ich. »Was ist mit den Mädchen?« Ich deute zu dem Palastbau auf der anderen Seite des Platzes. »Den jungen Frauen da drüben, meine ich?«

Alle starren mich an. Diego schaut erst erstaunt, dann grinst er so durchtrieben, wie man das in seinem Alter hinbekommen kann.

»Ach, deshalb hast du vorhin so verliebt vor dich hin geglotzt!«, ruft er aus. »Blödsinn!«, setzt er hinzu und schlägt sich mit der flachen Hand gegen die Stirn. »Da konntest du ja noch gar nicht wissen, dass der Vogelmann uns die Sklavinnen schenken würde!«

Das Grinsen verschwindet wieder aus seinem Gesicht und Diego schaut mich noch viel erstaunter als vorher an. »Oder wusstest du es doch schon?«, fragt er mich.

Ich schüttele meinen Kopf und hebe gleichzeitig die Schultern. »Natürlich nicht!«, sage ich mit viel mehr Überzeugung in meiner Stimme als in meinem Herzen. »Ich habe die ganze Zeit hier im Krankensaal gelegen – schon vergessen, Diego?«

Er runzelt die Stirn und schaut mich mit zusammengekniffenen Augen an, als hätte ich ihm gerade einen schwindelerregenden Würfeltrick vorgeführt.

»Na, wie auch immer«, sagt er schließlich. »Die Sklavinnen werden gleichfalls morgen früh abgeholt. Unser Herr will sie an die Kapitäne verteilen.«

~ 7 ~

Längst ist die Nacht hereingebrochen, doch ich wälze mich wie seit Stunden auf meiner Matte hin und her. Um mich herum stöhnen und murmeln die verwundeten Männer im Schlaf. Ich dagegen werde in dieser Nacht kein Auge mehr zutun, wird mir klar. Leise erhebe ich mich von meinem Lager und schleiche mich im Dunkeln zwischen den Schlafenden hindurch. Ein paarmal streife ich gegen den heraushängenden Fuß oder das angewinkelte Knie eines Schläfers, aber glücklicherweise wacht niemand auf.

Schließlich trete ich zwischen den Säulen hindurch ins Freie. Der Himmel ist wolkenlos und mit funkelnden Sternen übersät. Der nahezu volle Mond übergießt den Tempelplatz mit geisterhaftem Schein. Wo immer die Männer sich aufhalten mögen, die zu unserer Bewachung hier geblieben sind – ich kann keinen von ihnen entdecken.

Ich gehe die Stufen hinunter, ohne mir richtig klarzumachen, was ich da eigentlich tue. Vielleicht bin ich doch nicht so wach, wie ich geglaubt hatte, oder vielleicht kommt diese Benommenheit auch von dem Schlag auf meinen Hinterkopf. Doch ich spüre keinen Schmerz mehr, ich fühle mich frisch und stark und gleichzeitig wie von einem Traum umsponnen.

Absichtlich halte ich mich von dem palastartigen Flachbau fern, in dem die Sklavinnen eingesperrt worden sind. Falls mich doch irgendwer beobachtet, soll er nichts Verdächtiges an mir entdecken. Ich kann nicht schlafen, also vertrete ich mir ein wenig die Beine, das ist alles.

Erst nachdem ich auf menschenleeren Straßen minutenlang in Richtung Osten gegangen bin, wird mir bewusst, wohin es mich anscheinend zieht: zu der Stelle zurück, an der wir vor drei Tagen von den Indianern angegriffen wurden.

Nach ein paar Dutzend weiteren Schritten bin ich wirklich wieder in der kleinen Sackgasse. Im Mondlicht sieht alles anders aus als am hellen Tag, aber ich brauche trotzdem nicht lange, um den Durchgang zwischen den beiden Häusern wiederzufinden. Genau da hat Tapia am Boden gehockt, sage ich mir, eine Hand auf seine blutüberströmte Brust gepresst.

Mein Herz fängt plötzlich an, hart und holprig zu schlagen. Sie ist dort, sie ist bestimmt wieder dort, geht es mir durch den Kopf – in jener Nische links in der Hauswand! Mir ist bewusst, dass das eigentlich unmöglich ist – wie könnte sie dort vorne eingesperrt und gleichzeitig hier draußen sein? Trotzdem zwänge ich mich zwischen den Hauswänden hindurch, so rasch das im Dunkeln geht, und trotzdem bin ich furchtbar enttäuscht, als ich schließlich vor der Mauernische stehe. Sie ist leer, natürlich ist sie leer! Ich taste sogar auf der Hauswand herum, die hier aus irgendeinem Grund diese Einbuchtung aufweist. Vielleicht hat in der Nische früher einmal eine Götterfigur oder so etwas gestanden, sage ich mir und gehe schon weiter, den schmalen Gang entlang.

Als jener Krieger hinter mir her war, dachte ich, dass es am anderen Ende des Gangs eine weitere Straße oder einen kleinen Platz geben müsste, von Häusern gesäumt. Doch als ich zwischen den Häusern hervortrete, finde ich mich am Rand eines verwilderten kleinen Parks. In Schlangenlinien führt ein Pfad zwischen Wiesen und Büschen hindurch. Am anderen Ende des Parks, hinter hoch aufragenden Bäumen, erkenne ich eingestürzte Türme und Pyramiden – eine Ruinenstadt, geht es mir durch den Kopf, wie beim zweiten Teufelstempel im Wald hinter Puerto Deseado.

Zuerst kann ich mich nicht entscheiden, ob ich weitergehen oder zum Tempelplatz zurückkehren soll. Vielleicht schleichen dort bei den Ruinen ja Raubkatzen oder rachegierige Indianer herum, sage ich mir. Doch dann bemerke ich die schmale Gestalt da drüben zwischen den Bäumen – mit ihrem unförmigen, knöchellangen Gewand, dem schimmernd schwarzen Haar, das ihren Kopf wie ein Helm umschmiegt, und mit diesen unglaublich großen, dunklen Augen, die beschwörend zu mir herüberstarren …

Meine Augen können eigentlich gar nicht feststellen, sage ich mir, ob sie es wirklich ist. Dafür ist es viel zu dunkel, auch wenn der Mond vom wolkenlosen Himmel scheint. Außerdem habe ich sie ja bisher noch kein einziges Mal aus der Nähe gesehen – eigentlich kann ich also gar nicht wissen, wie sie aussieht. Aber mein Herz weiß es trotzdem, mein Herz, das nun so heftig in meiner Brust hämmert, dass es bis dort drüben zu hören sein muss. Ich renne jetzt beinahe den Pfad entlang, auf die Bäume zu, das Mädchen, die Ruinenstadt im Wald.

Als ich endlich bei ihr bin, schaut sie mich ernst, beinahe finster an. Sie ist kaum kleiner als ich und sie riecht wie eine ganze Wiese voller Wildblumen. Nun fasst sie mich bei der Hand, dreht sich um und zieht mich hinter sich her, zwischen Bäumen und Ruinen tiefer in den Wald. Schließlich bleibt sie stehen und deutet auf eine Pyramide, die fast vollständig mit Erde bedeckt, mit Gras und Buschwerk überwuchert ist. Sogar etliche Bäume wachsen schief aus den Wänden und oben aus dem First des Bauwerks hervor.

Das Mädchen macht eine schlängelnde Handbewegung, und ich verstehe, was sie mir sagen will: Ich soll um die Ruine herumgehen, zu ihrer Rückseite. Mit einer Geste fordere ich sie auf, mir voranzugehen und mir den Weg zu zeigen, aber sie schüttelt nur leicht den Kopf.

Zum ersten Mal sehe ich sie lächeln. Ihre Zähne blitzen hinter den Lippen auf und ganz kurz bekomme ich auch die Spitze ihrer Zunge zu sehen. Mein Herz klopft so schnell und hart, dass es wehtut.

»Carapitzli«, flüstert sie und deutet mit dem Finger auf ihre Brust. Sie zeigt auf mich und macht ein fragendes Gesicht.

»Orteguilla«, flüstere ich. »Orte!«, schiebe ich hinterher und grinse jetzt mindestens so blöde verliebt, wie Diego das vorhin von mir behauptet hat.

Sie berührt mich mit einer Hand ganz leicht am Oberarm. Mit der anderen deutet sie erneut zu der überwucherten Pyramide.

Widerstrebend gehe ich in die gewiesene Richtung. Ich habe Angst, dass Carapitzli nicht mehr da sein wird, wenn ich von dieser Erkundung zurückkomme. Aber mir ist auch klar, dass ich hier nicht einfach wieder weggehen kann, ohne mir zumindest anzuschauen, was sich dort in der Rückseite der Pyramide befindet. Dabei weiß ich es eigentlich schon – doch mir kommt es vor, als ob mein Verrat nur noch größer und unverzeihlicher würde, wenn ich mich nicht wenigstens davon überzeugen würde, dass der Goldschatz von Potonchan wirklich dort versteckt ist.

Mein Verrat an Cortés.

Ich umrunde die Pyramide und entdecke einen schmalen Einlass im Sockel. Dahinter windet sich eine Treppe ins Innere des Baus. Sie sieht glitschig aus, und es gluckst vor Feuchtigkeit, als ich auf die erste Stufe trete. Ich stolpere die kleine Treppe hinauf, die vor einer Mauer endet. Einige Augenblicke lang taste ich an der mit Moos bedeckten Wand herum. Und dann vergesse ich weiterzuatmen.

Mitten in der Mauer, ziemlich genau in Höhe meines Kopfes, befindet sich ein kreisrundes Loch. Ich betaste seine Umrisse – wahrscheinlich ist es gerade groß genug, dass ich meinen Kopf hindurchschieben könnte. Durch den Treppenschacht hinter mir gelangt nur wenig Mondlicht in die Pyramide hinein. Doch selbst dieser schwache Widerschein genügt, um in dem Hohlraum hinter dem Mauerloch alles zum Funkeln zu bringen.

Mit bebenden Fingern ziehe ich einen der dünnen Kienscheite aus meinem Gewand, die ich stets bei mir trage. Ich streiche ihn an und leuchte damit in das Wandloch hinein.

Das Herz setzt mir für einen halben Schlag aus. Ich reiße meine Augen auf und beiße mir auf die Unterlippe, um ganz sicherzugehen, dass ich nicht doch nur träume. Aber das Beißen tut so weh, wie mir das noch in keinem Traum passiert ist.

Durch das Mauerloch starren mich Dutzende goldener Masken an. Auch Goldscheiben so groß wie Wagenräder sehe ich nun, Vasen und Schalen, die mit Blattgold verkleidet oder sogar aus massivem Gold geschmiedet sind! Daneben Schnürsandalen aus Gold, goldene Arm- und Halsreifen und Unmengen kleiner Goldklumpen. Sie sind wie Tränen geformt, und da fällt mir ein, wie der Gefiederte das Gold genannt hat: »die Tränen des Sonnengottes«.

Aber ich will das nicht!, denke ich wieder. Heilige Muttergottes, ich habe dich doch wieder und wieder angefleht: Lass uns kein Gold finden, zumindest nicht so bald!

Während ich noch in das Mauerloch hineinstarre und Dutzende Goldmasken zu mir zurückstarren, höre ich in der Ferne meinen Namen rufen.

»Orteguilla! Wo bist du, mein Retter? So antworte doch! Wir brechen auf!«

Ich lösche den Kienspan, wende mich um und stolpere die Treppe wieder hinab. Draußen klopfe und wische ich mir die Schimmelflechten von den Ärmeln und schüttele mir Staub und

Spinnweb aus meinen Haaren. Ich eile um die Pyramide herum und zurück auf den Pfad.

Von Carapitzli ist nichts mehr zu sehen, aber darüber bin ich in diesem Moment beinahe froh.

»Orteguilla de Villafuerte!«, ruft der würdevolle Cristóbal de Tapia, und ich renne, so schnell ich kann, durch den verwilderten Park und in den schmalen Durchgang zwischen den Häusern. Eben als ich mich in die Mauernische presse, taucht Tapia am vorderen Ende des Durchgangs auf.

»Orteguilla?«, ruft er und ich löse mich aus dem Dunkel der Nische und gehe ihm entgegen. »Ich wollte mich hier noch einmal umsehen«, sage ich in unbekümmertem Tonfall. »Schließlich war es mein erster Kampf mit einem Indianer.«

»Ich wusste, dass ich dich hier antreffen würde«, gibt Tapia zurück. Er legt mir seine Hände auf die Schultern und sieht mich feierlich an. »Jetzt aber schnell, mein Retter«, sagt er, »alle sind schon zum Abmarsch bereit.«

Erst als ich neben Tapia zum Tempelplatz zurückeile, wird mir bewusst, dass über der Indianerstadt schon wieder der Morgen dämmert.

Aber wie kann das sein? War es nicht dunkle Nacht, als ich dort draußen mit Carapitzli zusammentraf? Wie lange war ich in der Pyramide? Oder habe ich mir doch alles nur eingebildet – die Begegnung mit dem Mädchen, die goldenen Masken und »Tränen des Sonnengottes« in jenem Gelass?

Ich taste nach dem Verband auf meinem Hinterkopf. Tapia schaut mich von der Seite mitfühlend und ein wenig schuldbewusst an.

Wundarzt Jeminez hat mich gewarnt, sage ich mir – ein solcher Schlag auf den Kopf kann dazu führen, dass man noch Tage oder Wochen später zwischen Wirklichkeit und Traumgespinst nur mühsam unterscheiden kann.

Verstohlen taste ich nach dem Kienscheit in meinem Gewand.

Seine Spitze fühlt sich rußig an und so heiß, dass ich mir fast die Finger daran verbrenne.

Aber was beweist das?, frage ich mich, während ich mich neben Tapia in die Kolonne auf dem Tempelplatz einreihe. Habe ich hinter jenem Mauerloch wirklich den Goldschatz von Potonchan funkeln sehen – oder glaubte ich nur zu erblicken, was ich nach der Prophezeiung unseres Herrn dort vorfinden würde, »zu meinen Füßen aufgehäuft«?

Tief in Grübeleien versunken, marschiere ich mit den anderen zum Rio Grijalva hinaus. Nicht einmal Carapitzli kann ich zwischen den anderen Sklavinnen entdecken, die mit einem der großen Karavellen-Beiboote zur Küste gefahren werden. Und in meiner Verwirrung kommt es mir vor, als ob auch sie nur eine Erscheinung aus meinen Fieberträumen wäre.

VIERTES KAPITEL

Ein Gewand aus roten Vogelfedern

~ 1 ~

Die Zauberer tragen zottige graue Haare und knöchellange Gewänder, gleichfalls grau wie Spinnweb. Sie sind hager und hohlwangig und ihre Augen haben einen düsteren Glanz. Es sind sechs oder sieben, aber vielleicht auch noch ein paar mehr. Man kann sie nicht auseinanderhalten, und während sie sich in unserem Lager aufhielten, liefen sie unablässig umher, jeder für sich, mal murmelnd, dann wieder schreiend. Sogar Diego hat zugegeben, dass ihm die Zauberer unheimlich sind.

Jetzt ist es tiefe Nacht – die Nacht nach Ostermontag – und die Zauberer haben unser Lager wieder verlassen. Bei Sonnenuntergang war der Himmel noch wolkenlos klar, doch kaum war die Dunkelheit hereingebrochen, da erhob sich der Sturm, der seither um unser Lager heult. Seit Stunden, seit einer Ewigkeit. Tiere fauchen und winseln, Nachtvögel schreien. Grausiger als alles andere aber sind die Seufzer und das Stöhnen, wie aus Dutzenden Kehlen, da draußen in der Nacht.

»Ihr Oberhäuptling Montezuma muss die Zauberer hergeschickt haben – damit wir abhauen!«, ruft mir Diego zu. »Hast du gehört, was Fray Bartolomé vorhin gesagt hat?«

Ich schüttele den Kopf, doch das kann Diego im Dunkeln nicht sehen. »Nein, habe ich nicht!«, schreie ich gegen das Heulen und Stöhnen an.

Carapitzli und ihre Freundin Malinali, geht es mir durch den Kopf, liegen jetzt bestimmt genauso nebeneinander in ihren Hängematten wie Diego und ich. Ihre Hütte ist nur ein paar Dutzend Schritte von uns entfernt – und was würde ich darum geben, wenn ich in dieser Nacht mit Carapitzli eine Hütte teilen könnte! Aber das geht leider überhaupt nicht – auch wenn mir Cortés das Indianermädchen als meine persönliche »Sklavin« zugewiesen hat. Oder gerade deshalb.

»Auf der ganzen Welt«, sagt Diego, »kann es kein zweites Volk geben, das dem Satan so sehr verfallen ist wie die Indianer in diesem gottverlassenen Land!« Seine Stimme klingt schrill und zittrig. »So hat es der Pater ausgedrückt«, fährt er fort, »und da konnte er noch nicht einmal wissen, was ihre Zauberer in dieser Nacht anrichten würden!«

Heulend streicht der Wind um unsere Rundhütte. Er rüttelt an den Wänden, dass die nebeneinander in die Erde gepflockten Äste ächzen. Und dazu ertönt unaufhörlich, grässlicher als alles andere, dieses Seufzen und Wimmern und Stöhnen – als hätten die Zauberer alle Toten aus den Gräbern aufgescheucht und in unser Lager geschickt, um uns zu Tode zu ängstigen.

»Versuchen wir zu schlafen«, sage ich zu Diego. »Morgen früh ist der Spuk bestimmt wieder vorbei. Gute Nacht!«

Am Knarren seiner Hängematte höre ich, wie er sich auf die Seite dreht. Kurz darauf seufzt und murmelt er schon im Traum.

Ich beneide ihn um seinen unbekümmerten Schlaf, aber nur ein wenig. Seit ein paar Tagen gehe ich vor dem Einschlafen immer erst noch die wichtigsten Ereignisse durch, über die ich am nächsten Morgen Bericht erstatten werde. Kaum waren wir nämlich an der Küste vor Potonchan wieder in See gestochen, da rief mich unser Herr zu sich und befahl mir, ihm fortan wenigstens einmal pro Woche einen schriftlichen Bericht zu übergeben. Darin soll ich alles aufführen, was mir bemerkenswert erscheint.

Dieser Auftrag schmeichelt mir sehr, doch beinahe noch mehr beunruhigt er mich. Cortés glaubt wirklich, dass ich die Gabe besitze, die Herzen zu ergründen. Aber ich fühle, dass er mich nicht nur deshalb beauftragt hat, ihm regelmäßig Bericht zu erstatten.

Unser Herr ahnt, dass ich ihn in Potonchan verraten habe. Darüber kann ich niemals nachdenken, ohne dass mir ganz elend zumute wird vor Gewissensbissen und Angst. Cortés spürt, dass ich ihn zum Goldschatz von Potonchan hätte führen können. Und wahrscheinlich ahnt er sogar, dass jener »Schlüssel zum Goldschatz« niemand anderes als Carapitzli ist.

Warum sonst hätte er sie gerade mir als »persönliche Sklavin« zugewiesen – und nicht einem seiner Konquistadoren? Aus Zartgefühl gegenüber dem Mädchen hat er gewiss nicht so gehandelt – hinter jeder seiner Taten steckt ein genau berechneter Plan. Und was Carapitzli und mein neues Amt als Chronist der Ereignisse angeht, so spüre ich nur allzu klar, wie dieser Plan aussieht: Wenn Cortés meine Berichte liest und wenn sein Blick, wie so oft in den letzten Tagen, auf Carapitzli und mir ruht, so will er auf diesen Wegen zugleich *mein* Herz ergründen – meinen Verrat und die mysteriöse Rolle, die das Indianermädchen dabei spielt.

Carapitzli – oder Carlita, wie ich sie still für mich nenne. Ich schließe die Augen und sehe sie sogleich wieder vor mir. Ihre schlanke Gestalt, ihre dunklen, großen Augen. Ihr stilles, stets ein wenig schwermütig wirkendes Lächeln, das so selten erstrahlt und mich jedes Mal umso mehr verzaubert.

Kann man sich in jemanden verlieben, mit dem man kaum ein Dutzend Worte zu wechseln vermag? Oh ja, das kann man – jedenfalls dann, wenn man Orteguilla de Villafuerte heißt.

Ein schauriges Stöhnen, unmittelbar vor unserer Hütte, schreckt mich aus meiner Träumerei auf. Ich öffne meine Augen – draußen zucken Blitze durch die Nacht. Ich kann sie durch die Ritzen in der Hüttenwand und durch die rissige, auf einen Holzrahmen gespannte Lederhaut sehen, die uns als Eingangstür dient.

Die Blitze sind rot und blau und weiß und sie zerfetzen die Dunkelheit wie gleißende Sicheln. Auch die Schreie der Nachtvögel sind jetzt viel lauter und näher. Es klingt, als würden Scharen riesenhafter Nachtjäger über unserem Lager kreisen. Gigantische Eulen. Kolossale Uhus. Währenddessen schleichen und schlurfen die Toten – oder bösen Geister, oder was sie sein mögen – schon durch die Gassen unseres Hüttendorfs. Nach der Abendmesse hat Fray Bartolomé jede einzelne Hütte gesegnet und mit Weihwasser besprengt. Auf sein Geheiß hin haben wir alle über unseren Eingangstüren hölzerne Kruzifixe angebracht, und der Pater hat uns versichert, dass kein Zauber, keine teuflische Erscheinung in unsere geweihten Behausungen eindringen kann.

Durch das Heulen und Stöhnen, Krächzen und Winseln dort draußen höre ich nun die kräftige Stimme von Fray Bartolomé. Von allen Priestern, die unsere Expedition begleiten, genießt er das größte Vertrauen unseres Herrn. Er läutet die Glocke, er betet das Vaterunser und in allen Hütten stimmen unsere Männer murmelnd in die Anrufung des allmächtigen Schöpfers ein.

Auch ich bete die vertraute Formel mit, die mir als kleinem Knaben so häufig Trost geschenkt hat. Doch während ich noch mit gefalteten Händen in der tobenden Finsternis liege, schweifen meine Gedanken bereits zu den Ereignissen ab, über die ich morgen früh Bericht erstatten will. Und über einige weitere, die ich auf den für Cortés bestimmten Blättern keinesfalls erwähnen darf.

~ 2 ~

Nach viertägiger Seefahrt warfen wir an Karfreitag erneut die Anker aus, rund fünfundsiebzig Meilen nordwestlich von Potonchan. Mit zweihundert unserer Männer, darunter dreißig Artilleristen mit drei Kanonen, gingen wir an Land. Zu unserem Erstaunen bereiteten uns die Indianer einen freundlichen, ja überschwänglichen Empfang.

Die Indianer dieser Gegend nennen sich Totonaken. Auch sie leben in steinernen Städten, und eine von ihnen – die Hafenstadt Chalchicueyacan, wie sich bald herausstellte – konnten wir schon vom Meer aus sehen. Ihre Paläste und Pyramiden erheben sich inmitten einer Spirale aus gleichförmigen Bauten und Wällen, die sich wie eine zusammengerollte Schlange um den innersten Bezirk herumwinden.

Kaum hatten wir unsere Boote an Land gezogen, da erschien ein prachtvoll gekleideter Häuptling, begleitet von rund zwanzig weiteren Indianern, die gleichfalls kunstvoll angefertigte Kopfbedeckungen und Umhänge trugen. Er fiel vor unserem Herrn auf die Knie und beugte sich nach vorn, bis sein Mund den Boden berührte.

Cortés wechselte einen Blick mit Alvarado, der zusammen mit Geronimo de Aguilar bei ihm stand. Der Häuptling trug Sandalen, die mit Goldfäden geschnürt waren. Goldene Schmuckstücke hingen ihm an Ketten aus gehämmertem Gold vor der Brust. Kaum weniger üppig war sein Gefolge mit goldenem und silbernem Zierrat geschmückt.

Mit jenem fiebrigen Glitzern in den Augen ging Cortés vor dem Häuptling in die Knie und tat so, als wollte auch er die Erde küssen. Dann erhoben sich beide fast gleichzeitig und das breite Gesicht des Totonaken-Häuptlings strahlte.

Er stieß einen Wortschwall hervor und gestikulierte. Er wirkte begeistert und gerührt, doch als Cortés erwartungsvoll zu Aguilar hinübersah, zuckte der mit den Schultern.

»Er spricht Nahuatl, die Sprache der Mexika-Völker«, sagte der Tätowierte. »So viel vermag ich zu hören, aber ich selbst kann Nahuatl weder sprechen noch verstehen.«

Alvarado durchbohrte ihn mit seinen Blicken, als wäre es Aguilars Schuld, dass er bei den Maya statt bei den Totonaken gestrandet war. Doch unser Herr hatte wie immer alles vorausbedacht.

Er wandte sich um und winkte mich zu sich her. »Lass dich zur *Santa Maria* zurückbringen, Orteguilla«, sagte er, »und hole Malinali. Außerdem diese Kleine – Carapitzli, du weißt schon«, fügte er hinzu, ganz so, als wäre ihm diese Idee gerade erst gekommen. Doch während er das sagte, ruhte sein forschender Blick auf mir, schwer wie eine Hand.

Ich verneigte mich und rannte so schnell ich konnte zu unseren Booten. Sechs kubanische Sklaven stemmten sich in die Riemen, in rascher Fahrt ging es zurück zu unserem Flaggschiff, das einige Hundert Fuß vor der Küstenlinie liegt. Währenddessen überlegte ich fieberhaft, was Cortés eigentlich vorhatte.

Carapitzli spricht fließend Nahuatl, jedoch nur sehr wenig Chontal. Deshalb konnte ich ja bisher nur ein paar Brocken in der Maya-Sprache mit ihr wechseln. Malinali dagegen, ihre ungefähr zehn Jahre ältere Freundin, beherrscht beide Indianersprachen. Was der Totonaken-Häuptling auf Nahuatl sagen würde, könnte sie also mühelos in Chontal übersetzen – und Aguilar könnte ihre Worte dann für Cortés auf Spanisch wiederholen. Das würde gewiss ein mühseliges Gespräch werden, sagte ich mir, aber letzten Endes würden sich beide Seiten verstehen.

Was jedoch versprach sich Cortés von Carlitas Anwesenheit? Darüber zerbrach ich mir den Kopf, während unser Boot an der *Santa Maria* längsseits ging. In meinem Innern kämpfte Hoffnung mit Angst. Wenn Cortés sie als Dolmetscherin oder aus irgendwelchen anderen Gründen nützlich fand, dann würde Carlita künftig öfter in meiner Nähe sein. Aber wir würden uns jedes Mal unter Cortés' wachsamen Augen sehen, und in seinem Blick würde ich immer die stumme Frage lesen: Was ist das für ein Geheimnis zwischen dir und ihr?

Doch diese Frage konnte ich genauso wenig beantworten wie Cortés. Zumindest bis jetzt. Warum hatte Carlita mich damals vor dem Maya-Krieger gerettet und warum hatte sie mir in jener Nacht das Goldversteck gezeigt? Falls ich diese nächtliche Begegnung nicht sowieso nur geträumt hatte – aber das glaubte ich weniger denn je.

An Bord der *Santa Maria* ließ ich die beiden Indianerinnen herbeirufen. »Ihr mitkommen«, radebrechte ich in meinem kümmerlichen Chontal. »Übersetzen, was Totonaken sagen.« Ich spürte Carlitas Blick auf meinem Gesicht, schaute aber krampfhaft nur Malinali an.

Glücklicherweise hatte sie schon verstanden. »Also los«, sagte sie auf Chontal und zog Carapitzli mit sich zur Reling.

An der Strickleiter kletterten sie beide so behände hinab, dass ich mir dagegen fast unbeholfen vorkam. Die Sklaven stießen die Ruder ins Wasser. Carlita lächelte mich an, und mir wurde erst heiß, dann so kalt, dass meine Zähne gegeneinander klapperten.

»Eure Herzen sind verbunden«, sagte Malinali auf Chontal zu Carlita und mir. Sie lächelte nicht. Mit ernster Feierlichkeit sah sie uns abwechselnd an, und wir erwiderten ihren Blick und wagten oder schafften es nicht, einander anzusehen.

Malinali ist von düsterer Schönheit, eine hochgewachsene, kräftige junge Frau, deren Willensstärke sich in jeder ihrer Bewegungen verrät. Cortés hatte sie zuerst Portocarrero als »persönliche Sklavin« zugeteilt, doch kaum hatten wir die Bucht bei Potonchan hinter uns gelassen, da änderte er seine Meinung. Das war, nachdem er vielleicht eine halbe Stunde lang mit ihr gesprochen hatte. Mithilfe von Aguilar fragte er sie über ihre Herkunft aus und die Klugheit ihrer Antworten beeindruckte ihn offenbar sehr. Ihre Klugheit und ihr Stolz, ihre königliche Anmut und gewiss auch ihre Schönheit.

Malinalis Vater war der Herrscher einer kleinen Aztekenstadt namens Painala gewesen und ihre Mutter hatte ein in der Nähe gelegenes Dorf regiert. Nach dem Tod des Vaters hatte ihre Mutter jedoch einen anderen Herrscher aus der Gegend geheiratet und mit ihm einen Sohn gezeugt. Dieser Sohn sollte eines Tages die Herrschaft über alle drei Fürstentümer erhalten. Da Malinali diesem Plan im Weg stand, verschacherte ihre Mutter sie kurzerhand an fahrende Kaufleute. Die junge Malinali wurde noch mehrere Male weiterverkauft und landete schließlich als Sklavin bei den Maya von Potonchan.

Cortés hörte ihr mit seinem üblichen starren Gesichtsausdruck zu, aber ich spürte, wie sehr er von ihr gebannt war. Sie war eine Sklavin, doch sie dachte und urteilte so frei wie eine Fürstin.

Nachdem sie fertig erzählt hatte, starrten die beiden einander mindestens eine Minute lang schweigend an. »Alonso, ich verspreche dir, dass du bei der nächsten Gelegenheit angemessen entschädigt wirst«, sagte Cortés schließlich und schlug dem »Dröhnenden« auf die Schulter. »Aber diese Sklavin Malinali gehört mir.«

Dagegen konnte Portocarrero nichts sagen – Cortés hatte seinem Freund sowieso schon mehrfach großzügig unter die Arme gegriffen. Als der »Dröhnende« in Kuba nicht genug Geld aufbringen konnte, um sich ein Schwert und ein Pferd für die Expedition zu kaufen, da hatte sich Cortés zwei goldene Troddeln von seinem Umhang abgeschnitten und sie Portocarrero in die Hand gedrückt. Wenig später war der »Dröhnende« zur Hazienda zurückgekehrt, fluchend und polternd wie immer. Aber diesmal hatte er den prächtigen Rappen verflucht, den er von Cortés' Gold erhandelt hatte.

Am Abend nach jenem Gespräch jedenfalls quartierte sich Malinali auf der *Santa Maria* in die zweite winzige Kammer vor Cortés' Kajüte ein, nur durch eine dünne Holzwand von mir und Diego getrennt. Und mit ihr zog Carapitzli dort drüben ein.

3

Der Totonaken-Häuptling heißt »Sturmbezwinger« – so zumindest stellte er sich Malinali auf Nahuatl vor, so übersetzte sie seinen Namen in Chontal und Aguilar ihn schließlich ins Spanische.

Sturmbezwinger beteuerte seine Freude über die Ankunft der bärtigen Fremden. »Wir haben Ruhmeslieder von Eurem glanzvollen Sieg über Potonchan gehört«, erklärte er. »Auch von Eurem brennenden Durst auf die Tränen des Sonnengottes, der Euch hierhergeführt hat, wurde uns erzählt.«

Cortés fuhr sich mit der flachen Hand über sein Gesicht, als spürte er selbst jenes fiebrige Glitzern in seinen Augen und wollte es vor Sturmbezwinger verbergen. »Ich bin Hernán Cortés, Statthalter des allmächtigen Gottes und des Königs von Spanien«, sprach er mit ruhiger Stimme. »Er hat mich hierhergesandt, um dein Volk für unseren Glauben und für die spanische Krone zu gewinnen und damit ich ihm nach meiner Rückkehr Bericht erstatten kann.«

Bei dem Wort »Bericht« schweifte Cortés' Blick wieder ganz kurz zu mir herüber, doch vielleicht bildete ich mir das auch nur ein.

»Wir sind in friedlicher Absicht gekommen«, fügte er hinzu, nachdem erst Aguilar und schließlich Malinali seine Worte übersetzt hatten. »Schwört euren Teufelsgötzen ab, nehmt den einzig wahren Glauben an den allmächtigen Gott an und leistet zudem meinem König Karl den Vasalleneid, so soll euch kein Leid geschehen.«

Er legte eine kurze Pause ein, hob jedoch seine Hand, ehe Aguilar anfangen konnte zu übersetzen. »Und bringt mir Gold«, fügte er hinzu. »Wir benötigen es, um den Schmerz in unseren Herzen zu lindern. Also öffnet eure Schatzkammer, bringt alles Gold herbei und überlasst es uns in gerechtem Tausch.«

Diesmal täuschte ich mich gewiss nicht: Als Cortés »Schatzkammer« sagte, durchbohrte er mich mit seinem Blick – und mir wurde elend zumute.

»Wir sind mit Freuden bereit, Euch von unserem Gold zu geben«, antwortete Sturmbezwinger, »und wir sind im Voraus überzeugt, dass wir im Tausch dafür nützliche und schöne Dinge aus

Eurem Land erhalten werden. Doch alles, was wir selbst an Gold besitzen, stammt aus dem Texcoco-Tal im Norden. Der Herrscher der Azteken, der mächtige Montezuma, hat unser Land in blutigen Kriegen unterworfen und presst uns alljährliche Tributleistungen ab, die wir trotz größter Anstrengungen immer weniger erbringen können. Alles, was wir in unserer verzweifelten Lage entbehren können, soll Euch gehören.«

Mit einer schwungvollen Armbewegung, die seinen Umhang emporflattern ließ, wies Sturmbezwinger hinter sich. Auf dem ebenen Platz oberhalb des Strandes waren unterdessen zahlreiche Totonaken aufmarschiert. Sie hatten Bündel und Körbe voller Geschenke mitgebracht und auf einer Unterlage aus Palmwedeln alles in einem großen Halbkreis ausgebreitet. Bohnen und Tortillas, gebratenen Truthahn und Fisch, alles so köstlich gewürzt, dass mir das Wasser im Mund zusammenlief.

Das konnte ich allerdings auch gut gebrauchen, denn während Cortés mit Sturmbezwinger sprach, flog sein Blick immer wieder einmal zu Carapitzli und mir herüber. Mein Mund wurde dann schlagartig trocken und meine Kehle zog sich zusammen wie bei einem Krampf. Vielleicht ging es dem Tätowierten nicht viel anders, wenn sich mein Blick zufällig mit dem seinen kreuzte: Dann überlief ihn ein fast unmerkliches Zittern und er schaute rasch wieder weg – ganz so, als ob ihm mittlerweile wieder eingefallen wäre, was er mir damals am Teufelstempel erzählt hatte. Wie er in jenem Maya-Dorf wirklich gelebt hatte – nicht als Gefangener, sondern als Schwiegersohn des Häuptlings Aak-ek.

Jedenfalls waren wir eine seltsame Versammlung von Blicke-Zuwerfern. Ich selbst starrte Carapitzli unaufhörlich an, allerdings hinter halb gesenkten Lidern, damit Cortés nichts davon mitbekam. Und Malinali? Während sie einen Nahuatl-Wortschwall nach dem anderen von Sturmbezwinger übersetzte, sah sie keine Sekunde lang Aguilar an. Ihre Blicke hafteten auf Cortés, und es waren Blicke von so heißer Glut, dass es sogar unserem Herrn schwerfallen musste, so ausdruckslos wie gewöhnlich dreinzuschauen.

Cortés bedankte sich für die Geschenke, die Sturmbezwinger für uns mitgebracht hatte. Er gab unseren Männern ein Zeichen, und nun erst kamen sie von den Booten herbeigestapft und mischten sich oben auf dem ebenen Platz unter die Totonaken. Neben den Nahrungsmitteln hatten die Indianer auch Gewänder und Schmuckstücke herbeigeschafft – mit Stickereien verzierte Umhänge, Teller aus Silber und Kupfer, Broschen und Ringe aus Grünstein und Jade.

»Eines lasst Euch noch gesagt sein, bärtiger Statthalter Eures gewiss ebenso bärtigen Gottes«, wandte sich Sturmbezwinger erneut an unseren Herrn. Mit einem Mal wirkte er beunruhigt, ja verzagt. »Jubelnd vor Freude werden wir Eurem König den Vasalleneid leisten«, fuhr er fort, »heute noch, wenn Ihr es wünscht. Doch der große und grausame Montezuma wird alles daransetzen, uns für diesen Treuebruch zu bestrafen.«

Cortés blickte mit starrer Miene an dem Totonaken-Häuptling vorbei. Für jemanden, der ihn weniger gut kannte als ich, mochte es so aussehen, als würde er um eine Entscheidung ringen. Aber ich war mir sicher, dass er auch diesmal alles vorausbedacht hatte.

»Wenn du mich fragst, Hernán«, schrie Portocarrero plötzlich los, »dieser verlauste Kerl hier bettelt geradezu darum, dass wir ihm helfen, den anderen Oberwilden zu verdreschen – diesen Mord-Zuma oder wie sich der stinkende Bursche nennt!«

Sturmbezwinger sah den »Dröhnenden« halb erschrocken, halb fragend an.

»Halte einmal deinen Mund, Alonso«, sagte Cortés zu Portocarrero. »Du weißt so gut wie ich, dass wir nicht hierhergekommen sind, um Krieg zu führen.«

Portocarrero ballte die Fäuste und schwieg.

»Das übersetzt du natürlich nicht«, wandte sich Cortés an Aguilar. »Erklärt dem Häuptling, dass wir uns durch den freundlichen Empfang geehrt fühlen und dass wir sehr gerne auf sein Angebot eingehen werden. Jeder Totonake, der hierherkommt und uns Gold bringt, soll im Tausch dafür eine gerechte Anzahl von Gegenständen seiner Wahl erhalten – Spiegel und Scheren, bunte Perlen und eiserne Nadeln. Alles andere wird sich finden.«

Aguilar und Malinali übersetzten. Sturmbezwinger hörte sich alles an, doch sein Gesichtsausdruck wurde mit jedem Wort noch etwas besorgter.

»Ihr versteht nicht, Herr Statthalter«, gab er zurück. »Montezuma hält unser Land besetzt! Sein Tributeintreiber Teudile residiert in Cuetlaxtlan, nur einen halben Tagesmarsch von hier. Er hat dort eine Garnison Aztekenkrieger stationiert, und er unterhält ein ganzes Netz aus Spionen – ihm entgeht nichts, was in unseren Städten geschieht!«

Cortés hörte sich auch diese flehentlichen Worte scheinbar ungerührt an. »Schwört den falschen Götzen und Königen ab«, wiederholte er, »und bekennt euch zum allmächtigen Gott und dem allerkatholischsten König von Spanien, so wird euch kein Leid geschehen.«

4

Alvarado ließ mehrere große Tische von den Schiffen herüberschaffen und auf dem ebenen Platz aufstellen. Er selbst, Sandoval und einige weitere Männer, die Cortés' Vertrauen besaßen, nahmen hinter den Tischen Platz. Um sie herum hatten unsere kubanischen Sklaven Säcke voller »Klimperkram« aufgestapelt, wie der »Durchtriebene« unsere Tauschgaben nannte – bunte Glasperlen, Handspiegel und Scheren sowie Mützen und Kniebundhosen, Westen und Strümpfe nach spanischer Sitte, jedoch durchweg von bescheidener Qualität.

Selbst die geringsten Krieger aus Sturmbezwingers Gefolgschaft sind besser gekleidet und tragen kostbarere Schmuckstücke als fast jeder unserer Männer. Ganz zu schweigen von dem

Gestank nach Schweiß und Dreck, der die meisten Konquistadoren wie eine Wolke umgibt. Trotzdem zogen sie von früh bis spät über die »verlausten Wilden« und »dreckigen Teufelsjünger« her – während ich mich in wachsender Verwirrung fragte, ob sie nicht sehen konnten oder wollten, wie es sich wirklich verhielt. Dass die Indianer über *uns* die Nase rümpften und dass sie unsere Tauschgaben ganz offensichtlich als das ansahen, was sie tatsächlich waren: minderwertiger Kram.

Doch anders als die Maya in Potonchan tauschten die Totonaken ihre goldenen Statuetten und Teller, Ketten und Armreifen bereitwillig ein. Zu Hunderten kamen sie aus der nahen Hafenstadt und aus den umliegenden Dörfern herbeigeströmt und stellten sich geduldig vor den Tischen an. Von den Gesichtern unserer Männer konnte ich ablesen, wie rasch und unaufhaltsam in ihnen das Goldfieber stieg. Ebenso verrieten mir die Gesichter der Totonaken, dass sie von unseren Tauschgaben wenig angetan waren – und doch wechselten sie ohne Murren ihre Goldschätze gegen wertlose Glasperlen oder fadenscheinige Strümpfe ein.

Wir sahen ihnen dabei zu und irgendwann sagte Malinali mit gedämpfter Stimme etwas auf Chontal. Aguilar schaute sie verwundert an. Erst auf ein Zeichen von Cortés hin begann er, ihre Worte zögernd zu übersetzen. Schließlich war sie nur eine Sklavin, überdies eine »verlauste Wilde« – jedenfalls in den Augen der meisten unserer Männer. Bestimmt zerrissen sie sich hinter Cortés' Rücken sowieso schon ihre Mäuler, weil er den Dolmetscherdiensten einer Indianerin vertraute. Doch Malinali wollte sich anscheinend nicht mit ihrer Rolle als Übersetzerin begnügen. Ohne irgendwen um Erlaubnis zu fragen, ergriff sie von sich aus das Wort – und Cortés hatte offenbar nichts dagegen!

»Die Totonaken sind voller Zorn und Hass auf die Azteken, Herr«, sagte sie und schaute Cortés erneut mit leidenschaftlich glühenden Augen an. »Sie würden Euch alles geben, was sie entbehren können – wenn Ihr ihnen nur helft, Montezuma zu besiegen!«

Ganz genau wie sie selbst, durchzuckte es mich. Mit traumhafter Sicherheit muss Cortés bei jenem Gespräch ihr Herz ergründet haben. Malinali ist nicht nur stolz und klug – sie ist auch voller Zorn auf ihr eigenes Volk, die Azteken! Auf ihr Land, in dem sie, eine Fürstentochter, von ihrer eigenen Mutter in die Sklaverei verkauft wurde. Und diese Wut, die in ihr kocht, weil sie von ihren eigenen Leuten verraten und verstoßen worden ist – die macht sie zur idealen Verbündeten unseres Herrn! Malinali weiß mehr als viele andere über Bräuche und Denkungsart in ihrer alten Heimat, und sie ist von Herzen gern bereit, dieses Wissen preiszugeben – wenn Cortés es nur dazu nutzt, den Azteken zu schaden.

Diese Gedankenfetzen wirbelten mir durch den Kopf, während Cortés ihr nur einen raschen Blick zuwarf und dann wie gedankenverloren nickte. Ich empfand Stolz auf mich selbst, weil es mir gelungen war, auch dieses Geheimnis zu ergründen – doch dann kam mir ein weiterer Gedanke und mein Atem stockte.

Hat mich Cortés etwa aus dem gleichen oder zumindest aus einem ganz ähnlichen Grund erwählt wie Malinali?, fragte ich mich. Weil er auch in mir jenen Zorn erspürt hat, der mich in dunklen Stunden überkommt – den verzehrend heißen Zorn auf mein Schicksal als Drittgeborener? Auf meinen Bruder Leonel, der nur ein paar Minuten vor mir auf die Welt gekommen ist und mir so den Platz versperrt hat, der eigentlich mir zusteht – mir, mir, einzig und allein mir? Oh mein Gott!, dachte ich und presste die Zähne aufeinander. Ich hatte nie mit ihm darüber gesprochen, ihm niemals anvertraut, wie ich in jenen schwarzen Augenblicken fühlte – und doch erkannte ich jetzt, dass er von Anfang an gerade das in mir erspürt haben musste: die Bereitschaft, mich durch einen ungeheuren Verrat zu rächen.

So grübelte ich vor mich hin, während um uns herum Unmengen Gold gegen minderwertigen Klimperkram eingetauscht wurden. Erst als ich eine Hand an meinem Unterarm spürte, schreckte ich aus meinen Gedanken auf.

Ganz nah vor mir stand Cortés. Er schaute mich nicht an, sondern hatte seinen Oberkörper zur Seite gedreht und sprach mit Sandoval. Von der Seite her spürte ich zudem Carapitzlis Blick auf mir, und einen Moment lang schien es mir, als wäre dies beides zusammen mehr, als ich aushalten könnte. Als ob sie im Begriff wären, mich entzweizureißen und jeder eine Hälfte von mir mit sich davonzutragen.

»Sorgt dafür, dass niemand auf eigene Faust mit den Indianern Handel treibt!«, rief Cortés dem »Tollkühnen« zu.

Sandoval nickte lachend zurück. »Geht klar!«, rief er zurück. »Wer sich nicht daran hält, wird geköpft!«

Er lachte noch lauter. Ich fragte mich, ob er deshalb lachte, weil die Drohung nicht ernst gemeint war – oder im Gegenteil, um ihren tödlichen Ernst ein wenig abzumildern. Doch gleich darauf vergaß ich diesen Gedanken.

»Was ist das eigentlich zwischen dir und dem Indianermädchen, Orteguilla?«, fragte Cortés und sah mich durchbohrend an.

Genau diese Frage hatte ich zuvor schon in seinem Blick gelesen, doch das tröstete mich in diesem Moment überhaupt nicht. Ich empfand Entsetzen, sonst gar nichts. Pure Angst, dass er bis zum Grund meines Herzens geblickt und dort nichts anderes entdeckt hätte als meinen Verrat.

Zaghaft hob ich die Schultern.

»Vielleicht ist es ja Liebe«, fuhr Cortés fort und seine Lippen kräuselten sich zu jenem flüchtigen Lächeln. »Das würde jedenfalls einiges erklären – und es würde manches leichter machen, jedenfalls für den Anfang.«

Sein Lächeln war längst wieder erloschen. Er umfasste meinen Arm noch fester und zog mich ein paar Schritte beiseite. Carapitzli folgte uns mit ihrem Blick, und in meiner Verwirrung kam es mir vor, als ob sie schon wüsste, was Cortés nun zu mir sagen würde.

»Finde heraus, was es mit dem Mädchen auf sich hat!«, befahl mir unser Herr. »Malinali kennt die Kleine schon seit zwei Jahren, aber sie trägt ein Geheimnis mit sich herum, das sie trotz allem Zureden nicht offenbaren will. Sie gibt vor, die Tochter eines einfachen Tuchhändlers aus Texcoco zu sein, einer mit Montezuma verbündeten Stadt oben im Norden. Aber ihr Nahuatl, sagt Malinali, klingt sehr viel eher so, als ob sie in Tenochtitlan aufgewachsen wäre, in der Hauptstadt der Azteken also – und zwar in den höchsten Adelskreisen.«

Cortés ließ meinen Arm unvermittelt los. »Finde es heraus und erstatte mir Bericht«, sagte er.

In meinem Kopf war nichts als ein schreckliches Durcheinander. »Aber ich kann kein Nahuatl«, brachte ich hervor, »und sie spricht kein Wort Spanisch!«

»Dann bring es ihr bei!«, befahl mir unser Herr und ging davon.

5

Am Ostersamstag kurz nach Sonnenaufgang erschien erneut der Totonaken-Häuptling in unserem Stützpunkt. Wir alle hatten die Nacht auf den Schiffen verbracht und uns gerade erst wieder an Land rudern lassen, als Sturmbezwinger sich vor unserem Herrn auf die Knie warf. Er wirkte noch besorgter als am Vortag, und noch bevor Malinali und Aguilar seine Worte übersetzt hatten, wurde mir klar, was ihn bedrückte. Seine beiden Begleiter waren noch sehr viel prächtiger gekleidet als er selbst. Vor allem aber strahlten sie die tückische Sanftheit wohlgenährter Raubtiere aus. Ich spürte sofort, dass es Abgesandte des »großen und grausamen Montezuma« sein mussten.

Der jüngere der beiden nannte sich Cuitlalpitoc. Er erklärte, dass Montezuma ihn eigens hergeschickt habe, um die edlen Fremden zu begrüßen und reich zu beschenken. Cuitlalpitoc schien mir etwa in Cortés' Alter sein, Anfang oder Mitte dreißig. Er trug einen prunkvollen Umhang, der mit Vogelfedern besetzt, mit Gold- und Silberfäden durchwirkt war und in allen Farben schillerte. Seine Füße steckten in goldenen Sandalen, deren gleichfalls goldenes Schnürwerk sich bis zu seinen Knien emporwand. Seinen Kopf zierte ein hoch aufgetürmter Federschmuck, und um seinen Hals hingen so viele Gold- und Silberketten, dass er bei jeder Bewegung klirrte. Sein Begleiter war der Tributeintreiber Teudile, von dem Sturmbezwinger am Vortag schon gesprochen hatte, ein vierschrötiger Mann mit flinkem Blick und einem gewaltigen Nasenpflock aus Jade.

»Und wenn sie sich noch so sehr wie Pfauen oder wie Weiber ausstaffieren«, polterte Portocarrero, »für mich sind und bleiben es stinkende Teufelsjünger!«

»Aber sie duften ja«, gab Sandoval mit unbekümmertem Lachen zurück. »Nach Veilchen und Zitrone, Alonso – riechst du das nicht auch?«

Der »Dröhnende« begann, einen weiteren Fluch hervorzustoßen, doch Alvarado gebot ihm zu schweigen. Der »Durchtriebene« wirkte angespannt und das war wahrhaftig kein Wunder.

Mit den beiden Azteken war eine unabsehbar große Gefolgschaft gekommen, zweitausend Männer oder noch ein paar Hundert mehr. Sie strömten auf den Platz über der Küste, an dessen Rand wir bei den Tischen für den Goldhandel standen. Sie luden ihre Bündel an der Stelle ab, die Teudile ihnen angewiesen hatte, und kauerten sich dann stumm auf den Boden. Sie alle trugen die einfachen Gewänder von Dienern oder Sklaven, und soweit ich das erkennen konnte, war niemand von ihnen bewaffnet. Trotzdem überkam auch mich bei ihrem Anblick ein ungutes Gefühl. Dabei hatte ich zu diesem Zeitpunkt die Zauberer noch nicht einmal entdeckt. Wenn schon ein Abgesandter Montezumas mit einem so zahlreichen Gefolge reist, ging es mir durch den Kopf – wie groß muss dann erst die Streitmacht des Aztekenherrschers sein?

Teudile und Cuitlalpitoc überboten einander mit überschwänglichen Lobpreisungen. Sturmbezwinger stand stumm daneben, mit gesenktem Kopf und zusammengepresstem Mund. Die Kunde von Cortés' ruhmreichem Sieg über Potonchan sei bis nach Tenochtitlan gedrungen, erklärte der Abgesandte aus der Hauptstadt. Der König der bärtigen Fremden, fügte Teudile hinzu, müsse ein Herrscher von großer Macht sein, wenn schon sein Statthalter Cortés das Gebaren eines Gottes an den Tag lege.

»Eines Gottes?«, vergewisserte sich Cortés, nachdem Malinali und Aguilar übersetzt hatten.

Cuitlalpitoc und Teudile wechselten ratlose Blicke. »Erstaunt Euch das, mein Herr?«, fragte der Abgesandte.

Cortés sah ihn nur an.

Teudile räusperte sich umständlich die Kehle frei. »Nun, wie wir hörten«, ließ er sich vernehmen, »habt Ihr Euch dagegen ausgesprochen, Menschenherzen zu opfern – genau wie einst der große Quetzalcoatl!«

Cortés starrte noch ausdrucksloser, falls das überhaupt möglich war. »Und deshalb glaubt ihr, dass ich dieser Gott sei?«

Die beiden Azteken tauschten erneut verwirrte Blicke. Teudile winkte einige Diener herbei, und Cuitlalpitoc sagte: »Wir sind uns noch nicht schlüssig. Was glaubt *Ihr*, Herr?«

Während Cortés noch vorgab, über diese Frage nachzudenken, näherten sich drei Männer aus dem Gefolge der Azteken. Sie kauerten sich vor unserem Herrn auf den Boden, zogen Blätter und Zeichenstifte unter ihren Gewändern hervor und begannen zu malen. Ich stand zwischen Malinali und Carlita eingezwängt, aber auch ohne mich von der Stelle zu bewegen, konnte ich einem von ihnen über die Schulter sehen. Sein Stift fuhr geschwind über das Blatt aus Pflanzenfasern, das er auf einem kleinen Brett ausgespannt hatte. Er besaß eine äußerst geschickte Hand – obwohl er erst wenige Striche ausgeführt hatte, war Cortés' charakteristisches Profil bereits klar zu erkennen. Das vorgereckte Kinn, der dünne, wie stets sorgsam gestutzte Bart, die wuchtige Stirn unter dem breitkrempigen Hut. Auch Cortés' Umhang gab der Zeichner mit größter Genauigkeit wieder – den talarartigen Schnitt, die würfelförmigen Goldtroddeln, die sein Gewand am Kragen, an Ärmeln und Säumen zierten.

»Alles, was geschieht, hat sich in früheren Zeiten schon einmal oder mehrfach zugetragen«, erklärte Teudile. »Dieses kosmische Gesetz ist in Eurem Land gewiss ebenso bekannt wie bei uns.«

»Und aus diesem Grund«, ergriff wiederum der Abgesandte das Wort, »hat mich unser Herrscher, der Große Montezuma, beauftragt, ihm Bericht zu erstatten: Wie Ihr ausseht, wie Eure Gewänder beschaffen sind, welche Vorlieben und Abneigungen Ihr an den Tag legt. So wird er mithilfe seiner Priester und Ratgeber herausfinden, mit welchem Ereignis aus früheren Zeiten Euer Erscheinen übereinstimmt. Und so wird der Große Montezuma schließlich auch erkennen, wie er Euch nach dem Willen der Götter zu begegnen hat. Bis dahin bittet er Euch, sich als seine hochgeschätzten Gäste zu betrachten und hier an der Küste zu verweilen, solange es Euch beliebt. Es soll Euch an keinerlei Bequemlichkeit fehlen.«

Teudile hob eine Hand und schnipste mit den Fingern. Weitere Diener eilten herbei. Sie öffneten die Bündel und Tragekörbe, die sie in der Nähe aufgestapelt hatten, und reichten dem Tributeintreiber, was er durch hervorgefauchte Befehle jeweils verlangte.

Als Erstes übergab er Cortés einen kunstvollen Kopfschmuck aus überwiegend roten Vogelfedern. Unser Herr wollte ihn achtlos an Portocarrero weiterreichen, da berührte Malinali seine Hand mit der ihren.

»Rot«, sagte sie auf Chontal, »die Farbe von Quetzalcoatl, dem gütigen Schöpfergott. Vor langer Zeit wurde er von Tezcatlipoca, dem Gott des Krieges und der Zauberei, gestürzt. Die Seher prophezeien, dass er eines Tages zurückkehren wird.«

Während sie sprach und der Tätowierte ihre Worte ins Spanische übersetzte, schaute Malinali die ganze Zeit über nur Cortés an. Letzte Nacht auf der *Santa Maria*, ging es mir durch den Kopf, hatte sie zum ersten Mal das Lager mit unserem Herrn geteilt. Durch die Bretterwand, die Diegos und meine Kammer von seiner Kajüte trennt, war wie stets jeder Laut zu hören, nur waren es diesmal ganz andere Laute als sonst. Auch Carapitzli, allein in der Nachbarkammer, war gewiss kein Seufzen und kein Stöhnen entgangen. Während ich das dachte, schaute ich unwillkürlich zu ihr hinüber, und wir beide wurden rot.

Unsere Herzen sind verbunden, Carlita.

Der Tributeintreiber überreichte Cortés weitere kostbare Geschenke. Goldene Figuren und Ketten, goldene Teller und Becher und schließlich eine verzierte und bunt bemalte hölzerne Kiste, die bis zum Rand mit tränenförmigen Goldklumpen gefüllt war.

»Malinali soll Montezuma meine Dankbarkeit und Verehrung versichern«, sagte Cortés zu Aguilar. »Sie soll Wendungen größter Höflichkeit gebrauchen und gleichzeitig jeden Anschein vermeiden, dass diese Gaben mich sonderlich beeindruckt hätten.« Er deutete auf die goldenen Schmuckstücke und Kunstwerke, die um ihn herum auf dem Boden aufgehäuft lagen.

»Aber was *genau* soll sie ihm sagen?«, fragte Aguilar. »Sie ist nur eine Indianerin, sie wird irgendetwas Falsches anmerken, wenn Ihr nicht …«

»Tu wie befohlen, bunter Mönch!«, schnitt ihm Cortés das Wort ab. Er wandte sich um und winkte Diego herbei, der einige Schritte abseits am Strand stand. »… aus dem Boot, du weißt schon«, war alles, was ich von seinem geflüsterten Befehl verstand.

Diego stob davon und war nur ein paar Atemzüge später zurück. Vor seine Brust gepresst trug er einen Lehnstuhl, der mit einem karmesinroten Sitzpolster versehen war und dessen Armlehnen aufwendige Schnitzereien aufwiesen. Er setzte den Stuhl zwischen Cortés und den beiden Azteken ab. Unter seinem Gewand zog er eine Mütze hervor, die gleichfalls karmesinrot war. Eine schwere Goldmünze hing daran, die den heiligen Georg als Drachentöter darstellte.

Unser Herr nahm die Mütze und legte sie auf den Lehnstuhl. »Das sind meine Geschenke für Euren Herrscher«, sagte er und beobachtete aufmerksam, wie Cuitlalpitoc und Teudile diese Worte aufnahmen. »Trifft es denn zu, was über König Montezuma geredet wird – dass er unermesslich viel Gold besitzt, mehr als jeder andere Herrscher auf der Welt?«

»Oh ja!«, antwortete der Tributeintreiber. »Nahezu jede Träne, die der Sonnengott jemals vergossen hat, befindet sich in Montezumas Obhut.«

Nachdem Malinali und Aguilar diese Worte übersetzt hatten, stieß Portocarrero ein heiseres Röcheln aus. Sandoval atmete hörbar ein, und selbst Alvarado, der sich fast immer vollkommen in der Gewalt hat, überlief ein krampfhaftes Zittern.

Ihrer aller Augen begannen zu glitzern. Der Anblick presste mir das Herz zusammen. Cortés fuhr sich erneut mit der Hand über die Augen, als ob er deren fiebrigen Glanz verbergen wollte.

Er wird dorthin gehen – ins goldene Herz des Aztekenreichs!, schoss es mir durch den Kopf. Nach Tenochtitlan, ob Montezuma ihn einlädt oder nicht und auch wenn er damit gegen die Befehle von Velazquez verstößt. »Ich werde den Thron erklimmen, der für mich bestimmt ist«, hat Cortés einmal, noch auf Kuba, zu seinen Vertrauten gesagt. »Oder ich werde am Galgen enden!«

Währenddessen beugte sich Teudile vor, nahm die Mütze auf und drehte sie hin und her. Sein Gesichtsausdruck verriet mir, dass er diese Kopfbedeckung nicht gerade für ein Meisterwerk hielt, trotz der funkelnden Goldmünze. Doch das war nur die

Sichtweise des Tributeintreibers – der Abgesandte Cuitlalpitoc dagegen schaute mit ehrfürchtiger Miene zwischen der Mütze und dem Sessel hin und her.

»Ich werde dem Großen Montezuma Eure Geschenke überbringen«, erklärte er, »und ich bin sicher, dass er sie hocherfreut entgegennehmen wird.«

Wiederum konnte ich leicht erraten, weshalb er sich in diesem Punkt so sicher war. »Rot«, hatte Malinali ja soeben gesagt, »die Farbe von Quetzalcoatl, ihrem Schöpfergott.« Deshalb hatte unser Herr befohlen, gerade diese beiden roten Gegenstände herbeizuholen: damit Cuitlalpitoc in dem Glauben bestärkt würde, den wiedergekehrten Indianergott vor sich zu sehen. Quetzalcoatl, der die Farbe Rot liebte und Menschenopfer verschmähte.

»Ich werde Montezuma in seinem Palast in Tenochtitlan aufsuchen«, antwortete Cortés, »und ich wünsche, dass er auf diesem Stuhl sitzt und diese Mütze trägt, wenn er mich empfängt.«

Seine Worte riefen bei Cuitlalpitoc und Teudile große Bestürzung hervor. »Ihr dürft auf gar keinen Fall nach Tenochtitlan kommen!«, rief der eine aus.

»Jedenfalls nicht, solange der Große Montezuma Euch nicht förmlich eingeladen hat!«, bekräftigte der andere. »Bis dahin seid Ihr hier an diesem Ort sein hochwillkommener Gast. Montezuma hat befohlen, Euch ein Hüttendorf zu errichten. Die Diener, die wir mitgebracht haben, werden sich sogleich an die Arbeit machen.«

Teudile versetzte einem der Zeichner, die zu unseren Füßen kauerten, einen Fußtritt. Er sprang auf und lief zu einer Gruppe kräftig aussehender Männer hinüber.

»Ihr werdet Lebensmittel erhalten, so viel ihr benötigt«, fuhr Cuitlalpitoc in beschwörendem Tonfall fort. »Sämtliche Diener stehen zu Eurer Verfügung, solange Ihr Gäste unseres Herrschers seid. Sie werden für Euch kochen und in jeder Hinsicht für Eure Bequemlichkeit sorgen.«

»Richtet Montezuma auch hierfür meinen Dank aus«, antwortete Cortés. »Und kommt morgen wieder – dann könnt Ihr mit uns die Ostermesse zu Ehren des allmächtigen Gottes feiern. Auch werdet ihr wundersame Dinge zu sehen bekommen, und ich will, dass Ihr Eurem Herrscher von alledem genauestens Bericht erstattet.«

Cuitlalpitoc und Teudile versprachen, alles so auszuführen, wie Cortés es wünschte. Unter vielerlei Verneigungen und Bekundungen der Dankbarkeit und Ehrfurcht zogen sie sich zurück. Drei Diener folgten ihnen, einer mit der Mütze in der Hand, der zweite mit dem Stuhl, der dritte mit den zusammengerollten Zeichenblättern.

Unterdessen schwärmten die Diener, die Teudile uns überlassen hatte, in den nahe gelegenen Wald aus. Sie schnitten Äste ab, kehrten im Laufschritt zurück und errichteten im Handumdrehen Hunderte Rundhütten. Jeder Einzelne der mehr als zweitausend Männer und Frauen schien ganz genau zu wissen, welche Handgriffe er auszuführen hatte. Nur sechs oder sieben von ihnen beteiligten sich an diesen Arbeiten nicht.

In ihren spinnwebgrauen Gewändern rannten sie rastlos auf dem Platz umher. Jeder für sich, unablässig in Bewegung, mit wehenden Gewändern und Haaren. Aus irgendeinem Grund spürte ich sofort, dass es Zauberer waren.

6

Tags darauf spazierten Diego und ich kreuz und quer im Hüttendorf herum und Carlita wich nicht von unserer Seite. Eigentlich war es andersherum, nur konnte ich das Diego natürlich nicht sagen. So beschwor ich ihn bloß im Stillen, mich endlich mit Carapitzli allein zu lassen, aber er bekam nichts davon mit.

Wir Pagen trugen noch unsere schwarzen Feiertagsgewänder, von der feierlichen Ostermesse, die Cortés eben zusammen mit fünf unserer Patres zelebriert hatte. Die Tische, die sonst dem Goldhandel dienten, waren zusammengeschoben, mit weißen

Tüchern verhüllt und so zu einem großen Altar umgewandelt worden. Teudile und Cuitlalpitoc hatten an dem Gottesdienst teilgenommen, außerdem sämtliche zweitausend Diener. »Nimm dieses Bildnis der Muttergottes«, hatte Cortés schließlich zu Cuitlalpitoc gesagt und ihm eine geschnitzte Madonna überreicht, »und überbringe es Montezuma! Er soll es im prächtigsten seiner Tempel aufstellen, es wird ihm Glück bringen. Und wenn ich erst in Tenochtitlan bin, werde ich dort zusammen mit ihm beten.«

Vom Strand her erklangen nun Hufgeklapper und vielstimmiges Wiehern. Die Indianer stießen Rufe des Erstaunens aus und rannten zum Meer hinab – alle zweitausend Mann in gestrecktem Lauf, jedenfalls hörte es sich von hier oben aus so an. Ich hatte am Vorabend schon mitbekommen, was Cortés dort veranstalten wollte, um den Tributeintreiber und den Abgesandten noch stärker zu beeindrucken. Alvarado und Sandoval sollten zwei Reiterscharen in voller Rüstung anführen, die sich am Strand einen Schaukampf lieferten, mit funkelnden Schwertern und unzähligen scheppernden Glöckchen am Zaumzeug der Pferde. Anschließend würden die Artilleristen unsere Geschütze abfeuern und natürlich würden die Indianer wiederum außer sich sein vor Schreck über den Donnerknall. Die Zeichner würden auch dieses Spektakel auf ihren Blättern festhalten und Cuitlalpitoc würde seinem König von den schimmernden Zentauren und den donnernden und blitzenden Geschützen erzählen.

Aber wozu das alles, wozu? Mit dieser Frage quälte ich mich herum und nicht einmal Carlitas Nähe konnte mich richtig aufmuntern. Vor der Messe hatte Cortés nochmals einige Worte mit Teudile und Cuitlalpitoc gewechselt und sich dabei auch nebenher nach der Größe von Montezumas Streitmacht erkundigt.

»Zwölf mal hunderttausend Mann!«, hatte Cuitlalpitoc ohne Zögern erwidert. Selbst Sandoval war ein wenig blass geworden, nachdem Malinali und Aguilar diese ungeheure Zahl übersetzt hatten. Cortés aber war mit seinem stillen Lächeln darüber hinweggegangen, so als wären mehr als eine Million Aztekenkrieger nicht weiter der Rede wert.

»Ich gehe nach unten, mir die Kämpfe ansehen!«, rief Diego. »Ich schätze, du kommst nicht mit, Orte?« Er grinste mich über die Schulter an und rannte schon davon, zum Strand hinab.

Endlich war ich mit Carlita allein. Mit ihr und meinen sorgenvollen Grübeleien, besser gesagt. Unser Herr wird nach Tenochtitlan marschieren, sagte ich mir wieder und wieder, während ich mit Carapitzli weiter auf den sandigen Wegen zwischen den Rundhütten herumspazierte. Von diesem Plan wird sich Cortés durch nichts und niemanden abbringen lassen – nicht von Montezuma und seiner unermesslich großen Kriegerschar und auch nicht von denjenigen unserer Männer, die sich Gouverneur Velazquez verpflichtet fühlen. Denn alles, wovon Cortés jemals geträumt hat, wartet in Tenochtitlan auf ihn. Der mächtigste Thron und der größte Goldschatz der Neuen Welt.

Hatte ich mir nicht gerade so etwas immer gewünscht, fragte ich mich – unsere Expedition als niemals endendes Abenteuer? Und würde es nicht ganz genau so kommen, wenn Cortés sich wirklich zu dem tollkühnen Marsch nach Tenochtitlan entschloss? Vor meinem inneren Auge sah ich unseren Herrn schon auf einem funkelnden Goldthron sitzen. Neben ihm Malinali und beide trugen eine goldene Krone auf dem Kopf. Aber das ist Wahnsinn!, sagte ich mir dann wieder. Wir haben gerade einmal fünfhundertfünfzig Kämpfer – Montezuma aber hat mehr als eine Million! Selbst wenn jeder Konquistador hundert Indianer in offener Schlacht besiegen würde – so hätten die Azteken dennoch nicht einmal den zwanzigsten Teil ihrer Streitmacht verloren! Ganz zu schweigen von der Unterstützung durch den Teufel, die sie erhalten würden, wenn sie es erst einmal geschafft hätten, einen oder mehrere unserer Kämpfer in ihren Götzentempeln zu opfern. Und trotzdem fühlte ich, dass Cortés das ganz und gar Unmögliche wagen würde.

Carlita riss mich aus meinen Grübeleien. »*Nahualli*«, sagte sie und zeigte zum Waldrand hinter den Hütten.

Ich schaute in die Richtung, in die sie gedeutet hatte, und auf der Stelle war mir klar, was sie meinte. Oder, besser gesagt, wen.

»*Nahualli?*«, wiederholte ich.

Sie nickte und in ihrem Gesicht kämpfte Besorgnis mit Heiterkeit. Anscheinend hatte ich das Nahuatl-Wort ziemlich seltsam ausgesprochen.

»Zauberer«, sagte ich. »Ja, das glaube ich auch, Carapitzli – diese spinnwebgrauen Männer sind hier, um teuflische Dämonen zu beschwören und einen bösen Zauber über unser Lager zu legen.«

Sie schaute mich aufmerksam an. Ihre Lippen bewegten sich, als spräche sie meine Worte lautlos nach. »Zauberer«, wiederholte sie schließlich – es klang auch ziemlich seltsam, aber mir war überhaupt nicht nach Lachen zumute.

Das lag nur zum Teil an dem Zauberer, der wie eine Vogelscheuche zwischen den Bäumen am Waldrand stand und zu uns herunterstarrte. Mehr noch lag es an Carlitas riesengroßen Augen, die mich anzusaugen schienen – ich konnte nichts anderes mehr machen als sie wie ein Schlafwandler anschauen und hoffen, dass ich nicht wieder in Ohnmacht fallen würde. Wie damals, als wir uns zum ersten Mal gesehen hatten und ich unter dem Knüppel des Kriegers zu Boden gegangen war. Diesmal fühlte ich ein ganz ähnliches Sausen hinter meiner Stirn – als ob ich zu lange unter Wasser geblieben wäre.

»*Ihuiyohuia*«, sagte sie und machte mir auch gleich vor, was sie meinte. Sie atmete ein und wieder aus, und ich schaute andächtig zu, wie ihre Brust sich hob und wieder senkte.

Dann wurden wir beide wieder einmal gleichzeitig rot. Aber immerhin hatte ich wieder angefangen zu atmen.

»*Ichpochtli*«, sagte sie und zeigte auf sich selbst.

»Heißt du denn nicht Carapitzli?« Ich riss meine Augen auf.

Sie lachte und nahm mich bei der Hand. Mit ihrer anderen Hand fuhr sie in der Luft die sanften Wölbungen an ihrem Oberkörper nach. »*Ichpochtli*«, wiederholte sie und mir wurde abermals heiß. Hatte Carapitzli mir gerade erzählt, was »Brüste« auf Nahuatl hieß?

Wir gingen weiter den Weg entlang, auf einen Zauberer zu, der in einer Entfernung von vielleicht fünfzig Schritten einen absonderlichen Tanz aufführte. Er warf seine Beine und Arme in die Luft und schüttelte seinen Kopf mit den langen dünnen Staubfädenhaaren hin und her – es sah aus wie der Todeskampf eines Tarantelskorpions.

»*Conetlecatl*«, sagte Carapitzli. Sie blieb stehen und fuhr diesmal mir mit ihrer flachen Hand über die Brust. »*Conetlecatl*«, wiederholte sie und lachte mich an. »*Ichpochtli.*« Erneut deutete sie auf sich selbst.

Ich tippte mir gegen die Stirn und lachte gleichfalls auf. »Du bist ein Mädchen und ich bin ein Junge!«, sagte ich. »Entschuldige, ich bin nicht der Schnellste. Aber was ich einmal verstanden habe, vergesse ich nie mehr. Du bist eine *Ichpochtli* und ich bin ein *Conetlecatl.*«

Sie schaute mich aufmerksam an, während ich das sagte, und ihre Lippen zuckten, als wäre sie kurz davor, laut herauszuprusten. »Mädchen«, sagte sie dann und deutete erneut auf ihre Brust. »Junge.« Sie zog ein grimmiges Gesicht und versetzte mir mit ihrer kleinen braunen Faust einen spielerischen Schlag auf den Brustkorb.

Ich gab ein übertriebenes Japsen von mir, so als ob mir durch ihren Hieb wirklich die Luft weggeblieben wäre. Carlita schaute mich besorgt und reuig an und auf einmal glitt ihre Hand unter mein Gewand und legte sich auf mein heftig pochendes Herz.

»*Yollotli*«, sagte sie. Ihre kühle kleine Hand auf meinem Herzen zu fühlen war das Beste, was mir in meinem Leben jemals passiert war – jedenfalls kam es mir in diesem Moment so vor.

»*Yollotli*«, murmelte ich. »Herz.« Ich ermahnte mich zu atmen, denn mir wurde schon wieder schwummrig. *Ihuiyohuia*. Atmen. »Ich will dich umarmen und küssen, Carlita«, murmelte ich. »Es gibt auf der ganzen Welt nichts, was ich lieber möchte, als dein Herz an meinem zu fühlen und deine Lippen auf meinem Mund.«

Sie verstand alles, was ich sagte, und alles, was ich nicht sagte, auch. Jedenfalls nahm sie ihre Hand von meinem Herzen und strich mir mit zwei Fingern die Lippen entlang. »*Camatl*«, flüsterte sie und bewegte dabei übertrieben ihre eigenen Lippen.

»*Camatl*«, wiederholte ich. »Wir sagen *Mund*. Und wir benutzen unseren Mund nicht nur zum Reden. Sondern auch zum Küssen«, fügte ich hinzu und spitzte hoffnungsvoll meine Lippen.

Mein Herz klopfte so sehr, dass es wehtat. Wenn mich Diego in diesem Moment gesehen hätte, er wäre vor Lachen bestimmt zusammengebrochen. Aber dort, wo Carlita und ich uns gerade befanden, gab es weder abstoßende Zauberer noch hämisch grinsende vierzehnjährige Jungen. Dort gab es niemanden außer ihr und mir.

»Küssen«, wiederholte sie auf Spanisch. »Tzoconia«, murmelte sie und dann wieder: »Küssen.« Ich war mir sicher, dass dieses Wort niemals vorher so köstlich geklungen hatte wie aus ihrem Mund. Aus ihrem *Camatl*.

Ihre Lippen schwebten so nah vor meinem Mund, dass unser Atem sich vermischte. »Ich liebe dich, Carapitzli«, flüsterte ich. Wie heißt das auf Nahuatl – lieben?«

Ich legte meine Arme um sie und sie presste sich an mich.

»*Yolehua*«, murmelte sie und drückte ihre Lippen auf meinen Mund.

Ich liebe dich, Carlita, dachte ich. *Yolehua*. Ich schloss meine Augen und vergaß wieder zu atmen. So wie ich auch alles andere vergaß, außer dem Mädchen in meinen Armen und unseren Lippen und Zungen und dem Glücksgefühl, das mich durchfloss wie goldenes Licht.

Ein grauenvoller Laut, mehr Krächzen als Schrei, ließ uns auseinanderfahren. Unmittelbar neben uns stand einer der grauen Zauberer. Er hielt eine weiße Vogelfeder in der Hand und er hatte seine Zunge beinahe so weit herausgestreckt wie ein Erhängter. Seine Augen waren starr auf uns gerichtet, während er sich das spitze Ende der Feder von unten in seine Zunge bohrte. Dazu stieß er dieses vogelartige Krächzen aus und zuckte mit dem ganzen Körper hin und her. Das Blut lief ihm aus der Zunge, färbte die Vogelfeder rot und rann an seinen Fingern hinab, die die Feder wie einen Schlüssel im Schloss hin und her drehten.

Ich hatte Carlita losgelassen und einen Satz nach hinten gemacht, ohne es richtig zu bemerken. Sie aber stand noch immer mitten auf dem Weg zwischen den Hütten, wo wir uns eben umarmt hatten, und sah regungslos zu, wie der Zauberer in seiner Zunge herumbohrte. Ich zwang mich, gleichfalls genauer hinzuschauen, und erkannte, dass der vordere Teil seiner Zunge vielfach durchlöchert und von Narben überwuchert war.

Der Zauberer riss sich die Feder aus der Zunge und verschwand mit wilden Sprüngen im Wald hinter den Hütten.

»*Eztli*«, sagte Carapitzli. Sie streckte ihre Zunge ein wenig heraus und deutete mit flatternden Fingern herabspritzende Tropfen an.

Ich nickte und schauderte. »*Eztli*«, wiederholte ich, »Blut.«

Carlita schaute sich suchend um. Sie stocherte mit der Spitze ihrer Sandale im Laub am Wegrand herum und scharrte einen seltsamen kleinen Gegenstand frei. Mit dem Fuß schob sie ihn näher zu mir heran und bedeutete mir durch Gesten, dass ich das Ding keinesfalls berühren sollte. Aber das hätte ich auch so bestimmt nicht gemacht.

Ich beugte mich nur kurz darüber und drehte mich gleich wieder weg. Es waren einfach zwei Knochen, zu einem diagonalen Kreuz zusammengebunden, mit Lumpen- und Pflanzenfetzen umwickelt und mit reichlich Blut bespritzt. Doch etwas Dämonisches ging von diesem Zauberding aus, eine Bosheit, die ich körperlich spüren konnte.

Mit ihrer Sandalenspitze schob Carlita das Zauberding unter das Laub am Wegrand zurück. Sie schaute mich an und sagte etwas in ihrer Sprache, aber natürlich verstand ich kein Wort. Meine Nahuatl-Kenntnisse hatten heute gute Fortschritte gemacht, doch in dem, was sie nun zu mir sagte, kam keines der Wörter, die sie mir beigebracht hatte, vor. Weder *Mädchen* und *Junge* noch *Mund* und *Küssen* oder gar *Liebe*.

Sie sah traurig und wütend aus, und ich spürte, dass sie schon früher einmal schmerzliche Erfahrungen mit Zauberdingern wie diesem hier gemacht haben musste.

7

Schon am nächsten Tag erschien Sturmbezwinger erneut in unserem Lager. Diesmal wurde der Totonake von zwanzig Indianern begleitet, die allesamt so prächtig gekleidet waren und so sorgenvoll dreinschauten wie er selbst.

»Teudile ist nach Cuetlaxtlan zurückgekehrt«, erklärte er, nachdem er vor Cortés die Erde geküsst hatte. »Und Montezumas Abgesandter Cuitlalpitoc befindet sich auf dem Rückweg nach Tenochtitlan. Aber hütet Euch vor den Dienern, die er Euch scheinbar großzügig überlassen hat«, fügte Sturmbezwinger hinzu und schaute verstohlen nach links und rechts. »Der größte Teil von ihnen sind Spione, die Teudile über alles unterrichten sollen, was in Eurem Lager vor sich geht. Und der Rest von ihnen sind Zauberer, die den Auftrag haben, Euch mithilfe der Geister zu vertreiben, Herr. Falls Ihr nicht freiwillig geht.«

Unser Herr hörte sich diese in klagendem Tonfall vorgetragene Rede gleichmütig an. »Den Zauberern steht eine unangenehme Erfahrung bevor«, sagte er. »Ihre Dämonen vermögen nichts gegen den Schutz, den unser allmächtiger Gott uns gewährt.«

Die Unterredung fand erneut bei den Goldtischen statt, um die herum mittlerweile etliche Stühle aufgestellt und Flechtmatten ausgerollt worden waren. Auch an diesem Treffen nahmen Cortés' drei engste Vertraute, außerdem Malinali und Aguilar sowie Carapitzli und ich teil. Aus irgendeinem Grund waren jedoch auch zwei Konquistadoren dabei, die zu Gouverneur Velazquez' Gefolgsleuten gehörten – Francisco de Morla und Francisco de Montejo, der streitlustige Kapitän unseres Frachtschiffs, der sich in Kuba erst im letzten Moment der Expedition angeschlossen hatte.

»Wir sind gekommen, um Euch einen Vorschlag zu unterbreiten, Statthalter Eures mächtigen Königs und allmächtigen Gottes«, fuhr Sturmbezwinger fort. Er deutete auf die zwanzig Totonaken, die um ihn herum einen malerischen Halbkreis bildeten. »Diese Männer sind Häuptlinge kleinerer Totonaken-Städte«, erklärte er, »genau wie ich. Auch wir sind Teudile tributpflichtig, aber anders als die Fürsten in unseren großen Städten haben wir uns eine gewisse Unabhängigkeit von den Azteken bewahrt.«

Sturmbezwinger unterbrach sich und blickte zu Boden, als müsse er sich sammeln oder Mut schöpfen. Cortés schaute ihn weiterhin ohne erkennbare Gemütsbewegung an. Aber ich spürte deutlich, dass er seinem Gegenüber mit gespannter Aufmerksamkeit zuhörte.

»Wir sind gekommen, um Euch und Eure Kämpfer zu bitten: Bleibt für immer bei uns, Ihr hohen Herren!«, sprach Sturmbezwinger in bewegtem Tonfall weiter. »Errichtet Euch eine Stadt auf unserem Boden, wo es Euch gefällt – an der Küste oder weiter landeinwärts. Zusammen gebieten wir Häuptlinge über rund dreißigtausend Krieger. Mit Eurer Hilfe werden wir die Azteken wieder aus unserem Land werfen und für alle Zeiten von unseren Grenzen fernhalten. Und wenn die Götter es so wollen, werden Ihr und wir gemeinsam die neuen Herrscher über alle Länder und Völker bis hinauf zur Wüste im Norden sein. Anstelle der

Azteken – dieser kulturlosen Emporkömmlinge, die erst vor wenigen Generationen hier eingefallen sind und durch Blutrünstigkeit und Lügen die Macht an sich gerissen haben!«

Nachdem Aguilar fertig übersetzt hatte, schaute Cortés mindestens eine halbe Minute lang wie abwesend vor sich hin. Ich spürte, dass er dieser Neuigkeit großen Wert beimaß, auch wenn er wie üblich bemüht war, sich nichts anmerken zu lassen. Verstohlen beobachtete ich ihn und versuchte, mir darüber klar zu werden, warum es für ihn überhaupt einen Unterschied machte, ob die Azteken seit hundert oder fünfhundert Jahren die Völker dieser Gegend beherrschten. Er schien wirklich beeindruckt, so als wäre ihm gerade eben eine mächtige Waffe in die Hände gefallen.

Unser Herr hob schließlich wieder seinen Blick und schaute Malinali an. »Ja, so ist das wahr«, sagte sie in holprigem Spanisch. »Noch vor weniger als vier Kalenderumläufen«, fügte sie auf Chontal hinzu, »also vor nicht einmal zweihundert Jahren, war Tenochtitlan nur eine unwegsame Insel im Texcoco-See, und unsere Vorfahren irrten heimatlos im Norden umher, noch jenseits des Landes der Hundemenschen.«

Aguilar übersetzte, doch Cortés gab sich den Anschein, als ob ihn das alles nicht im Geringsten interessierte. Er wandte sich zu Francisco de Montejo um und sagte in gereiztem Tonfall: »Das bringt uns nicht weiter, oder? Aber diese Indianer hier haben noch viel mehr Gold, das rieche ich – und ich will wissen, wo!«

Ohne eine Antwort von Montejo abzuwarten, wandte er sich erneut zu Sturmbezwinger um. »Ich danke dir für dein Angebot«, sagte er. »Weiß euer König davon?«

Der Totonake nickte. »Unser König heißt Pazinque, Herr, und obwohl er in seinem Palast in Cempoallan praktisch unter Arrest steht, ist er über alles unterrichtet, was hier an der Küste vorgeht. Pazinque persönlich hat uns angewiesen, Euch dieses Angebot zu machen. Er würde sich überaus glücklich schätzen, wenn er selbst mit Euch zusammentreffen könnte. Aber außer durch die

Tatsache, dass ihn Teudile überwachen lässt, wird er noch durch einen weiteren Umstand daran gehindert, in eigener Person hierherzureisen.«

Francisco de Morla stieß ein ungeduldiges Schnauben hervor. »Und was ist das bitte sehr für ein Umstand?«, fragte er, nachdem erst Malinali und dann Aguilar übersetzt hatten. »Wie lange sollen wir uns dieses Indianergeschwätz noch anhören?«

Sturmbezwinger schaute erst ihn, dann Aguilar an – offenbar wartete er darauf, dass Morlas Worte für ihn übersetzt würden. Aber nach einem raschen Blick zu Cortés zuckte der Tätowierte nur mit den Schultern.

»Pazinque ist sehr beleibt«, erklärte Sturmbezwinger mit stolzem Lächeln, nachdem er noch einen Augenblick gewartet hatte. »Er besitzt eine überaus prächtige Sänfte, die von acht Sklaven getragen wird. Trotzdem ist es für ihn sehr anstrengend, eine so weite Strecke zurückzulegen – vor allem jetzt in der Regenzeit.«

Portocarrero und Sandoval brachen in Gelächter aus. Auch Alvarado grinste. »So drückend kann die Tributlast also auch wieder nicht sein«, sagte Sandoval. »Ihr König schlägt sich von früh bis spät den Wanst voll – und diese Häuptlinge hier sehen auch nicht gerade abgehärmt aus!«

Wieder schaute Sturmbezwinger erwartungsvoll zu Aguilar und wiederum zuckte der mit den Schultern.

»Genug jetzt mit diesen Kindereien!«, stieß Morla hervor. »Wir haben unseren Auftrag erfüllt und sollten umgehend nach Kuba zurückkehren!« Er sprang von seinem Stuhl auf und funkelte Cortés angriffslustig an. »Oder solltet Ihr vergessen haben, Commandante, dass die Instruktionen von Gouverneur Velazquez Euch sogar verbieten, hier an Land auch nur zu übernachten – geschweige denn, eine Stadt zu erbauen oder gar einen Krieg anzuzetteln?«

Cortés wandte sich nicht einmal um zu ihm. »Setz dich wieder hin, Francisco«, sagte er in gleichgültigem Tonfall. »Wage es noch einmal, so mit mir zu sprechen, und ich lasse dich in Eisen legen.«

Der sonst so rotwangige Morla wurde blass wie ein Leintuch. Er sackte auf seinen Stuhl.

»Selbstverständlich fahren wir zurück, sobald das hier abgeschlossen ist«, fuhr Cortés fort. Er schaute wie suchend umher und sein Blick blieb an mir und Carapitzli haften. »Aber noch ist es nicht so weit«, fügte er hinzu und stand nun seinerseits auf.

Sturmbezwinger, der ihm gegenüber auf einem Stuhl gesessen hatte, beeilte sich, es unserem Herrn gleichzutun. »Welche Nachricht dürfen wir König Pazinque überbringen, Statthalter der bärtigen Mächte?«, fragte er in ehrerbietigem Tonfall. »Nehmt Ihr unser Angebot an?«

Cortés legte dem Totonaken wie segnend eine Hand auf das gefiederte Haupt. »Richte deinem König aus«, antwortete er, »dass ich ihn bald schon in seinem Palast besuchen werde.«

8

Nach dieser Unterredung brodelte es bei uns im Lager genauso wie auf sämtlichen elf Schiffen. Unter den fünfhundertfünfzig freien Männern, die Cortés bis hierher gefolgt waren, bildeten die Gefolgsleute von Gouverneur Velazquez nur eine kleine Minderheit. Doch zu ihr gehörten so einflussreiche Hauptleute wie die Kapitäne Montejo, Morla und Diego de Ordas.

Auf Geheiß unseres Herrn trieb ich mich den halben Ostermontag über im Lager und auf den Schiffen herum und versuchte herauszufinden, was geredet wurde. Carapitzli war fast immer bei mir und die Männer glotzten sich die Augen nach ihr aus. Auf diese Weise vergaßen sie hoffentlich, sich darüber zu wundern, dass wir überall dort auftauchten, wo gerade über den weiteren Fortgang unserer Expedition gemurrt und gemunkelt wurde.

Am frühen Nachmittag erstattete ich Cortés schließlich Bericht. Wieder einmal war ein heftiger Regenguss niedergegangen. Ein Wolkenbruch in dieser Gegend ist etwas völlig anderes als das stärkste Unwetter in Spanien. Wasser stürzt wie in Flutwellen vom Himmel, man vermag kaum mehr Luft zu holen und in Minutenschnelle ist alles knöcheltief überschwemmt. Nebel wallt auf, so dicht, dass man keine zwei Schritte weit sehen kann. Doch unsere Hütten, die Teudiles Diener scheinbar so flüchtig errichtet hatten, hielten selbst tosenden Regengüssen stand.

Wir trafen in der großen Rundhütte zusammen, die für Cortés in der Mitte des Lagers erbaut worden war. Wiederum waren Alvarado, Sandoval und Portocarrero zugegen, außerdem Malinali und der Tätowierte. Um die Hütte herum hatte Sandoval zwanzig seiner treuesten Männer postiert, die ungebetene Zuhörer fernhalten sollten.

»Das war ein kluger Schachzug, Hernán«, lobte Alvarado gerade, als Carapitzli und ich eintraten, »Morla und Montejo mit anhören zu lassen, wie der Häuptling uns anbot, hier eine Siedlung zu erbauen.« Er setzte sein verschlagenstes Grinsen auf und nickte Cortés zu.

Unser Herr und seine drei Vertrauten thronten auf Stühlen, die anderen hockten am Boden. Cortés machte mir ein Zeichen und ich setzte mich auf die Flechtmatte ihm und Malinali gegenüber. Carlita kauerte sich neben mich und schaute sich neugierig um. Wenn ich nicht gerade heimlich die Gespräche unserer Männer belauschte, hatten sie und ich unermüdlich auf Gegenstände in unserer Nähe gezeigt und einander erklärt, wie diese Dinge auf Spanisch oder Nahuatl heißen. Strand, Meer, Segel, Ruder. Möwe, Angel, Fisch, Köder. Bart, Bauch, Messer, Schwert. Mir brummte der Kopf von den vielen fremdländischen Wörtern und von dem spanischen Stimmengewirr, dem ich Stunde um Stunde verstohlen gelauscht hatte.

Ich bezweifelte nicht im Mindesten, dass Cortés einen ausgeklügelten Plan verfolgt hatte, als er Morla und Montejo an jener Unterredung teilnehmen ließ. Aber ich hatte mir vergeblich den

Kopf darüber zerbrochen, was er sich von diesem »Schachzug« versprach. Außer Unruhe und Unmut unter unseren Männern hatte es ihm meiner Ansicht nach nichts eingebracht.

»Berichte mir, Orteguilla«, sagte Cortés. »Worüber reden sie?«

Aller Augen richteten sich auf mich. Ich schaute kurz auf den Boden vor mir, um mich zu sammeln. »Was Sturmbezwinger Euch gestern angeboten hat, Herr«, begann ich, »hat sich auf allen unseren Schiffen herumgesprochen. Die Männer sind aufgewühlt und uneins. Einige sagen, wir hätten unsere Mission längst erfüllt und sollten so schnell wie möglich nach Kuba zurückkehren. Wir hätten herausgefunden, dass es in diesem Land sehr viel Gold und andere Reichtümer gibt, sagen sie, und nun sei es Eure Pflicht, Gouverneur Velazquez Bericht zu erstatten.«

Ich unterbrach mich und versuchte, von Cortés' Gesicht abzulesen, wie er diese Nachrichten aufnahm. Doch wie beinahe immer war seine Miene vollkommen ausdruckslos.

»Weiter«, sagte er nur. »Berichte alles, was du in Erfahrung gebracht hast. Und vergiss nicht hinzuzufügen, wie du selbst die Sache einschätzt.«

Mir stockte der Atem vor Schreck über diesen zusätzlichen Befehl, doch glücklicherweise stieß mich Carapitzli von der Seite an. *Ihuiyohuia.* Atmen.

»Der Steuermann Cermeno gehört zu diesen Unzufriedenen«, fuhr ich fort, »ebenso Escobar, der früher Page bei Gouverneur Velazquez war. Sie berufen sich vor allem auf die Kapitäne Morla, Montejo und Ordas, und sie behaupten, Euch sei von Velazquez untersagt worden, Land zu besiedeln oder gar zu erobern. Sie glauben, dass der Gouverneur nach unserer Rückkehr unverzüglich eine weitere Expedition ausrüsten und sich persönlich an ihre Spitze setzen werde. Angeblich will er sich zum Vizekönig der neu entdeckten Länder krönen lassen, während Ihr selbst, Herr …«

Ich unterbrach mich erneut und biss mir auf die Unterlippe.

»Während ich selbst …?«, wiederholte Cortés. »Sprich nur weiter, Orteguilla!«

Ich starrte ihn an und meine Augen begannen zu brennen. »Euch, Herr, sagen sie, komme diese Ehre nicht zu!«, stieß ich hervor. »Ihr wärt nur ein kleiner Hidalgo, ein Emporkömmling, der es mit Glück zu einem Vermögen gebracht habe – Velazquez dagegen sei ein Ritter von altem Adel und habe im Kampf gegen die Mauren und als Gefolgsmann des großen Christoph Kolumbus unsterbliche Verdienste angehäuft.«

Ich verstummte erneut und Sandoval und Alvarado brachen in schallendes Gelächter aus. »Vor allem hat er Unmengen Gold angehäuft, der verfluchte Räuber!«, brüllte Portocarrero.

Cortés jedoch schien weiterhin ungerührt. »Wie viele Männer sind es ungefähr«, wollte er von mir wissen, »die diese Meinung teilen?«

Ich zuckte mit den Schultern. »Von den etwa zweihundertfünfzig Männern, die ich heute wild durcheinanderreden hörte, vielleicht ein Zehntel oder wenig mehr«, antwortete ich. »Alle anderen sagen, sie seien schließlich hierhergekommen, um reich zu werden. In diesem Land gebe es offenbar unermessliche Mengen an Gold und der Boden sei fruchtbarer als irgendwo in Spanien. Die Gelegenheit, hier eine Siedlung zu gründen, bestehe jetzt – und später wohl niemals mehr. Wenn wir nun abzögen, hätten die Azteken reichlich Zeit, sich für unsere Rückkehr zu wappnen. Wenn wir aber jetzt eine Stadt erbauten und mit hohen Mauern umwallten, dann besäßen wir einen uneinnehmbaren Stützpunkt, der große Mengen weiterer Siedler aus Spanien aufnehmen könne. Und aus diesen Gründen, so sagen die meisten Eurer Männer«, schloss ich, »sollten wir das Angebot der Totonaken annehmen. Gouverneur Velazquez und unser König Karl würden schon erkennen, dass wir auf diese Weise zum Besten unseres Landes und des Heiligen Vaters gehandelt hätten.«

»Amen!«, schrie Portocarrero. »Das ist doch beides Teufelsdreck! Wer zur Hölle will schon bei diesen stinkenden Wilden hier als Ackerbauer leben? Und schon gar nicht sind wir hergekommen, um mit zwei lausigen Truhen voller Gold wieder abzuhauen – das bedeutet für jeden von uns gerade mal eine Handvoll gelber Köttel!«

Sandoval legte ihm eine Hand auf den Arm und der »Dröhnende« schrie noch ein paar Atemzüge lang weiter und verstummte dann.

»Und nun deine Einschätzung, Orteguilla!«, befahl Cortés. »Sollten wir tun, was Velazquez' Gefolgsleute fordern – oder eine Siedlung errichten, wie es die Mehrheit meiner Männer will?«

Ich schaute erneut zu Boden und schluckte krampfhaft. Warum verlangte Cortés von mir, dass ich vor aller Ohren in einer so heiklen Frage Stellung bezog? Er selbst wollte weder das eine noch das andere, da war ich mir sicher. Aber er erwartete doch nicht etwa, dass ich an seiner Stelle aussprach, was niemand außer ihm bisher auch nur zu denken wagte: dass wir einfach weiter und weiter marschieren sollten, bis ins goldene Herz des Aztekenreichs?

Rasch schaute ich zu Carapitzli, die neben mir auf der Matte kauerte. Sie lächelte mich an und berührte mit ihrem Zeigefinger ganz kurz meine Hand.

»Bitte lacht mich nicht aus, Herr«, sagte ich. »Ich bin nur ein Junge und in der Erforschung neuer Welten vollkommen unerfahren. Aber Montezumas Gesandte haben uns doch mitgeteilt, dass ihr König noch mit sich ringt, ob und in welcher Weise er Euch in seiner Hauptstadt empfangen soll. Und gewiss würden es doch weder Gouverneur Velazquez noch König Karl gutheißen, wenn Ihr unter diesen Umständen einfach wieder abreisen würdet, ohne Montezumas Entscheidung abzuwarten. Ihr würdet ihn dadurch nur verärgern, und wer auch immer eine weitere Expedition hierher anführen würde – er müsste den Zorn und die

Feindseligkeit büßen, die Ihr, Herr, durch Eure übereilte Abreise im Herzen des Aztekenherrschers entfacht hättet.«

Alvarado, Sandoval und Portocarrero starrten mich an, als ob irgendjemand von uns den Verstand verloren hätte, entweder sie oder ich. Auch Cortés sah verblüfft aus, jedenfalls für seine Verhältnisse. Malinali stieß Aguilar an und forderte ihn durch herrische Gesten auf, ihr zu übersetzen, was ich eben gesagt hatte. Noch während der Tätowierte vor sich hin murmelte, begann sie, seine Worte auf Nahuatl zu wiederholen. Und nachdem sie damit fertig geworden war, starrten auch sie und Carapitzli mich an.

»Er hat recht!«, brach es schließlich aus Portocarrero heraus. »Der verdammte Milchbart hat mitten ins schwarze Teufelsherz getroffen – stimmt's, Hernán?«

Auch Sandoval und Alvarado machten ihrer Erregung durch Ausrufe Luft, doch unser Herr schenkte ihnen keine Beachtung. Sein Blick ruhte auf mir, und während er mich schweigend anschaute, versuchte ich erneut zu ergründen, was er mit alledem bezweckte.

Was unter den Männern geredet wurde, hätte er sich auch ohne meine Späherdienste leicht zusammenreimen können. Und Montejo und Morla hatte er gewiss nicht deshalb an der gestrigen Unterredung teilnehmen lassen, weil er eine Entscheidung zwischen zwei Möglichkeiten herbeiführen wollte, die für ihn gleichermaßen unannehmbar waren. Cortés wollte nicht als Haziendero, als Ratsherr oder Bürgermeister einer neu gegründeten Stadt am Rand des Totonakenreichs enden und ebenso wenig wollte er unverrichteter Dinge nach Kuba zurückkehren. Aber warum legte er solchen Wert darauf, aus meinem Mund ausgesprochen zu hören, was er selbst im Geheimen plante?

Vielleicht liegt in dieser Frage schon ein Teil der Antwort beschlossen, sagte ich mir dann. Gegenüber den Abgesandten Montezumas hat Cortés immer beteuert, dass er nach Tenochtitlan kommen werde, um persönlich mit dem Aztekenherrscher zu sprechen. Aber anscheinend hat er es bisher nicht einmal vor seinen engsten Vertrauten gewagt, sich allen Ernstes zu diesem irrsinnig scheinenden Plan zu bekennen. Aus Angst, dass selbst der tollkühne Sandoval ihm sonst von der Fahne gehen könnte oder dass der durchtriebene Alvarado ihn eines Tages vor einem spanischen Gericht des Hochverrats bezichtigen würde, um seinen eigenen Hals zu retten. Deshalb hatte Cortés stattdessen mich dazu gebracht, diesen Stein ins Wasser zu werfen – so konnte er nun in aller Ruhe zuschauen, was die anderen davon hielten. Und seine Verblüffung zeigte mir, dass ich meine Aufgabe sogar noch besser erfüllt hatte, als er es erwartet hatte.

»Nun, darüber werde ich nachdenken«, wiegelte er ab, »wenn Teudile mir tatsächlich eine Einladung seines Königs überbringen sollte. Aber ich gebe dir recht, Orteguilla«, fügte er hinzu, »das würde wirklich manches ändern.«

Er wirkte nun ungemein zufrieden, aber irgendetwas an ihm beunruhigte mich dennoch. Ich versuchte, mir darüber klar zu werden, was es war. Sein Blick ruhte nicht auf mir, oder jedenfalls nicht allein auf mir – er schaute gleichzeitig Carapitzli an, und als ich rasch zu ihr hinübersah, fuhr ich regelrecht zusammen.

Sie starrte mich vollkommen fassungslos an. So entgeistert und zerquält sah sie aus, dass ich in diesem Moment durch ihre weit aufgerissenen Augen bis auf den Grund ihres Herzens schauen konnte.

Carlita ist keine Händlerstochter aus Texcoco, das wurde mir schlagartig klar. Sie stammt aus Tenochtitlan, wie Malinali vermutet hat – und die bloße Möglichkeit, dass sie mit uns dorthin zurückkehren müsste, schien sie fast zu Tode zu erschrecken.

Ich spürte Cortés' Blick auf Carapitzli und mir, schwer wie eine Hand. Und nun kannte ich auch eine zweite Antwort auf meine Frage: Unser Herr wollte herausfinden, wie Carapitzli reagieren würde. Ihr Erschrecken hatte ihm genauso wie mir selbst verraten, dass sie irgendetwas über Tenochtitlan und Montezuma weiß, das für uns höchstwahrscheinlich von großem Nutzen ist.

~ 9 ~

Der Ostermontag neigte sich bereits, als der Tributeintreiber Teudile wieder in unserem Lager erschien. Wie beim letzten Zusammentreffen empfing ihn Cortés bei den Goldtischen im Freien. In Scharen waren unsere Männer herbeigeströmt und standen und hockten in einem großen Kreis um uns herum.

Der Tributeintreiber trug einen noch prächtigeren Umhang und auf dem Kopf einen noch höher aufgetürmten Kopfschmuck als bei seinen vorherigen Besuchen. Er fiel vor Cortés auf die Knie und küsste den Boden. Unser Herr tat es ihm gleich und verharrte noch in dieser Haltung, als Teudile bereits wieder aufrecht stand.

»Der Große Montezuma hat Eure Geschenke und Grußworte erhalten«, erklärte der Azteke. »Er lässt Euch seinen aufrichtigen Dank ausrichten und hat mir befohlen, Euch weitere Kostbarkeiten zu Füßen zu legen.«

Er schnipste mit den Fingern. Zwei Diener ergriffen eine Kiste vom Umfang zweier aufeinandergestapelter Särge, die sie einige Schritte hinter Teudile abgestellt hatten. Mit sichtlicher Mühe schleppten sie das Behältnis herbei und stellten es zwischen Cortés und dem Tributeintreiber ab.

Teudile knurrte einen Befehl und die Diener öffneten die Kiste. Sie war bis zum Rand mit erlesenen Goldschmiedearbeiten gefüllt. Der Tributeintreiber nahm eine nach der anderen heraus und breitete alles auf dem Tisch neben Cortés aus – goldene Teller und Becher, goldene Götzen- oder Königsfiguren und ein ganzes Obergewand aus reinem Gold, bestehend aus Brust- und Schulterplatten, Armschützern und einem handbreiten Halsband aus gehämmertem Gold.

Cortés nahm jedes einzelne Stück zur Hand und betrachtete es ausgiebig. Seine Augen glänzten dabei so fiebrig, dass es mir in der Seele wehtat.

Unsere Männer stießen erregte Rufe aus. Sie fielen einander in die Arme, schlugen sich gegenseitig auf die Schultern und riefen »Holla, jetzt geht's erst richtig los!« oder »Wo eine Kiste voller Gold ist, gibt es bestimmt noch ein paar mehr!«. Alvarado erhob sich und machte ihnen Zeichen, dass sie stillschweigen sollten. Doch weiterhin summte der Platz um uns herum von ihrem aufgeregten Geraune.

Teudile schnipste erneut mit den Fingern. Wiederum traten zwei Diener aus seinem Gefolge vor. Jeder von ihnen hielt einen gewaltig großen Gegenstand vor die Brust gedrückt, der offenbar kreisrund war – wie ein Wagenrad oder ein mächtiger Käseleib. Die Gegenstände waren in Webtücher gehüllt und so schwer, dass die Diener sie nur mühsam herbeischleppen konnten.

Sie legten die Gaben oben auf die geöffnete Kiste und traten zurück. Mit einem Ruck riss Teudile beide Tücher gleichzeitig weg – und Portocarrero brüllte regelrecht auf! Wieder riefen unsere Männer aus über fünfhundert Kehlen durcheinander und selbst Cortés atmete hörbar zischend durch die Zähne ein.

Vor uns lagen zwei gigantische Scheiben, eine aus Silber, die andere aus Gold. Sie hatten einen Durchmesser von gut drei Fuß und waren über und über mit kunstvollen Schrift- und Bildzeichen bedeckt. Sichtlich stolz begann Teudile zu erklären, dass das silberne Rad den Mondkalender und das goldene den Sonnenkalender der Azteken darstelle. Malinali und Aguilar übersetzten, doch ich spürte, dass Cortés nichts davon mitbekam.

Er beugte sich vor und strich mit abwesendem Gesichtsausdruck über das goldene Rad. Seine Augen glitzerten nicht – sie leuchteten, als ob er anstelle der Augäpfel Goldkugeln in seinem Kopf trüge. Mit beiden Händen hob er die Goldscheibe ein wenig an, wie um ihr Gewicht abzuschätzen, und schüttelte den Kopf.

»Ist das reines Gold?«, fragte er mitten in Teudiles Ausführungen hinein. »Oder woraus sonst besteht diese Scheibe in ihrem Kern?«

Er hob die Scheibe aufs Neue an. An der Art, wie er sein Kinn vorreckte, erkannte ich, dass er drauf und dran war, sie auf die Holzkiste niederkrachen zu lassen, um selbst nachzuprüfen, woraus ihr Kern bestand. Ein halbes Dutzend Goldschmiede mussten monate- oder sogar jahrelang an diesem einzigartigen Kunstwerk gearbeitet haben – doch Cortés interessierte ganz offensichtlich nur, zu wie viel reinem Gold es sich einschmelzen ließ.

»Mahagoniholz«, gab Teudile mit säuerlicher Miene zurück, nachdem Cortés' Frage für ihn übersetzt worden war. »Jede dieser Scheiben ist zweifingerdick mit Gold oder Silber beschichtet, doch um ihnen die nötige Festigkeit zu verleihen, bergen sie zuinnerst ein hölzernes Herz.«

Cortés nickte und schaute mit leuchtenden Augen von einem funkelnden Rad zum anderen. »Ein hölzernes Herz«, murmelte er, »das ist gut.«

Teudile schnipste ein drittes Mal mit den Fingern. Weitere Diener traten vor und bedeckten die Gold- und Silberräder mit kostbaren Gewändern. Mit einem Umhang und dazu passendem Kopfschmuck, beides prangend rot und offenbar aus nichts anderem als Vogelfedern gefertigt.

Cortés rieb sich die Augen, als erwachte er aus tiefem Schlaf. Nun, da die Goldscheibe unter den Kleidungsstücken verschwunden war, schien er wieder zu Besinnung zu gelangen – wie ein Verzauberter, dem es geglückt war, sich aus dem magischen Bann herauszureißen.

»Ihr liebt die Farbe Rot, hoher Herr«, rief Teudile aus, »und Ihr verschmäht Menschenopfer! Legt diese Gewänder des mächtigen Quetzalcoatl an und bekräftigt durch ein weiteres Zeichen, dass Ihr der wiedergekehrte Quetzalcoatl seid – so wird Euch der Große Montezuma mit Freuden alles zu Füßen legen, was Ihr begehrt!«

Cortés warf erst Alvarado, dann Malinali einen raschen Blick zu. Beide nickten, und mir ging durch den Kopf, dass Malinali nun offenbar auch zu den Vertrauten unseres Herrn gehörte.

»Wird mich Montezuma dann auch in seinem Palast empfangen?«, fragte Cortés.

»Gebt uns ein Zeichen, Herr!«, wiederholte Teudile. »Befreit uns von jedem Zweifel, dass ihr der wiedergekehrte Quetzalcoatl seid, und Montezuma wird alles für Euch öffnen – seine Stadt, seinen Palast und sein Herz!«

Cortés neigte zustimmend seinen Kopf. Die beiden Diener, die die Kleidungsstücke herbeigetragen hatten, traten aufs Neue vor und nahmen ihm seinen Hut und seinen schwarzen Samttalar ab. Der eine hob den Umhang aus roten Vogelfedern auf, der andere den ebenso rot gefiederten Kopfschmuck. Sie kleideten Cortés damit ein und währenddessen erklärte uns Malinali, dass diese Kleidungsstücke aus den unermesslich kostbaren Federn des Quetzalvogels gefertigt worden seien.

Unser Herr ähnelte nun wahrhaftig einem prächtigen Riesenvogel.

»Edler Herr!«, rief Teudile und warf sich vor ihm zu Boden. »Ein Zeichen noch, ein einziges Zeichen – ich flehe Euch an!«

Cortés beugte sich mit wehendem Federschmuck zu Sandoval hinüber und flüsterte ihm etwas zu. Hinter einem der Tische lagen noch die Säcke aufgestapelt, in denen unsere minderwertigen Tauschgaben für den Goldhandel aufbewahrt wurden. Ich beobachtete, wie Sandoval in einem dieser unansehnlichen Säcke herumzukramen begann, und mich beschlich ein ungutes Gefühl. Sie wollten dem Tributeintreiber doch hoffentlich nicht irgendwelchen »Klimperkram« präsentieren – als angeblichen Beweis, dass unser Herr der wiedergekehrte Götze Quetzalcoatl war?

Schließlich zog der »Tollkühne« einen funkelnden Gegenstand aus dem Sack hervor und reichte ihn an Cortés weiter. Zumindest handelte es sich nicht um eine Handvoll wertloser Glasperlen, sondern um einen vergoldeten Helm, wie ihn unsere Männer zu feierlichen Anlässen tragen. Allerdings war die goldene Beschichtung stellenweise abgeblättert und das Eisenblech darunter von Rost zernagt.

In seinem Federkleid beugte sich Cortés über die goldene Kalenderscheibe hinweg und reichte Teudile den Helm. »Diese Kopfbedeckung bringe deinem König!«, sagte er. »Montezuma soll ihn bis zum Rand mit Goldstaub füllen und mir wieder überreichen, wenn er mich vor seinem Stadttor empfängt.«

Der Tributeintreiber nahm den Helm in Empfang und drehte ihn in seinen Händen hin und her. Er schien wenig begeistert von diesem Gegengeschenk. Selbst der kleinste und bescheidenste der goldenen Gegenstände aus seiner Kiste war um ein Vielfaches wertvoller als die rostige Kopfbedeckung, die Sandoval hervorgekramt hatte.

Wieder einmal versuchte ich verzweifelt zu erraten, was unser Herr eigentlich im Schilde führte. Seinem Gesichtsausdruck nach zu urteilen, schien auch Teudile unsere Gegengabe eher als Verspottung anzusehen – und als Beweis, dass Cortés ein wiedergekehrter Aztekengötze sei, taugte ein spanischer Paradehelm sowieso nicht. Die Aufforderung, den Helm auch noch mit Gold gefüllt zurückzuerstatten, musste in seinen Ohren vollends wie Hohn klingen.

Er wandte sich zu den beiden Dienern um, die Cortés in die roten Gewänder gekleidet hatten. Sie redeten halblaut auf ihn ein, beide wirkten aufgewühlt. An den ehrfürchtigen Gebärden, mit denen sich Teudile ihr Gemurmel anhörte, erkannte ich, dass es keine gewöhnlichen Diener, sondern so etwas wie Priester oder Gelehrte waren. Offenbar sollten sie ihm helfen herauszufinden, ob Cortés tatsächlich der wiedergekehrte Quetzalcoatl war. Und ihre entgeisterten Blicke verrieten mir, dass unser rostiger Goldhelm die Ursache ihrer Verwirrung war.

»Wer seid Ihr, Herr?«, wandte sich Teudile mit bebender Stimme an Cortés. »Einen Helm wie diesen hier trägt nicht der friedliebende Quetzalcoatl – sondern Huitzilopochtli, unser mächtiger Kriegs- und Sonnengott!«

Der Helm fiel ihm beinahe aus der Hand, so sehr zitterten seine Finger. Mit untertänigen Gebärden, doch ohne Cortés um seine Zustimmung zu bitten, kamen die beiden gelehrten Diener neuerlich herbei und nahmen ihm den Umhang und den Kopfschmuck wieder ab. Unser Herr ließ es regungslos geschehen.

»Bleibt an diesem Ort, bärtiger Fremder!«, sagte Teudile zu Cortés. »Ich werde sogleich weitere Eilboten zu Montezuma schicken, und er wird sich erneut mit dem Hohepriester und dem Ältestenrat besprechen. In wenigen Tagen werde ich zurückkehren und Euch verkünden, was sie beschlossen haben.«

Cortés warf sich seinen Samtumhang über und rückte sich den federgeschmückten Hut auf seinem Kopf zurecht. »Ich werde nicht länger warten!«, erklärte er. »Morgen breche ich auf, um Montezuma in seinem Palast aufzusuchen.«

Teudile und die beiden gelehrten Diener steckten erneut ihre Köpfe zusammen. Sie kamen mir nun weniger verstört als zornig vor. Ich verstand immer weniger, was für ein Spiel Cortés hier überhaupt spielte. Er selbst schien mir nicht im Geringsten erzürnt oder aufgewühlt. Gelassen beobachtete er, welche Wirkung seine barsche Ankündigung bei den Azteken hervorrief.

»Richte ihm das aus!«, fuhr er den Tributeintreiber an. »Vergiss nicht zu erwähnen, dass er mich mit dem Helm voller Goldstaub vor seinem Stadttor empfangen soll. Und nun geh!«

Mit einem Satz sprang Cortés über die Kiste mit der goldenen und der silbernen Scheibe hinweg und baute sich drohend vor Teudile auf. Der blieb stehen, wo er stand, doch sein eben noch kakaobraunes Gesicht wurde mit einem Mal grau.

»Wir könnten Euch ein bequemeres Lager weiter landeinwärts errichten«, schlug er beinahe stammelnd vor. »Falls es die Moskitos hier an der Küste sind, die Euch daran hindern, Montezumas Gastfreundschaft zu genießen.«

Cortés schob seinen Kopf so weit nach vorn, dass seine Hutkrempe gegen den Kopfschmuck des Tributeintreibers stieß. »Und wie ich sie genießen werde!«, versicherte er. »In seinem prächtigsten Palast in Tenochtitlan! Und nun lauf, Teudile, und richte ihm alles aus!«

Er legte ihm die flachen Hände auf die Brust und stieß ihn heftig zurück. Mir war mittlerweile klar geworden, dass Cortés es auf einen offenen Streit mit Montezumas Statthalter anlegte, aber ich begriff nach wie vor nicht, was er sich davon versprach.

Teudile fuchtelte mit den Armen. Er wäre wahrscheinlich sogar rückwärts zu Boden gegangen, wenn nicht einige seiner Diener ihm hilfreich zur Seite gesprungen wären. So flog nur der vergoldete Helm durch die Luft – und natürlich war es Diego, der mit einem wahren Hechtsprung von irgendwo herbeigeschnellt kam und »die Kopfbedeckung des Kriegsgottes« auffing.

Einige unserer Männer applaudierten. Diego verneigte sich vor Teudile, überreichte ihm abermals den Helm und verschwand mit einem Satz wieder in der Menge.

Teudile gab den Helm an einen seiner Diener weiter, dann wandte er sich nochmals an unseren Herrn. »Für den Fall, dass Ihr das Zeichen Quetzalcoatls schuldig bleibt«, erklärte er in drohendem Tonfall, »und Euch weigert, bis zu einer Entscheidung Montezumas hier auszuharren, soll ich Euch die folgende Botschaft überbringen.«

Er nahm Haltung an und starrte an Cortés vorbei ins Leere. »Verlasst unser Land«, fuhr er fort, »besteigt unverzüglich Eure schwimmenden Inseln und kehrt dorthin zurück, von wo Ihr aufgebrochen seid. Wagt es nicht, Euch gegen unseren Willen Tenochtitlan zu nähern, sonst werdet Ihr und Eure Männer allesamt auf unseren Opferaltären sterben. So spricht der Große Montezuma – und so wird es geschehen!«

Teudile riss beide Arme hoch. Im nächsten Moment begannen sämtliche zweitausend Diener, die er uns zur Verfügung gestellt hatte, markerschütternd zu trillern und zu schreien. Zugleich kamen sie von allen Seiten herbeigerannt, und für einige bange Momente sah es so aus, als ob sie sich auf uns stürzen wollten.

Unsere Männer griffen zu ihren Waffen, aber das erwies sich als unnötig. Teudile schritt ohne ein weiteres Wort davon, gefolgt von den gelehrten Dienern und all den anderen, die für uns gejagt und gekocht, unsere Hütten gebaut und instandgehalten hatten. Als Letztes sprangen und flatterten ihnen die grauen Zauberer hinterher. Das Geschrei und Getriller war mittlerweile leiser geworden, und so konnten wir stattdessen nun die grässlichen Laute hören, die die Zauberer hervorstießen. Sie tanzten und zuckten wie sterbende Tarantelskorpione, und dazu gaben sie ein höllisches Fauchen und Heulen und Winseln von sich.

Ich schaute in Carapitzlis schreckverzerrtes Gesicht – und da wurde mir klar, dass sie mit ihrem Geschrei den dämonischen Zauber in Gang setzten, den sie all die Tage zuvor in unserem Lager vorbereitet hatten.

~ 10 ~

Das Unwetter begann gestern Abend, kaum dass die Dunkelheit hereingebrochen war. Und so geht es nun seit Stunden und Stunden – Stürme tosen, Sturzregen prasselt hernieder, und Donnergrollen, lauter als alle Kanonen Kastiliens, lässt Himmel und Erde erzittern. Blitze in teuflisch grellen Farben zerreißen die Dunkelheit – rot wie Blut, wie Quetzalcoatls Gewänder, und dann wieder gleißend gelb, als würden verrückte Dämonen dort draußen das schwarze Tuch der Nacht mit goldenen Sicheln zerfetzen. Und dazu unablässig dieses Stöhnen und Seufzen und Winseln, dieses Ächzen und Wimmern, diese schlurfenden, nachschleifenden

Schritte – als hätten die Zauberer wahrhaftig alle Toten aus ihren Gräbern aufgescheucht und in unser Lager getrieben.

Unaufhörlich bimmeln unsere Priester mit ihren Glocken und rufen Gebete zum dröhnenden Himmel hinauf. Keine der teuflischen Erscheinungen, haben sie uns versichert, könne über die Schwellen unserer Hütten gelangen. Denn über jeder Tür hängt ein Kruzifix und jede einzelne Behausung haben unsere Priester gestern Abend noch hastig mit Weihwasser besprengt.

»Vater unser«, murmele ich wie alle anderen im Lager – außer jenen, die wie Diego sogar im Angesicht der heulenden Hölle tief und fest schlafen. »Dein Reich komme …«

Meine Zähne klappern gegeneinander. Da draußen schleicht schon wieder eine Kreatur der Hölle umher, unmittelbar vor unserer Hütte – und jetzt stößt sie einen erbarmungswürdigen Schrei aus!

Ich vergesse zu atmen. Meine Kehle zieht sich zusammen. Das war keine Kreatur aus der Hölle, keine teuflische Spukerscheinung – das war Carlita!

Ich springe aus meiner Hängematte, ohne richtig mitzubekommen, was ich da eigentlich mache. Ich werfe mich gegen den mit Leder bespannten Holzrahmen, der bei diesen Hütten die Tür ersetzt, und taumele nach draußen. Das ist kein Regen, es ist eine Sturzflut. Wo der Weg war, ergießt sich ein reißender Bach. Grellfarbene Blitze zucken über den Himmel. Im nächsten Moment ist es umso dunkler, eine Finsternis so dick, als wäre mein Kopf mit schwarzem Tuch umwickelt.

»Carapitzli!«, rufe ich, aber der Donner, das Schreien und Heulen sind so laut, dass ich meine eigene Stimme kaum hören kann.

Dann abermals ein Schrei – von ihr, ganz bestimmt von ihr! »Orte!«, schreit sie mit überkippender Stimme. Und dann einen Schwall von Worten in Nahuatl, von denen ich kein einziges verstehen kann.

Ich stolpere voran, ich rudere mit den Armen. »Carlita!«, rufe ich.

Die reißende Strömung zerrt an meinen Füßen und bringt mich fast zu Fall. Und dann zuckt wieder ein Blitz auf, rot wie Quetzalcoatls Federgewand, und in diesem unheimlichen Licht kann ich ganz kurz die schlanke Gestalt da vorne am Ende des Hüttenwegs sehen. Aufzuckend wie eine Ahnung, dann schon wieder verschlungen von Dunkelheit.

Längst bin ich durchnässt bis auf die Haut. Zwischen den Hütten kauern Schatten, belauern mich mit hohlen Totenaugen – zumindest kommt es mir so vor. Wer sonst soll es schließlich sein, der diese schaurigen Laute ausstößt, dieses Winseln und röchelnde Atemholen, dieses Stöhnen und Heulen voller Gier?

Was helfen uns schon unsere »Wunderwaffen«, schießt es mir durch den Kopf, alle unsere Rüstungen und Kanonen und Pferde – gegen einen Gegner, der solche Dämonen zu entfesseln vermag?

»Carlita!«, rufe ich.

Sie liegt mit dem Gesicht nach unten am Wegrand. Ich werfe mich neben ihr in den Schlamm. Ihr ganzer Körper zuckt und bebt. Ihre Hände scharren fieberhaft im Laub herum.

Ich lege einen Arm um sie und versuche, sie von dort wegzuziehen. »Hör damit auf!«, schreie ich ihr ins Ohr. Aber sie hört einfach nicht auf. Im Gegenteil, sie scharrt und gräbt nur noch wilder im Laub und im Schlamm herum.

Als wieder ein Blitz aufzuckt, kann ich ganz kurz sehen, was sie da halb schon freigescharrt hat.

»Nicht, Carapitzli! Lass das sein!«, schreie ich und packe sie bei den Schultern. Aber ich schaffe es nicht, sie von diesem grässlichen Ding wegzuziehen. Sie ist stark, sie ist schließlich meine Amazone! In Potonchan hat sie den hünenhaften Krieger mit einem einzigen Hieb erschlagen. »Bitte, Carlita!«, flehe ich. »Du selbst hast mir gesagt, dass man diese Zauberdinger nicht anfassen darf!«

Das Ding hier sieht sogar noch viel grauenvoller aus als neulich die gekreuzten und mit Tuchfetzen umwickelten Knochen. Was Carapitzli diesmal freigescharrt hat, ist ein winziger Kopf, kaum größer als meine Faust, mit boshaft stierenden Augen. Er ragt aus der Erde hervor, sein Mund ist weit aufgerissen, die Zähne gleißen im Licht eines giftig grünen Blitzes, der gerade in diesem Moment die Dunkelheit zerreißt.

Zwischen den Zähnen hängt, halb erst hinabgeschlungen, ein herzförmiger Klumpen, schimmernd rot wie lebenswarmes Fleisch.

»Nicht anfassen!«, stammele ich in Carlitas Ohr. Ihre Hände sind mit Schlamm beschmiert und bewegen sich zuckend. Doch sie versucht nicht mehr, an das grässliche Götzen- oder Dämonenbild heranzukommen.

Ich schaffe es irgendwie, sie und mich selbst so auf die Seite zu drehen, dass wir aneinandergepresst liegen. Herz auf Herz und mein Mund auf ihren Lippen.

»Carlita«, flüstere ich. »Was hattest du vor?«

Aber sie kann mich nicht verstehen – der Donner und das Jaulen und Heulen um uns herum sind viel zu laut. Außerdem habe ich sie ja auf Spanisch gefragt, und bisher kann sie nur ein paar Brocken in meiner Sprache, so viele oder wenige wie ich auf Nahuatl. Überdies kommt es mir vor, als ob sie gar nicht richtig bei Besinnung wäre, mehr wie eine Schlafwandlerin, die aus dem Traum heraus Dinge tut, von denen sie nach dem Erwachen nichts mehr weiß.

Aber vielleicht kann sie gerade deshalb meine Frage verstehen. Nicht mit ihrem Geist, doch mit ihrem Herzen, das heftig gegen mein Herz pocht. Und sowieso hat Malinali ja zu ihr und mir gesagt, dass unsere Herzen miteinander verbunden sind.

Regen prasselt auf uns herab, der Sturm reißt an unseren Haaren und Gewändern. »Carlita«, flüstere ich, »warum?«

Plötzlich spüre ich eine Hand auf meiner Schulter. Erschrocken blicke ich auf – hinter mir kauert Cortés! Von der anderen Seite beugt sich Malinali über uns, packt Carlita bei der Hand und will sie hochziehen.

Carapitzli murmelt etwas und klammert sich an mir fest.

»Sie gibt mir Antwort!«, rufe ich aus. »Malinali – bitte, was hat sie gesagt?«

Malinali betrachtet mich argwöhnisch.

»Antworte ihm!«, befiehlt ihr Cortés.

Regenwasser rinnt aus seiner Hutkrempe und ergießt sich auf meinen Oberarm. Das dämonische Heulen hat aufgehört, fällt mir plötzlich auf. Genauso wie der Donner, die leuchtfarbenen Blitze und der Sturm. Von allen Dächern und Wipfeln tropft und gluckst es, aber auch der Sturzregen ist schlagartig wieder verebbt. Mond und Sterne scheinen vom wolkenlosen Himmel und tauchen alles, was eben noch von Finsternis verschluckt war, in mattes Licht.

»Carapitzli sagen«, antwortet Malinali in holprigem Spanisch, »genauso damals ihre Schwestern und Gefährtinnen getötet! Durch Zauber mit Mictlantecuhtli-Geistern.« Sie deutet auf den faustgroßen Kopf in der Erde, mit seinem weit aufgerissenen Maul, aus dem ein roh nachgebildetes Opferherz heraushängt. »Carapitzli nicht wollte, dass sich alles wie damals wiederholt!«

»Wie damals?«, frage ich. »Was bedeutet das?«

Carapitzlis Augen sind geschlossen, ebenso wie ihr Mund. Ihr Atem geht gleichmäßig und sanft.

Malinali fasst sie unter den Armen und Knien und hebt sie scheinbar mühelos hoch. »Mädchen jetzt schläft«, sagt sie. »Geheimnis später weiter fragen.«

Cortés reicht mir eine Hand, und ich stammele: »Danke, Herr, nicht nötig!«

So rasch ich kann, rappele ich mich auf. Ich bin von Kopf bis Fuß mit Schlamm verschmiert und Carlita sieht sogar noch schlimmer aus. So als ob sie gerade aus einem Grab gekrochen wäre.

»Gleich morgen wird Fray Bartolomé mit der religiösen Unterweisung beginnen«, sagt Cortés in beiläufigem Ton zu mir, während wir zurück zu unseren Hütten gehen. »Dann kann auch die Kleine in ein paar Tagen die Taufe empfangen, so wie Marina, und ist künftig gleichfalls sicher vor solchem Teufelsspuk.«

Fassungslos starre ich ihn von der Seite an. »Marina?«, wiederhole ich.

Mit einem stolzen Lächeln nickt mir Malinali zu. »So ich bald schon heiße!«, bestätigt sie.

Warum hat Cortés die beiden nicht schon früher unterweisen lassen?, schießt es mir durch den Kopf. Kann es sein, dass er ihre Taufe absichtlich hinausgezögert hat, um zu sehen, wie sie auf den Zauber reagieren? Unmöglich!, denke ich – und berichtige mich im gleichen Atemzug: Natürlich, es entspräche nur zu genau seiner Denkungsart! Und die Zauberer, wird mir nun auch noch klar, hat er überhaupt nur deswegen die ganze Zeit über in unserem Lager geduldet – weil er geahnt hat, dass sie uns helfen würden, das tief in Carlitas Herz verschlossene Geheimnis zu ergründen! Warum sie sich davor fürchtet, nach Tenochtitlan zu gehen. Wer sie ist und was sie über Montezuma weiß. Cortés sieht in ihr noch immer den Schlüssel zum Goldschatz, sage ich mir – nicht nur zum Gold von Potonchan, sondern zum Schatz aller Schätze, den Montezuma irgendwo in seinen Palästen hortet!

Cortés schaut mich an und lächelt sein stilles Lächeln, das nur seine Lippen kräuselt. »Der erste Schritt ist getan, Orteguilla«, sagt er. »Nun sieh zu, dass du ihr Geheimnis vollends ergründest!«

FÜNFTES KAPITEL

Die goldene Göttin

~ 1 ~

»Hört mich an, Commandante!«, sagt Francisco de Montejo in drohendem Tonfall. »Diese Männer haben mich zu ihrem Sprecher bestimmt. Wenn Ihr nicht hören wollt, was ich Euch zu sagen habe, müsst Ihr uns alle in Eisen legen.«

Er schwenkt seinen Arm im Halbkreis. Rund fünfzig Männer stehen eng zusammengedrängt hinter ihm, mit grimmigen und angespannten Gesichtern.

Cortés thront hinter den Goldtischen auf einem prächtig verzierten Sessel. Obwohl die Sonne schon hoch am Himmel steht, ist heute noch kein einziger Indianer aus den umliegenden Dörfern gekommen, um sein Gold gegen unseren Klimperkram einzutauschen. Nach dem Zusammenstoß zwischen Cortés und dem Tributeintreiber Teudile gestern Abend wird sich wohl auch kein Totonake mehr in unser Lager wagen.

»Ich habe immer ein offenes Ohr für die Sorgen meiner Leute.« Unser Herr verschränkt die Arme vor der Brust und nickt Montejo zu. »Also lass hören, Francisco!«

Von allen Seiten kommen nun weitere Konquistadoren herbei – vom Strand, von den Hütten und vom Wald her, wo sie auf der Jagd nach Wildbret waren. Die Stimmung in unserem Lager ist gedrückt. Da Teudile uns sämtliche Diener weggenommen hat, müssen wir uns auch wieder selbst um die Beschaffung von Nahrungsmitteln kümmern. Außerdem steckt die grässliche Spuknacht wohl jedem von uns noch in den Knochen. Mir selbst vielleicht sogar mehr als allen anderen – immer wieder muss ich an Carlita denken, daran, wie sie das teuflische Zauberding freigescharrt hat. Heute habe ich sie noch nicht zu sehen bekommen. Diego musste sie und Malinali in aller Frühe zur *Santa Maria* hinüberbringen, wo Fray Bartolomé die beiden auf ihre Taufe vorbereiten soll – »in klösterlicher Abgeschiedenheit«, wie Cortés vorhin zu mir gesagt hat.

Montejo berät sich murmelnd mit seinem Verbündeten Francisco Morla. »Unsere Mission ist beendet, Commandante Cortés!«, verkündet er schließlich und seine Stimme klingt unsicher. »Eure Instruktionen verbieten Euch und uns allen, Krieg gegen die Indianer zu führen. Dazu würde es aber unweigerlich kommen, wenn wir gegen ihren Willen noch länger hier bleiben wollten. Freiwillig werden sie uns nicht einmal mehr die nötigsten Nahrungsmittel überlassen. Also ermannt Euch, Commandante, und gebt den Befehl zur Rückkehr nach Kuba! Oder wollt Ihr, dass wir alle wegen Hochverrats am Galgen enden?«

Cortés mustert sein Gegenüber mit ausdrucksloser Miene. Ich spüre, dass ihn dieser Auftritt der Velazquez-Getreuen aus irgendeinem Grund erheitert. »Du hast recht, Francisco«, sagt er. »Was Montezuma mir gestern durch seinen Tributeintreiber ausrichten ließ, verändert alles.« Er spricht in beiläufigem, fast gelangweiltem Tonfall, so als würde er mitteilen, dass wir heute Hasen- statt Perlhuhnbraten zu essen bekämen. »Unter diesen Umständen«, fährt er dann aber fort, »können wir unsere Expedition nicht länger fortsetzen.«

Alle starren ihn an. Die eben noch grimmigen Gesichter der Velazquez-Getreuen beginnen, in ungläubiger Freude zu erstrahlen. Zugleich verdüstern sich die Gesichter aller anderen Männer in sämtliche Schattierungen der Verwirrung und des Zorns.

»Was soll das bedeuten?«, schreien sie durcheinander. »Abhauen, nur weil Häuptling Truthahnfeder das plötzlich so will?

Kommt nicht infrage!«, rufen sie aus. »Wenn wir hier bleiben, werden wir alle reich! Hier gibt es fruchtbares Land für jeden von uns – und mehr als genug Gold!«, schreien sie. »Commandante, gebt es zu, Ihr habt Euch einen Scherz erlaubt!«

Auch Sandoval, Alvarado und Portocarrero werfen einander erstaunte Blicke zu und schütteln die Köpfe. Der »Durchtriebene« spielt seine Rolle so gut, dass ich beinahe darauf hereingefallen wäre. Portocarreros Flüche hören sich sowieso immer gleich an, egal ob er gerade zufrieden, wütend oder durcheinander ist. Doch Sandovals Gesicht verrät mir, dass sie die ganze Szene vorher einstudiert haben müssen. Seine Augen sind übertrieben weit aufgerissen, seine Wangen vor Verlegenheit gerötet.

»Nein, José, das hier ist bitterer Ernst«, antwortet Cortés dem Soldaten, der eben ausgerufen hat, unser Herr habe sich bestimmt einen Scherz gestattet. »Ich habe gründlich nachgedacht und bin zu folgender Entscheidung gelangt«, fährt er fort. »Wir werden lediglich noch eine Bucht ausfindig machen, die sich als natürlicher Hafen für eine größere Flotte eignet – für die Schiffe der nächsten Expedition, falls unsere Obrigkeiten beschließen sollten, eines Tages wieder jemanden herzuschicken, der unser Werk fortsetzen soll. Um eine solche Bucht zu finden, genügt eine einzige Brigantine, die die Küste entlang weiter nach Norden segelt.«

Cortés legt eine kurze Pause ein. Er wirft Montejo einen sinnenden Blick zu, so als wäre ihm gerade eben eine Idee gekommen. »Ja, so machen wir es«, sagt er und erhebt sich von seinem Sessel. »Damit du erkennst, Francisco, wie ernst es mir mit meiner Entscheidung ist, gebe ich dir das Kommando bei dieser Erkundungsfahrt.«

Er kommt um den Goldtisch herum und legt Montejo seine Hand auf die Schulter. »Nimm fünfzig Männer mit«, fügt er hinzu, »das genügt. Und da ungefähr diese Anzahl Männer hinter dir stehen, die offensichtlich dein Vertrauen genießen, so sollen sie dich begleiten. Dich und den anderen Francisco.«

Lächelnd hält er inne und winkt Morla herbei. Er legt dem blonden Neffen von Gouverneur Velazquez, dem er gestern noch Kerkerhaft angedroht hat, gleichfalls eine Hand auf die Schulter. »Brecht unverzüglich auf«, befiehlt er. »Es liegt ganz allein bei euch, wie lange diese Expedition noch andauern wird. Unterdessen lasse ich unsere Habseligkeiten an Deck schaffen und bereite alles für die Rückreise nach Kuba vor. Gott sei mit euch.«

~ 2 ~

Drei Tage später marschieren wir die Küste entlang – mit dreihundertfünfzig Mann, darunter zwanzig Armbrustschützen und ebenso viele Arkebusiere. Sogar zwei Feldgeschütze haben wir dabei und unsere Artilleristen schimpfen alle paar Hundert Schritte auf die kubanischen Sklaven ein, wenn wieder einmal eine der zentnerschweren Kanonen bis über die Achse im Sand versunken ist.

Während dieser drei Tage wurde die Stimmung im Lager und auf den Schiffen immer bedrohlicher. Die Männer, die Cortés bisher bedingungslos gefolgt waren, verstanden einfach nicht, warum er plötzlich zu den Velazquez-Getreuen umgeschwenkt ist. Mindestens dreimal täglich erschienen Abordnungen von unseren Männern, von den Artilleristen, den Seeleuten der verschiedenen Schiffe und sogar von den Zimmerern, um Cortés umzustimmen. Ihre Forderung war jedes Mal dieselbe: Sie wollten in diesem Land bleiben, das ihnen so viel mehr zu bieten schien als jeder andere Fleck auf dieser Welt. Sie wollten eine Siedlung errichten, wie die Totonaken es uns schließlich angeboten hatten. Sie wollten eigenes Land besitzen, auf dem sie nach Gold schürfen und als Hazienderos leben könnten, mit indianischen Arbeitssklaven und indianischen Ehefrauen. Diese wollten sie vorher von unseren Patres unterweisen und taufen lassen – »so wie Ihr, Commandante, es mit der Indianerin Malinali haltet!«. Das nämlich hatte sich auch längst herumgesprochen und es steigerte die Verwirrung unserer Männer nur noch mehr. »Wenn Ihr entschlossen seid, in wenigen

Tagen nach Kuba zurückzukehren«, so fragten sie ihn immer wieder, »warum macht Ihr Euch so viel Mühe mit Malinali und mit der anderen Indianerin – der kleinen Sklavin Eures Pagen Orteguilla?«

Sie musterten mich argwöhnisch. Aber auf ihre Frage wusste ich auch keine Antwort, und wenn ich sie gekannt hätte, so hätte ich sie ihnen sicher nicht verraten.

Cortés hörte sich alle Forderungen und Vorwürfe mit undurchdringlichem Gesichtsausdruck an. »Ich verstehe euch«, antwortete er jedem Fragesteller, »aber als Leiter unserer Expedition kann ich nicht anders handeln.«

Bei dieser Meinung blieb er sogar heute früh, als Alvarado und Portocarrero vor aller Ohren damit drohten, ihm die Freundschaft aufzukündigen. »Du bist nicht mehr der Mann, dem wir als unserem Expeditionsführer bedingungslos gefolgt sind!«, beschwerte sich Alvarado.

»Er ist zu einem verfluchten Beamten geworden!«, schrie Portocarrero. »Aber mit einem beschissenen Federfuchser kann man keine neuen Welten entdecken, sondern höchstens irgendwelche von Spinnweb verdreckten Paragraphen!«

Jenes stille Lächeln huschte über Cortés' Gesicht und erlosch gleich wieder. »Auch ihr habt recht, alle beide«, gab er zu. »Ich kann und darf nicht mehr als euer Expeditionsführer voranmarschieren. Was stattdessen kommen wird, liegt allein in Gottes Hand.«

Unser Herr wandte sich dem dritten seiner engsten Vertrauten zu. »Und was ist mit dir, Gonzalo?«, fragte er in bekümmertem Tonfall. »Willst du mir auch die Freundschaft aufkündigen?«

Sandoval schüttelte den Kopf, dass seine braunen Locken flogen. »Du weißt genau, Hernán«, sagte er, »dass ich dich wie einen älteren Bruder liebe und verehre. Wenn ich mit dir brechen wollte, würde ich mich mir selbst zum Feind machen, und was sollte das für einen Sinn haben?«

Er sandte Cortés sein unbekümmertstes Lächeln. »Aber anstatt hier herumzusitzen und auf die Rückkehr der beiden Franciscos zu warten, könnten wir doch noch ein wenig die Gegend erkunden – was meinst du? Vielleicht entdecken wir ja einen Ort, an dem dann unsere Nachfolger eine Siedlung gründen können, falls der König sie mit einer solchen Mission betraut! Und wenn nicht, dann haben wir uns doch wenigstens noch etwas die Zeit vertrieben. Du siehst es ja selbst, Hernán: So viele Männer, die tagelang tatenlos zusammenhocken – das gibt nur schlechte Stimmung und Streit.«

Cortés schaute sinnend vor sich hin. Mittlerweile weiß ich, dass seine Entschlüsse längst gefasst sind, wenn er sich in dieser Weise nachdenklich stellt.

»Sämtliche Ausrüstungsstücke sind auf den Schiffen verstaut«, fügte Sandoval in bittendem Tonfall hinzu. »Was jetzt noch zu tun bleibt, können wir getrost unseren Seeleuten überlassen. Also gib dir einen Ruck, mein Freund, und lass uns zum Abschied eine letzte kleine Wanderung in dieser herrlichen Neuen Welt unternehmen!«

Cortés rieb sich die Schläfen und klopfte sich sogar mit der Fingerspitze aufs Kinn wie jemand, der heftig um eine Entscheidung ringt. »Also gut!«, sagte er schließlich. »Dagegen lässt sich wirklich nichts einwenden. Hundert Mann bleiben hier, um die Schiffe zu bewachen. Alle anderen sammeln sich hier oben auf dem Platz!«

Das Erstaunen steht den meisten unserer Männer immer noch in die Gesichter geschrieben, als wir nach stundenlangem Marsch eine kleine Talsenke erreichen. Warum sind wir bei brütender Hitze zehn Meilen lang die Küste entlanggewandert? Und aus welchem Grund hat Cortés angeordnet, dass wir die Kanonen mit uns führen sollen? Wahrscheinlich versteht so gut wie niemand von unseren Männern, was das alles hier eigentlich soll. Unterwegs sind wir an endlosen Feldern vorbeigekommen, auf denen Getreide und Gemüse üppiger wachsen als irgendwo in der Alten Welt. Die Wälder sind voll mit schmackhaftem Wild, Bäche und Seen wimmeln vor Fischen.

Aber wozu soll es gut sein, dass wir uns an all diesen Köstlichkeiten hungrig schauen – wenn wir doch in ein paar Tagen schon dieses Paradies verlassen müssen, um höchstwahrscheinlich nie mehr hierher zurückzukehren? Diese Fragen lese ich in sämtlichen Gesichtern und auch ich selbst quäle mich Stunde um Stunde mit ihnen herum. Jedem von uns ist klar, dass gerade wir, die treuen Gefolgsleute von Cortés, keine weitere Chance mehr bekommen werden. Die nächste Expedition wird Velazquez persönlich ausrüsten und zweifellos wird er die Schiffe nur mit seinen eigenen Anhängern füllen.

Das kleine Tal, in dem Cortés uns zu rasten befiehlt, ist kaum mehr als eine sandige Mulde zwischen dem Strand und dem Dschungel, der einige Hundert Schritte weiter westlich in den Himmel emporragt. Bestimmt haben etliche unserer Männer gehofft, Sandoval würde uns zu einem besonders idyllischen Ort führen, um Cortés so vielleicht doch noch zu einem Sinneswandel zu bewegen. Aber diese Senke ist für die Gründung einer Siedlung noch weniger geeignet als der Platz, auf dem Teudiles Diener unser Hüttendorf errichtet haben.

Erschöpft und niedergeschlagen lassen wir uns auf den Boden oder auf einen der herumliegenden Steinbrocken fallen, wie es gerade kommt. Auch Diego, der sich neben mir in den Sand gekauert hat, wirkt bedrückt. Und was mich selbst betrifft, ich fühle mich so durcheinander und traurig, dass meine Augen zu brennen beginnen.

Carlita und Malinali sind auf der *Santa Maria* zurückgeblieben, bei Fray Bartolomé, der sie noch immer im Glauben an Gott den Herrn unterweist. In meiner Niedergeschlagenheit kommt es mir vor, als sollte ich Carlita nie mehr wiedersehen.

Ich lasse den Kopf hängen und grüble vor mich hin, bis mich Diego mit dem Ellbogen anstößt. »He, Orte«, raunt er mir zu, »was soll das denn jetzt?«

~ 3 ~

Ich hebe meinen Kopf und schaue zu Cortés und seinen Vertrauten hinüber. Sie stehen auf einer kleinen Felsplattform mitten in der Senke wie auf einer natürlichen Bühne. Außer dem »Tollkühnen«, dem »Durchtriebenen« und dem »Dröhnenden« entdecke ich auch die knochige Gestalt von Notar Gutierrez – mir war bisher gar nicht aufgefallen, dass er mit uns die Küste entlanggewandert ist. Gutierrez trägt seine nahezu bodenlange Robe, und im ersten Moment glaube ich, dass er einmal mehr das *Requerimiento* verlesen wird. Aber dann wird mir klar, dass der in schwarzes Leder gebundene Foliant nicht wie sonst bei solchen Anlässen unter seinem Arm klemmt.

»Commandante Cortés!«, ruft Alvarado gerade eben mit schallender Stimme aus. »Ich wurde von einer Vielzahl redlicher Männer aus Eurem Gefolge beauftragt, an diesem Ort und zu dieser Stunde die Gründung der Stadt Villa Rica de la Vera Cruz einzuleiten. Ich fordere Euch auf, mir die Instruktionen auszuhändigen, die Ihr von Gouverneur Velazquez erhalten habt. Ich will Euch und allen Anwesenden darlegen, dass und inwiefern wir berechtigt sind, die Stadt Vera Cruz in vollkommener Übereinstimmung mit Euren Instruktionen und den allgemeinen spanischen Rechtsgrundsätzen hier auf dem Boden Neuspaniens zu gründen.«

Cortés gibt sich redlich Mühe, überrumpelt dreinzuschauen. Doch seine Gesichtsmuskeln bringen nur ein seltsames Zucken zustande. Er fährt mit beiden Händen unter seinen Umhang und zieht eine Papierrolle hervor, die mit einer roten Siegelschnur umwunden ist.

»Da ich die Instruktionen stets an meinem Herzen trage ...« Er unterbricht sich mitten im Satz, macht einen Schritt auf Alvarado zu und reicht ihm mit weit ausgestrecktem Arm die Papierrolle.

Der »Durchtriebene« löst den Knoten, entfernt die Siegelschnur und entrollt die in Cortés' eigener Handschrift säuberlich beschrifteten Blätter. Er überfliegt Absatz um Absatz und ich schaue ihm so gebannt wie alle anderen dabei zu. In jedem von uns steigt mit einem Mal eine ganz und gar verrückte Hoffnung auf – dass Alvarado in den Instruktionen einen Paragraphen finden wird, der es uns doch noch erlaubt, die Stadt Villa Rica de la Vera Cruz zu gründen, ohne dadurch ein todeswürdiges Verbrechen zu begehen. Doch wenn es diesen Paragraphen gäbe, müsste ihn Cortés dann nicht lange vorher entdeckt haben?

Portocarrero und Sandoval stehen jetzt nahe bei Alvarado und spähen ihm über die Schultern. »Aus dem Gekrakel mag der Teufel schlau werden!«, schreit der »Dröhnende«.

Noch ehe sein Geschrei gänzlich verhallt ist, hebt Alvarado eine Hand und sagt: »Hier ist es.«

Wir alle vergessen zu atmen. Carlita, denke ich – vielleicht werden unsere Herzen ja doch nicht schon morgen oder übermorgen für immer auseinandergerissen! Vielleicht steht ja in den Instruktionen doch dieser rettende Satz, den Cortés nur aus irgendeinem Grund übersehen hat. Mein Verstand weiß genau, dass es nicht sein kann. Aber mein Herz antwortet unbeirrbar: Du wirst schon sehen.

»Hier!«, wiederholt Alvarado und hackt mit der Fingerspitze auf dem Papier herum, das Sandoval vor ihm ausgespannt hält. »Seht ihr das? *Falls jedoch Umstände eintreten sollten, die in dieser Instruktion nicht ausdrücklich berücksichtigt worden sind, so ist der Unterzeichnete dieser Instruktionen berechtigt und verpflichtet, im Geist der vorliegenden Bestimmungen, im Interesse der spanischen Krone und auf der Grundlage spanischen Rechts zu verfahren.*«

Alvarado reißt die Arme hoch wie ein Feldherr nach gewonnener Schlacht. »Das hier *sind* besondere Umstände, wenn es jemals welche gegeben hat!«, ruft er aus. »Was könnte mehr im Interesse des Königs sein als die Gründung von Villa Rica de la Vera Cruz? Ich fordere euch alle auf, Caballeros: Lasst uns die Stadt gründen und uneinnehmbar befestigen! Wenn wir einfach so abziehen würden, hätten die Indianer Zeit genug, um Verteidigungsmaßnahmen zu treffen, und die nächste Expedition könnte an dieser Küste nicht einmal mehr unbehelligt landen!«

Cortés steht noch immer zwei Schritte abseits von den Männern, die er bis zu dieser Stunde als seine engsten Vertrauten angesehen hat. Er wirkt angespannt und keineswegs zufrieden, und mit einem Mal überkommen mich Zweifel: Vielleicht haben sie ihn ja doch überrumpelt, weil er sich nicht dazu durchringen konnte, ihre hochverräterischen Pläne gutzuheißen?

»Nach spanischem Gesetz«, fährt Alvarado fort, »besitzen wir als Versammlung redlicher Männer ohnehin das Recht, eine Stadt zu gründen und eine Versammlung von Ratsherren sowie an deren Spitze einen Bürgermeister zu wählen.« Er reißt erneut beide Arme empor. »Ist das euer Wille, Männer?«, ruft er uns zu. »Dann tut eure Zustimmung kund, indem ihr eine Hand hebt!«

Einen Augenblick lang sitzen unsere Männer noch wie betäubt da und starren einander an oder schauen verwirrt auf den Boden. Dann erheben sich alle und werfen ihre Hände hoch und schreien wie aus einer Kehle: »Ja, ja – es ist unser Wille, ja!«

Auf der kleinen Felsplattform, die wie eine Bühne aus dem sandigen Boden emporragt, befiehlt uns Cortés mit einer knappen Handbewegung zu schweigen. Augenblicklich wird es totenstill. Nur das Rauschen des Meeres kann ich noch hören und mein Herz, das wild in meiner Brust pocht.

»Euer Entschluss steht also fest?«, wendet sich Cortés an Alvarado und die beiden anderen. »Ihr werdet den Willen dieser Versammlung redlicher Männer erfüllen?«

»Ja, Commandante Cortés«, antwortet Alvarado. »Das werden wir nun unverzüglich tun.«

Unser Herr schüttelt ganz leicht den Kopf, breitet seine Arme aus und lässt sie wieder sinken. »Da es sich so verhält«, sagt er in schleppendem Tonfall, »trete ich hiermit von allen meinen Ämtern als Anführer, Richter und oberster Befehlshaber zurück.

Es gibt fortan keine Expedition mehr, also kann es auch deren Commandante und Caudillo nicht länger geben.«

Ein Stöhnen geht durch die Menge, wie von einem verwundeten Tier. Die Männer reißen die Augen auf und raufen sich die Haare. Vollkommen durcheinander schauen wir alle zu, wie unser Herr abermals in seinen Umhang greift und die Goldkette mit dem königlichen Siegel unter seinen Gewändern hervorzieht. Er streift sich die Kette über den Kopf und wiegt sie kurz in der Hand, als wollte er sie wegwerfen oder Alvarado übergeben. Doch dann steckt er sie nur in eine der Taschen, die außen an seinem Umhang angebracht sind.

»Ich bin jetzt nur noch ein einfaches Mitglied dieser Versammlung redlicher Männer«, verkündet er und springt von der Felsplattform zu uns herab in den Sand.

Der »Durchtriebene« macht Gutierrez ein Zeichen und der Notar greift unter seine Robe und zieht einen kleinen Stapel beschrifteter Papierbögen hervor. »Wir beginnen nun mit der Wahl der Ratsherren von Villa Rica de la Vera Cruz«, verkündet Gutierrez und schaut sich verdrießlich nach einer Sitzgelegenheit um. »Wer dafür ist, dass der edle und redliche Don Pedro de Alvarado zum Ratsherrn gewählt wird, der hebe seine Hand!«

Diego krampft seine Finger in meinen Oberarm. »Was hat das zu bedeuten, Orte?«, knirscht er zwischen den Zähnen hervor. »Das kann Cortés doch nicht machen – er muss doch unser Commandante bleiben!«

Diego hat Tränen in den Augen. Ich überlege, was ich zu ihm sagen kann, um uns beide irgendwie aufzumuntern. Dabei geht mein Blick erneut zu Cortés hinüber, und ich sehe, dass er mir verstohlene Zeichen macht.

»Alles wird sich schon irgendwie zum Guten wenden«, sage ich und springe auf. »Bis später, Diego – unser Herr verlangt nach mir.«

~ 4 ~

Cortés umfasst mein Handgelenk, wie es seine Art ist, und zieht mich ein paar Schritte beiseite. Auf der Felsplattform ruft Notar Gutierrez einen Namen nach dem anderen aus, und jedes Mal heben die Konquistadoren ihre Hände und schreien: »Ja, er soll unser Ratsherr sein!«

Im Schatten einer Palme bleibt Cortés stehen. Er wendet der »Versammlung redlicher Männer«, die ihn gerade eben entmachtet hat, seinen Rücken zu und schaut starr aufs Meer hinaus. Mir ist beklommen zumute. Ich will ihn so vieles fragen und wage es kaum, mich auch nur zu räuspern.

Auf dem sandigen Platz brandet erneut Beifall auf. Offenbar hat der »Durchtriebene« alles sorgsam vorbereitet. Wen auch immer Gutierrez als Ratsherrn vorschlägt – er wird einstimmig gewählt und lauthals bejubelt. Als Erste Alvarado und Portocarrero. Dann ein halbes Dutzend weiterer Konquistadoren, die nacheinander die Plattform erklimmen und sich in alle Richtungen verneigen. Ich entdecke einige bekannte Gesichter, auch den würdevollen Cristóbal de Tapia, dem ich in Potonchan das Leben gerettet habe. Die Männer johlen und applaudieren. Sie steigern sich geradezu in einen Zustimmungsrausch hinein. Doch mir ist immer noch nicht klar, welche Rolle unser Herr bei diesem sonderbaren Spektakel spielt.

Schließlich erwacht Cortés aus seiner Versunkenheit und sieht mich an. »Wie soll sie heißen?«, fragt er mich.

Ich reiße meine Augen auf. »Wie …?«, stammele ich. »Wie soll wer …?« Doch im nächsten Moment wird mir klar, was Cortés meint – oder, besser gesagt, wen. »Carlita«, sage ich und spüre, wie meine Wangen heiß werden. »Für mich hieß sie vom ersten Augenblick an Carlita.«

»Vom ersten Augenblick an?« Cortés schaut mich an, wie nur er das kann. Spöttisch, durchbohrend, voller Argwohn. Aber ich spüre, dass er mir trotz allem vertraut und auch ein wenig Sympathie für mich empfindet. Obwohl er ahnt, dass ich ihn verraten habe. Damals in Potonchan.

»Nun, ich meinte natürlich«, berichtige ich mich, »als ich zum ersten Mal ihren Namen gehört habe. Carapitzli.« Ich erwidere seinen Blick und gebe mir alle Mühe, gelassen auszusehen. »Heißt das, Herr, dass Fray Bartolomé ihre religiöse Unterweisung abgeschlossen hat?«

Cortés nickt. »Sie werden heute getauft«, sagt er. »Aus Malinali wird Marina – und aus Carapitzli also Carla.« Jenes Lächeln kräuselt seine Lippen und erlischt. »Unser König Karl wird erfreut sein«, fügt er hinzu. »Falls er jemals davon erfährt.«

Hinter uns ruft Notar Gutierrez unaufhörlich weitere Namen aus und die Männer antworten ebenso unermüdlich mit Jubelschreien. Ich werfe einen Blick über meine Schulter – die kleine Felsplattform ist gedrängt voll mit frisch gewählten Würdenträgern. Wenn sie so weitermachen, geht es mir durch den Kopf, wird die neue Stadt bald ebenso viele Einwohner wie Ratsherren zählen – und kein einziges Haus, nicht einmal eine strohgedeckte Hütte!

Mit einem Mal wird mir wieder bang ums Herz. »Was wird nun werden, Herr?«, frage ich. »Bleiben wir wirklich hier – an diesem Ort?«

Cortés sucht in seinen Taschen herum. Meine Frage scheint er nicht gehört zu haben – oder er zieht es vor, nicht darauf zu antworten. Als seine Hand wieder zum Vorschein kommt, ist sie zur Faust geballt. »Unten am Strand wartet Juan de Escalante mit fünf Männern und einem Segelboot«, sagt er. »Sie bringen dich zurück zu unserem Lager. Hole Marina und Carla und schaffe sie umgehend hierher. Beantworte keine Fragen – egal, wer sie dir stellt. Hast du das verstanden, Orteguilla?«, fragt mich Cortés und hält mir seine Faust unter die Nase.

»J-ja, Herr«, stottere ich. »Ich werde alles so ausführen, wie Ihr es mir aufgetragen habt.«

»Sehr gut«, sagt Cortés. »Und das hier überreiche unseren Christenmädchen.«

Er lässt seine Faust aufschnappen und auf seiner Handfläche funkelt es golden. »Diese ist für Marina bestimmt«, fährt er fort und schiebt mit der Fingerspitze zwei goldene Halsketten auseinander. »Und diese für die geheimnisvolle Carlita.«

Er lässt die Schmuckstücke in meine Hand hinüberrrieseln. Mit ihren schlichten Kruzifixen und den Kettengliedern aus gehämmertem Gold sehen sie vollkommen gleich aus, nur ist die eine Kette breit und massiv, die andere schmal und zart.

»Hänge sie ihnen um und beglückwünsche sie, weil sie durch das Sakrament der Taufe von ihrem Heidentum erlöst worden sind!«, befiehlt mir Cortés. »Heute noch werden Montejo und Morla von ihrer Erkundungsfahrt zurückkehren«, setzt er übergangslos hinzu. »Es ist dafür gesorgt, dass sie nicht mehr ins Lager zurückkehren, sondern gleich hier unten am Strand vor Anker gehen. Aber auch davon sagst du zu niemandem ein Wort. Und jetzt geh!« Er nickt mir zu und wendet sich um.

Ein Knäuel an Fragen steckt mir in der Kehle, doch ich würge alles wieder herunter. Ich verstaue die Taufketten in meiner Gewandtasche, während Cortés mit bedächtigen Schritten zu der »Versammlung redlicher Männer« zurückkehrt.

Ich bin schon ein paar Schritte in Richtung Meer gerannt, da lässt mich ein wohlvertrautes Dröhnen erstarren. »Ich bin jetzt euer verdammter Alcalde!«, schreit Portocarrero. »Auch deiner, Hernán – also komm schon her, wenn dein Bürgermeister dich ruft! Oder willst du vielleicht, dass ich dir meinen Obersten Wachtmeister Sandoval auf den Hals hetze, du elender Sturkopf?«

Portocarreros Bassstimme klingt so donnernd und rau wie immer, und auch die Anzahl der Flüche und Schimpfwörter, die er in einem einzigen Satz unterbringt, ist weder größer noch kleiner als gewöhnlich. Und trotzdem vergesse ich zu atmen, während ich mich umdrehe und Cortés hinterherstarre, wie er den sandigen

Platz überquert. Langsam, fast schlendernd, als wollte er betonen, dass er nur noch ein einfacher Bürger der Stadt Vera Cruz sei, geht unser Herr auf die kleine Felsplattform zu. Dort oben stehen mittlerweile nur noch rund fünfzehn Männer – die Ratsherren, nehme ich an, die zu ihrer ersten Sitzung zusammengekommen sind.

»Die Ratsversammlung von Vera Cruz«, schreit Portocarrero, während Cortés die Plattform erklimmt, »hat mich beauftragt, Euch, Don Hernán Cortés, folgende städtische Ämter anzutragen! Wir wünschen, dass Ihr das Amt des Obersten Richters bekleidet. Und wir wünschen, dass Ihr als Kapitän-General den Oberbefehl über unsere Streitkräfte übernehmt! Und nun erklärt Euch, Don Hernán Cortés – aber hurtig, denn die Wolke da oben sieht aus wie ein riesengroßer Arsch, der in Kürze über uns allen explodieren wird. Nehmt Ihr die Ernennung zum Obersten Richter und Obersten Militärkommandanten von Villa Rica de la Vera Cruz an?«

Cortés reckt sein Kinn vor. »Ich danke der Ratsversammlung für das Vertrauen, das sie mir entgegenbringt.« Er legt die linke Hand auf sein Herz und nimmt Haltung an. »Ich nehme die Ernennung an!«

Die Männer auf dem Platz brechen in ohrenbetäubende Jubelschreie aus. Sie schlagen sich gegenseitig mit den Fäusten auf die Arme, packen einander bei den Schultern und schütteln und rütteln sich vor übermächtiger Freude.

Mir geht es nicht anders – auch ich kann mich vor Glück und Erleichterung kaum fassen, während ich endlich zum Strand hinunterlaufe. Unser Herr hat das Kommando wieder übernommen!, sage ich mir. Ob die Truppe, die er anführt, nun »Expedition« oder »Streitkräfte von Vera Cruz« heißt – Hauptsache ist doch, dass er unser aller Schicksal wieder in seine Hände genommen hat!

So versuche ich, mir die Dinge zurechtzulegen, während ich Juan de Escalante und seine Männer begrüße. Escalante stammt wie Cortés aus Medellín und gehört zu jenen Männern, die für unseren Herrn durchs Feuer gehen würden. Ich steige ins Boot und in rascher Fahrt segeln wir die Küste wieder hinab gen Süden. Doch währenddessen vermischt sich mein Glücksgefühl mehr und mehr mit Unbehagen. Was werden Montejo, Morla und die anderen Velazquez-Getreuen sagen, wenn sie von ihrer Erkundungsfahrt zurückkehren und feststellen müssen, dass sich unsere Expedition in eine Stadt verwandelt hat?

Dann kommt die Bucht mit unserer Schiffsflotte in Sicht und ich vergesse alle Grübeleien. Gleich werde ich Carlita wiedersehen! Ich werde ihr die Halskette umlegen. Ich werde meine Arme um sie schließen und ihr Herz auf meinem fühlen und ihre Lippen auf meinem Mund. *Yolehua!*

5

Wir sind jetzt eine Stadt – und trotzdem setzen wir uns am nächsten Tag neuerlich in Marsch. Unser Ziel ist die Bucht, die Montejo und seine Männer mit der Brigantine ausfindig gemacht haben, etwa dreißig Meilen weiter nach Norden. Dort wollen wir die Stadt Vera Cruz nun tatsächlich in Holz und Stein errichten – mit einem Marktplatz und einer Kirche, mit Straßen und Häusern und einer unbezwingbaren Mauer darum herum.

Wir marschieren eine befestigte Straße entlang, die parallel zur Küste verläuft. Gerade ist wieder einmal ein Sturzregen niedergegangen, und das Regenwasser fließt nach rechts ins Mangrovendickicht und linker Hand auf die fruchtbaren Felder ab, die sich Meile um Meile an der Straße dahinziehen.

Es ist wahrlich ein reiches Land, sage ich mir. Selbst wenn Cortés nun doch noch beschließen sollte, dass wir uns dort oben an der Küste einfach als Hazienderos niederlassen – ich würde mit meinem Schicksal nicht hadern.

Jedenfalls kommt es mir in diesen glücklichen Stunden so vor. Carlita ist bei mir. Ich schaue sie von der Seite an, und ein Leuchten scheint von ihr auszugehen – von ihren großen Augen, von dem Lächeln ihrer schön geschwungenen Lippen. Um den Hals trägt sie die Goldkette mit dem Kruzifix, dessen Streben beinahe so zart wie Schmetterlingsfühler sind. »Fray Bartolomé hat alles erklärt«, hat sie vorhin, noch auf der *Santa Maria*, zu mir gesagt. »In eurem Glauben ich wiedergefunden habe, was scheinbar für immer verloren: die Göttin der Liebe, die ihr Maria nennt! Du kannst dir nicht vorstellen, wie ich glücklich bin!«

Ich starrte sie mit offenem Mund an. Wie gut sie Spanisch zu sprechen gelernt hat – in so wenigen Tagen! Während ich noch überlegte, was ich ihr antworten sollte, schlang Carlita ihre Arme um meinen Hals und küsste mich so leidenschaftlich wie noch nie.

Ich war nun noch mehr durcheinander, weil sie ja gesagt hatte, dass sie wegen der Madonna so glücklich sei – und nicht wegen mir! Auch dass sie die heilige Mutter Maria »Göttin der Liebe« nannte, kam mir nicht ganz geheuer vor. Aber je länger und zärtlicher sie mich küsste, desto mehr zerschmolzen meine Bedenken. Bald schon konnte ich an nichts anderes mehr denken als daran, wie es sich anfühlen würde, wenn Carlita und ich uns einmal umarmten, ohne dass unsere Körper von irgendwelchen Kleidungsstücken umhüllt wären. Ich hatte ihre kleine Hand schon einmal auf meinem Herzen gefühlt, und es drängte mich, ihr gleichsam einen Gegenbesuch abzustatten.

Aber schon bei diesem Kuss, den wir in der Pagenkajüte unter Deck der *Santa Maria* tauschten, hätten wir leicht ertappt werden können. Draußen im Gang stampften die Seeleute und Zimmerleute hin und her. So winzig Diegos und meine Kammer ist, dient sie doch gleichzeitig als Lagerraum für schadhafte Spanten und Planken. Schon mehr als einmal ist es geschehen, dass ein Zimmermann oder ein Schiffsjunge frühmorgens zu uns hereingepoltert kam und in den Bretterstapeln herumkramte, während Diego und ich uns schlaftrunken die Augen rieben. Wenn stattdessen Carlita und ich auf meinem Kajütbett lägen, unbekleidet und eng umschlungen, und gerade in diesem Moment ein Matrose hereingestampft käme – nein, das will ich mir lieber gar nicht vorstellen.

Doch meine Gedanken irren wieder und wieder zu dieser Szene zurück, während Carlita und ich Seite an Seite in der Kolonne der Konquistadoren marschieren. Wir liegen auf meinem Bett, wir küssen einander und ich erkunde ihren Körper mit meinen Händen und meinem Mund ... Wenn es mir nur gelingen würde, meinen Tagtraum an dieser Stelle anzuhalten und sozusagen auf der Stelle traben zu lassen! Aber sooft ich es auch versuche, ich schaffe es kein einziges Mal. Immer wieder lasse ich mich von den erhitzenden Wunschbildern mitreißen, weiter und weiter – bis abermals ein Matrose oder Zimmerer hereingepoltert kommt! Er lacht schallend auf und ruft seine Kameraden herbei. »Schaut nur, der kleine Orteguilla! Tja, so eine Indianerbraut kann nicht Nein sagen, was?« Mir wird dann jedes Mal noch heißer als sowieso schon – doch diesmal vor Verlegenheit. Nicht, weil sie mich mit meinem Mädchen erwischt haben, sondern weil es ja stimmt, womit sie mich in meinem Tagtraum verspotten: Carlita *ist* meine Sklavin – und dadurch gerät alles in ein schiefes Licht.

Ich muss Cortés dazu bringen, dass er sie freilässt!, sage ich mir. Aber welche Begründung könnte ich für diesen sonderbaren Wunsch anführen? Gewiss sind wir hauptsächlich deshalb hierhergekommen, um den Indianern unseren Glauben zu bringen – doch als Preis dafür nehmen wir ihnen ihr Gold und ihre Freiheit weg.

An diesem Gedanken würge ich herum, er macht mir Unbehagen und Angst. Ich spüre schon, wie er sich tief und immer tiefer in mich hineinbohrt. Aber es stimmt ja gar nicht, wende ich im Stillen ein, dass wir den Indianern alles wegnehmen – zumindest bei der Freiheit stimmt es nicht! Die zwanzig Mädchen und Frauen, die der Herrscher von Potonchan uns »geschenkt« hat, waren ja vorher schon *seine* Sklaven! Bisher haben wir keinen einzigen Maya-Indianer und ebenso wenig einen Totonaken versklavt – doch je länger ich darüber nachdenke, desto klarer wird mir, dass sich das wohl bald schon ändern wird. Die Indianer auf Kuba und Hispaniola fristen ein elendes Sklavendasein. Sie müssen auf den Landgütern, in den Gold- und Silberminen ihrer spanischen Herren bis zur totalen Erschöpfung arbeiten – und wenn sie tot umfallen, fordert der Landbesitzer bei Gouverneur Velazquez einfach neue Arbeitssklaven an.

Will unser Herr also auch die hiesigen Indianer versklaven?, grübele ich und meine Stimmung wird immer düsterer. Nein, ganz bestimmt nicht!, antworte ich mir und glaube mir selbst kein Wort. Das Hüttendorf über der Bucht haben Teudiles Diener für uns gebaut, weil der Tributeintreiber hoffte, uns auf diese Weise von Tenochtitlan fernzuhalten. Aber Montezuma wird uns gewiss nicht noch einmal zweitausend Diener zur Verfügung stellen – und um eine ganze Stadt aus Holz und Stein zu errichten, brauchen wir doch bestimmt noch ein paar Tausend Arbeiter mehr.

Aber vielleicht hat ja die Ratsversammlung von Vera Cruz vor, ihre indianischen Bauarbeiter zu entlohnen? Ich versuche mir einzureden, dass sie das höchstwahrscheinlich schon beschlossen haben – vorhin, als ich mit Escalante zurück zur *Santa Maria* gefahren bin. Doch wiederum ist mir klar, dass ich mir etwas vormache. Portocarrero würde sich eher eine Hand abhacken, als einem Indianer freiwillig einen noch so kargen Arbeitslohn zu bezahlen – und schließlich haben sie den »Dröhnenden« heute zum Bürgermeister unserer Stadt gewählt.

Carlita berührt meine Hand und lächelt mich von der Seite an. »Was bekümmert dich?«, fragt sie mich. »Du siehst fast so düster aus wie Tlaloc, unser Regengott … wie der Wettergötze meines Volkes«, berichtigt sie sich rasch.

Ich neige mich so weit zu ihr hinüber, dass mein Mund fast ihr Ohr berührt. Ich rieche den Duft ihres Haars, das sie sich hinter ihr hübsch geformtes Ohr gestrichen hat. Alles Düstere, Niedergedrückte, das ich eben noch in mir spürte, löst sich auf wie Nebelschwaden im Sonnenschein.

»*Tzoconia*«, flüstere ich. »Ich möchte dich küssen, Carlita. Mit dir allein sein will ich und mit meiner Hand fühlen, wie dein *Yollotli* voller Verlangen nach mir pocht.«

Sie lächelt mich an. »Es ist Sünde, sagt Fray Bartolomé«, gibt sie zurück und ihr Lächeln erlischt. »Außer bei Eheleuten«, fügt sie hinzu, »denn dann schaut die Göttin Maria zu und aus der Sünde wird Liebe.«

Ich starre sie entgeistert an. Eheleute?, wiederhole ich still für mich. Soll das etwa heißen, dass ich Carlita *heiraten* muss, damit wir einander küssen und berühren dürfen?

Es kommt mir so absonderlich vor, dass ich beinahe in Gelächter ausgebrochen wäre. Ich bin ein Junge von gerade einmal sechzehn Jahren und Carlita ist bestimmt nicht älter als ich! Aber je länger ich darüber nachdenke, desto weniger lächerlich finde ich diese Idee. Wenn ich Carlita heiraten würde, wäre sie nicht länger meine Sklavin. Wir würden in unserem eigenen Haus in Villa Rica de la Vera Cruz leben, mit einer eigenen Schlafkammer, in die niemand einfach so hereingepoltert kommen könnte … Und schon entrollt sich jener Tagtraum aufs Neue in meinem Kopf. Carlita und ich liegen auf unserem breiten und bequemen Bett, wir beide sind vollkommen nackt und wir umschlingen einander und …

»He, Orte! Schläfst du wieder mal mit offenen Augen?« Das ist natürlich Diego, der mich ausgerechnet an dieser Stelle aus meinem Tagtraum herausreißen muss.

Ich schaue ihn wütend an, doch im nächsten Moment weicht meine Wut der Verblüffung. Unsere Kolonne hat das Ufer eines breiten Stroms erreicht, auf dem ein gewaltig großes Kanu auf uns zuhält. Mindestens dreißig Indianer sitzen darin, allesamt prächtig gekleidet, bemalt und geschmückt. In ihrer Mitte, auf einem erhöhten Sitz, thront ein stämmiger Indianer, der einen silbern schimmernden Umhang trägt. Auf seinen Knien hält er eine aufrecht stehende goldene Figur, die so lang wie der Oberarm eines ausgewachsenen Mannes ist.

Der stämmige Indianer ist Sturmbezwinger, das wird mir klar, noch bevor das Kanu unser Ufer erreicht hat. Die Figur auf seinen Knien funkelt im Licht der untergehenden Sonne. Sie stellt eine überirdisch schöne junge Frau dar, deren glückseliges Lächeln alles und jeden in ihrer Umgebung erstrahlen lässt.

»Eine Madonna!«, sagt Diego. »Wie kommen diese Wilden zu einer Skulptur unserer Muttergottes?«

Ich zucke ratlos mit den Schultern. Sturmbezwinger springt ans Ufer und schreitet auf Cortés zu.

»Das ist Xochiquetal, die Göttin der Liebe«, flüstert Carlita. Sie lächelt beinahe so glückselig wie die goldene Figur. »Die gleiche Göttin, die ihr Maria nennt!«

Diego starrt sie zornig an und hat den Mund schon halb offen – zweifellos, um Carlita entgegenzuschleudern, dass wir Christen im Gegensatz zu den »Wilden« nur den einen und allmächtigen Gott anbeten. Doch ich werfe Diego einen strengen Blick zu und schüttele den Kopf.

Bei der religiösen Unterweisung durch Fray Bartolomé scheint Carlita etwas missverstanden zu haben. Aber darüber werde ich und sonst niemand mit ihr sprechen. »Wenn man an einem Fadenende zieht, das scheinbar zufällig irgendwo heraushängt«, hat Cortés zu mir gesagt – »dann zeigt sich nicht selten, dass alles, was man gesucht hat, wie aufgefädelt daran hängt.«

Ich schaue von Carlita zu der goldenen Göttin, die Sturmbezwinger soeben Cortés überreicht – und ich spüre, dass Xochiquetal, die Göttin der Liebe, ein solches Fadenende ist. Wenn ich behutsam daran ziehe, werde ich Carapitzlis Geheimnis daran aufgefädelt finden.

6

Diese Nacht verbringen wir in einem Waldstück am Fluss, als Sturmbezwingers Gäste. Nachdem der Totonaken-Häuptling unseren Herrn ehrfürchtig begrüßt hatte, sandte er seine Krieger aus, um uns ein bequemes Lager zu bereiten. Schon nach kurzer Zeit kehrten sie mit unzähligen Körben voll köstlich duftender Nahrungsmittel zurück. Außerdem brachten sie Unmengen an Hängematten mit, und während wir uns ausgehungert über Truthahnfleisch und Tortillas hermachen, hängen sie die bunt gemusterten Flechtmatten für uns zwischen den Bäumen auf.

Sandoval hat einige Wachen rund um unser Lager postiert, aber das ist eigentlich nicht nötig. Das hier ist Sturmbezwingers Land, und er würde niemals dulden, dass einem von uns auch nur ein Haar gekrümmt wird.

Wir sitzen im Kreis um eines der Lagerfeuer, die die Totonaken für uns aufgeschichtet und angezündet haben – Sturmbezwinger und zwei würdevoll dreinblickende Krieger, Cortés und seine drei Vertrauten, außerdem Marina und Aguilar, Carlita und ich. Das Bildnis der Göttin Xochiquetal steht neben unserem Herrn auf einem Baumstumpf und er lässt es nicht einen Moment lang aus dem Blick. Ganz gleich, ob er isst oder trinkt, mit Sturmbezwinger spricht oder gedankenvoll schweigt – seine Augen kleben geradezu an der goldenen Skulptur. Und sie glitzern wie bei hochgradigem Fieber.

»Xochiquetal war in früheren Zeiten eine mächtige Göttin«, erklärt Sturmbezwinger. »Gleichberechtigt standen ihre Tempel neben den Heiligtümern, in denen wir den gütigen Quetzalcoatl, ihren Bruder, verehrten. Doch die Azteken haben Xochiquetal mehr und mehr an den Rand gedrängt. Sie verbieten uns nicht geradezu, die sanfte Göttin anzubeten, aber sie verhöhnen sie als Gottheit der Schwachen und Kranken, der Kinder und Weiber. Je grausamer und blutdürstiger eine Gottheit ist, desto inbrünstiger wird sie in Tenochtitlan verehrt. So ist das nun einmal«, schließt Sturmbezwinger mit einem bekümmerten Lächeln, »und solange Montezuma von der Wüste bis zur Küste über alle Völker herrscht, wird sich daran auch nichts ändern.«

Marina übersetzt seine Worte direkt in unsere Sprache, ohne

Umweg über Aguilar. Der einstige Minoritenmönch wird offenbar nicht länger als Dolmetscher gebraucht, und sein angespanntes Gesicht verrät mir, dass ihn diese Entwicklung beunruhigt.

Cortés nickt gedankenversunken und behält die goldene Göttin im Blick. »Was wird ihr geopfert?«, fragt er. »Wirklich kein Menschenblut und keine Menschenherzen?«

Sturmbezwinger schüttelt so heftig den Kopf, dass sein Federschmuck auf und nieder weht. »Nicht einmal ein Huhn oder ein kleiner Hund!«, beteuert er. Ein fast kindliches Lächeln huscht über sein Gesicht. »Bei den Opferzeremonien verbrennen die Xochiquetal-Priesterinnen lediglich Blumen – und zwar hauptsächlich …«

Marina gerät ins Stocken. Um den Namen dieser speziellen Opfergabe ins Spanische zu übersetzen, braucht sie doch wieder den Beistand des Tätowierten. Eine ganze Weile lang beratschlagen sie auf Chontal und währenddessen hält Marina das goldene Kreuz an ihrer Halskette mit der linken Hand umklammert. Schließlich haben sie sich auf das gesuchte Wort geeinigt, und beide sagen fast gleichzeitig auf Spanisch: »Ringelblumen.«

Portocarrero bricht in donnerndes Gelächter aus. »Diese verschissenen Wilden!«, schreit er. »Warum geben sie ihrer Teufelsgötzin nicht gleich *Gras* zu fressen – wie einem *Pferd*?«

Sturmbezwinger wirft dem »Dröhnenden« über das Feuer hinweg einen befremdeten Blick zu. Auch wenn ihm niemand Portocarreros Worte übersetzt, hat er ihren Sinn offenbar erfasst. »Ihr verehrt ja die gleiche Göttin«, sagt er leise. »Ihr nennt sie nur anders – Madonna Maria. Auch eure Priester verbrennen während der Zeremonie Weihrauch. Nur opfern sie der Göttin Palmzweige anstelle von Ringelblumen – so jedenfalls wurde es uns von den Maya aus Potonchan erzählt. Auch die Maya-Völker verehren die Göttin der Liebe, nur heißt sie bei ihnen nicht Maria oder Xochiquetal, sondern Ixchel – ›Frau Regenbogen‹«, übersetzt Marina, diesmal wieder ohne den Tätowierten. »Drei Namen, eine Göttin«, fügt der Totonaken-Häuptling hinzu, »gebt Ihr mir recht, Herr?«

Cortés starrt die Göttin an. Mittlerweile ist die Nacht hereingebrochen. Der flackernde Feuerschein spiegelt sich in der goldenen Figur, es sieht beinahe so aus, als ob sie selbst in Flammen stünde.

»Ich mache dir keinen Vorwurf«, antwortet unser Herr. »Die Ähnlichkeit ist wirklich verblüffend, aber das hier ist schließlich nur ein Götzenbild.« Er macht eine wegwerfende Handbewegung. »Es gibt nur einen einzigen, allmächtigen Gott«, erklärt er den Totonaken. »Maria war nur eine sterbliche Frau, die den Gottessohn geboren hat.«

Sturmbezwinger und die drei anderen Totonaken wechseln verwirrte Blicke. Sie besprechen sich untereinander, und ich spüre die Aufregung, die sich ihrer bemächtigt. »Dieser Gottessohn, von dem Ihr gesprochen habt«, wendet sich Sturmbezwinger schließlich wieder an Cortés, »er ist doch gewiss auch ein Gott? Und Maria ist also eine Frau, die einen Gott zur Welt gebracht hat – also muss auch sie weit mehr als nur eine gewöhnliche Sterbliche sein! Auch Ihr glaubt also an mindestens drei Götter, und wahrscheinlich noch ein paar mehr. Gebt Ihr mir recht, Herr?«, fügt er erneut mit einem bittenden Lächeln hinzu.

»Eine Kugel in deinen verlausten Pelz gebe ich dir gleich!«, donnert Portocarrero. »Oder einen Strick um deinen dreckigen Hals! Wie lange sollen wir uns noch anhören, wie dieser Teufel unseren Glauben verhöhnt? Dieser gefiederte Brüllaffe!«, brüllt Portocarrero in die Nacht hinaus.

Sandoval legt dem »Dröhnenden« eine Hand auf den Arm. »Er verhöhnt uns nicht, Alonso«, sagt er. »Und wenn ihr mich fragt – das Lächeln dieser Göttin da kann dem Satan unmöglich gefallen. Seht sie euch doch an – was für eine Sanftheit und Güte und selbstlose Liebe sie ausstrahlt!«

Der »Tollkühne« unterbricht sich und schaut sichtlich verlegen um sich. »Ihr wisst genau, dass ich sonst kein Freund gefühlvollen Geschwatzes bin«, setzt er aufs Neue an und deutet mit dem Kopf zu der goldenen Figur. »Aber wo ein solches Lächeln leuchtet, da hat der Teufel sein Spiel verloren!«

Cortés und Alvarado wechseln erstaunte Blicke. Portocarrero glotzt Sandoval mit hervorquellenden Augen an, zieht es aber glücklicherweise vor, keine weiteren Flüche anzubringen. Auch Carlita kommt mir ziemlich durcheinander vor. Sie sitzt so nah neben mir, dass sich unsere Knie berühren. So spüre ich ganz genau, wie sie vor innerer Bewegung erbebt. Sie greift nach meiner Hand und sieht mich von der Seite beschwörend an. Aber ich schüttele verstohlen den Kopf. Auch sie hat ja vorhin zu Diego und mir gesagt, dass unsere Gottesmutter Maria und die Indianergöttin Xochiquetal für sie ein und dasselbe sind. Doch warum gerade diese goldene Göttin sie derart in Aufregung versetzt, soll sie mir lieber erzählen, wenn uns niemand zuhören kann.

»Übersetze Sandovals Worte, Marina!«, befiehlt unser Herr. »Natürlich nur das, was er über das Lächeln des Götzenbildes gesagt hat.«

Marina dolmetscht. Währenddessen wendet sich Cortés dem »Tollkühnen« zu und behält weiter die goldene Göttin im Blick. »Ich gebe dir recht, Gonzalo«, fährt er fort. »Und damit stimme ich in gewisser Weise auch unserem Freund Sturmbezwinger zu. Heidenvölker, die eine gütige Götzin wie diese hier anbeten, lechzen förmlich danach, zum christlichen Glauben bekehrt zu werden. Ganz anders verhält es sich aber offenbar mit den Azteken. Sie verehren grausame, blutdurstige Götzen. Schon allein ein Lächeln wie dieses hier, das Sanftmut und Güte ausstrahlt, ist ihnen so verhasst, dass sie gar nicht anders können, als es mit Hohn und Schmutz zu besudeln.«

Cortés beugt sich zur Seite, nimmt das goldene Bildnis auf und hält es sich nah vor sein Gesicht, als wollte er die lächelnde Göttin küssen. »Montezuma und seine Azteken sind dem Satan verfallen«, sagt er in abschließendem Tonfall, »und deshalb ist es unsere heilige Christenpflicht, diesen obersten Teufelspriester von seinem Thron in Tenochtitlan zu stürzen.«

~ 7 ~

Von unserem Nachtlager am Fluss ist es nur noch ein Tagesmarsch bis zu der Bucht, an der wir Vera Cruz errichten wollen. Doch in aller Frühe, als wir uns erneut am Lagerfeuer versammeln, verkündet Cortés, dass wir einen Umweg machen werden.

»Wir wollen unsere Stadt an einer Bucht erbauen«, erklärt er, »die der Totonaken-König Pazinque als Teil seines Herrschaftsgebietes ansieht. Daher gebietet es die Klugheit mehr noch als die Höflichkeit, ihn persönlich um seine Unterstützung zu bitten.«

»Unser Herrscher wird sich tief geehrt fühlen, Herr«, versichert Sturmbezwinger, »wenn er Euch und Euer Gefolge in einem seiner Paläste beherbergen darf. Cempoallan liegt nur wenige Meilen abseits Eures Weges. Meine zuverlässigsten Krieger werden Euch bis vor die Palasttür geleiten.«

Während der Nacht waren wir in unseren Hängematten mehrfach bis auf die Haut durchnässt worden. So hat wohl niemand von uns etwas dagegen, die nächste Nacht in einer trockenen Unterkunft zu verbringen. Zumal an dem Ort, wo unsere Stadt entstehen soll, gegenwärtig noch keine zwei Steine aufeinanderstehen. Und was Cortés selbst angeht – er hat es bestimmt nicht allzu eilig, Montejo und die anderen Velazquez-Getreuen wiederzusehen. Auch wenn er es vor drei Tagen in bewundernswerter Weise geschafft hat, seine erbittertsten Widersacher ruhigzustellen.

Als Morla und Montejo von ihrer Erkundungsfahrt eintrafen und erfuhren, dass sich die Expedition in eine Stadt verwandelt hatte, die nie mehr nach Kuba zurückkehren könnte – da war Montejo so außer sich vor Zorn, dass er eine ganze Stunde lang kein Wort herausbrachte. Oder vielleicht war er auch klug genug, sich eine solche Schweigefrist aufzuerlegen, bis er halbwegs die Kontrolle über sich selbst zurückgewonnen hatte. Velazquez' Neffe Morla kam mir nicht weniger erbittert vor, aber er ist nicht halb so wagemutig wie Kapitän Montejo.

Unser Herr jedenfalls wartete ab, bis sich die beiden einigermaßen beruhigt hatten, dann nahm er sie beiseite und machte ihnen ein Angebot. »Zweitausend Pesos für jeden von euch«, sagte er, »zusätzlich zu eurem Anteil an dem Gold, das wir bereits erhandelt haben und noch in unseren Besitz bringen werden.« Er legte jedem der beiden Franciscos eine Hand auf die Schulter. »Ohnehin wurdet ihr in Abwesenheit zu Ratsherren der Stadt Vera Cruz gewählt«, fügte er mit einem kaum sichtbaren Lächeln hinzu. »Also geht jetzt zu Bürgermeister Portocarrero und leistet ihm vor den Augen eurer Männer den Treueid.« Die beiden gehorchten, halb bestochen und halb eingeschüchtert – aber höchstwahrscheinlich werden sie die nächste Gelegenheit ergreifen, um die Männer aufs Neue gegen Cortés aufzuwiegeln.

Beim ersten Tageslicht marschieren wir jedenfalls weiter, geleitet von drei schweigsamen Totonaken-Kriegern. Unser Zug bewegt sich gemächlich auf dem Dammweg entlang. Ich lasse mich mit Carlita fast bis zum Ende der lang gezogenen Kolonne zurückfallen. Hier kann uns niemand belauschen – von unseren Hintermännern trennen uns ebenso wie von den Vorderleuten wenigstens zehn Schritte.

»Carlita«, sage ich leise. »Erzähle mir von eurer Göttin der Liebe.«

Sie errötet wie jemand, der bei seinen verstohlensten Gedanken ertappt worden ist. »Xochiquetal ist gütig und sanft«, antwortet sie mir sichtlich widerstrebend. »Mädchen ihr bringen Opfer, damit der junge Mann, in den sie verliebt sind, ihre Liebe erwidert. Junge Frauen flehen Xochiquetal um Hilfe an, wenn sie nicht schwanger werden können.« Sie schüttelt unwillig den Kopf. »Alles Aberglaube, sagt Fray Bartolomé – also lass uns von etwas anderem reden!«

Sie lächelt mich so verführerisch an, dass ich Mühe habe, mich auf die Frage zu konzentrieren, die ich ihr aber unbedingt noch stellen will. »Sturmbezwinger hat ja erzählt«, sage ich, »dass Xochiquetal von den Totonaken und anderen Völkern früher als mächtige Göttin verehrt wurde, genauso wie ihr Bruder Quetzalcoatl. Aber worin bestand denn eigentlich ihre Macht, Carlita – und was sind das für Götter, die seitdem an ihrer Stelle angebetet werden?«

Carlita starrt mich mit weit aufgerissenen Augen an. Ihr Gesicht ist mit einem Mal aschgrau. Offenbar hat meine Frage sie fast zu Tode erschreckt – aber aus welchem Grund nur?

Ihre Lippen sind so fest aufeinandergepresst, als fürchte sie, dass ihr gegen ihren Willen doch noch eine Antwort entschlüpfen könnte. Mit stummer Heftigkeit schüttelt sie nur wieder und wieder den Kopf, bis ich ihre Hand ergreife und sie beruhigend anlächle.

»Du hast recht, Carlita«, sage ich, »lass uns von etwas anderem reden.«

Doch während der folgenden Stunden bleiben wir beide wortkarg. Meile um Meile marschieren wir bei brütender Hitze auf dem Dammweg entlang. Ganz genau die gleiche Angst, überlege ich währenddessen, habe ich schon einmal bei Carlita gesehen – in jener Nacht, als sie bei Blitz, Donner und Sturzregen im Hüttendorf herumirrte und drauf und dran war, eine dieser grässlichen Dämonenfiguren aus dem Boden hervorzuscharren. »Genauso ihre Schwestern und Gefährtinnen getötet!«, hatte sie laut Malinali damals wie in Trance offenbart. In den Tagen nach jener schauderhaften Zaubernacht hat Marina noch mehrmals versucht, aus Carlita herauszubekommen, was es mit der magischen Ermordung ihrer Schwestern und Gefährtinnen auf sich hat. Doch Carlita schüttelte immer nur stumm den Kopf – ganz genauso wie eben, als ich sie nach der Götzin Xochiquetal fragte.

Vielleicht ist das ja Carlitas Geheimnis, grüble ich vor mich hin: Womöglich gehörte sie zu einem geheimen Zirkel von Xochiquetal-Priesterinnen, die sich mit der Erniedrigung und Entmachtung ihrer Göttin nicht abfinden wollten – und die deshalb durch einen Dämonenzauber sterben sollten?

Ich werfe ihr von der Seite einen Blick zu. Auch sie ist tief in Gedanken versunken, und ihr bekümmerter Gesichtsausdruck verrät mir, dass es keine heiteren Gedanken sind. Bestimmt erlebt sie in der Erinnerung aufs Neue die entsetzliche Nacht, in der ihre Nächsten und Liebsten jenem teuflischen Zauber zum Opfer fielen. Wann ist das passiert? Und an welchem Ort? Carlita muss damals fast noch ein Kind gewesen sein, dreizehn oder höchstens vierzehn Jahre alt. Und bestimmt hat sich das alles in Tenochtitlan abgespielt – laut Marina spricht Carlita das Nahuatl so, wie es in der Aztekenhauptstadt gesprochen wird, und zwar »in den höchsten Adelskreisen«.

So viele Fragen brennen mir auf der Zunge, aber ich schlucke sie alle wieder herunter. Schon die eine Frage, die ich ihr gestellt habe, hat Carlita in Angst und Schrecken versetzt. Ich fühle mich schuldig, aber trotz allem muss ich weiter versuchen, ihr Geheimnis zu ergründen. Nicht nur deshalb, weil Cortés es mir befohlen hat, sondern mehr noch, weil ich glaube, dass es ihren Schmerz lindern wird, wenn sie mir das schreckliche Geheimnis am Grund ihres Herzens offenbart.

Wenn ihre »Schwestern und Gefährtinnen« damals umgekommen sind, so grüble ich weiter vor mich hin – wieso hat gerade Carlita überlebt? Irgendjemand muss ihr bei der Flucht geholfen haben, doch wer auch immer es war – er konnte nicht verhindern, dass sie als Sklavin verkauft wurde und schließlich bei den Maya in Potonchan landete, Hunderte Meilen südlich ihrer Heimatstadt Tenochtitlan.

SECHSTES KAPITEL

Immer sollt ihr treu mir folgen

~ 1 ~

König Pazinque empfängt uns höchstpersönlich vor seinem Stadttor. Anscheinend hat uns Sturmbezwinger einen Eilboten vorausgeschickt.

Der Totonaken-Herrscher ist noch weitaus beleibter, als ich das nach Sturmbezwingers Andeutungen vermutet hatte. Er erwartet uns in seiner Sänfte, die dreimal so groß ist wie die Kapitänskajüte auf der *Santa Maria* und mit Gold, Silber und Edelsteinen verziert. In Unmengen von Polstern gelehnt und gebettet, schaut uns der König mit seinen winzigen Knopfaugen an. Ein Kuppeldach, außen mit Hirschhaut und innen mit Jaguarfell bespannt, wölbt sich über seinem mächtigen Rundschädel. In seinem golden und silbern durchwirkten Umhang und mit dem bunten Federschmuck auf dem Kopf sieht er wie ein exotischer Riesenvogel aus. Ein Gefolge von wenigstens dreißig Männern umringt seine Sänfte. Furchterregende bewaffnete Palastwächter, königliche Ratgeber mit hochmütigen Mienen, außerdem Sklaven mit Fächern, um dem Herrscher kühle Luft zu spenden, mit Krügen und Bechern sowie mit Schalen voller Naschereien.

»Montezuma hat hier überall seine Spione«, erklärt Pazinque nach der langwierigen Begrüßungszeremonie. »Aber keiner von ihnen ließ sich blicken, als ich mich von meinem Palast hierhertragen ließ. Normalerweise lungern sie auf den Straßen herum und betragen sich mehr wie Besatzungssoldaten als wie heimliche Späher.« Er verstummt und ringt um Atem.

Cortés und Alvarado tauschen Blicke. »Wir sind in friedlicher Absicht gekommen«, antwortet unser Herr. »Häuptling Sturmbezwinger hat uns von Eurem großzügigen Angebot unterrichtet, unsere Stadt auf Eurem Gebiet zu errichten. Dafür möchte ich Euch danken, König Pazinque, und Euch bitten, uns die Unterstützung zukommen zu lassen, die wir vor allem in der Anfangszeit brauchen werden.«

Der Totonaken-Herrscher ringt noch immer um Atemluft. Wohl deshalb begnügt er sich mit einem huldvollen Nicken, nachdem Marina Cortés' Worte übersetzt hat. Er macht eine gebieterische Handbewegung und die acht Träger heben die Sänfte an und tragen ihn zurück in die Stadt. Der Sklave mit dem Fächer wedelt ihm kühlende Luft zu, ein zweiter Sklave reicht ihm einen Becher mit flüssiger Schokolade, doch der König lehnt keuchend ab.

Wir beeilen uns, mit seinen Trägern Schritt zu halten. Auch der königliche Hofstaat setzt sich in Bewegung, gefolgt von unserer Kolonne – dreihundertfünfzig Konquistadoren, den Artilleristen, Gewehr- und Armbrustschützen sowie rund hundert kubanischen Sklaven.

Cempoallan ist noch weitaus größer und prächtiger als die Maya-Stadt Potonchan, das wird mir schon nach wenigen Schritten klar. Die Straßen sind breit und gut befestigt, die Häuser allesamt mindestens zwei Stockwerke hoch. Bäume säumen die Straßen, an den Hauswänden hängen Käfige mit vielerlei Vögeln, die um die Wette pfeifen und trillern. Geschäftig eilen Händler mit ihren Traglasten oder mit ganzen Karawanen voll beladener Sklaven auf den Marktplatz am Ende unserer Straße zu. Frauen stehen schwatzend am Straßenrand, Männer schreiten mit gewichtiger Miene vorüber, kleine Jungen werfen sich lachend Lederkugeln zu. Vom Marktplatz her erklingt ein munteres Gewirr aus menschlichen Stimmen, Gegacker und hellem

Hundegebell. Der Geruch von frisch gebratenem Geflügel, von allerlei Blumen und Gewürzen weht mir in die Nase, doch einige Dutzend Schritte vor dem Marktplatz biegen die Sänftenträger mit König Pazinque in eine noch viel breitere und prächtigere Straße ab.

Bald darauf sind wir im Innersten der Stadt. Hier ragen zahllose Pyramiden in den Himmel empor, mit quaderförmigen Tempeln hoch oben auf dem First. Vor der größten Pyramide steht ein wenigstens sechzig Fuß hohes und ebenso breites Gerüst, auf dem Hunderte Totenschädel in der Mittagssonne bleichen.

»Diese verfluchten Teufel!«, stößt Portocarrero hervor.

Doch auf mich machen die Stadt und ihre Bewohner keinen teuflischen Eindruck – wenngleich die grausige Schädelsammlung auch mir Schauder über den Rücken jagt. Offenbar lässt auch der Totonaken-Herrscher den blutrünstigen Aztekengöttern Menschen opfern.

Cortés schreitet zur Rechten der königlichen Sänfte, umgeben von Marina, seinen drei Vertrauten und Fray Bartolomé. Anscheinend ist ihm gerade etwas ganz Ähnliches wie mir durch den Kopf gegangen. »Wie heißen die Götzen, die in Eurer Stadt verehrt werden?«, fragt er König Pazinque. »Wir sind gekommen, Euch die frohe Botschaft des einen und allmächtigen Gottes zu bringen. Doch bevor wir Eure Götzenbilder zerschmettern, möchte ich wissen, welcher Art von Irrglauben Ihr und Euer Volk verfallen wart.«

Anstatt seine Worte zu übersetzen, schaut Marina unseren Herrn unter zusammengezogenen Augenbrauen an.

»Worauf wartest du, Sklavin?«, schreit Portocarrero. »Erkläre dem fetten Häuptling, dass wir seine Satansgötzen in Stücke hacken werden – und jeden dreckigen Teufelsjünger, der sich uns in den Weg zu stellen wagt!«

»Wenn Ihr mich fragt – das sollten wir nicht überstürzen«, mischt sich Fray Bartolomé ein. »Lasst uns diesen Indianern erst einmal erklären, was es mit unserem Glauben auf sich hat – dann werden sie sich leichten Herzens von ihrem Götzenkult trennen.«

Mittlerweile haben wir einen Platz von gewaltiger Ausdehnung erreicht, der von Palästen und weiteren Pyramiden mit Tempeln auf den flachen Dächern gesäumt ist. Cortés schaut unschlüssig von Portocarrero zu Fray Bartolomé. Diesmal scheint er wirklich mit sich zu ringen, ob er dem Ratschlag des »Dröhnenden« oder der Empfehlung seines Lieblingspriesters folgen soll.

Ehe er zu einer Entscheidung gelangt ist, stürzt ein Indianer aus einem Palast am anderen Ende des Platzes und rennt in gestrecktem Lauf auf uns zu. Vor der Sänfte seines Königs bleibt er stehen und legt die flachen Hände vor der Brust gegeneinander. Atemlos stößt er einen Wortschwall auf Nahuatl hervor.

Ich schaue Carlita fragend an. »Von Norden her«, übersetzt sie mit gedämpfter Stimme, »nahen fünf Tributeintreiber mit einem Gefolge von dreißig Sklaven aus Tenochtitlan. Wie lauten Eure Befehle, Herrscher?«

König Pazinque starrt finster vor sich hin. »Ich kann mir schon denken, was diese Halsabschneider wieder hier wollen!«, stößt er hervor. »Als sie das letzte Mal hier waren, habe ich sie angefleht, unsere unmenschlich schweren Tributlasten zumindest ein wenig zu verringern. Dreißig Bahnen Baumwollstoff, zehn Jaguarfelle, je drei Säcke voll Grünstein und Jade Jahr für Jahr – er blutet uns aus, er raubt uns die Luft zum Atmen, der grausame Montezuma!«, schnauft König Pazinque und verstummt röchelnd.

»Dann ist es höchste Zeit zu handeln, König Pazinque«, sagt Cortés, kaum dass Marina die Worte des Herrschers übersetzt hat. »Lasst Montezumas Gesandte gefangen nehmen! Und sorgt dafür, dass sie nahe den Gemächern eingesperrt werden, in denen Ihr uns beherbergen wollt. Wenn Ihr diesem Ratschlag folgt, so seid Ihr vom heutigen Tag an von der Tributpflicht befreit.«

König Pazinque reißt die Augen auf, soweit die Fettwülste in seinem Gesicht das erlauben. »Aber Montezuma wird schreckliche Rache üben!«, bringt er hervor. »Was glaubt Ihr, aus welchem Grund seine Tributeintreiber mich heute schon wieder heimsuchen? Mit Sicherheit hat er die uns auferlegte Tributlast noch einmal vergrößert – zur Strafe, weil ich es gewagt habe, mich zu beklagen!«

Cortés schaut ihn ausdruckslos an. »Macht einfach, was ich Euch vorgeschlagen habe«, sagt er. »Alles Weitere lasst meine Sorge sein.«

Der Totonaken-Herrscher starrt noch ein paar mühsame Atemzüge lang vor sich hin, dann keucht er dem Boten einen Befehl zu. Der reißt seinerseits die Augen auf, als hätte sein König ihm befohlen, seinen Kopf in den Rachen eines Jaguars zu schieben. Er schluckt sichtlich, ehe er sich verneigt und wieder davoneilt, dem rot und blau bemalten Palast am anderen Ende des Platzes entgegen.

König Pazinque wendet sich erneut unserem Herrn zu. »Das Schicksal meines Volkes liegt in Eurer Hand, bärtiger Fremder«, sagt er. »Ich geleite Euch nun zum Palast der königlichen Gäste, der normalerweise hochrangigen Abgesandten aus Tenochtitlan vorbehalten ist. Dort werden Euch meine Diener Eure Gemächer zeigen und außerdem den Käfig, in dem wir Eurem Wunsch entsprechend …«

Er unterbricht sich und macht eine matte Handbewegung, woraufhin der Sklave mit dem Fächer seine Bemühungen verdoppelt. »… in dem wir Montezumas Tributeintreiber einsperren werden«, vollendet König Pazinque und sendet seinen Worten einen tiefen Seufzer hinterher.

~ 2 ~

Am Abend ist mein Bauch so vollgestopft mit fremdartigen Köstlichkeiten, dass ich mich kaum noch bewegen kann. Wir sitzen und liegen auf Fellen und Flechtmatten in dem geräumigen Innenhof des »Palasts für königliche Gäste«, und König Pazinque hat wirklich keinerlei Mühen gescheut, um unsere Gaumen und Kehlen zu verwöhnen.

Auf Cortés' Befehl hin haben Alvarado und Sandoval Wachen an sämtlichen Eingängen unserer Unterkunft aufgestellt. Außerdem haben sie die beiden Kanonen in den Toren postiert, die vom Tempelplatz zum Innenhof und in den parkartigen Garten hinter dem Wohnbereich führen. Nachdem uns die Indianer bisher fast immer feindselig oder zumindest argwöhnisch begegnet sind, kommt auch mir die Gastfreundlichkeit des Totonaken-Königs fast schon verdächtig vor. Aber seine Beweggründe liegen auf der Hand: Er würde alles tun, um Cortés als Verbündeten gegen Montezuma zu gewinnen.

»Tenochtitlan liegt auf einer Insel im Texcoco-See«, so erklärt uns König Pazinque, während er eifrig an einem Fasanschenkel nagt. »Montezuma hat zwei treue Verbündete: Tlacopan an der Westseite und Texcoco am Ostufer des großen Sees. Zusammen bilden sie den mächtigen Dreibund, wenngleich Tenochtitlan allein weitaus mächtiger als die beiden anderen zusammen ist. Weiter im Osten, jenseits der feuerspeienden Berge, liegt das einzige Königreich, das sich diesem Dreibund niemals unterworfen hat: Tlaxcala, das Land der kriegerischen Tlaxcalteken.«

Marina übersetzt, und ich spüre, wie aufmerksam Cortés jedes einzelne Wort in sich aufnimmt. Währenddessen tragen Pazinques Diener unaufhörlich Platten und Schüsseln, Krüge und Schalen mit Braten und Pasteten, Ananas und Orangen, Kakao und Fruchtsäften herbei. Wir alle schlagen uns die Mägen voll, auch Cortés lässt es sich schmecken. Doch in Gedanken ist er nicht bei dem Fasanenbraten, den gerade ein Diener vor ihm aufschneidet – das verrät mir sein abwesender Blick, auch wenn seine Miene wie beinahe immer ausdruckslos ist.

»Erzählt mir mehr von diesem störrischen Reich jenseits der feuerspeienden Berge!«, fordert er König Pazinque auf.

»Unzählige Male«, so erklärt daraufhin der Totonaken-Herrscher, »ist der Dreibund mit den Azteken an der Spitze schon gegen Tlaxcala in den Krieg gezogen, doch jedes Mal wurden sie zurückgeworfen. Also müsst Ihr auch noch das unbeugsame Tlaxcala als Verbündeten gewinnen, bleicher Gesandter eines gewiss ebenso fahlhäutigen Gottes! Unser Dreibund – mit Euch, Herr, Euren vierbeinigen Rittern und todbringenden Donnerrohren an der Spitze – wäre stark genug, um selbst das Millionenheer der Azteken in die Flucht zu schlagen.«

König Pazinque richtet sich zu halbwegs sitzender Haltung auf. Obwohl mittlerweile zwei Sklaven damit beschäftigt sind, ihm Kühlung zuzufächeln, perlt ihm der Schweiß in großen Tropfen über die Wangen und die vier übereinandergelagerten Wülste unter seinem Kinn. Doch so lächerlich der fette Totonaken-Herrscher auch aussehen mag, sein Plan scheint wohldurchdacht zu sein.

»Geht nach Tlaxcala, bärtiger Herr!«, so beschließt er seine Rede. »Und macht die Tlaxcalteken zu Euren und meinen Verbündeten – dann wird der Thron von Tenochtitlan bald schon Euch gehören.«

Cortés und Alvarado tauschen Blicke. »Der Thron und das Gold«, murmelt der »Durchtriebene«.

Unser Herr hebt seinen Becher mit flüssiger Schokolade, die mit rotem Pfeffer gewürzt ist. »Ich danke Euch von Herzen, König Pazinque«, sagt er, »für Eure Gastfreundschaft, Euer Vertrauen und Eure offenen Worte. Ihr habt vollkommen recht: Mein König Karl hat mich über das weite Meer hierhergesandt, damit ich die Völker dieses Landes vom zweifachen Joch der Tyrannen- und Teufelsherrschaft befreie. Ich werde über Euren Vorschlag sorgsam nachdenken, doch nun gestattet, dass wir uns in unsere Schlafgemächer zurückziehen.«

Er erhebt sich unvermittelt, und so bleibt auch allen anderen nichts übrig, als sich gleichfalls aufzurappeln. Nur Pazinque verharrt inmitten unzähliger Polster, Felle und Matten mehr liegend als sitzend – doch er ist schließlich der König.

»Montezumas Tributeintreiber habt Ihr doch in jenem Käfig eingesperrt, wie wir es besprochen hatten?«, erkundigt sich Cortés noch.

Der Totonaken-Herrscher nickt. »Ihr werdet bald herausfinden, Herr, dass es auf der ganzen Welt keinen treueren Verbündeten als König Pazinque gibt. Was ich einmal versprochen habe, das halte ich auch – und wenn Montezuma persönlich mir deshalb das Herz herauszureißen droht!«

Er macht seinen Trägern ein herrisches Zeichen und sie umfassen die acht Tragegriffe seiner Sänfte und heben ihn mitsamt seinem Gehäuse in die Höhe. »Ich wünsche Euch köstliche Traumvisionen, Herr«, sagt er, während ihn die schnaufenden Träger an Cortés vorbei zum Palasttor schleppen. »Habe ich schon erwähnt, dass der Thronsaal in Tenochtitlan fast vollständig vergoldet ist? Wände und Decken und natürlich der Thron selbst. Ich war nur ein einziges Mal dort, bei der feierlichen Inthronisierung des jetzigen Montezuma. Aber ich werde den Anblick niemals vergessen!«

Der Totonaken-Herrscher bringt noch das Kunststück fertig, im Liegen eine Verbeugung anzudeuten und gleichzeitig bewundernd die Augen zu verdrehen – dann ist er mitsamt Sänfte und Trägern davongeschwankt, und sein zahlreiches Gefolge schlurft und trappelt hinter ihm her.

Alvarado klopft dem »Dröhnenden« auf die Schulter. »Jetzt fang nur nicht wieder an, auf die teuflischen Wilden zu schimpfen, Alonso!«, sagt er in scherzhaftem Ton. »Dieser fette Indianerkönig ist ungemein listig und verschlagen – in Spanien hätte er es glatt zum Bischof bringen können!«

Portocarreros ziegelrotes Gesicht läuft blauviolett an. »Und trotzdem ist es nur ein stinkender Oberwilder!«, wütet er. »Was willst du, du Haufen Teufelsdreck?«, fährt er einen jungen Diener an, der sich vor Cortés tief verneigt.

Der Diener murmelt etwas auf Nahuatl, ohne seine unterwürfige Haltung aufzugeben.

»Er fragt, ob er für die edlen Herren ein Bad und die Schwitzkammer vorbereiten soll«, übersetzt Marina.

»Ein Bad?«, schreit Portocarrero. »Und noch mehr schwitzen sollen wir? Verschwinde, du Küchenschabe, sonst ersäufe ich dich in meinem Schweiß!«

Der junge Diener schaut Portocarrero entgeistert an.

»Beruhige dich, Alonso!«, sagt Sandoval. »Ich jedenfalls nehme das Angebot gerne an – sag ihm das, Marina!«

Cortés' Lippen kräuseln sich zu jenem Lächeln, das nur einen Augenblick später wieder erlischt. »Schick ihn weg«, befiehlt er Marina. »Und alle anderen Diener auch. Bei dem, was wir jetzt vorhaben, können wir keine Augenzeugen gebrauchen.«

3

Die Wohn- und Schlafgemächer für »königliche Gäste« befinden sich im hinteren Teil des Palasts. Cortés hat für sich selbst, seine Vertrauten, Dolmetscher und Pagen das gesamte Erdgeschoss mit Beschlag belegt. Der Palast ist so geräumig, dass er Schlafgelegenheiten für alle unsere Männer bietet. Nur die kubanischen Sklaven müssen im Innenhof nächtigen, doch auch dort schützt ein Baldachin aus Pflanzenfasern die Schläfer vor Regengüssen

Von den Zimmern im Erdgeschoss führen Türen hinaus in den Garten – wohl hauptsächlich deshalb hat sich Cortés für diese Gemächer entschieden. »Pedro, Alonso«, sagt er zu seinen beiden anderen Vertrauten, »ihr wisst, was ihr zu tun habt. Aber wartet das vereinbarte Zeichen ab!« Dann befiehlt er Sandoval Marina und mir, Fackeln anzuzünden und ihm in den nachtdunklen Park hinaus zu folgen.

Dumpfes Gemurmel weist uns den Weg. Hinter einer Hecke verborgen steht ein Käfig aus armdicken Bambusrohren, in dem normalerweise vielleicht Affen oder andere große Tiere gehalten werden. Der Käfig erhebt sich über einer Grube mit senkrechten Wänden, die tief in die Erde hinunterführen. Selbst ein ausgewachsener Mann, der auf den Schultern eines zweiten stünde und seine Arme so weit als möglich nach oben streckte, könnte den Rand der Grube oder gar das Käfiggitter darüber nicht einmal mit den Fingerspitzen berühren.

Dort unten stehen wenigstens fünfzehn Indianer eng zusammengedrängt und blinzeln mit zurückgelegten Köpfen zu uns herauf. Die fünf Tributeintreiber sind unschwer an ihrem Federschmuck und den kostbaren Umhängen zu erkennen, auch wenn ihre Bekleidung reichlich zerdrückt und verschmutzt ist. In empörtem Tonfall beginnen sie, auf uns einzuschreien, offenbar ohne zu erkennen, wen sie da vor – oder, besser gesagt, über – sich haben.

»Ihr Elenden!«, schreien sie. »Wie könnt ihr es wagen, uns in diesen Affenkäfig zu sperren? Ihr werdet bei lebendigem Leib im Kohlebecken geröstet werden, bevor man euch das Herz aus der Brust reißt! Die Haut wird man euch vom Kopf und von der Brust abziehen! Der barmherzige Trunk, der das Schmerzempfinden lähmt, wird euch verwehrt werden! Für jede Schmach, die wir erdulden müssen, werdet ihr tausendfach leiden!«

Marina übersetzt ihr Gezeter, bis Cortés eine Hand hebt. »Frag sie, wer sie sind und wer sie in diesen Käfig gesperrt hat. Aber sag ihnen, sie sollen leise sein, sonst können wir nichts für sie tun.«

Nun erst scheint den Gefangenen klar zu werden, wen sie vor sich haben. Sie wechseln bestürzte Blicke, in ihren Gesichtern spiegelt sich ungläubiges Erstaunen.

»Wir sind Tributeintreiber aus Tenochtitlan«, sagt einer von ihnen mit folgsam gedämpfter Stimme. »Der Totonaken-Herrscher ließ uns ergreifen und in diesen Kerker werfen – niemals wurden die Gesetze der Götter und der Menschen ruchloser verletzt!«

»Wenn das so ist«, antwortet Cortés, »dann will ich euch sogleich befreien. Aber seid leise – und macht rasch!«

Er gibt Sandoval ein Zeichen und der »Tollkühne« öffnet den Käfig. Er löst ein Stück aus der Gitterwand heraus und schiebt es in die Grube hinab. Wie auf einer Leiter klettern zwei der federgeschmückten Tributeintreiber hinauf.

»Schneller!«, drängt Cortés. »Ich höre Schritte!« Er stößt einen Fluch aus – und mir wird klar, dass dies das Zeichen für Portocarrero und Alvarado sein muss.

Gerade als der dritte Tributeintreiber eine vergoldete Sandale auf das Gitter setzen will, nähern sich vom Innenhof des Palastes her tatsächlich laute Schritte.

»Zurück!«, ruft Sandoval. »Die Wächter kommen!«

Er reißt das Gitter in die Höhe und setzt es wieder in die Käfigwand ein. Die drei Tributeintreiber unten in der Grube stöhnen wie aus einer Kehle auf.

»Los jetzt!«, befiehlt Cortés. »Diese beiden nehmen wir mit.«

Er ergreift einen von ihnen beim Handgelenk und zieht ihn hinter sich her. Sandoval verfährt mit dem zweiten genauso. Im Laufschritt eilen wir ins Haus zurück. Drinnen bittet Cortés die beiden Azteken, ihm in seine Gemächer zu folgen, und bietet ihnen bequeme Sitzplätze an.

»Ich bin ein Bewunderer eures Königs«, versichert er. »Ich wusste nichts von dieser ruchlosen Tat des Totonaken-Herrschers, sonst hätte ich euch schon früher befreit. Aber erklärt mir doch bitte – was glaubt ihr, warum König Pazinque euch so schlecht behandelt hat?«

Die beiden Tributeintreiber wechseln erneut Blicke. »Der Große Montezuma hat uns ausgesandt, damit wir den Totonaken eine zusätzliche Tributlast auferlegen«, erklärt schließlich einer von ihnen. »Als verdiente Strafe, weil ihr Herrscher es gewagt hat, unseren König zu schmähen! Dabei übt Montezuma gerade den Totonaken gegenüber so viel Rücksicht und Milde wie ein Vater gegenüber seinem schwächsten und kränklichsten Kind! Doch diese unverschämte Beschwerde hat auch seinen Zorn erregt.«

»Und wie lautet die Strafe«, fragt Cortés, »die der Große Montezuma den Totonaken auferlegt hat?«

Der zweite Tributeintreiber wirft sich in die Brust. »Sie sollen uns, zusätzlich zu den Baumwollstoffen und den anderen Dingen, jährlich zehn halbwüchsige Mädchen und ebenso viele Knaben überlassen, die in Tenochtitlan zu Ehren von Huitzilopochtli geopfert werden.«

Das Herz zieht sich mir vor Entsetzen zusammen, als Marina diese Worte übersetzt hat. Auch Carlita neben mir zuckt zusammen und ihre Finger krampfen sich schmerzhaft in meinen Unterarm.

Doch Cortés schaut so ausdruckslos wie beinahe stets. »Eilt auf dem kürzesten Weg zurück nach Tenochtitlan«, weist er die beiden Azteken an, »und hütet euch vor den Totonaken! Dem Großen Montezuma aber berichtet, dass ich, Hernán Cortés, der Statthalter des allmächtigen Gottes und des Königs von Spanien, euch die Freiheit geschenkt habe. Und jetzt geht!«

4

Carlita und ich liegen eng umschlungen auf einem weich gepolsterten Lager. Ihre Haut ist goldfarben wie die der Liebesgöttin Xochiquetal. Sie lächelt mich an und von ihren Lippen, ihren Augen, ihrem Lächeln geht ein goldener Glanz aus. Jetzt hat auch mich das Goldfieber erwischt!, denke ich und ein Grinsen zieht meinen Mund in die Breite. Wenn es sich so köstlich anfühlt, sage ich mir, will ich vom Goldfieber nie mehr geheilt werden.

Sachte drücke ich meine Lippen auf Carlitas goldenen Hals. Ich bin eben dabei, meinen Mund weiter abwärtswandern zu lassen – da erschallen aufgeregte Rufe und wütende Schreie unmittelbar neben uns!

Was hat das zu bedeuten? Ich fahre auf und schaue mich um: Ich bin ganz allein in einem geräumigen Gemach. Durch die Fenster flutet das Sonnenlicht herein. Also war alles nur ein Traum? Vor Enttäuschung stöhne ich auf.

Jetzt fällt mir auch wieder ein, wo ich mich hier eigentlich befinde – und was es mit dem Geschrei da draußen höchstwahrscheinlich auf sich hat. Wir sind in Cempoallan, und bestimmt haben die Palastwächter von König Pazinque herausgefunden, dass zwei von ihren Gefangenen fehlen.

Ich rappele mich auf, ordne meine Gewänder und mein Haar und trete auf den Flur hinaus. Gegenüber liegt Cortés' Wohngemach und durch die weit offen stehende Tür kann ich sehen, wer sich alles dort drinnen befindet. Unser Herr und Marina, außerdem Alvarado und Sandoval. Ihnen gegenüber, umgeben von Dienern und Wächtern, thront König Pazinque auf einem extra großen Sessel, der gestern noch nicht in Cortés' Gemach gestanden hat.

Bestimmt haben seine Diener dieses Möbelstück mitgebracht, sage ich mir und nicke Diego zu. Er steht in strammer Haltung neben Cortés' Tür, wie ein Wächter oder Eilbote, der auf Befehle wartet. Als Diego sieht, dass ich mich auf das Gemach unseres Herrn zu bewege, reißt er die Augen auf und schüttelt den Kopf. Aber ich lasse mich nicht abhalten und trete gerade über die Türschwelle, als König Pazinque ausruft:

»Ich ersäufe sie alle wie tollwütige Hunde!«

Marina übersetzt und dabei sieht sie wie immer nur Cortés an. Ihre düstere Schönheit erstaunt, ja erschreckt mich jedes Mal aufs Neue. Marina hat eine vorspringende Stirn, die durch ihre kräftigen, pechschwarzen Augenbrauen noch betont wird. Ihre Augen lodern wie glühende Kohlestücke, ihr Mund ist groß im Verhältnis zu Kinn und Nase, die Lippen sind stark geschwungen und glänzen, so als würde sie unaufhörlich mit der Zunge darüberfahren.

»Überlasst die Azteken mir!«, antwortet Cortés. »Ich werde sie auf einem meiner Schiffe in Eisen legen lassen, dann fallen sie Euch nicht zur Last. Wie schon gesagt, vom heutigen Tag an seid ihr von jeder Verpflichtung gegenüber Montezuma frei.« Er spricht in jenem fast gleichgültigen Tonfall, den er häufig anschlägt, wenn ihm etwas besonders wichtig ist. »Als Gegenleistung erbitte ich mir nur eines von Euch«, fährt Cortés fort. »Schickt fünftausend erfahrene Handwerker zu der Bucht, an der wir unsere Siedlung errichten werden. Sie sollen uns helfen, unsere Häuser zu erbauen, Wege und Plätze zu befestigen und die Stadt mit einem Festungswall zu umgeben. Wollt Ihr mir diesen Wunsch erfüllen?«

Pazinque nickt so heftig, wie seine Kinnwülste das erlauben. »Ich fühle mich zutiefst geehrt«, versichert er, »dass Ihr die bescheidenen Dienste meines Volkes in Anspruch nehmen wollt. Auf einem Hügel unweit jener Bucht befindet sich eine kleine Totonaken-Stadt namens Quiahuiztlan. Ich schicke sogleich einen Boten zu Häuptling Silberbogen, um ihm die nötigen Anweisungen zu erteilen. Seid unbesorgt, bärtiger Statthalter – alle Eure Befehle sollen augenblicklich erfüllt werden!«

Pazinque verstummt und ringt keuchend um Atem. Er trägt heute ein womöglich noch prächtigeres Gewand als gestern. Es besteht aus einer fast durchscheinend dünnen Lederhaut, die mit unzähligen zitronengelben Federn besetzt ist, keine von ihnen größer als der Nagel meines kleinen Fingers. Die Federn beben im leichten Luftzug und entlang der Säume schimmert es vor Gold- und Silberfäden. Aus Gold ist auch die Halskette, die Pazinque unterhalb seiner Kinnwülste trägt. Die Kettenglieder sind wie unregelmäßige Kugeln geformt, und nachdem ich eine Weile darauf gestarrt habe, wird mir klar, was diese Kugeln darstellen sollen. Es sind winzige Nachbildungen menschlicher Totenschädel.

Erst am späteren Vormittag sehe ich Carlita wieder, jedenfalls in Wirklichkeit – in meinen Gedanken und Tagträumen bin ich fast unaufhörlich bei ihr. Geleitet von König Pazinque in seiner zimmergroßen Sänfte, streben wir in endloser Kolonne erneut dem Stadttor von Cempoallan entgegen. Carlita kommt mir unausgeschlafen vor und scheint in düstere Gedanken versunken, doch als ihr Blick auf mich fällt, lässt ein rasches Lächeln ihr Gesicht erstrahlen. Ich mache ihr ein Zeichen, dass sie sich zu mir nach vorne durchwühlen soll. Aber sie schüttelt den Kopf und deutet mit der Schläfe zu dem stämmigen Mann in schwarzer Robe, der neben ihr schreitet. Es ist Fray Bartolomé.

Da erst wird mir klar, weshalb Carlita schlecht geschlafen hat. Nicht wegen des Lärms, den wir mit den Gefangenen veranstaltet haben, sondern wegen Xochiquetal! Der schreckliche Vorfall, den sie irgendwann vor Jahren erlebt haben muss, verfolgt sie bis in ihre Träume. Wieder empfinde ich Reue, weil ich dazu beigetragen habe, dass ihre schmerzlichen Erinnerungen wieder lebendig geworden sind. Aber gleichzeitig spüre ich in mir einen Stachel. Warum vertraut sich Carlita nicht mir an – sondern Fray Bartolomé?

So tief bin ich wieder einmal in Grübeleien versunken, dass ich meinen Vordermann beinahe umrenne, als unser Zug plötzlich stehen bleibt. Ich schaue um mich – soeben erklimmt Cortés die Stufen der größten Pyramide, vor der die Totenschädel auf ihrem Gerüst in der Sonne dörren. Hinter unserem Herrn steigen Alvarado, Portocarrero und Sandoval die blutverkrusteten Stufen hinauf, gefolgt von Marina, Aguilar und dem heuschreckenartig staksenden Notar Gutierrez.

Nachdem sie rund ein Dutzend Stufen erklommen haben, macht Cortés ein Zeichen und der Notar klappt mit säuerlicher Miene das *Requerimiento* auf. »*Im Namen Gottes, Unseres himmlischen Herrn, und Seines Stellvertreters auf Erden, des Heiligen Vaters Papst Leo X.*«, beginnt er herunterzuleiern, »*erklären Wir, König Karl I. von Spanien, hiermit, dass ihr, die natürlichen Einwohner dieses Totonaken-Landes, sei dieses nun auf einer Insel oder auf dem Festland gelegen, nach himmlischem Ratschluss allesamt Unsere Vasallen seid und Uns für alle Zeiten Tribut und Gehorsam schuldet.*«

Marina übersetzt und der Tätowierte steht stumm und nutzlos neben ihr. Gerade will der Notar mit dem nächsten Abschnitt des endlos langen Dokuments beginnen, da macht ihm Cortés ein Zeichen.

»Hebt als Erstes zehntausend eurer besten und kampferfahrensten Krieger aus«, sagt er im gleichen leiernden Tonfall wie Gutierrez, »und haltet sie in Bereitschaft, bis Wir euch durch Unseren Statthalter Hernán Cortés anweisen, eure Krieger unter der Führung des besagten Statthalters in die Schlacht zu führen.«

Marina übersetzt. Auf ein weiteres Zeichen von Cortés hin steckt Gutierrez seine Nase noch tiefer in den Lederfolianten und haspelt die restlichen Abschnitte des *Requerimiento* herunter.

Dann endlich marschieren wir weiter, alle dreihundertfünfzig Männer und ihre Pagen, gefolgt von unseren Kanonen- und Armbrust- und Gewehrschützen, den in Eisen gelegten Gefangenen und unseren kubanischen Sklaven. Doch schon nach wenigen Schritten stockt unser Zug erneut.

In einem Anbau der großen Pyramide hat Portocarrero hinter einer Gittertür ein halbes Dutzend junger Indianer entdeckt. Sie sind nur mit einem Lendenschurz bekleidet und auf ihrer linken Brustseite tragen sie ein blutrotes Zeichen.

»Die sind für Opferungen vorgesehen!«, brüllt der »Dröhnende«. »Diese blutgierigen Wilden – siehst du das, Hernán? Die Teufelspriester haben schon eingezeichnet, wo sie das Messer ansetzen werden! Ratsch und ratsch – so schneiden sie die Brust auf, um den Burschen das Herz herauszureißen!«

Er rüttelt wütend an dem Gitter, hinter dem die ausersehenen Opfer eingesperrt sind. Aus großen Augen starren sie teilnahmslos zu uns hinaus. Von allen Seiten kommen Wächter angerannt, mit erhobenen Speeren und jenen furchterregenden Knüppeln bewaffnet, die an den Seiten mit schwarzen Steinsplittern gezähnt sind. Einige unserer Männer ziehen ihre Schwerter aus den Futteralen. König Pazinque keucht Befehle hervor und sein riesiger Rundschädel verschwindet hinter einem Dickicht wedelnder Fächer.

Doch nur ein paar Herzschläge später hat sich die ganze Aufregung wieder gelegt. »Lass sie, Alonso!«, weist Cortés den »Dröhnenden« an. »Ich verstehe deine Empörung. Aber ich schwöre dir und jedem von euch bei allem, was mir heilig ist: Wir werden die Indianer zu unserem Herrgott, Seinem Sohn Jesus Christus und der Gottesmutter Maria bekehren, sobald die Zeit dafür gekommen ist. Vorher aber müssen wir den obersten Teufelspriester von seinem Thron in Tenochtitlan stürzen.«

Er wendet sich an Marina. »Das übersetzt du nicht.«

~ 5 ~

Mehr als zwei Monate sind seitdem vergangen und in dieser Zeitspanne vermochte ich unserem Herrn kaum etwas Erwähnenswertes zu berichten. Unweit der Totonaken-Siedlung Quiahuiztlan entsteht die Stadt Vera Cruz. Die Bucht, die Montejo und Morla bei ihrer Erkundungsfahrt gefunden haben, ist für die Errichtung einer festen Stadt wirklich ideal geeignet – aber um das zu erkennen, braucht mich Cortés gewiss nicht. Der natürliche Hafen bietet unserer kleinen Flotte Schutz, und er ist groß genug, um drei- oder sogar fünfmal so viele Schiffe aufzunehmen.

Unter der Anleitung von Jesus Mendoza, den anderen Zimmerern und Schiffshandwerkern errichten die Totonaken Hütte um Hütte und Holzhaus um Holzhaus. Schnurgerade verlaufende Straßen zerteilen die Stadt in regelmäßige Quadrate, ähnlich Schachfeldern. An den Längsseiten des Marktplatzes von Vera Cruz sollen die Kirche Unserer Lieben Frau und das Rathaus entstehen, das gleichzeitig als Magazin für Lebensmittelvorräte und Waren aller Art dienen wird. Noch ist von diesen beiden Gebäuden nicht sehr viel mehr als die Fundamente zu sehen, aber man erkennt bereits, dass dort einmal Bauwerke von beeindruckender Größe in den Himmel emporragen werden.

Diego und ich eilen von früh bis spät auf der weiträumigen Baustelle umher, richten Befehle und Botschaften von Cortés aus und überbringen ihm Antworten und Lageberichte. Unser Herr lässt keinen Tag vergehen, ohne Montejo und Morla lauthals zu rühmen, weil sie diesen herrlichen Fleck gefunden haben. Dennoch kommen mir die beiden Velazquez-Getreuen immer unzufriedener vor, je stattlicher sich unsere Stadt entwickelt. Sie haben diesen Ort zwar ausgewählt, aber nicht für Cortés, sondern für eine spätere Mission unter der Führung von Gouverneur Velazquez. Obwohl sie beide zu Ratsherren von Vera Cruz gewählt worden sind, haben sie sich noch immer nicht damit abgefunden, dass sich unsere Expedition während ihrer Abwesenheit in eine Stadt verwandelt hat. Sie lauern auf eine Gelegenheit, um das Ruder herumzureißen und doch noch unsere Rückkehr nach Kuba zu erzwingen. Ich kann ihre Unzufriedenheit unschwer von ihren Gesichtern ablesen, aber auch dafür braucht mich Cortés nicht.

Er wartet auf meinen Bericht über das Geheimnis, das Carlita tief in ihrem Herzen verschlossen hat. Doch seit jenem Tag, als Sturmbezwinger unserem Herrn das goldene Götzenbild überreichte, hat Carlita nie mehr über die Göttin Xochiquetal mit mir gesprochen. Wann immer ich sie danach frage, wechselt sie das Thema oder gibt vor, dass sie irgendetwas Dringendes erledigen müsse. Vor einer Woche fragte ich sie rundheraus: »Warst du früher eine Xochiquetal-Priesterin, Carlita? Und wurden deine Schwestern und Gefährtinnen deshalb durch einen Teufelszauber getötet: weil sie irgendwelche Zeremonien aus alten Zeiten wieder einführen wollten, als eure Göttin noch groß und mächtig war?«

Nie mehr werde ich vergessen, wie Carlita mich ansah, als ich sie das fragte. So schmerzlich, so verstört, so sehr von Entsetzen erfüllt, dass ich mir schwor, diesen Punkt von mir aus nicht mehr zu berühren. Obwohl ich natürlich spüre, dass Cortés' Geduld zur Neige geht. Doch ihm bleibt gleichfalls nichts anderes übrig, als auf den Moment zu warten, an dem Carlita von sich aus ihr Schweigen bricht. Auch Fray Bartolomé hat sie sich bisher nicht anvertraut, so wenig wie Marina. Damals, als ich jenen Stachel der Eifersucht in meinem Innern spürte, hat sie den Priester lediglich gefragt, wieso wir eine Frau, die einen Gott geboren hat, nicht zumindest als Halbgöttin verehren. Doch als Fray Bartolomé sie seinerseits wegen der Götzin Xochiquetal ausfragen wollte, da wich sie ihm genauso aus wie mir. Wenn Carlita überhaupt jemals mit irgendwem über jene düsteren Ereignisse sprechen wird, dann einzig und allein mit mir. Da bin ich mir mittlerweile ganz sicher und Cortés sieht es offenbar genauso.

Mittlerweile schreiben wir den 13. Juli. Am späten Nachmittag melden Häuptling Silberbogens Späher, dass von Nordwesten her eine Delegation aus Tenochtitlan naht. Cortés befiehlt, zwei geräumige Holzhäuser für Montezumas Gesandte herzurichten. Die Gebäude sind gerade erst fertig geworden, in den Zimmern riecht es nach Holz, Kalktünche und Leim. Auf dem Marktplatz wird ein großer Baldachin aufgespannt und der Lehmboden darunter mit Flechtmatten ausgelegt.

In letzter Zeit kam mir unser Herr oftmals angespannt vor. Nun wird mir klar, dass er auf genau diesen Moment seit Wochen gewartet hat. Heute wird eine Entscheidung fallen, das spüre ich klar und deutlich. Entweder laden ihn die Abgesandten feierlich nach Tenochtitlan ein – oder Cortés wird einen Vorwand finden, um gegen Montezumas erklärten Willen ins »goldene Herz« des Aztekenreichs zu marschieren.

Die aztekische Gesandtschaft besteht aus fünf Männern mittleren Alters, die geradezu lächerlich prachtvoll gekleidet sind. Jeder von ihnen sitzt in einer kostbar verzierten Sänfte, die von vier muskelstarrenden Kriegern getragen wird. Weitere fünfzig Krieger, mit Speeren, zackenbewehrten Knüppeln, Pfeil und Bogen bewaffnet, marschieren hinter ihnen her.

In einem der Gesandten erkenne ich Cuitlalpitoc wieder, der

uns an Ostern zusammen mit dem Tributeintreiber Teudile aufgesucht hat. Unter seinem hirschledernen Umhang, der mit verschlungenen Mustern verziert ist, trägt er diesmal so viele Gold- und Silberketten, dass er sich kaum aufrecht halten kann.

Er hält eine ausschweifende Begrüßungsrede. Als er damit fertig ist, heißt Cortés die Gesandtschaft ebenso wortreich willkommen. Mittlerweile sitzen wir im Kreis unter dem Baldachin, und Cuitlalpitoc gibt sich ersichtlich Mühe, unbeeindruckt zu wirken. Doch der Anblick unserer halb fertigen Stadt macht ihm und den anderen Delegierten offenkundig zu schaffen. Bisher konnten sie noch hoffen, dass wir bald wieder über das Meer davonsegeln würden. Davon kann nun keine Rede mehr sein.

»Der Große Montezuma hatte Euch gebeten, Herr«, erklärt Cuitlalpitoc, »in dem Hüttendorf auszuharren, das wir weiter unten an der Küste eigens für Euch errichten ließen. Er war sehr erzürnt, als er erfuhr, dass Ihr es vorzogt, Euch von dem nichtswürdigen Totonaken-Herrscher Pazinque einladen zu lassen.«

Cuitlalpitoc legt eine Pause ein und schaut Cortés bedeutungsvoll an. Doch unser Herr starrt nur ausdruckslos durch ihn hindurch. So bleibt dem Gesandten nichts anderes übrig, als sich zu räuspern und weiterzusprechen.

»Als aber dann die Nachricht nach Tenochtitlan gelangt ist, dass Ihr zwei unserer Tributeintreiber aus der Gewalt des todgeweihten Pazinque befreit habt, da hat der Große Montezuma verkündet, dass er Euch verzeiht. Er betrachtet Euch als seinen Freund, Herr, und er ist sehr gerne bereit, Euch in seinem Palast zu empfangen, falls das noch immer Euer Wunsch ist.«

Marina beginnt zu übersetzen, dann plötzlich stockt sie und schaut Hilfe suchend zu Aguilar hinüber. Doch ehe sich der Tätowierte besonnen hat, mischt sich Carlita ein. »Todgeweiht«, sagt sie halblaut. »Er sagt, König Pazinque muss sterben.«

Ein Zittern überläuft sie. Alle starren Carlita an, doch nur einen Moment lang, dann übersetzt Marina weiter und alle wenden sich wieder ihr zu. Bis auf einen der Abgesandten Montezumas, einen stämmigen Mann von vielleicht vierzig Jahren – er schaut noch einige Augenblicke lang zu Carlita hinüber. Dazu runzelt er die Stirn, als ob sie ihm von irgendwoher bekannt vorkäme und er sich nur nicht besinnen könnte, woher. Carlita aber sitzt wie erstarrt zu meiner Rechten und ihre Finger krampfen sich in meine Hand.

»Das ist allerdings mein Wunsch«, sagt Cortés unterdessen, »und es freut mich sehr, dass der Große Montezuma nun bereit ist, mich zu empfangen. Ich nehme an, Ihr seid gekommen, um mich und mein Gefolge unverzüglich nach Tenochtitlan zu geleiten?«

Cuitlalpitoc und die anderen Gesandten wechseln erschrockene Blicke. »Ganz im Gegenteil!«, bricht es aus einem von ihnen heraus. »Der Große Montezuma hat uns angewiesen, Euch Folgendes auszurichten: Er sehnt den Tag herbei, an dem er seinen bärtigen Freund in seinem Thronsaal willkommen heißen kann. Doch wann dieser Tag kommen wird, lässt sich derzeit noch nicht sagen. Der Große Montezuma ist krank und daher bis auf Weiteres nicht imstande, derart hochgestellte Besucher zu empfangen.«

»Was jedoch keineswegs bedeutet«, lässt sich der dritte Gesandte vernehmen, »dass er zu geschwächt wäre, um Verhandlungen zu führen und, falls nötig, auch Kriege.«

»Oho!«, ruft Portocarrero aus. »Dieser Dreckskerl droht uns!«

Cortés schüttelt den Kopf. »Wie kommst du denn darauf, Bürgermeister?«, gibt er zurück. »Du hast es doch selbst gehört: Er lädt uns ein!«

Er wendet sich an Cuitlalpitoc. »Richte Montezuma aus«, sagt er, »dass es mich überaus freut, den mächtigsten König dieses Landes zum Freund gewonnen zu haben. Als Zeichen meiner Dankbarkeit werde ich dir auch die restlichen Männer übergeben, die Pazinque in seiner Stadt eingesperrt hatte. Ich habe sie befreit und wollte sie dem Großen Montezuma eigentlich persönlich überbringen. Aber da er krank ist, werde ich mich selbstverständlich noch ein wenig gedulden.« Er beugt sich vor und sieht Cuitlalpitoc erwartungsvoll an. »Wie lang wird es dauern, bis er ganz genesen ist? Eine Woche – oder vielleicht sogar zwei?«

Der Gesandte krümmt und windet sich, dass seine Gold- und Silberketten klirren. »Länger, bestimmt sehr viel länger, Herr!«, stößt er hervor. »Aus diesem Grund hat er uns auch befohlen, Euch den goldenen Helm zurückzuerstatten, den er Euch so viel lieber persönlich vor dem Stadttor von Tenochtitlan überreicht hätte. Da Ihr an jener Krankheit der Herzen leidet, sollt Ihr nicht länger auf die Medizin warten müssen, von der Ihr Euch Linderung Eurer Schmerzen erhofft.«

Er macht eine gebieterische Geste. Einer seiner Krieger tritt vor und überreicht ihm ein bauchiges Gefäß, in dem ich unseren vergoldeten Helm mit den Rostlöchern wiedererkenne. Nur ist der Helm jetzt so auf Hochglanz poliert, dass er beinahe wie eine zweite Sonne funkelt. Vor allem aber ist er bis zum Rand mit Goldstaub gefüllt.

Unser Herr nimmt das kostbare Geschenk scheinbar ungerührt entgegen. Doch seine Augen weisen wieder jenen verräterischen Glanz auf, und seine Hände zittern sogar ein wenig, als er den Helm an Sandoval weiterreicht.

»Bestelle Montezuma auch für diese Gabe meinen Dank«, sagt Cortés. »Sie wird ihre heilsame Wirkung auf unsere Herzen gewiss nicht verfehlen. Sie wird uns sogar so sehr kräftigen, dass wir schon in wenigen Tagen aufbrechen können. Wenn der Große Montezuma dann in einer oder zwei Wochen so weit wiederhergestellt ist, dass er mich empfangen kann, werde ich mit meinem Gefolge bereits ganz in seiner Nähe sein.«

Cuitlalpitoc und die anderen Gesandten wechseln bestürzte Blicke, doch Cortés gibt vor, nichts davon zu bemerken.

»Und noch eines bestelle deinem König«, fügt er hinzu und

sieht sein Gegenüber durchbohrend an. »Da Montezuma seine Bereitschaft erklärt hat, mich in seinem Palast zu empfangen, so hat er nun offenkundig auch erkannt, wer ich bin und mit welchen Zeremonien er mich willkommen heißen muss, um die himmlischen Mächte nicht zu erzürnen.«

Nach diesen Worten werden die Gesandten allesamt so blass, wie das bei Menschen ihrer Hautfarbe möglich ist. Doch Cortés geht auch darüber mit einem Lächeln hinweg.

»Morgen früh, wenn ihr zum Aufbruch bereit seid«, erklärt er leichthin, »werdet ihr die Männer, die ich aus Pazinques Gewalt befreit habe, marschfertig hier auf dem Marktplatz vorfinden. Und nun wollt ihr euch gewiss in die Gemächer zurückziehen, in denen wir alles für eure Bequemlichkeit vorbereitet haben.«

6

Die Ratsherren von Vera Cruz versammeln sich auf dem Marktplatz. Eine Woche ist vergangen, seit wir die aztekischen Gesandten hier empfangen haben – eine Woche, in der sich Cortés fast unaufhörlich mit seinen Vertrauten beraten hat. Diego und ich mussten unzählige Male zum Hafen laufen, um einem der Kapitäne eine Botschaft von Cortés zu überbringen, oder im Gewirr der Baustellen nach einem unserer Männer suchen, mit denen sich unser Herr dringend besprechen wollte. Nun aber ist die Stunde der Entscheidung gekommen. Eine fast unerträgliche Spannung liegt in der Luft, und obwohl Cortés so gleichmütig wie fast immer dreinschaut, spüre ich, dass auch seine Nerven zum Äußersten angespannt sind.

»Ich habe diese Versammlung einberufen«, erklärt Bürgermeister Portocarrero, »damit wir einen städtischen Gesandten ernennen. Er soll im Auftrag von Villa Rica de la Vera Cruz nach Tenochtitlan reisen und dort mit König Montezuma einen Vertrag über die künftigen Beziehungen zwischen unseren Städten aushandeln. Ich schlage vor, dass wir den Obersten Richter und

Kommandanten unserer Verteidigungsstreitkräfte mit dieser verantwortungsvollen Aufgabe betrauen – Don Hernán Cortés!«

Niemals vorher hat Portocarrero so viele Sätze hintereinander gesprochen, ohne auch nur einen einzigen Fluch oder eine winzige Verwünschung einzuflechten. »Wer für diesen Vorschlag ist«, fährt er mit ernster Miene fort, »der hebe nun seine Hand!«

Drei Dutzend Ratsherren lassen ihre Hände emporschnellen. »Hoch lebe Don Hernán!«, schreien sie. »Kapitän-General Cortés, geht dorthin und durchbohrt mit Eurem Speer das schwarze Herz des Satans!«

Alle schreien und johlen durcheinander – die Ratsherren, doch ebenso die anderen Männer, die einen weiten Kreis um die Versammlung herum gebildet haben.

»Wer dagegen ist«, ruft der »Dröhnende« aus, »der erkläre sich jetzt!«

Morla und Montejo wechseln einen raschen Blick. Dann heben sie beide ihre rechte Hand.

»Auch wenn ihr so schlau wart, die Expedition in eine Stadt zu verwandeln«, schreit der Neffe von Gouverneur Velazquez, »was ihr vorhabt, ist und bleibt Hochverrat!« Morlas sonst so rotbackiges Gesicht ist grau wie Asche. »In Wahrheit soll Cortés keinen Vertrag aushandeln, sondern Krieg gegen die Azteken führen! Alles Gold, das Montezuma gehortet hat, wollt ihr an euch reißen – Gold, das der spanischen Krone und Gouverneur Velazquez gehört, dem einzig rechtmäßigen Statthalter unseres Königs!« Er schüttelt seine Fäuste in Cortés' und Portocarreros Richtung.

Der »Dröhnende« berät sich murmelnd mit Alvarado. »Damit ist unser Vorschlag mit sechsunddreißig zu zwei Stimmen angenommen«, erklärt er. »Don Hernán Cortés, Oberster Richter und Kapitän-General unserer Verteidigungsstreitkräfte – Ihr wurdet von dieser Ratsversammlung soeben zum offiziellen Gesandten von Vera Cruz gewählt. Stellt eine Delegation und einige Garnisonen zu Eurer Sicherheit zusammen und begebt Euch unverzüglich nach Tenochtitlan. Dort sollt Ihr mit dem Aztekenherrscher Montezuma aushandeln, wie ...«

Weiter kommt er nicht. Gerade als er »wie« ruft, knallen an sämtlichen Ecken des Marktplatzes gleichzeitig Schüsse. Rund fünfzig Männer, mit Gewehren und Armbrüsten bewaffnet, rücken von allen Seiten auf die Ratsversammlung vor. Es sind allesamt Gefolgsleute von Gouverneur Velazquez – dieselben Männer, die seit Monaten unsere Rückkehr nach Kuba fordern und die von Cortés überlistet wurden, als er sie mit Morla und Montejo auf jene Erkundungsfahrt schickte. Ich erkenne den Steuermann Cermeno, einige weitere Seeleute und den jungen Escobar, der noch im Frühjahr einer von Velazquez' Pagen war. Auch einige Hauptleute gehören der Verschwörung an – Diego de Ordas und Velazquez de Leon. Mit gezückten Schwertern nähern sie sich der Ratsversammlung, und Cermeno schreit: »Schluss jetzt mit der lächerlichen Komödie! Das hier ist eine Expedition und keine Stadt! Wir verlangen die sofortige Rückkehr nach Kuba!«

Beim Krachen der Schüsse ist auch mir der Schreck in die Glieder gefahren. Doch während Cermeno den Ratsherren die Forderungen der Aufrührer entgegenschleudert, beginnt sich mein Herzschlag schon wieder zu beruhigen. Unser Herr nickt Sandoval zu, und der »Tollkühne« gibt einigen seiner Männer, die ringsherum in der Menge postiert sind, ein Zeichen. Im nächsten Moment stürmen sie zu Hunderten von allen Seiten gleichzeitig los. Sie stürzen sich auf die Verschwörer, reißen sie zu Boden, schlagen ihnen die Waffen aus den Händen. Schwerter klirren, abermals schreit alles durcheinander, und erneut fallen zwei oder drei Schüsse. Doch nur ein paar hastige Atemzüge später ist der ungleiche Kampf auch schon wieder vorbei.

»Legt sie in Eisen!«, befiehlt Portocarrero. »Die Rädelsführer werden wegen Verschwörung und Hochverrats angeklagt!«

Cortés starrt Morla und Montejo durchbohrend an. »Auf diese Verbrechen steht nach spanischem Recht der Tod durch den Strang. Ich werde die Rädelsführer ausfindig machen und dafür sorgen, dass sie ihrer gerechten Strafe nicht entgehen. So wahr mir Gott helfe!«

~ 7 ~

Am 27. Juli im 1519. Jahr des Herrn legen die Scharfrichter von Vera Cruz den beiden zum Tode Verurteilten die Schlinge um den Hals. Jesus Mendoza hat die Galgen am Rand des Marktplatzes errichtet, auf halber Strecke zwischen Kirche und Rathaus. Trotz der frühen Morgenstunde haben sich wiederum Hunderte unserer Männer versammelt, um dem makabren Schauspiel beizuwohnen.

Die Verurteilten stehen auf rasch zusammengezimmerten Schemeln. Auf ein Zeichen von Cortés hin versetzen die Scharfrichter den Schemeln einen Tritt. Die Stränge straffen sich, die Körper der Gehenkten sacken ein geringes Stück abwärts, während sich die Schlingen um ihre Hälse ruckartig zuziehen. Den Älteren der beiden überläuft ein Zittern, dann sinkt sein Kopf zur Seite und seine Augen werden starr. Dem anderen aber bleibt die Gnade eines raschen Todes versagt. Minutenlang kämpft er gegen das Ersticken an. Er röchelt und windet sich, seine hinter dem Rücken gefesselten Arme zucken. Stumm starren wir alle zu ihm hinauf, bis endlich auch ihn jenes letzte Beben überläuft.

Fray Bartolomé hebt seine gefalteten Hände zum Himmel. »Barmherziger Gott«, ruft er aus, »diese beiden Männer haben schwere Sünden auf sich geladen! Dennoch bitten wir Dich: Lass auch sie am Jüngsten Tag in die Seligkeit eingehen, nachdem sie mit furchtbaren Höllenqualen für ihre Verbrechen gebüßt haben. Amen!«

»Amen!«, wiederholen wir alle im Chor.

Anschließend hält Cortés eine kleine Rede. Die Rädelsführer der Verschwörung, so erklärt er, hätten ihre gerechte Strafe gefunden, und alle Vergehen, zu denen sie ihre Gefolgsleute aufgestachelt hätten, seien damit gleichfalls abgegolten.

Die Menge bekundet ihre Zustimmung. Unsere Männer stampfen auf den Boden, klatschen in die Hände und stoßen Jubelrufe aus. Montejo und Morla stehen ganz in meiner Nähe. Sie tauschen einen Blick, dann heben auch sie ihre Hände und beginnen zu applaudieren.

An den Galgen schaukeln die Leichen von Steuermann Cermeno und Escobar, Velazquez' einstigem Pagen. Und in den Gesichtern der eigentlichen Rädelsführer, deren Leben unser Herr geschont hat, malen sich Dankbarkeit und die Überreste einer Angst, die sie beide bestimmt nie mehr vergessen werden.

Ehe die Menge an diesem Morgen auseinandergeht, hält auch Alvarado noch eine kurze Ansprache. »Was Cermeno und Escobar erzwingen wollten, konnte so oder so nicht gelingen«, verkündet er. »Acht unserer elf Schiffe sind in der Bucht auf Grund gelaufen, nachdem die Schiffsrümpfe von Bohrwürmern durchlöchert worden sind.«

Ein Raunen geht durch die Menge. Die Männer werfen einander Blicke zu, und ihre Gesichter verraten mir, dass sie Alvarado keinen Glauben schenken. Doch dort oben baumeln die Leichen der Gehenkten und so behalten die Männer ihren Argwohn für sich. Ich könnte ihnen berichten, dass unsere Kapitäne gestern Abend ihre Schiffe eigenhändig auf Grund gesetzt haben, weil Cortés es ihnen so befohlen hat. Aber ich habe mich, ebenso wie die Kapitäne, zum Schweigen verpflichtet, und so höre ich nur stumm und scheinbar gleichmütig an, was Alvarado weiter verkündet.

»Sämtliche hölzernen Ausrüstungsgegenstände, von den Masten über die Kajütaufbauten bis hin zu Tischen und Altären«, fährt er fort, »werden unverzüglich abgebaut, in die Stadt geschafft und hier für unsere Häuser verwendet. Unser Oberster

Heerführer wird währenddessen alle nötigen Vorbereitungen für unseren Marsch nach Tenochtitlan treffen.«

Er schaut zu Cortés hinüber und unser Herr starrt in seiner üblichen Art ausdruckslos ins Leere. »Göttliche Vorsehung«, sagt er, »hat uns bis hierher geführt, und durch göttliche Fügung bleibt uns nun keine andere Wahl mehr. Wir werden dieses Land erobern und für Gott und den König von Spanien gewinnen – oder wir werden bei diesem Versuch sterben.«

Die Männer bekunden erneut ihre Zustimmung, zuerst zaghaft, dann mit Getrampel und Geschrei. »Hoch lebe Don Hernán!«, rufen sie wieder. »Unser Kapitän-General, der uns alle zu reichen Männern machen wird! Er lebe hoch!«

Gerade will auch ich wieder Beifall klatschen, da klammert sich eine schmale kühle Hand um meine Rechte.

»Geht nicht nach Tenochtitlan!«, ruft mir Carlita zu. Ihre Augen sind weit aufgerissen, ihr Gesicht ist vor Angst verzerrt. »Ihr werdet dort weder Glück noch Reichtum finden, sondern einen schrecklichen Tod! Sage das deinem Herrn, Orteguilla – du musst ihn warnen! Er soll seinen Plan ändern – noch ist es nicht zu spät!«

Ich lächle Carlita an und mir ist gleichzeitig nach Lachen und Weinen zumute, nach Angstschreien und Jubelrufen. Ich bin so glücklich wie noch nie, so verängstigt wie noch nie, so mutlos und wagemutig. Ich ziehe Carlita an mich, ich bringe meinen Mund ganz nah an ihr Ohr und rufe: »Doch, Carlita, es ist zu spät – morgen beim ersten Tageslicht brechen wir auf nach Tenochtitlan!«

SIEBTES KAPITEL

Der Tag, an dem wir uns vergaßen

~ 1 ~

»*Was Rom für die Christen und Mekka für die Muslime – das ist Cholollan für die Indianer: eine tausendjährige Stadt voll majestätischer Tempel und Pyramiden!*« Mit diesem begeisterten Ausruf beginnt ein Brief an König Karl, den unser Herr vorgestern Diego diktiert hat. Tatsächlich ist Cholollan die weitaus größte und großartigste aller Indianerstädte, die wir bisher zu sehen bekommen haben – zehnmal größer als Potonchan oder Cempoallan. Cortés schätzt, dass in den Stein- und Lehmziegelhäusern von Chololan mindestens zweihunderttausend Menschen leben – oder, besser gesagt, bis vor Kurzem gelebt *haben*.

Unzählige Chololla säumten die Straßen, als wir vor drei Tagen um die Mittagsstunde hier Einzug hielten – unsere Reiter vorneweg, gefolgt von sechs Kompanien zu Fuß, die in voller Rüstung, mit Helm und Schild marschierten. Auch unsere Kanonen, die Gewehr- und Armbrustschützen machten auf die Chololla offenbar gewaltigen Eindruck. Sie jubelten uns nicht gerade zu, doch die meisten hatten sich uns zu Ehren festlich gekleidet und geschmückt. Auf mich wirkten sie angespannt und aufgeregt, aber keineswegs feindselig.

Immerhin hatten ihre beiden Herrscher selbst uns eingeladen, einige Tage in ihrer Stadt zu verbringen, bevor wir uns auf die letzte Etappe unserer Reise machen würden. Chololan ist den Azteken tributpflichtig, und der friedliche Empfang schien darauf hinzudeuten, dass sich Montezuma endgültig entschlossen hatte, uns in seiner Hauptstadt willkommen zu heißen. Zahllose Boten und Gesandte hat er uns in den zurückliegenden Monaten geschickt, und jeder von ihnen brachte eine andere Begründung vor, warum der Aztekenherrscher uns nun doch nicht – oder jedenfalls *noch* nicht – in Tenochtitlan empfangen könne. Doch Cortés hörte sich die Botschaften immer nur gleichmütig an und ließ dem Großen Montezuma jedes Mal ausrichten, dass nichts und niemand ihn daran hindern könne, seinen königlichen Freund zu besuchen.

Von Cholollan aus sind es nur noch gut fünfundvierzig Meilen bis Tenochtitlan – nicht mehr als drei Tagesmärsche, wenn man einigermaßen ungestört vorankommt. Für die hinter uns liegenden hundertfünfzig Meilen haben wir allerdings zwei Monate gebraucht! Und so viele Tage davon erschienen mir wie Ewigkeiten voller Entbehrungen und Qualen! Mehr als dreißig unserer Männer sind unterwegs umgekommen – im Schneesturm der Hochgebirge erfroren, von Speeren durchbohrt, von den messerscharfen Klingen der indianischen Steinschwerter zerfetzt oder jenem heimtückischen Fieber erlegen, das auch unseren Herrn zwischenzeitlich niederstreckte.

Doch im Rückblick kommen mir alle diese Mühen und Schrecken beinahe klein vor. Montezuma hat uns in einen Hinterhalt gelockt! Cholollan ist eine Falle!

Die Herrscher von Cholollan haben uns in ihrem größten Palast einquartiert und großzügig bewirtet, zumindest am ersten Abend. Nicht einmal an den mehr als Tausend Tlaxcalteken-Kriegern, die mit uns in ihre Stadt einzogen, schienen sie Anstoß zu nehmen – dabei sind die Tlaxcalteken die Todfeinde der Azteken und aller Völker, die Montezumas Oberherrschaft anerkennen. Hätte es uns nicht misstrauisch machen müssen, dass die Chololla scheinbar ungerührt zuschauten, wie ihre ärgsten Widersacher in voller Bewaffnung durch ihre Straßen marschierten?

Doch jetzt ist es zur Umkehr zu spät: Unsere Unterkunft ist von Tausenden Chololla-Kriegern umzingelt! Zusammen mit unserem Herrn und seinen Vertrauten, mit Marina und Carlita stehe ich auf dem flachen Dach unseres Palastes und schaue hinab auf den großen Tempelplatz. Der Abend dämmert schon. Überall dort, wo eine Straße in den Platz einmündet, haben die Chololla Feuer angezündet. So ist klar und deutlich zu sehen, dass sämtliche Straßen durch Fallgruben und Sperren blockiert worden sind. Auf den Dächern der Bauwerke um uns herum liegen gewaltige Steinmengen aufgehäuft – und neben jedem Steinhaufen kauern Indianer, bereit, uns mit einem Steinhagel zu empfangen, sobald wir uns ins Freie wagen.

Dafür, dass wir uns hier drinnen nicht mehr lange verschanzen können, sollen offenbar die Krieger sorgen, die den innersten Ring um unsere Behausung bilden. Ihre Gesichter sind furchterregend bemalt. Jeder von ihnen hält eine lodernde Fackel in der Hand – und zweifellos warten sie nur noch auf den Befehl ihrer Anführer, unseren Palast von allen Seiten gleichzeitig in Brand zu setzen!

Ach, Carlita, klage ich mich im Stillen an, warum habe ich deine Warnungen nicht ernster genommen? Und weshalb habe ich Cortés nur einen kleinen Teil von all den grässlichen Dingen berichtet, die sie mir in den zurückliegenden Monaten anvertraut hat? Weil ich sie schützen wollte? Das natürlich auch. Aber ebenso aus einem weniger ehrenhaften Grund: weil auch ich unbedingt nach Tenochtitlan will – koste es, was es wolle!

Das Gold, das Montezuma angeblich in seinen Palästen hortet, lässt mich nach wie vor kalt. Aber schon bei der bloßen Vorstellung, dass wir unverrichteter Dinge umkehren könnten, ohne auch nur einen Fuß in das »goldene Herz« des Aztekenreichs gesetzt zu haben, wird mir ganz elend zumute. So als wäre ich nicht nur vom Hof meines Vaters und aus meiner alten Heimat vertrieben, sondern nun auch noch aus der Neuen Welt verstoßen worden. Lieber würde ich sterben, als jetzt noch den Rückzug anzutreten, so kurz vor dem Ziel!

Und so habe ich unserem Herrn zwar größtenteils getreulich berichtet, was Carlita mir in den letzten Wochen offenbart hat. Doch gleichzeitig habe ich ihre eigene Rolle bei jener unseligen »Ringelblumen-Verschwörung« nach Kräften heruntergespielt. Carlita stammt tatsächlich aus einer hochangesehenen Adelsfamilie in Tenochtitlan. Ihre Vorfahrinnen waren Hohepriesterinnen der damals noch mächtigen Göttin Xochiquetal – und Carlita sollte eines Tages, wenn sie erst alt genug dafür wäre, selbst zur höchsten Priesterin der gütigen Mond- und Liebesgöttin geweiht werden! Die Verschwörerinnen wollten den alten Kult um Xochiquetal wiederbeleben und sie zur mächtigsten Gottheit neben ihrem Bruder Quetzalcoatl erheben. Alle Völker und Stämme würden ihr zujubeln, davon waren sie überzeugt – doch bevor es so weit kommen konnte, wurden die Verschwörerinnen verraten und Montezuma sandte seine Zauberer aus.

Wenn Cortés wüsste, welche Rolle Carlita damals tatsächlich spielte, dann wäre ihm auch schlagartig klar, dass sie mit den verborgensten Verhältnissen von Tenochtitlan vertraut sein muss. Nicht nur mit Götterriten und Priesterkulten, sondern auch mit Schatzverstecken und geheimen Verbindungswegen, die sich wie ein Spinnennetz durch die ganze Stadt ziehen. Und wenn er gar von jenem Ort äußersten Grauens wüsste, dem *Menschentierhaus*, wie Carlita diese Stätte genannt hat – ich glaube, selbst unser Herr würde zögern, weiter nach Tenochtitlan zu marschieren. Das Menschentierhaus ist ein Ort, wie ihn wohl wirklich nur der Teufel ersinnen kann. Und doch muss ich schweigen, es geht nicht anders!

Denn trotz allem, was ihr selbst, ihrer Familie und ihren Gefährtinnen in Tenochtitlan angetan wurde, ist Carlita nicht bereit, ihr eigenes Volk an uns, die bleichhäutigen Eindringlinge, zu verraten. Das hat sie mir mehr als einmal mit Tränen in den Augen versichert. Deshalb muss ich unserem Herrn verschweigen, wer Carlita wirklich ist! Er würde nicht zögern, ihr durch »gestrenge Befragung« die Zunge zu lösen – Carlita oder wem auch immer, wenn er sie anders nicht zum Sprechen bringen kann. Dahin darf ich es auf keinen Fall kommen lassen – obwohl ich so abermals zum Verräter werde, zum Verräter an Cortés.

Gestern, als die Stimmung der Krieger draußen auf dem Platz immer feindseliger wurde, ließ Cortés zwei Chololla-Priester aus einem benachbarten Götzentempel ergreifen und durch Fray Bartolomé befragen – seinen Lieblingspriester, der früher in Valladolid in den Diensten der Inquisition stand. Ich wollte Carlita und mir selbst den peinvollen Anblick ersparen, doch unser Herr befahl uns, bei der Vernehmung dabei zu sein. Es dauerte mehr als eine Stunde, bis die beiden Chololla stöhnend preisgaben, was sie über die Pläne ihrer Oberen wussten: Frauen und Kinder seien heimlich aus der Stadt geschafft, die Sperren und Fallgruben schon vor Tagen angelegt worden. Auf der Straße nach Tenochtitlan liege außerdem eine aztekische Streitmacht im Hinterhalt. Falls es uns gelänge, aus Chalollan zu entfliehen, so sollten uns Montezumas Krieger dort unter Steinlawinen begraben. Doch die Befehle des Aztekenherrschers, so offenbarten die beiden Götzenpriester, wechselten schnell wie die Gezeiten der Meere. Vormittags ordne Montezuma an, die weißhäutigen Fremden zu töten, am Nachmittag befehle er, uns in allen Ehren nach Tenochtitlan zu geleiten. Und abends treffe dann der dritte Eilbote ein und keuche atemlos hervor, dass nicht einer der weißhäutigen Fremden aus Chalollan entkommen dürfe!

Fray Bartolomé triefte der Schweiß von der Stirn und das Blut von den Händen, als er mit der Befragung fertig war. Unser Herr aber wirkte vollkommen ungerührt. Während die Götzenpriester unter der Marter ächzten, schaute er mehrfach zu Carlita und mir herüber, so durchbohrend, wie nur er das kann. Doch dieser Warnung, falls es eine war, hätte es nicht bedurft. Seit Kurzem weiß ich, dass er zu unerhörten Grausamkeiten fähig ist, wenn er glaubt, dass er sein Ziel anders nicht erreichen kann – aber daran will ich jetzt wirklich nicht denken.

Ich kauere neben Carlita am Rand des Palastdachs. Schräg hinter uns stehen Cortés und seine Vertrauten beisammen und beraten sich murmelnd. »Carlita, hör mir zu!«, sage ich leise. »Denk immer daran, was wir ausgemacht haben! Du warst im Xochiquetal-Tempel nur eine unbedeutende Novizin, verstehst du? Du bist in Tenochtitlan aufgewachsen, aber du stammst aus einer Adelsfamilie von geringem Rang. Bitte vergiss das nie!«

Sie schaut in meine Richtung, doch ich spüre, dass sie mich höchstens wie durch eine Nebelwand wahrnimmt. Mit ihren Gedanken ist sie wieder in jener grauenvollen Nacht, als sie und ihre Gefährtinnen von Scharen heulender Dämonen gejagt wurden. Eine Nacht, die damit begann, dass die Zauberer ihren Xochiquetal-Tempel in Brand steckten – ganz genau so, wie die Krieger dort unten es gleich mit unserer Behausung machen werden!

Ich streiche ihr übers Haar und lächle ihr zu. Ich fühle mich hilflos und schuldig. »Geht nicht nach Tenochtitlan!«, hat sie mich wieder und wieder beschworen. »Montezuma wird uns alle töten, wie er es mit meinen Gefährtinnen und meiner Familie gemacht hat! Er selbst war einst der Hohepriester von Kriegsgott Huitzilopochtli und versteht sich auf die grausigsten Zauberkünste! Cortés und seine Obersten werden darum betteln, dass er ihren Qualen ein Ende macht – aber Montezuma kennt kein Erbarmen! Sie werden im Menschentierhaus schmachten und unaufhörlich schreien und winseln vor Schrecken, vor Schmerzen und vor Schmach!«

Doch wann immer Carlita mich in dieser Weise anflehte, lächelte ich ihr nur zu oder verschloss ihren Mund mit einem zärtlichen Kuss. Es ging nun einmal nicht anders! Und nun ist es für alles zu spät – für Reue, für Geständnisse, für Umkehr und Flucht sowieso!

In den Augenwinkeln sehe ich mit einem Mal, dass Cortés mich gebieterisch zu sich winkt. Ich springe auf und eile zu ihm und den anderen hinüber. Beinahe bin ich erleichtert, dass ich Carlitas traurige, verängstigte Blicke nicht länger auf mir spüren muss.

»Lauf runter zu Guerrero«, befiehlt mir unser Herr, »und sage ihm Folgendes: Niemand gibt einen Schuss ab, bis ich es anordne – weder mit den Kanonen noch mit den Gewehren! Von hier oben haben wir die Lage besser im Blick. Gerade jetzt scheint dort unten die Stimmung wieder einmal umzuschwenken – schau es dir selbst an!«

Er fasst mich beim Handgelenk und zieht mich so schwungvoll zum Dachrand, als wollte er mich in die Tiefe stoßen. »Pass auf, wohin du deine Schritte lenkst, Orteguilla!«, sagt er und sieht mich durchbohrend an.

Ich senke den Kopf und schaue auf den Platz hinab. Ist es nur mein unruhiges Gewissen, das mich in seinen Worten eine versteckte Drohung erspüren lässt?

»Du hast selbst gehört«, fährt Cortés fort, »was die beiden Götzenpriester unter der Folter offenbarten: Montezuma ändert seine Meinung mehrmals am Tag. Und gerade eben scheint er wieder einmal angeordnet zu haben, dass uns vorläufig kein Haar gekrümmt werden darf. Siehst du?«

Die Krieger unten auf dem Platz löschen einer nach dem anderen ihre Fackeln und lassen sie achtlos zu Boden fallen. Der Ring aus Tausenden kampfbereiter Indianer, der eben noch unseren Palast umzingelt hatte, löst sich zu einer schwatzenden Menschenmenge auf. Auch die Krieger auf den Dächern gegenüber scheinen die neue Botschaft erhalten zu haben. Sie erheben sich, strecken ihre taub gewordenen Gliedmaßen, und viele von ihnen klettern durch eine der Luken, aus denen Leitern herausragen, ins Innere der Häuser zurück.

»Ja, Herr, es sieht ganz so aus«, sage ich. »Hoffentlich hält

Montezuma diesmal an seiner Meinung fest, dass wir ihm willkommen sind.«

Cortés wirft noch einen Blick auf den Platz hinunter und wendet sich wieder ab. »Erinnere dich an unser Gespräch vor einigen Wochen!«, antwortet er mir. »Montezuma ist ein Zauderer, aber bestimmt kein Dummkopf. Er ist sich nicht sicher, ob er uns töten lassen kann, ohne dadurch den Zorn seiner Götzen herabzubeschwören. Falls es ihm aber gelingt, diese Zweifel zu überwinden, so wird er nicht zögern, die Schlinge zuzuziehen.«

2

Die Feuer unten auf dem Platz sind erloschen, die Menge hat sich zerstreut. Nur ein paar Dutzend Chololla-Krieger kauern noch immer dort, unbeweglich wie Steinfiguren. In dieser Nacht brauchen wir wohl keinen Angriff mehr zu befürchten, trotzdem harrt Cortés mit seinen Vertrauten auf dem Palastdach aus. Auch Diego und mir, Marina und Carlita hat er befohlen, in seiner Nähe zu bleiben.

Bei Einbruch der Dunkelheit hat es zu regnen begonnen. Ich liege neben Carlita unter einem der rasch aufgespannten Baldachine. Ihre Augen sind geschlossen, aber sie schläft so wenig wie ich. Wenn ich leise ihren Namen nenne, hält sie kurz den Atem an, doch sie gibt mir keine Antwort.

Auch ich schließe irgendwann meine Augen. Das gleichmäßige Rauschen des Regens lullt mich ein, aber ich weiß genau, dass ich in dieser Nacht nicht schlafen werde. In meinen Gedanken kehre ich zu den Geschehnissen der letzten Monate zurück. Bin ich wirklich mitschuldig daran, dass wir in diese Falle getappt sind? Hätte ich unser aller Leben retten können, wenn ich Cortés nur rechtzeitig alles berichtet hätte, was Carlita mir anvertraut hat? Hätte er unseren Marsch nach Tenochtitlan abgebrochen, wenn er erfahren hätte, dass Montezuma uns in die Tiefe der Hölle zu schleudern vermag?

Je öfter ich mir wegen dieser Fragen den Kopf zermartere, desto unmöglicher scheint es mir, eine Antwort zu finden. Zaudernd und schwankend wie Montezuma denke ich einmal: Aber ja!, und im nächsten Moment: Natürlich nicht! Sicher bin ich mir eigentlich nur in einem Punkt: Als wir Mitte August von Vera Cruz aufbrachen, konnte nicht einmal Cortés voraussehen, welche Gefahren und Strapazen vor uns lagen.

Unter der Führung des getreuen Juan de Escalante ließen wir hundertfünfzig Männer in Vera Cruz zurück, überwiegend Seeleute und Handwerker. Die verbleibenden gut dreihundert Soldaten wurden in sechs Kompanien zu jeweils fünfzig bis sechzig Mann aufgeteilt. Außer unseren hundertfünfzig kubanischen Sklaven folgten uns rund achthundert Totonaken-Krieger. Ohne zu murren, verrichteten sie jede Arbeit, die wir ihnen befahlen. Wenn wir in offenem Gelände übernachteten, erbauten sie Hütten, suchten Feuerholz, machten Jagd auf essbare Tiere und kochten für uns. Tagsüber trugen sie die drei Kanonen, die wir mit uns führten, und alle anderen Ausrüstungsgegenstände.

In den ersten Tagen kamen wir rasch und beinahe mühelos voran. An die feuchtheiße Witterung waren wir mittlerweile gewöhnt. Montezumas Statthalter in den Städten Jalapa und Xicochimalco hießen uns freundlich willkommen. In Xicochimalco ist eine aztekische Garnison stationiert und von der mächtigen Festungsanlage zeigte sich sogar Portocarrero beeindruckt. Wir wurden großzügig bewirtet und verbrachten die Nacht recht bequem unter dem Dach des aztekischen Statthalters.

Am nächsten Tag ließen wir die tropische Ebene hinter uns und folgten dem schmalen Felspfad zu einem steilen Gebirgspass hinauf. Dort kämpften wir uns tagelang durch Frost und Nebel. Unsere aztekischen Führer trugen warme Baumwollgewänder, doch die Totonaken waren ebenso wenig wie unsere kubanischen Sklaven auf eisige Nächte eingestellt. Nach der ersten Nacht im Gebirge wachten etliche von ihnen nicht mehr auf. Auch mehrere unserer eigenen Männer klagten über Erfrierungen oder erkrankten an Fieber und rasselndem Husten.

Der Häuptling, der unsere Totonaken anführt, heißt Mamexi. Cortés hielt ihm vor, sein König Pazinque habe niemals erwähnt, dass der Weg nach Tenochtitlan durch derart unwirtliche Gegenden führe. Er verdächtigte die aztekischen Führer, die uns der Statthalter von Xicochimalco mitgegeben hatte, uns absichtlich über diesen Pfad zu führen, damit wir in der Kälte umkommen oder zumindest den Mut verlieren und umkehren würden. Doch Mamexi zuckte nur mit den Schultern: Er war noch niemals so weit von zu Hause fort gewesen und kannte den Weg nach Tenochtitlan so wenig wie wir.

Als wir den Gebirgspass endlich hinter uns hatten, fanden wir uns auf einer öden Ebene wieder, die größtenteils aus einem gewaltigen Salzsee besteht. Dort gab es keine Quellen oder Flüsse, aus denen man trinken, und keine Wälder, in denen man Wildbret jagen konnte. Außer Agaven und anderen Kakteenarten wächst in dieser Gegend so gut wie nichts. Unsere Kolonne schleppte sich auf schlammigen Pfaden um den Salzsee herum. Drei Tage lang mussten wir fast ohne Nahrung und Trinkwasser auskommen. Als wir schließlich wieder auf befestigte Straßen stießen, waren wir alle so erschöpft, dass wir wie Betrunkene dahintaumelten.

In dem Städtchen Xalacingo wurden wir freundlich empfangen. Der Häuptling beschenkte Cortés mit einem goldenen Halsband, einigen einfachen Gewändern und zwei jungen Sklavinnen. Aber schon am nächsten Morgen mussten wir weitermarschieren: In Xalacingo und den genauso ärmlichen Nachbardörfern gab es einfach nicht genügend Nahrungsmittel, um uns auch nur einen weiteren Tag lang zu verköstigen. Nachdem wir uns abermals einen steilen Pass hinaufgequält hatten und dann auf einem schmalen Serpentinenpfad durch endlose Kiefernwälder wieder abwärts marschiert waren, erreichten wir drei Tage später die Indianerstadt Zautla.

Wir waren am Ende unserer Kräfte. Eine Streitmacht entschlossener Angreifer hätte wenig Mühe mit uns gehabt. Doch glücklicherweise nahm uns Olintecle, der Herrscher von Zautla, gastfreundlich auf. Cortés befahl ihm, sich unserem König Karl als Vasall zu unterwerfen und uns alles Gold auszuhändigen, das es in seiner Stadt gab. Davon wollte der Herrscher jedoch nichts wissen. »Ich bin dem Großen Montezuma tributpflichtig«, erklärte er, »und ich werde mich niemandem sonst unterwerfen – außer wenn Montezuma selbst es mir befiehlt!«

Olintecle ist ein stämmiger Mann von vielleicht vierzig Jahren, mit kupferfarbener Haut und würdevollem Gebaren. Er führte uns durch seine Stadt und versäumte es nicht, uns die gewaltig große Festung zu zeigen, in der eine aztekische Garnison stationiert ist. »Der Große Montezuma gebietet über dreißig mal hunderttausend Krieger«, behauptete er. »In Tenochtitlan werden Jahr für Jahr zwanzigtausend Menschen zu Ehren der Götter geopfert – dreimal so viele, wie meine ganze Stadt an Einwohnern zählt! Und da verlangt Ihr, bärtiger Herr, dass ich mich mit Euch gegen die Azteken verbünden soll?«

Er schaute uns ungläubig an und wir alle starrten entgeistert zurück. Eine Armee von drei Millionen Kriegern? Doch noch ungeheuerlicher erschien uns die zweite Zahl, die Olintecle genannt hatte.

»Zwanzigtausend Opfer pro Jahr?«, wiederholte Alvarado. »Was zum Teufel …?« Er unterbrach sich und schüttelte den Kopf. »Ich meine«, setzte er neu an, »so unersättlich kann doch nicht einmal der Satan sein!«

Olintecle schaute verstohlen über seine Schultern. »Ich weiß nicht, wer dieser Gott namens Satan sein soll«, erklärte er, nachdem Marina die Worte des »Durchtriebenen« übersetzt hatte. »Montezuma und seine Hohepriester behaupten jedenfalls, dass der Blutdurst ihrer Götter seit jeher unstillbar sei. Für ihren wilden Kriegsgott Huitzilopochtli mag das stimmen – der stand nirgendwo in besonders hohem Ansehen, bis die Azteken nach Mexiko kamen. Aber dem Wettergott Tlaloc oder auch unserem Mais- und Kriegsgott Tezcatlipoca wurden in früheren Zeiten bei Weitem nicht so viele Menschen geopfert. Auch nicht in den Anfangszeiten, als die Azteken aus dem Norden eingewandert waren und sich in Texcoco und anderswo als Söldner verdingten.«

Wieder schaute er sich verstohlen nach allen Seiten um. »Unersättlich wurde der Blutdurst unserer Götter erst«, fuhr er beinahe flüsternd fort, »nachdem die Azteken reich und mächtig geworden waren. Das sagen jedenfalls unsere Geschichtserinnerer – bei uns in Zautla, müsst Ihr nämlich wissen, kann niemand lesen und schreiben.«

Es war einer der wenigen Momente, in denen mir unser Herr aufrichtig verblüfft vorkam. Er wechselte einen Blick mit Alvarado und fragte dann Olintecle: »Du meinst, sie haben die Riten *geändert*?« Er packte den Herrscher von Zautla bei seinem reich verzierten Umhang und schüttelte ihn hin und her. »Sie haben irgendwann angefangen«, rief Cortés aus, »ihren Teufelsgötzen sehr viel *mehr* Menschenblut und Menschenherzen zu opfern, als es bis dahin üblich war? Ist es das, was du uns sagen willst?«

Marina übersetzte und der Herrscher nickte zaghaft. Sein Gesichtsausdruck verriet, dass er seine Redseligkeit längst bereute. Doch bevor Cortés oder irgendwer sonst dazu kam, ihm mit einer weiteren Frage zuzusetzen, geschah etwas ganz und gar Unerwartetes. Genauer gesagt: etwas, womit ich nicht im Mindesten gerechnet hatte. Auch Alvarado, Portocarrero und Sandoval wirkten ehrlich überrascht. Nur Cortés und Marina schauten die Ursache der allgemeinen Verblüffung auf eine Weise an, als ob sie längst mit einem solchen Ausbruch gerechnet hätten.

Carlita! Sie hatte urplötzlich zu schluchzen begonnen. »Alles vernichtet … neu geschrieben!«, brachte sie hervor. Ihr ganzer Körper wurde von Schluchzern geschüttelt. Sie krümmte sich zusammen, vergrub ihr Gesicht in den Händen und weinte hemmungslos.

»Na, na, meine Kleine«, raunte Marina und nahm sie in den Arm. »Sei ganz ruhig, das wird schon wieder!«

Doch Carlita schien vollkommen außer sich. »Auch Xochiquetal ... die gütige Göttin ...« Mehr war nicht zu verstehen. Carlita weinte und weinte.

Cortés machte Marina ein Zeichen und warf mir zugleich einen auffordernden Blick zu. Sie packte Carlita bei den Handgelenken und schubste sie unsanft in meine Richtung. Carlita taumelte und wäre wohl hingefallen, wenn ich sie nicht aufgefangen hätte. Sie klammerte sich an mich, wie sie sich eben an Marina geklammert hatte, und drückte ihr heißes, tränennasses Gesicht in meine Schulterbeuge.

»Jetzt ist sie so weit, Junge«, sagte Marina zu mir. »Frag sie nach dem Geheimnis! Lass nicht locker, bis du alles weißt!«

Da hatte sich Cortés nach seiner üblichen Art bereits wieder abgewandt und winkte Marina zu sich. »Sag dem Herrscher«, befahl er, »dass wir gekommen sind, um ihm und seinem Volk den wahren Glauben zu bringen. Er soll dem Teufelsglauben abschwören, alle Tempel von Blut und Götzenbildern säubern und nie wieder Menschenopfer in seiner Stadt dulden. Zum Lohn wird er in den Himmel kommen. Wenn er sich weigert, schmachtet er für alle Ewigkeit in der Hölle!«

Marina übersetzte, und Olintecle riss die Augen auf und schüttelte den Kopf, dass sein Federschmuck wogte. Die immer noch schluchzende Carlita in meinem Arm, lief ich hinter ihnen her, auf eine Pyramide zu, auf deren First ein würfelförmiger Tempel stand. »Bitte beruhige dich, Carlita!«, flüsterte ich ihr ein ums andere Mal zu. Mein Herz klopfte zum Zerspringen, ich schwitzte und klapperte gleichzeitig mit den Zähnen, so aufgewühlt war ich.

Vor der Pyramide blieb Olintecle stehen und die anderen folgten seinem Beispiel. Das Bauwerk steht am Kopfende eines großen Platzes, der von Palästen und weiteren Tempelbauten gesäumt ist, wie wir es auch in Potonchan und Cempoallan gesehen hatten. Doch das Schädelgerüst vor der Pyramide war noch weitaus größer als sein Gegenstück in der Hauptstadt von König Pazinque. Neben Hunderten sonnengebleichter Totenschädel prangten auch einige Dutzend Knochen, die so lang und dick wie ein gut in der Hand liegender Holzprügel waren.

»Oberschenkelknochen!«, klärte uns der Herrscher von Zautla auf. Seine Laune besserte sich zusehends, während er uns seine schaurige Sammlung zeigte. »Natürlich heben wir nicht alle Totenköpfe und schon gar nicht jeden Beinknochen auf«, verkündete er. »Alles, was Ihr hier seht, Ihr knochenbleichen Herren, sind die Überreste von besonders tapferen Kriegern und hochrangigen Edelleuten.«

Portocarreros Gesicht wurde blauviolett. »Du hast doch gerade selbst gesagt, du stinkender Wilder«, polterte er los, »dass die anderen Teufelsjünger sich das alles hier nur ausgedacht haben, um euch in Angst und Schrecken zu versetzen! Nicht mal der Satan selbst verlangt, dass ihr derartige Blutbäder anrichtet! Also lass es verdammt noch mal sein – sonst reiße ich dir eigenhändig deinen Kopf vom Hals und stopfe ihn zu den anderen Totenschädeln!«

Olintecle starrte den »Dröhnenden« eingeschüchtert an.

»Er sagt, ihr sollt aufhören, Menschen zu opfern«, übersetzte Marina.

Carlita hielt den Atem an und erstarrte geradezu in meinem Arm. Mit einem Ausdruck kindlicher Hoffnung schaute sie den Herrscher von Zautla an – so als läge es in seiner Macht, sie aus dem Albtraum zu befreien, in dem sie gefangen war.

»Ganz im Gegenteil!«, antwortete Olintecle und strahlte Portocarrero an. »Morgen feiern wir ein Fest zu Ehren von Tezcatlipoca. Ihr seid herzlich eingeladen, an der Zeremonie teilzunehmen –

natürlich als unsere Gäste! Um Tezcatlipoca gnädig zu stimmen, werden wir fünfzig bestens gemästete junge Männer opfern.«

»Das wirst du nicht tun, du gefiederter Kuhfladen!«, schrie Portocarrero.

Er wollte sich auf den Herrscher stürzen, doch in diesem Moment flog eine Tür in einem flachen Anbau neben der Pyramide auf. Ein Dutzend Krieger stürmte heraus. Sie schwenkten ihre Speere und schrien ohrenbetäubend.

»Lass ihn, Alonso!«, sagte Sandoval und packte den »Dröhnenden« vorsichtshalber hinten am Gürtel. »Oder willst du als Nummer einundfünfzig auf ihrem Opferstein enden?«

3

Nach diesem Zusammenstoß am Fuß der großen Pyramide blieben die Beziehungen zwischen uns und den Indianern von Zautla angespannt. Cortés rief den Totonaken-Häuptling Mamexi zu sich und befahl ihm, seine vier angesehensten Krieger nach Tlaxcala zu schicken – in die Hauptstadt der erbitterten Todfeinde von Montezuma, die etwa auf halber Strecke zwischen Zautla und Tenochtitlan liegt. Sie sollten den Herrschern von Tlaxcala ankündigen, dass er, Hernán Cortés, der Statthalter des einzigen und allmächtigen Gottes und des Königs von Spanien, sie in Kürze aufsuchen werde. Er sei entschlossen, den Tlaxcalteken in ihrem aufopferungsvollen Kampf gegen das teuflische Tenochtitlan beizustehen. Cortés gab den vier Totonaken einen roten Tafthut und eine Abhandlung über die Allmacht Gottes mit, die er Diego noch am Vorabend diktiert hatte. »Aber niemand in Tlaxcala wird imstande sein, Euren Traktat zu lesen!«, wandte Marina ein, doch unser Herr gab ihr keine Antwort. Er überreichte den Totonaken Hut und Brief und scheuchte sie davon.

Auf irgendeine Weise bekam Olintecle heraus, wohin Cortés die vier Totonaken-Krieger geschickt hatte. Daraufhin wurde die Stimmung zwischen ihm und unserem Herrn noch frostiger.

Noch am selben Tag schickte Olintecle zwei finster dreinblickende Boten mit der Aufforderung, uns zur großen Opferzeremonie auf der Pyramide einzufinden. Es war mehr ein Befehl als eine Einladung, und nach kurzer Beratung mit seinen Vertrauten erklärte Cortés, er werde zur vorgesehenen Stunde dort sein. Er bestimmte, dass ihn Portocarrero, Alvarado und Francisco Montejo begleiten sollten, außerdem Cristóbal de Tapia, der würdevolle Konquistador, dem ich in Potonchan das Leben gerettet hatte. Des Weiteren sollten Diego und Marina an der Zeremonie teilnehmen sowie zwei Dutzend Männer zu ihrer Bewachung. »Du bleibst hier im Palast, Orteguilla!«, befahl mir unser Herr. »Du weißt, was du zu tun hast.«

Ich senkte meinen Kopf. Ich fühlte mich beschämt, weil mich Cortés vor aller Augen zurechtwies. Doch zugleich war ich erleichtert, weil ich so nicht mitansehen musste, wie die Götzenpriester mit ihren schwarzen Steinmessern fünfzig wehrlose Opfer abschlachten würden. Vor allem aber spürte ich, dass Cortés sich nicht länger gedulden würde. Wenn er später am Tag hierher zurückkäme und ich ihm dann nicht zumindest ein paar vielversprechende Fetzen von Carlitas Geheimnis vorweisen könnte – dann würde er Fray Bartolomé befehlen, das Mädchen auf seine Weise zu befragen. Und das durfte auf gar keinen Fall geschehen!

Ich suchte Carlita überall im Palast, doch ich fand keine Spur von ihr. Hatte sie etwa die Flucht ergriffen? Nein, unmöglich, sagte ich mir – wohin hätte sie denn fliehen können? Sie trug schließlich das Sklavenzeichen auf ihrem Unterarm, eine daumennagelgroße Raubvogelkralle. Und ob Sklavin oder frei – ein Mädchen oder eine junge Frau ohne bewaffneten Schutz war in dieser kriegerischen Welt verloren.

Ich fand Carlita schließlich in einer Kammer im obersten Stock des Palastes. Sie saß auf einer Steinbank am Fenster und starrte auf den Platz hinab, offenbar ohne irgendetwas wahrzunehmen.

»Carlita«, sagte ich leise und setzte mich neben sie. Seit sie vor der Opferpyramide in Tränen ausgebrochen war, hatte sie kein Wort mehr mit irgendwem geredet. »Bitte«, sagte ich. »Erzähle mir, was dich bedrückt.«

Sie schaute mich an und gleich wieder fort. Stumm sahen wir beide auf den Platz hinunter, wo eben unser Herr aus dem Tor trat. Mindestens fünfzig Krieger, bunt bemalt und festlich gewandet, bildeten sogleich einen Ring um ihn und sein Gefolge. Sie brachten ihn fast im Laufschritt zur anderen Seite des Platzes – es sah mehr wie eine Gefangennahme als wie ein feierliches Geleit aus.

Carlitas Finger krampften sich in meine Hand. »Es stimmt, was Olintecle gestern gesagt hat«, flüsterte sie. »Ich weiß es von Ixhuicatli, unserer Hohepriesterin!«

Wieder schaute sie mich an. Ihre Augen waren von Tränen verschleiert und ich fühlte mich hilfloser und schuldiger als jemals vorher in meinem Leben. Wenn sie nun erneut einen Weinkrampf bekäme – was sollte ich dann nur machen? Dann konnte ich sie doch nicht einfach weiter bedrängen, bis sie zusammenbrechen und mir alles anvertrauen würde, was sie seit so langer Zeit am tiefsten Grund ihres Herzens verbarg! Aber genauso wenig konnte ich das alles weiter auf sich beruhen lassen, sonst würde Fray Bartolomé auf seine Weise in sie dringen – mit glühenden Zangen und Klingen!

»Versprichst du mir etwas?«, flüsterte Carlita.

»Alles, was du willst«, antwortete ich.

Sie beugte sich zu mir herüber und ihre Lippen berührten beinahe mein Ohr. »Versprich mir, dass du alles tun wirst, was in deiner Macht steht, damit euer Herr seinen Plan aufgibt! Überrede ihn, beschwöre ihn, flehe ihn an, was auch immer – aber bringe ihn dazu, nicht nach Tenochtitlan zu gehen!« Sie legte einen Arm um meinen Hals, als ob sie mich würgen wollte. »Versprichst du es mir?«

Von der Pyramide am anderen Ende des Platzes schallte Trommeldonner zu uns herüber. Die Priester bliesen in Muschelflöten und stießen Schnalz- und Trillerlaute aus. Am Fuß der Pyramide und auf allen fünfzig oder sechzig Stufen bis hinauf zum First standen die Menschen dicht gedrängt. Auf den Stufen war nur eine schmale Gasse frei geblieben und durch diese Gasse führten die Priester in ihren blutverkrusteten Gewändern nun die Opfer zum Tempel empor. Ihre Köpfe waren mit Blumenkränzen geschmückt, ihre Körper nackt bis auf das Hüfttuch und ein blutrotes Zeichen über ihren Herzen. Gehorsam stiegen sie die Treppe empor, ohne sich gegen ihr schreckliches Los zu sträuben. Vielleicht empfanden sie es gar nicht als grausam oder sinnlos, schoss es mir durch den Kopf – vielleicht fühlten sie sich sogar geehrt, weil sie glaubten, dass sie von einer mächtigen Gottheit ausgewählt worden seien?

»Wenn wir nach Tenochtitlan gehen, kommen wir alle um!«, fuhr Carlita mit bebender Stimme fort. »Ein schrecklicheres Ende wartet dort auf euch, als ihr es euch in euren schwärzesten Albträumen ausmalen könnt! Sogar die Qualen, die die armen Burschen da drüben auf der Pyramide erleiden, und die Ängste, die sie durchmachen mussten, seit sie in den Opferkäfig eingesperrt wurden – das alles ist die reinste Kinderei, verglichen mit der Hölle, die euch in Tenochtitlan erwartet! Also versprich mir, dass du Cortés davon abbringen wirst, wenn du erst gesehen hast, was ich in der dunkelsten Kammer am tiefsten Grund meines Herzens mit mir herumtrage!«

Mir war heiß und kalt, mein eigenes Herz klopfte hart und schnell. Ich empfand Mitleid mit Carlita und ich kam beinahe um vor Liebe. Aber irgendetwas in mir blieb zugleich kühl wie Cortés und flüsterte mir zu: Versprich es ihr nur! Was kannst du dafür, wenn er deinen Rat nicht befolgt? Du bist ja nur sein Page!

»Offenbare mir das dunkle Geheimnis, das du mit dir herumträgst!«, sagte ich zu Carlita. »Ich schwöre dir, dass ich nichts unversucht lassen werde, um Cortés klarzumachen, dass Montezuma uns in Tenochtitlan auf schreckliche Weise umbringen will.«

~ 4 ~

Ixhuicatli, so erzählte mir Carlita, war von frühester Kindheit an ihre Lieblingstante gewesen. Sie war die jüngste Schwester von Carlitas Mutter und lebte bei ihnen in dem weitläufigen Palast im Adelsbezirk von Tenochtitlan. Carlitas Elternteile stammten beide aus hoch angesehenen Adelsfamilien. Noch die Urgroßmutter von Carlitas Mutter und von ihrer Tante Ixhuicatli war Hohepriesterin der Mondgöttin Xochiquetal gewesen und vor ihr hatten zahlreiche ihrer Vorfahrinnen dieses ehrenvolle Amt ausgeübt.

Doch unter der Herrschaft des kriegerischen Königs Itzalcoatl, mit dem vor fast hundert Jahren der Aufstieg der Azteken zu ihrer heutigen Macht und Pracht begonnen hatte, war etwas äußerst Merkwürdiges geschehen. Praktisch über Nacht waren die Riten und Zeremonien bei fast allen Götterkulten verändert worden. Die Priester und Hohepriester waren dieselben wie vorher – nur erzählten sie auf einmal ganz andere Geschichten vom Wirken der Götter und führten Zeremonien durch, von denen man vorher noch nie gehört hatte. Wer nachzufragen wagte, was es mit diesen Veränderungen auf sich hatte, bekam günstigstenfalls etwas von »wiedergefundenen Schriftrollen« zu hören. Die meisten Fragesteller fanden sich jedoch bald darauf im Kerker wieder oder sogar auf dem Opferstein einer der Gottheiten, die über Nacht so blutdürstig geworden waren.

Das alles rief beträchtliche Unruhe hervor. Selbst Götter, die sich bis vor Kurzem noch mit der gelegentlichen Opferung einzelner Menschenherzen begnügt hatten, erschienen in den Schilderungen der Priester auf einmal als unersättlich blutgierige Wesenheiten. Andere Götter, die von der Wüste bis zum Meer für ihre Milde und Menschenfreundlichkeit bekannt waren, wurden kurzerhand zu Gottheiten minderen Ranges erklärt. Dem alten Kriegsgott Tezcatlipoca beispielsweise waren bis dahin allenfalls ein paar alt gewordene Sklaven und meistens nur ein Hund oder sogar bloß ein Huhn geopfert worden. Doch plötzlich hieß es, Tezcatlipoca giere nach dem lebenswarmen Blut und den zuckenden Herzen junger Krieger! Ebenso hatte sich der Wettergott Tlaloc bisher meist schon erweichen lassen, wenn die Priester nur ein paar Kinder durch Ohrfeigen zum Weinen brachten. Ihre Tränen hatten ihm als Opfer genügt, und zum Dank hatte er die Felder mit *seinen* gewaltigen Tränen genetzt – doch auf einmal hieß es, Tlaloc verlange, dass die Priester bei jeder Zeremonie eine Anzahl Kinder zu Tode quälten!

Seltsamerweise waren auch sämtliche Schriftrollen, in denen die bis dahin bekannten Mythen und üblichen Zeremonien verzeichnet waren, über Nacht verschwunden. Doch außer den Priestern und den Adeligen konnte sowieso kaum jemand die traditionellen Bilderhandschriften lesen. Vor allem aber stellte sich heraus, dass die Priester den so erschreckend gestiegenen Blutdurst der Götter hauptsächlich durch die Opferung von Sklaven und Kriegsgefangenen stillten. Anstelle von Beunruhigung und Angst empfanden die meisten Azteken daraufhin Stolz auf ihre so mächtigen Götter: Monat für Monat wurden fortan mehr als Tausend junge Männer und Frauen, Mädchen und Jungen aus ganz Mexiko nach Tenochtitlan geschafft – die Blüte der tributpflichtigen und in Kriegen unterlegenen Völker, die zum Wohl der aztekischen Götter auf den Opfersteinen hingeschlachtet wurden.

Carlitas Familie verlor durch diese Entwicklung an Einfluss und Ansehen. Xochiquetal galt auf einmal nur noch als niedere Gottheit. Den Tempeldienst versahen keine Priesterinnen mehr, sondern bloß noch ein paar einfache Dienerinnen, über die natürlich auch keine Hohepriesterin mehr wachte. Die Frauen in

Carlitas Familie akzeptierten diese Erniedrigung nie – auch wenn sie sich nach außen nichts anmerken ließen.

Im Geheimen gaben sie das Wissen um die alten Riten und Zeremonien von einer Generation zur nächsten weiter. Carlitas Mutter und Ixhuicatli waren noch nicht geboren, als die gigantische Huitzilopochtli-Pyramide auf dem Tempelplatz von Tenochtitlan eingeweiht wurde – nach christlicher Zeitrechnung im 1487. Jahr des Herrn. Nicht weniger als achtzigtausend Menschen ließ der Große Itzalcoatl damals zu Ehren des Kriegsgottes opfern – ein Wochen währendes zeremonielles Massaker, das niemand, der dabei war, jemals wieder vergaß. Die ganze Stadt roch nach Blut und Eingeweiden und verbranntem Menschenfleisch. Das Huitzilopochtli-Standbild im Tempel oben auf der Pyramide, eine zehn Fuß hohe Hohlskulptur, quoll über vor blutigen Menschenherzen, die die Priester ihrem unersättlichen Gott in den aufgerissenen Jaderachen stopften. Blutströme ergossen sich durch die Rinnen am Rand der 113 Pyramidenstufen in die Tiefe und schwappten unten auf das sonst so makellos weiße Pflaster.

Irgendwo dort unten auf dem Platz stand auch Carlitas Großmutter und beobachtete die grauenvolle Zeremonie. Damals war sie eine junge Frau von kaum zwanzig Jahren, und sie schwor sich, dass sie nicht ruhen würde, bis die gütige Xochiquetal im Götterhimmel der Azteken wieder den ihr gebührenden Platz eingenommen hätte. »Ein Volk, das nur den Krieg und die Grausamkeit anbetet«, erklärte sie viele Jahre später ihren Töchtern, »ist dem Untergang geweiht! Das wurde mir an jenem Tag erschreckend klar. Und deshalb bitte ich euch, meine Töchter, lasst uns gemeinsam und in aller Stille den Kult der Göttin Xochiquetal wiederbeleben. Wenn wir die gütige Mondgöttin verehren und anbeten, wie sie es in früheren Zeiten gewöhnt war, so wird sie uns irgendwann erhören und ihr mildes Licht wieder über unserem Volk erstrahlen lassen.«

Carlitas Mutter und Ixhuicatli stimmten begeistert zu. Ihnen war bewusst, dass sie alle sterben müssten, wenn ihr Treiben bekannt würde. Aber alleine nur die alten Zeremonien in aller Stille durchzuführen erfüllte sie mit einer solchen gelassenen Sanftheit, dass es jeder von ihnen das Wagnis mehr als wert schien. Sie wählten Ixhuicatli zu ihrer Hohepriesterin. Die alten Gesänge, die sie anstimmten, das Räucherwerk, das sie verbrannten, die Tänze um den blumengeschmückten Altar der Mond- und Liebesgöttin – das alles verlieh ihnen eine ungekannte Kraft und stille Zuversicht. Und so wurden sie mit der Zeit immer mutiger und wohl auch ein wenig sorglos.

Nach und nach weihten sie die Frauen und Mädchen aus einigen weiteren Adelsfamilien ein, aus denen in früheren Zeiten gleichfalls Xochiquetal-Priesterinnen hervorgegangen waren. Über mehrere Mittelsmänner kaufte Ixhuicatli schließlich in einem abgelegenen Stadtviertel ein Anwesen, das seit vielen Jahren nicht mehr genutzt worden war. In einem hoch ummauerten Innenhof stand dort ein quaderförmiger Bau auf einem verwitterten Steinsockel, den Überresten einer uralten Pyramide. Gewiss erinnerte sich kaum jemand mehr daran, dass es einst ein Xochiquetal-Tempel gewesen war. Fast Hundert Jahre waren vergangen, seit in diesem Bauwerk zum letzten Mal eine priesterliche Zeremonie stattgefunden hatte. Doch in Carlitas Familie war auch dieses Wissen von einer Generation zur nächsten weitergegeben worden – einschließlich genauer Angaben, wo die letzten Priesterinnen dieses Tempels die kostbaren Ritualgegenstände verborgen hatten.

Zu jener Zeit gehörte Carlita bereits dem Kreis der Xochiquetal-Priesterinnen an. Noch war sie eine Novizin, aber für alle stand fest, dass sie eines Tages die neue Hohepriesterin sein würde. Schon als kleines Mädchen hatte sie im Traum die göttlichen Zeichen empfangen. Sie hatte mehrfach geträumt, dass sie ein ganz aus Ringelblumen geflochtenes Gewand trug und auf dem Rücken eines riesengroßen silbernen Kaninchens zum Mond emporschwebte. Das waren die Träume, die seit altersher anzeigten, dass ein Mädchen zur Hohepriesterin berufen war.

Carlita lernte, wie sie das Räucherwerk mischen, wie sie den Altar für die jeweiligen Zeremonien schmücken musste und welche Tänze und Gesänge zu den verschiedenen Riten gehörten. Mit vierzehn Jahren sollten sie und einige weitere Mädchen zu Priesterinnen geweiht werden. Zwei Jahre später, an ihrem sechzehnten Geburtstag, würde sie in einer feierlichen Zeremonie das Amt der Hohepriesterin von ihrer Tante Ixhuicatli übernehmen.

Eines Abends aber, vor mittlerweile mehr als zwei Jahren, wurden sie in ihrem Heiligtum überfallen. Grau gewandete Männer stürmten den Tempel und setzten ihn mit Fackeln in Brand. Es waren Montezumas Zauberer, und sie zwangen die Mädchen und Frauen, in einem lichtlosen Gewölbe im Sockel der Pyramide Zuflucht zu suchen. Dort geschah dann das Grauenvolle: Die Zauberer beschworen Unmengen übelwollender Geister und die Priesterinnen waren in dem Gewölbe gefangen und wurden die ganze Nacht hindurch von den Dämonen gepeinigt.

Giftgelbe, blutrote und grell grüne Dämpfe waberten durch den Raum und benebelten ihnen die Sinne. Bald schon konnten sie nicht mehr zwischen ihren Gefährtinnen und den umhertobenden Spukgestalten unterscheiden. Sie stürzten sich kreischend aufeinander, versuchten sich gegenseitig die Augen auszukratzen und die Kehle zu zerquetschen. Irgendwann stellten sie fest, dass die Gewölbetür nicht mehr verschlossen war – sie taumelten ins Freie, auch von den Zauberern war weit und breit nichts mehr zu sehen. Aber die Dämonen waren weiterhin bei ihnen – oder in ihnen. Der Tempel auf dem Pyramidenfirst stand in hellen Flammen. Von den dämonischen Spuk- und Trugbildern verblendet, stürzten sich Carlitas Gefährtinnen schreiend ins Feuer, tanzten und sangen zu Ehren von Xochiquetal und kamen allesamt in den Flammen um.

Nur Carlita überlebte diese schreckliche Nacht. Ihre Tante

Ixhuicatli hatte sie im letzten Moment in der geheimen Kammer im Pyramidensockel versteckt, in der seit jeher die unermesslich kostbaren Ritualgegenstände verwahrt wurden. Neben der sechs Fuß hohen Xochiquetal-Statue, deren linke Hälfte aus Gold und die rechte aus Silber besteht, kauerte Carlita im Dunkeln. Durch Ritzen im Mauerwerk sah sie, wie Ixhuicatli und die Priesterinnen im Gewölbe umherrannten, sich schreiend aufeinanderstürzten und zu Boden fielen, während fieberfarbene Dämonen hinter ihnen herjagten, ungreifbar wie Nebelschwaden …

Carlita war mit ihrer Geschichte noch nicht fertig, doch an dieser Stelle brach sie unvermittelt ab und schaute nur noch stumm auf den Platz hinunter. Ihre Augen waren glasig, ihre Stimme rau vor ungeweinten Tränen. Ab und an wurde sie von einem Schluchzer geschüttelt, aber sie brach nicht in Tränen aus. Mir wäre es sogar lieber gewesen, wenn sie die Fassung verloren hätte, denn sie kam mir wie versteinert vor. Wie eingemauert in ihren schrecklichen Erinnerungen!

Sie tat mir furchtbar leid, aber ich spürte, dass ich nichts tun konnte, außer bei ihr zu sein und sie in den Arm zu nehmen, wenn sie das wollte. Ob wir nach Tenochtitlan weitermarschieren oder nicht – so ging es mir durch den Kopf –, in ihren Gedanken und Albträumen sitzt Carlita sowieso die ganze Zeit in jener lichtlosen Kammer und hört die Schreie ihre Gefährtinnen und sieht, wie sie von den dämonischen Dämpfen gejagt und verblendet werden. Und niemals, niemals durfte Cortés erfahren, dass in jener geheimen Kammer im Pyramidensockel ein sechs Fuß großes Bildnis der Xochiquetal verborgen war – zur Hälfte aus Silber geschmiedet und zur Hälfte aus Gold!

Ich legte behutsam meinen Arm um Carlitas Schultern und zog sie auf der Steinbank näher zu mir heran. Die Opferzeremonie drüben auf der Pyramide war anscheinend zu Ende – die Trommeln waren verstummt, ebenso die schrillen Gesänge der Priester und das Trillern der Muschelflöten. »Warum glaubst du denn, dass Montezuma auch uns auf diese Weise töten lassen will«, fragte ich Carlita, »wenn wir zu ihm nach Tenochtitlan gehen?«

»Weil er Xochiquetal hasst!«, antwortete sie. »Die sanfte Göttin verkörpert alles, was er verabscheut – Liebe, Güte, Verzeihen! Davon haben meine Eltern und meine Tante Ixhuicatli oft genug gesprochen. Bevor die angebliche ›Ringelblumen-Verschwörung‹ aufflog, gehörten wir immer noch zu den angesehensten Adelsfamilien von Tenochtitlan. Meine Eltern und Ixhuicatli wurden recht häufig in den Königspalast eingeladen und kannten Montezuma ziemlich gut.«

Darüber dachte ich erst einmal nach, während unser Herr über den Platz zu unserem Palast zurückkam. Wieder waren er und seine Begleiter von einem Ring aus Kriegern umzingelt – es sah fast aus, als ob sie in den Kerker geführt werden sollten.

»Aber wir verlangen ja nicht, dass sich Montezuma zu Xochiquetal bekehrt!«, wandte ich schließlich ein. »Wir bringen ihm den Glauben an den allmächtigen Gott und an …«

»… die gütige Muttergottes Maria!«, fiel mir Carlita ins Wort »Und die sieht eben aus wie Xochiquetal! Trotz der Unterweisung durch Fray Bartolomé habe ich bis heute nicht richtig verstanden wodurch sich die Liebe Frau Maria von der Liebesgöttin Xochiquetal unterscheiden soll. Von ihr geht genau die gleiche Güte und Sanftheit aus – all das, was Montezuma, seine Krieger und Priester auf den Tod hassen!«

Sie wand sich unter meinem Arm hervor und erhob sich von der steinernen Bank. »So glaub mir doch, Orteguilla!«, fuhr sie in beschwörendem Tonfall fort. »Montezuma und seine Ratgeber werden sich ganz bestimmt nicht die Mühe machen, nach irgendwelchen Unterschieden zu suchen. Für ihn sieht es so aus, als wäre Cortés gekommen, um den Völkern von Mexiko den Glauben an die sanften Götter Quetzalcoatl und Xochiquetal zurückzubringen! Und das heißt für ihn eben, dass ihr ihn selbst und den

Kriegsgott Huitzilopochtli stürzen wollt, den die Azteken über alle anderen Götter gestellt haben!«

Ich lächelte sie an und suchte nach einer beruhigenden oder tröstlichen Bemerkung, aber mir fiel nichts Brauchbares ein. »Sprich mit niemandem über das, was du mir eben erzählt hast!«, sagte ich zu ihr. »Und erwähne vor allem nicht, dass du aus einer mächtigen Adelsfamilie aus Tenochtitlan stammst – oder gar, dass du Hohepriesterin werden solltest! Versprichst du mir das, Carlita?«

Sie schaute mich erstaunt und irgendwie geistesabwesend an. »Wozu soll das noch wichtig sein?«, fragte sie zurück. »Berichte deinem Herrn alles, was ich dir eben anvertraut habe – dann muss er erkennen, dass er auf gar keinen Fall nach Tenochtitlan gehen darf! Alles andere spielt dann doch keine Rolle mehr!«

Ich war mir da keineswegs so sicher, aber das konnte ich ihr erst recht nicht sagen. So hauchte ich ihr nur einen Kuss auf die Wange und eilte in meine und Diegos Kammer im Erdgeschoss. Bald schon würde mich Cortés zu sich rufen, und vorher musste ich meine Gedanken ordnen und mir darüber klar werden, was ich ihm berichten konnte und was ich unbedingt verschweigen musste. Um Carlita zu schützen und um sicherzustellen, dass wir trotz allem weitermarschieren würden – nach Tenochtitlan, ins goldene Herz des Aztekenreichs.

5

Am nächsten Tag verließen wir Zautla mit dem ersten Tageslicht. Die vier Totonaken, die Cortés nach Tlaxcala geschickt hatte, waren noch nicht wieder aufgetaucht, doch unser Herr hatte beschlossen, nicht auf ihre Rückkehr zu warten. Olintecle beschwor ihn, Tlaxcala zu umgehen und über das befreundete Chołollan nach Tenochtitlan zu reisen, da die Tlaxcalteken geschworene Feinde der Azteken seien.

Aber Cortés gab nur düster zurück, das werde er unterwegs

entscheiden. Offenbar hatte die Opferung der fünfzig jungen Sklaven sogar ihm ziemlich zugesetzt, auch wenn er sich in seiner üblichen Art nichts anmerken ließ. Jedenfalls konnte ihm unser Aufbruch aus Zautla gar nicht schnell genug gehen.

Als unser Herr mich kurz vor der Mittagsstunde zu sich heranwinkte, war er noch immer ungewöhnlich bleich und unter seinen Augen lagen schwarze Schatten. »Ich habe über das nachgedacht, was du mir gestern Abend berichtet hast«, sagte er zu mir. »Es hilft mir, Montezuma und seine Denkungsart noch besser zu verstehen. Aber im Gegensatz zu dem, was deine Carlita anzunehmen scheint, bestärkt mich das alles nur noch mehr in meinem Plan: Wir müssen und werden nach Tenochtitlan gehen! Montezuma mag die teuflischsten Zauberkünste beherrschen und seine Streitmacht mag eine Million oder sogar drei Millionen Mann stark sein – weit stärker ist aber die Angst in seinem Herzen! Das habe ich durch deinen Bericht erst richtig begriffen. Diese Angst in seinem Herzen ist stärker als jeder Teufelszauber und jedes Heer – und wenn ich mich mit ihr gegen ihn verbünde, dann fällt mir sein Reich kampflos zu.«

Ich starrte in die gurgelnden Fluten des Gebirgsstroms hinab, an dem wir seit Stunden entlangmarschierten. Ich war wieder einmal von Reue erfüllt, weil mein Bericht das Gegenteil dessen zu bewirken schien, was Carlita sich davon erhofft hatte – und weil ich selbst das im Voraus geahnt und es insgeheim sogar darauf angelegt hatte. Aber zugleich war ich von Stolz und Dankbarkeit erfüllt, weil Cortés so offen und vertrauensvoll mit mir sprach. Es war das erste Mal, seit wir in Potonchan in jenem Bücherturm beisammengesessen hatten, und ich spürte, dass er begonnen hatte, mir zu verzeihen. Auch wenn er gewiss nicht vergessen hatte, dass ich Carlita liebte und meine Treue deshalb entzweigespalten blieb.

»Was glaubt Ihr, Herr«, fragte ich, »wovor ängstigt sich Montezuma? Davor, dass Ihr der wiedergekehrte Götze Quetzalcoatl sein könntet – und unsere Muttergottes in Wahrheit jene Liebesgöttin Xochiquetal, wie Carlita meint?«

»Ich glaube, dass es noch viel ärger um ihn steht – um ihn und seine Ratgeber.« Das stille Lächeln kräuselte Cortés' Lippen. »Sie haben ihren eigenen Götzenglauben verfälscht und die überlieferten Schriften vernichtet. Seither leben sie in der Angst, dass ihre Götzen ihnen deshalb zürnen könnten – die einen, weil sie herabgewürdigt und an den Rand gedrängt wurden, aber auch die anderen, weil die Priester auch über sie letzten Endes Lügen erzählen. Und das ist noch nicht einmal alles.«

Cortés gab mir durch einen Wink zu verstehen, dass ich mein Ohr näher an seinen Mund heranführen sollte. Da wir unverwandt voranmarschierten und unser Weg überdies recht holprig war, gelang es mir nicht ohne Mühe, diesen Befehl zu befolgen.

»Schon in Cempoallan habe ich von König Pazinque etwas sehr Eigenartiges gehört«, fuhr Cortés mit gedämpfter Stimme fort. »Gestern habe ich Olintecle danach gefragt – auf der Pyramide, kurz bevor das Schlachten anfing – und er hat mir alles bestätigt. Die Azteken haben anscheinend nicht nur ihren Götzenglauben, sondern auch die Geschichte ihres Volkes verfälscht. Einen Tagesmarsch nördlich von Tenochtitlan steht eine gewaltige Tempelstadt, die von den Tolteken erbaut worden sein soll – einem geheimnisvollen Volk, das in ganz Mexiko bewundert und verehrt wird. Als die Azteken vor rund zweihundert Jahren in diese Gegend kamen, war die Tempelstadt der Tolteken schon seit einem halben Jahrtausend verlassen, und niemand wusste zu sagen, wohin die Bewohner gegangen waren.«

Er unterbrach sich und schaute starr vor sich hin. »Es gab aber schon damals eine Prophezeiung, die angeblich von Potonchan bis Texcoco jeder Knabe und jeder Greis kennt«, sprach er fast flüsternd weiter. »Diese Prophezeiung lautet: Eines Tages werden die Tolteken zurückkehren und wie früher über ganz Mexiko herrschen. Und die Azteken behaupteten nun einfach, dass *sie* die

Nachkommen jener Tolteken seien und dass sich ihnen deshalb alle Völker Mexikos unterwerfen müssten, so wie sie auch früher den Tolteken untertan waren. Der Unterschied war allerdings, dass die Tolteken ein allgemein bewundertes Volk großartiger Baumeister waren und die Azteken damals nur eine Horde neureicher Emporkömmlinge. Deshalb glaubt ihnen bis heute niemand, dass sie die Nachkommen der Tolteken sind – und vor allem konnten sie selbst niemals vergessen, dass sie ihre eigene Vergangenheit gefälscht haben. Aus diesem Grund leben Montezuma und seine Vorgänger seit Jahrhunderten in der Angst, dass die wirklichen Nachkommen der Tolteken eines Tages zurückkehren und sie von ihrem angemaßten Platz verjagen werden. Verstehst du?«, fragte mich Cortés.

Durch einen weiteren Wink gab er mir zu verstehen, dass ich mein Ohr wieder von seinem Mund entfernen sollte. Erleichtert brachte ich meinen Rücken und Hals in die Senkrechte.

»Ich bin nicht sicher, ob ich alles richtig verstanden habe«, sagte ich und rieb mir verstohlen meinen Nacken. »Die Azteken haben also ihre Götterkulte *und* ihre eigene Geschichte verfälscht? Dann leben sie sogar in zweifacher Angst: dass irgendwelche ihrer Götzen sie dafür bestrafen könnten und dass die wirklichen Tolteken eines Tages wiederkehren und ihnen gleichfalls ihre Lügen heimzahlen könnten – ist das so richtig, Herr?«

Cortés starrte in seiner gewohnten Art durch mich hindurch. »Richtig, wenn auch unvollständig«, antwortete er. »Der Götze, dessen Zorn Montezuma und seine Ratgeber offenbar am meisten fürchten, ist ausgerechnet der gütige Quetzalcoatl. Und weißt du auch, warum sie glauben, dass gerade dieser Quetzalcoatl mehr Gründe als alle anderen Götzen hat, mit einem Donnerknall in Montezumas Palast zu erscheinen?«

Ich nickte und hob gleichzeitig meine Schultern. »Nun, Herr, weil *Ihr* gekommen seid und weil so vieles, was sie diesem Quetzalcoatl zuschreiben, auf Euch zutrifft. Ihr verschmäht Menschenopfer und fordert die Indianer auf, die Muttergottes zu verehren, die für sie niemand anderes als Xochiquetal ist, die göttliche Schwester jenes Quetzalcoatl. Außerdem seid Ihr so weise und gütig wie …«

»Genug!«, fiel mir Cortés ins Wort. »Das alles sind Gründe, warum Montezuma glauben kann, dass ich der wiedergekehrte Quetzalcoatl bin. Aber es erklärt überhaupt nicht, warum die Aztekenherrscher schon seit hundert Jahren in der Angst leben, dass gerade Quetzalcoatl an ihrem Thron rütteln wird. Der Grund dafür ist so eigenartig, dass ich es erst gar nicht glauben wollte.«

Unser Herr schüttelte den Kopf. Die Mittagssonne brannte auf uns herunter, aber hier oben am Ufer des Gebirgsflusses war die Luft trotzdem ziemlich frisch.

»Bevor dieser Quetzalcoatl«, sagte Cortés, »nach dem Aberglauben der Indianer zum Gott erhoben wurde und zu den Sternen emporfuhr, war er angeblich ein sterblicher Mensch – nämlich der weise Anführer der Tolteken! Die Aztekenherrscher leben also in einer doppelten Angst, wie du ganz richtig gesagt hast. Aber das Entscheidende ist, dass beide Arten von Angst denselben Namen haben: Quetzalcoatl, Herrscher und Gott! Und solange Montezuma nicht ganz sicher sein kann, dass ich *nicht* dieser wiedergekehrte Quetzalcoatl bin, wird er sich nur immer auswegloser in seinen Zweifeln und Befürchtungen verstricken.«

Cortés sah mich durchbohrend an. »Aber wie könnte er sich dessen jemals sicher sein?«, fuhr er fort. »Quetzalcoatl kann als Mensch genauso gut wie als Gott in Erscheinung treten. Also bleibt Montezuma gar nichts anderes übrig, als halbtot vor Angst in seinem Palast auszuharren und sich einmal für den Kampf gegen mich, dann wieder für demütige Unterwerfung zu entscheiden – und jeden dieser Entschlüsse sofort wieder umzuwerfen und in sein Gegenteil zu verkehren! Und je länger er in seinem Thronsaal auf mich warten und in seinen Ängsten schmoren muss, desto zermürbter wird er sein, wenn ich endlich vor ihm stehe.«

So sprach Cortés zu mir oder eigentlich mehr zu sich selbst, während wir auf das Land der Tlaxcalteken zumarschierten. Weiter hinten in unserer Kolonne lief Carlita neben Marina und die ganze Zeit über spürte ich ihren Blick auf mir. Aber ich schaffte es kein einziges Mal, mich zu ihr umzudrehen – aus Zerknirschung und weil ich Cortés keinen Anlass geben wollte, erneut an meiner Treue zu zweifeln.

»Frage sie weiter aus!«, befahl mir unser Herr schließlich. »Die Kleine weiß noch mehr, das spüre ich!«

Ich murmelte, dass ich alles so ausführen würde, wie er es wünschte. Und dann machte unser Weg eine scharfe Biegung um einen hoch aufragenden Felsen herum, und plötzlich standen wir vor etwas so Eigenartigem, in dieser Einöde so gänzlich Unerwartetem, dass ich für Augenblicke alles andere vergaß. Cortés, meine Versprechen und Treuebrüche und sogar Carlita und die albtraumhaften Schrecknisse, von denen sie mir erzählt hatte.

Vor uns ragte eine Mauer auf, rund zehn Fuß hoch. Sie zog sich meilenweit durch die felsige Ebene und endete links wie rechts an einem schroffen Felshang. Nur ein schmaler Durchgang war in dem Wall ausgespart, eben breit genug, dass sich ein einzelner Mann hindurchzwängen und sein Pferd hinter sich herziehen konnte.

»Dahinter fängt das Land der Tlaxcalteken an«, verkündete Mamexi. »Das sagt zumindest er.« Der Totonaken-Häuptling deutete zu dem Indianer, der an seiner Seite marschierte und den der Herrscher Olintecle uns widerwillig als Führer mitgegeben hatte. »Und er sagt«, fügte Mamexi hinzu, »wer da hindurchgeht, wird Camaxtli geopfert, dem Kriegsgott der Tlaxcalteken!«

6

Warum befahl uns Cortés trotzdem, durch die Mauerpforte zu gehen? Gerade eben hatte er mir noch auseinandergesetzt, dass und warum uns Tenochtitlan kampflos in die Hände fallen würde. Also hätten wir doch das Land der Tlaxcalteken umgehen und geradewegs ins Herz des Aztekenreichs marschieren können. Doch ganz sicher schien sich unser Herr in diesem Punkt nicht zu sein – und als Verbündete kam für uns außer den Tlaxcalteken niemand infrage. Sie sind das einzige Indianervolk, das sich der aztekischen Oberherrschaft beharrlich und erfolgreich widersetzt.

Allerdings gab es keinerlei Anzeichen dafür, dass sie uns freundlich empfangen würden – ganz im Gegenteil. Unsere Boten waren nicht zurückgekehrt. Olintecle hatte uns eindringlich vor seinen rauen Nachbarn im Südwesten gewarnt: Die Tlaxcalteken seien mit jedermann verfeindet und trauten niemandem über den Weg als ihren eigenen Waffen, Kriegern und Göttern.

Der Späher, den uns Olintecle mitgegeben hatte, weigerte sich, uns auch nur einen Schritt weit hinter die Grenzmauer zu begleiten. Die Tlaxcalteken seien Nachkommen der Hundemenschen aus dem Norden, erklärte er, wild und barbarisch, berühmt für ihre Tapferkeit und berüchtigt für ihre Grausamkeit. »Eure Boten, Herr, sind bestimmt längst geopfert, ihre Gliedmaßen auf der Camaxtli-Pyramide in Tlaxcala verspeist worden. Wenn Ihr nicht genauso enden wollt, dann haltet Euch von dort fern!« Damit warf er sich herum und rannte zurück nach Zautla.

Hätten wir nur auf ihn gehört! Doch Cortés wies uns an, einer nach dem anderen durch die schmale Bresche in der Mauer zu marschieren. Auch unsere drei Kanonen und alle fünfzehn Pferde gelangten unbehelligt durch das Nadelöhr hindurch. Kein einziger Grenzwächter versuchte uns aufzuhalten – doch das bedeutete nicht, dass wir willkommen waren.

Zwei Tage und ebenso viele erbitterte Schlachten später saßen wir bei eisigen Temperaturen auf einem Berggipfel mitten im Land der Tlaxcalteken fest – umzingelt von mindestens fünfzigtausend feindlichen Kriegern!

Die Stimmung in unserem Lager war gedrückt. Viele unserer Männer waren verwundet. Einer von ihnen war so schwer verletzt worden, dass er in der Nacht nach unserem ersten Kampf gegen die Tlaxcalteken starb. Es war Pedro de Moron, ein Velazquez-Getreuer, der schon in Vera Cruz zu den Verschwörern gehört hatte. Sein Tod erschütterte auch viele treue Gefolgsleute von Cortés. Bisher hatte es immer so ausgesehen, als ob wir sogar gegen eine erdrückende Übermacht von Indianern letzten Endes den Sieg davontragen müssten. Doch Morons Tod führte uns vor Augen, dass auch die mit Steinsplittern gezähnten Holzschwerter der Indianer tödliche Waffen waren. Selbst wenn jeder unserer Kämpfer fünfzig von ihnen ins Verderben reißen würde – gegen eine tausend- oder sogar zweitausendfache Übermacht zu allem entschlossener Krieger konnten wir nicht bestehen.

Das erste Heer der Tlaxcalteken hatte sich uns entgegengeworfen, als wir gerade erst eine halbe Stunde tief in ihr Land eingedrungen waren. Da hätten wir noch hinter jene Mauer zurückweichen können, aber Cortés befahl seinen Hauptleuten, sämtliche Kompanien in die Schlacht zu führen. Die Tlaxcalteken hatten ihre Gesichter so bemalt, dass sie wie die Fratzen zorniger Dämonen aussahen. Als sie uns angriffen, schrien sie markerschütternd und vollführten so wilde Sprünge, dass selbst unsere abgebrühtesten Konquistadoren weiche Knie bekamen.

Sie kämpften tapferer und geschickter als alle Indianer, mit denen wir es bis dahin zu tun bekommen hatten. Todesmutig griffen sie sogar unsere Reiter an, klammerten sich an den Lanzen fest und schafften es, mehrere Reiter aus den Sätteln zu ziehen. Gleich bei dieser ersten Schlacht töteten sie zwei unserer unersetzlichen Pferde. Nur mit Mühe gelang es unseren Männern, die Kadaver in Sicherheit zu bringen.

Als sich die Tlaxcalteken nach stundenlangen Kämpfen endlich zurückgezogen hatten, befahl Cortés, die toten Pferde zu zerlegen und die Einzelteile an weit entfernten Stellen zu vergraben. Wenn die Tlaxcalteken schon herausgefunden hatten, dass unsere Pferde sterblich waren, sollten sie zumindest keine Gelegenheit erhalten, ihren Körperbau zu erforschen. Aber auch diese Mühen waren vergebens: Am zweiten Tag warfen uns die Tlaxcalteken eine Streitmacht von fünfzigtausend Kriegern entgegen, und diesmal gelang es ihnen, eine lebende Stute zu erbeuten.

Stunden und Stunden dauerte diese furchtbare Schlacht. Erst bei Einbruch der Nacht ließen die Angreifer urplötzlich von uns ab. Wir zogen uns auf den Gipfel eines Berges zurück, der wie eine natürliche Pyramide aus der Ebene aufragt. Solange wir nicht auszubrechen versuchten, ließen uns die Tlaxcalteken in Ruhe, aber dort oben gab es keine Quelle, keine essbaren Pflanzen und kein jagdbares Wild. Unseren Durst konnten wir nur mit Regenwasser stillen und unsere einzige Nahrung waren getrocknete Bohnen. Zwei zermürbende Wochen lang saßen wir auf diesem öden Felsen fest und unsere Stimmung wurde mit jedem Tag düsterer. Außer einer kleinen Götzenkapelle gab es dort buchstäblich nichts. Und obwohl Fray Bartolomé die Kapelle feierlich der Muttergottes geweiht und auf den Namen »Vitoria« getauft hatte, waren wir einem Sieg sehr viel ferner als dem Verderben.

Immer offener machten unsere Männer ihrem Unmut Luft. Insgesamt waren weit mehr als fünfzig von ihnen umgekommen, seit wir vor nicht einmal vier Monaten in Kuba aufgebrochen waren. Viele waren Krankheiten erlegen oder bei Unfällen ums Leben gekommen, aber das änderte nichts daran, dass unsere Zahl immer geringer wurde – und auch von denen, die noch am Leben waren, war fast die Hälfte verwundet. Überdies grassierte in unserem Lager ein tückisches Fieber. Ganz zu schweigen von Hunger und Durst, die uns alle fast unaufhörlich plagten, und von der ständigen Angst, dass die Indianer uns massakrieren oder in ihre Opfertempel verschleppen könnten.

Noch sprach es niemand offen aus, aber was die Männer dachten, war leicht von ihren Gesichtern abzulesen: Cortés hat uns in diese Lage manövriert – also soll er uns gefälligst auch wieder heraushauen! Und genau das tat er dann auch.

Gütiger Gott, wie gerne würde ich ungeschehen machen, was an jenem Septembertag geschehen ist! Oder es zumindest vergessen können, aus meiner Erinnerung löschen – wenigstens das! So wie sich Diego nichts sehnlicher wünscht, als die Bilder aus seinem Gedächtnis zu tilgen, die sich in Zautla in sein Bewusstsein eingebrannt haben, als er unseren Herrn zu jener Opferzeremonie begleitet hat. Ich weiß es genau, auch wenn Diego niemals mit mir darüber gesprochen hat. Seine Schreie, sein Gestammel, wenn er wieder einmal nachts aus einem Albtraum aufschreckt, verraten mir mehr als genug. Tapferer Diego! Doch was die blutverkrusteten Götzenpriester mit ihren Opfern anstellen, hat mit ehrenvollem Kämpfen nichts zu tun! So wenig allerdings wie die unerhörten Grausamkeiten, die uns Cortés an jenem Morgen Anfang September verüben ließ.

Uns, ja – auch mich! Diesmal war es an mir, unseren Herrn als Page zu begleiten, während Diego der Lagerwache zugeteilt worden war. Ich selbst habe weder mein Schwert noch auch nur eine Hand gegen die Bewohner jener Indianerdörfer erhoben – und doch werde auch ich mich für alle Zeiten mitschuldig fühlen. Mitschuldig an dem Blut, das wir vergossen, an den Schmerzen, die wir zugefügt haben, an den Qualen, der Erniedrigung und Angst. Warum, Herr, warum das alles? Das frage ich mich seit damals Nacht für Nacht.

Es war noch vor dem ersten Morgenlicht, als wir jenen Ausfall wagten. In der Dunkelheit, so hatte uns Häuptling Mamexi erklärt, würde kein Indianer jemals in den Kampf ziehen – aus Angst vor übelwollenden Dämonen und weil sie es für unehrenhaft hielten, einen Feind im Schlaf zu überrumpeln. Nun, beiderlei Bedenken waren Cortés fremd. Auf seinem lilienweißen Hengst sprengte er uns voran, Alvarado und Portocarrero folgten gleichfalls zu Pferde, und wir anderen, gut fünfzig Mann, rannten hinterher, so rasch unsere Füße uns trugen.

Was in den folgenden Stunden geschah … Entsetzen und Reue hindern mich noch immer, all die grässlichen Einzelheiten aus meinem Gedächtnis aufzurufen. Wir fanden ein Dorf, ein zweites, schließlich ein drittes – und jedes Mal stürmten wir hinein und unsere Männer setzten alles in Brand. Die Bewohner stürzten aus ihren brennenden Hütten, einfache Bauern und ihre Frauen, kleine Kinder und Greise. Cortés befahl, sie allesamt zu töten – und sie nicht einfach nur umzubringen, sondern zudem zu verstümmeln, auf möglichst erniedrigende, abschreckende Weise, und ihre Überreste dort aufzuhängen, wo jeder sie unweigerlich sehen müsste. An Bäumen und am rußschwarzen Dachgebälk der wenigen festen Häuser.

Die Schreie werde ich niemals vergessen, die Angstschreie, die Schmerzensschreie. Die Schreie des Entsetzens und der ungläubigen Wut. Und die Stille danach, wenn endlich alles vorbei war, das ganze Dorf tot! Alles niedergebrannt und ausgeplündert, die Bäume sich biegend unter der entsetzlichen Last, die unsere Männer ihnen ins Geäst gehängt hatten. Unsere Männer, die mir mit einem Mal ganz fremd geworden waren – obwohl ich doch seit Monaten mit ihnen herumzog und zusammenlebte wie mit einer großen Familie! Auch Cristóbal de Tapia war unter ihnen und selbst seine Gebärden hatten alle Feierlichkeit verloren. Auch sein Gesicht war gerötet und zur Fratze verzerrt. Auch seine Zähne waren gefletscht, und auch seine Augen glitzerten, als ob er den Verstand verloren hätte!

Ich versuchte, mir nichts anmerken zu lassen, aber ich glaube, das gelang mir nur schlecht. Ich wollte schreien und presste meine Lippen aufeinander. Ich wollte wegrennen und befahl meinen Füßen, wie angeleimt zu verharren. Tränen brannten mir in den Augen und in der Kehle. So betete ich im Stillen, inbrünstig wie seit meinen Kinderjahren nicht mehr. Doch ich betete nicht für mich, und ich betete auch nicht für die unglücklichen Dorfbewohner – die waren als Heiden gestorben und würden niemals zu unserem allmächtigen Gott in den Himmel gelangen.

Ich betete für Cortés.

~ 7 ~

Noch am selben Tag griffen uns die Tlaxcalteken erneut mit fünfzigtausend Kriegern an. Wir waren erst seit ein paar Stunden zurück in unserem Lager, und obwohl wir immerhin größere Mengen an Nahrungsmitteln erbeutet hatten, war die Stimmung unter unseren Männern womöglich noch niedergedrückter als vorher. In Windeseile hatte sich herumgesprochen, dass bei unserer »Strafaktion« Hunderte unschuldiger Dorfbewohner umgekommen waren, und nicht nur unsere totonakischen Verbündeten waren fassungslos. Häuptling Mamexi flehte unseren Herrn geradezu an, so etwas auf keinen Fall noch einmal zu machen – er befürchte, dass seine eigenen Krieger sich sonst gegen uns wenden könnten. Wehrlose Frauen, Kinder und alte Männer abzuschlachten – das vertrug sich nicht mit ihrer Kriegerehre und das rief den Zorn der Götter hervor!

Ich war dabei, als Mamexi unseren Herrn in dieser Weise beschwor – und bei allem, was mir heilig ist: Ich spürte, dass er im Recht war! Was wir getan hatten, war Unrecht! Schreckliches Unrecht, an das ich auch jetzt noch nicht denken kann, ohne mich innerlich zusammenzukrümmen vor Reue, vor Scham und Schmerz!

Zu allem Überfluss hatten wir nun auch noch den Rachedurst der Tlaxcalteken angestachelt. Mit nervenzerfetzendem Geschrei stürmten sie den Berg herauf, und unsere Männer drängten sich bei der Kapelle »Vitoria« zusammen wie eine Hühnerschar, in deren Gehege der Fuchs eingedrungen ist. Der ganze Berghang war schwarz vor schreienden, hüpfenden, Speere und Schwerter schwingenden Indianern. »Wir sind verloren!«, riefen unsere Männer aus. »Heilige Muttergottes, hab Erbarmen!«, jammerten sie und schüttelten sich gegenseitig die Hände, als ginge es nun endgültig ans Abschiednehmen.

Doch Cortés und seine Vertrauten hatten wieder einmal alles vorausbedacht. Sie gaben den Artilleristen die vorher ausgemachten Zeichen, und unsere drei Kanonen donnerten kurz nacheinander los und richteten schreckliche Verheerungen unter den Angreifern an. Die Geschütze waren mit Steinkugeln geladen, und die Splitter jeder Kugel reichten aus, um Dutzende Menschen zu durchbohren, wenn sie nur dicht genug zusammengedrängt waren. Während die Tlaxcalteken noch dabei waren, ihre Toten und Verletzten in Sicherheit zu bringen, gab Sandoval den Gewehrschützen ein Zeichen. Es krachte und donnerte aus fünfzehn Hakenbüchsen und wieder wurden zahlreiche Indianer verwundet oder getötet. Alle anderen rannten und schrien durcheinander.

Ihre Kriegerehre verbot den Indianern nicht nur, wehrlose Bauernfamilien abzuschlachten oder einen Gegner im Schutz der Dunkelheit zu überfallen. Dieselbe Ehre gebot ihnen auch, sich Reihe um Reihe hintereinander aufzustellen und immer erst dann anzugreifen, wenn die Linie der Krieger vor ihnen von unseren Waffen niedergemäht worden war. So zumindest hatte es uns Mamexi erklärt und die Tlaxcalteken hielten es in diesen Dingen offenbar genauso wie die Totonaken. Die Ehre verbot ihnen sogar, mit Pfeilen und Speeren aus der Entfernung anzugreifen statt im ritterlichen Nahkampf mit dem Schwert. Und da sie ihre Gegner möglichst nicht auf dem Schlachtfeld töten, sondern gefangennehmen und ihren Opferpriestern bringen wollten, hielten wir auch an jenem Tag ihrem erbitterten Angriff stand. In der Abenddämmerung zogen sie sich endlich wieder zurück. Hunderte oder sogar Tausende von ihnen waren getötet worden und doch fühlte sich wohl niemand von uns wie ein Sieger.

Wir waren am Ende unserer Kräfte. Ohne unsere tapferen totonakischen Verbündeten hätten wir gewiss nicht so lange standgehalten und auch die Totonaken hatten mehr als Hundert Krieger verloren. Zwei Drittel unserer Männer waren mehr oder weniger schwer verwundet. Fast alle litten an jenem Fieber, gegen das die Arzneien von Wundarzt Jeminez nur wenig auszurichten vermochten. Auch Cortés wurde nach diesem Tag voll düsterer Ereignisse von dem Fieber befallen, das den Körper des Erkrankten glühen lässt und mit Schüttelfrost peinigt.

Eine weitere Schlacht wie die heutige, das war uns allen klar, würden wir nicht überstehen. Und gerade jetzt lag unser Anführer krank danieder! Die Männer wurden immer unruhiger. Und es waren längst nicht mehr nur die Velazquez-Getreuen, die Cortés die Gefolgschaft aufzukündigen drohten. Viele Konquistadoren hatten auf Kuba, Hispaniola oder zu Hause in Spanien Frau und Kinder, Haus und Hof. Sie waren aus Abenteuerlust mit uns losgezogen und natürlich in der Hoffnung, reich zu werden. Nun aber war aus dem Abenteuer ein Krieg gegen eine zweihundertfache Übermacht geworden. Und in Tenochtitlan mochten die Dächer und Teller und was sonst noch alles aus reinem Gold sein – doch Montezuma gebot über Hunderttausende oder sogar Millionen von Kriegern! War es da nicht höchste Zeit zum Rückzug, so fragten sich unsere Männer – solange sie noch Beine und Füße besaßen, auf denen sie davonrennen konnten?

Währenddessen lag Cortés fiebernd in seinem Zelt, allem Anschein nach in tiefem Schlaf. Und am nächsten Morgen, ehe der Himmel sich auch nur felsgrau färbte, war er wieder auf den Beinen und rief seine treuesten Gefolgsleute zu sich, darunter auch Marina. »Ich weiß genau, was ihr denkt«, sagte er, »aber wir können nicht zurück. Wir werden nach Tenochtitlan gelangen oder auf dem Weg dorthin sterben. Doch seid unbesorgt, ich hatte letzte Nacht wieder einmal einen prophetischen Traum. Ihr wisst, dass Gott selbst mir diese Träume schickt, um mir in der

Finsternis, durch alle Angst und Verwirrung hindurch, den Weg zu weisen.«

Er schaute starr vor sich hin, und als mehrere Männer gleichzeitig fragten, was er geträumt habe, gab er keine Antwort. »Ich weiß jetzt, was zu tun ist«, sagte er nur. »Folgt mir, wir werden den Krieg mit den Tlaxcalteken noch heute beenden!«

Der Wundarzt Jeminez wollte ihm den Puls fühlen, offenbar in der Annahme, unser Herr rede im Fieberwahn. Aber Cortés entriss ihm seine Hand, schwang sich auf sein Pferd und galoppierte mit seinem Fähnlein davon.

Wir anderen, die wir im Lager zurückgeblieben waren, verlebten diesen Tag in wachsender Angst. Es wurde Mittag, dann Nachmittag – und Cortés kehrte nicht zurück. Schreckliche Vorahnungen quälten uns: Bestimmt waren sie den Tlaxcalteken in die Hände gefallen – und während wir untätig hier herumsaßen, wurden Cortés und seine Getreuen womöglich in einem Götzentempel dem Teufel geopfert!

Erst in der Abenddämmerung kehrten sie in unser Lager zurück. Cortés war bleich wie der Tod. Er stieg aus dem Sattel und wäre wie ein gefällter Baum umgesunken, wenn Diego und ich ihn nicht festgehalten hätten. Wir geleiteten ihn zu seinem Zelt und betteten ihn auf den Teppich, der ihm als Schlafunterlage diente. Und noch während ihm Jeminez seine wirkungslosen Arzneien einflößte, fiel Cortés in ohnmachtsähnlichen Schlaf.

Von Alvarado und Portocarrero, die ihn bei diesem jüngsten Ausfall begleitet hatten, war wenig zu erfahren. Sie waren bis zu der Tlaxcalteken-Stadt Tzompatzinco gelangt, ohne unterwegs angegriffen zu werden. In Tzompatzinco hatte Cortés den örtlichen Herrscher zu sprechen verlangt und ihm versichert, dass er mit den Tlaxcalteken Frieden schließen wolle. Sie hätten einen gemeinsamen Feind, verkündete er, und der heiße Montezuma. Wenn sie einander an die Gurgel gingen, würde das nur den Azteken in die Hände spielen. Er hielt ihnen sogar seine übliche

Predigt und versicherte, dass er der Statthalter des allmächtigen Gottes und des Königs von Spanien sei. Wenn Notar Gutierrez mit ihm gekommen wäre, dann hätte unser Herr höchstwahrscheinlich auch noch das *Requerimiento* verlesen lassen.

Ob es ihm gelungen war, die Tlaxcalteken von seinen friedlichen Absichten zu überzeugen, mochten oder konnten Portocarrero und Alvarado nicht sagen. Zumindest hatten die Indianer nicht versucht, Cortés und seine Gefolgsleute zu ergreifen und auf dem Opferstein hinzuschlachten. Aber auch das lag vielleicht nur an ihren Vorstellungen davon, welche Verhaltensweisen ehrenvoll waren und welche nicht.

Am nächsten Morgen war unser Herr wieder bei klarem Bewusstsein. Unsere Lagerwache meldete, dass von Südwesten her erneut eine gewaltige Streitmacht auf unseren Berg zumarschiert kam, aber Cortés schien dem keine Bedeutung beizumessen. »Niemand schießt!«, befahl er und schickte die Wache ohne weitere Anweisungen wieder weg.

Er war so geschwächt, dass Diego und ich Mühe hatten, ihn auf seine Füße zu hieven. Kaum hatten wir ihn aus seinem Zelt ins Freie geschafft, da eilten die beiden Franciscos auf uns zu.

»Erteilt den Befehl zum Rückzug, Kapitän-General!«, beschwor ihn Francisco de Morla. »Noch ist es nicht zu spät!«

»Wenn wir nach Nordosten zurückweichen, werden sie uns unbehelligt ziehen lassen!«, bekräftigte Francisco Montejo. »Aber wir müssen auf der Stelle aufbrechen!«

Unser Herr klammerte sich links und rechts an Diego und mir fest. Doch sein Kinn war vorgereckt, die Brust gewölbt. »Die Flucht ergreifen?«, rief er aus. »Gerade jetzt, wo der Krieg gewonnen ist? Ihr müsst den Verstand verloren haben!«

Die beiden Franciscos tauschten finstere Blicke.

»Und diese zwanzigtausend Wilden da unten – was glaubt Ihr, warum die schon wieder im Sturmschritt angerannt kommen?«, rief wiederum Morla.

»Um uns um Frieden zu bitten«, antwortete Cortés. »Und um sich zu entschuldigen.«

Er krampfte seine Hand in meinen Unterarm. Sein Gesicht war grau und mit Schweiß bedeckt. Doch seine Augen funkelten vor Zuversicht und sogar vor Spottlust. Er schien sich seiner Sache vollkommen sicher zu sein und der ungläubige Zorn der beiden Franciscos erheiterte ihn offenbar sehr.

»Und um uns feierlich in ihre Hauptstadt zu geleiten«, fügte er hinzu.

8

Tatsächlich kam alles genau so, wie Cortés es vorausgesagt hatte. Niemand von uns begriff so richtig, wie das möglich war – ob er auch diese glückliche Wendung in einem prophetischen Traum vorhergesehen oder dies alles am Vortag mit dem Herrscher von Tzompatzinco ausgehandelt hatte.

Das Heer der Tlaxcalteken jedenfalls lagerte unten am Fuß des Berges, während eine festlich gewandete Gesandtschaft zu uns emporstieg. Ihr Anführer war ein groß gewachsener Indianer von vielleicht dreißig Jahren. Er kniete vor unserem Herrn nieder und beugte sich vor, um den Boden zu küssen. Mühsam machte es ihm Cortés nach. Er hatte Diego und mir verboten, ihn zu stützen oder festzuhalten – die Tlaxcalteken sollten nicht bemerken, dass er geschwächt war.

»Ich bin der Sohn von Xicotencatl, einem der beiden Könige der Tlaxcalteken«, erklärte der Abgesandte und maß erst Cortés, dann die Umstehenden mit einem stolzen und finsteren Blick. »Mein Vater ist ebenso wie Maxixcatzin, unser zweiter König, zu betagt, um die beschwerliche Reise hierher persönlich auf sich zu nehmen«, fuhr er fort. »Aber sie laden Euch ein, mit Eurem Gefolge nach Tlaxcala zu kommen und dort unsere Gäste zu sein, solange es Euch bei uns gefällt.«

Cortés sah noch starrer als sonst durch sein Gegenüber hindurch. »Wie ist dein Name?«, fragte er. »Du hast eure Krieger im Kampf gegen uns befehligt – habe ich recht?«

Der Tlaxcalteke kniff seine Augen zu schmalen Schlitzen zusammen. Er heiße Xicotencatl, genauso wie sein Vater, erklärte er, und sei an dessen Stelle als militärischer Führer in die Schlacht gezogen. »Im Namen unserer Könige bitte ich Euch um Verzeihung, dass wir Euch angegriffen haben, bärtiger Fremder«, fuhr er fort. »Wir Tlaxcalteken schätzen unsere Freiheit so hoch, dass wir niemandes Vasallen sein wollen – lieber nehmen wir in Kauf, dass wir in Armut leben und uns in diese einfachen Gewänder aus Pflanzenfasern hüllen müssen, die Ihr an unseren Körpern seht. Montezuma hat allen Völkern verboten, mit uns Handel zu treiben. Deshalb sind wir arm, doch als Tribut bringen wir Euch das Kostbarste, was wir besitzen: Truthahnfleisch und Maisfladen, Federn und Weihrauch sowie einige junge Sklaven. Wenn Ihr Götter seid, die Fleisch und Blut zu sich nehmen, so verzehrt die Sklaven, seid Ihr milde Götter, so nehmt den Weihrauch und die Federn. Seid Ihr aber Menschen, so lasst Euch Truthahn und Tortillas schmecken.«

Er machte seinen Begleitern ein Zeichen und sie breiteten die mitgebrachten Gaben aus. Drei Indianer setzten Körbe voll köstlich riechender Nahrungsmittel vor unserem Herrn ab, drei weitere entrollten Bündel, die Weihrauch und kunstvoll gearbeiteten Federschmuck enthielten. Als Letztes traten fünf kräftige Tlaxcalteken vor, die ebenso viele junge Sklaven vor unserem Herrn zu Boden stießen.

Cortés schaute sich das alles ausdruckslos an.

»Leider können wir Euch kein Gold überreichen«, fügte Xicotencatl hinzu. »Wir haben gehört, dass Ihr die Tränen des Sonnengottes höher als jedes andere Besitztum schätzt, doch in unserem Land gibt es nirgendwo Gold. Dennoch ist es unser aufrichtiger Wunsch, Vasallen Eures Königs zu werden.«

Cortés wandte sich kurz zu Alvarado um und hätte dabei fast

das Gleichgewicht verloren. »Wir benötigen das Gold gegen die Krankheit unserer Herzen«, erklärte er. »Eine Krankheit, die daher rührt, dass wir unsere Heimat vor so langer Zeit verlassen mussten.«

Diese Worte versetzten mir einen Stich. Also litt auch unser Herr manchmal an Heimweh?, fragte ich mich, während Marina übersetzte. Also kannte auch er diese schmerzliche Sehnsucht nach dem Ort, an dem er aufgewachsen war?

»So stimmt es also?«, fragte Xicotencatl und sein Gesichtsausdruck wurde scheu. »Ihr seid Quetzalcoatl, Herr – zurückgekehrt, um mit Eurem Volk, den Tolteken, wieder hier in Mexiko zu leben? Also seid Ihr wahrhaftig ein Gott?«

Cortés schaute noch starrer, falls das überhaupt möglich war. »War Quetzalcoatl nicht auch ein sterblicher Mensch«, fragte er zurück, »ehe er zum Gott erhoben wurde?«

Da erst wurde mir klar, dass er seine Worte eben ganz anders gemeint haben musste. Er hatte vom angeblichen Heimweh des Tolteken-Herrschers Quetzalcoatl gesprochen – und nicht von seiner eigenen Sehnsucht, eines Tages nach Spanien zurückzukehren! Oder begann er sich in seine Rolle als angeblicher Quetzalcoatl schon so sehr einzuleben, dass beides sich für ihn vermischte?

Der Tlaxcalteke wechselte verwirrte Blicke mit seinen Begleitern. Aus der Antwort unseres Herrn konnten sie herauslesen, dass er Quetzalcoatl sei, auch wenn er das nicht ausdrücklich behauptet hatte. Überdies hatte er sie daran erinnert, dass es nach ihrem eigenen Glauben in der Macht jenes Quetzalcoatl stand, als Gott oder auch verkörpert als Mensch unter ihnen zu erscheinen.

Mit großartiger Gebärde legte Cortés zwei der vor ihm kauernden Sklaven seine Hände auf den Kopf. »Ich schone euer Leben«, sprach er. »Ich bin milde und gütig und verabscheue Menschenopfer.« Er wedelte sie mit seinen Händen von sich fort. Alle fünf Sklaven rappelten sich auf und stolperten zur Seite. »Den

Weihrauch brennt für mich ab und einige der roten Federn steckt mir an meinen Hut«, wies unser Herr mich und Diego an. »Dies auch zum Zeichen«, wandte er sich wiederum an Xicotencatl, »dass ich bereit bin, euch im Namen meines Königs als Vasallen zu akzeptieren. Und nun lasst uns gemeinsam den Truthahn verspeisen!«

Von den Gesichtern der Tlaxcalteken konnte ich ablesen, dass sie nun vollkommen verwirrt waren. Ob Cortés ein Gott oder ein Mensch war, der wiedergekehrte Quetzalcoatl oder der Statthalter des Königs von Spanien – oder vielleicht auch das alles zusammen –, hätte bestimmt niemand von ihnen sagen können. Und in meinem Kopf sah es nicht sehr viel klarer aus.

Noch am selben Tag reisten wir jedenfalls nach Tlaxcala ab. Eben noch hatten uns die Tlaxcalteken erbittert bekämpft – nun trugen sie uns in eigens mitgebrachten Sänften und Hängematten im Laufschritt den Berg hinab und durch die weite Ebene bis in ihre Hauptstadt. Dort wurden wir von den beiden greisen Königen, Maxixcatzin und Xicotencatl der Ältere, herzlich empfangen und in einem gewaltig großen Palast untergebracht. Nicht einmal die obersten Herrscher der Tlaxcalteken besaßen Umhänge aus Hirschleder oder aus Baumwolle und anstelle von Gold- und Silberketten trugen sie einfachen Kupferschmuck. Doch ihr stolzer Freiheitsdrang beeindruckte unseren Herrn und nötigte sogar Portocarrero ein wenig Respekt ab. »Die beiden Alten«, dröhnte er, »besitzen jedenfalls mehr beschissenen Stolz als unsere beiden Franciscos! Wozu allerdings auch verdammt wenig gehört!«

Nachdem wir so lange auf jenem Berggipfel gehungert hatten, schlugen wir uns in Tlaxcala von früh bis spät die Bäuche voll. Cortés und die anderen Kranken kurierten ihr Fieber und ihren Husten aus, und unsere Verletzten ließen die Wunden heilen, die ihnen die Tlaxcalteken mit den steinernen Schneiden und Spitzen ihrer Schwerter und Speere beigebracht hatten. Sooft es ging, schlenderten Carlita und ich durch die weitläufige Stadt und versuchten, nicht an gestern und schon gar nicht an morgen zu denken. Das gelang uns nur selten, doch wenn wir einen Winkel fanden, in dem wir uns ungestört küssen und umarmen konnten, gelang es uns umso besser.

Während wir auf dem Berggipfel bei der Kapelle »Vitoria« festsaßen, hatte Carlita mir auch den Rest ihrer schrecklichen Geschichte erzählt. Wegen »Verschwörung gegen den Thron von Tenochtitlan« waren die Familien aller Xochiquetal-Priesterinnen zu harten Strafen verurteilt worden. Die meisten wurden mit der blumenumwundenen Drahtschlinge hingerichtet – unter ihnen auch Carlitas Eltern, da die Hohepriesterin Ixhuicatli die Schwester von Carlitas Mutter war und in ihrem Haushalt gelebt hatte. Andere wurden in die Verbannung geschickt. Das Vermögen aller Familien, die der Verschwörung überführt worden waren, wurde eingezogen und an Adelsfamilien verteilt, die Montezuma treu ergeben waren. Kurz nach der Hinrichtung ihrer Eltern und Geschwister gelang es Carlita mithilfe eines hochgestellten Freundes ihres Vaters, unerkannt aus Tenochtitlan zu fliehen. Doch sie geriet bald schon in die Fänge eines Sklavenhändlers, der sie mit dem Krallenzeichen auf ihrem Unterarm brandmarkte und schließlich für dreizehn Jadeplättchen auf dem Sklavenmarkt von Potonchan verkaufte.

Das alles berichtete ich getreulich weiter an Cortés. Doch ich hütete mich zu erwähnen, auf welchen verborgenen Wegen Carlita aus der Stadt geschafft worden war – durch ein Labyrinth aus Geheimgängen, das nur wenigen Eingeweihten in Tenochtitlan bekannt ist. Denn diese Geheimgänge bilden ein Netzwerk von Fluchtwegen für den äußersten Notfall und führen überdies zu den Schatzkammern von Tenochtitlan.

Genauso wenig erwähnte ich das Menschentierhaus, zu dem Carlitas Eltern bereits verurteilt worden waren, als Montezuma selbst sie zum Tod durch die Blumenschlinge »begnadigte«. Auch von diesem grässlichen Kerker wissen in Tenochtitlan nur die

Angehörigen der fünfzehn oder zwanzig mächtigsten Adelssippen. Oder genauer gesagt, so wie Carlita es mir erklärt hat: Jeder, der jemals Tenochtitlan besucht hat, kennt auch Montezumas Tierpark mit seinen Unmengen seltener Affen und Alligatoren, Ozelots und Jaguare. Und so kennt auch jeder die Abteilung für »menschliche Monstren« – Missgebildete mit zwei Köpfen, zusammengewachsene Zwillinge und andere bedauernswerte Kreaturen, die Montezuma gleichfalls in seinem Zoo zur Schau stellen lässt. Doch in einem Winkel des weitläufigen Tiergartens, noch hinter dem Alligatorsumpf, steht laut Carlita eine fensterlose Halle, die sich über einer abgrundtiefen Schlammgrube erhebt. Wer sich erkundigt, was in dieser Halle verwahrt wird, aus der bei Tag und Nacht ein schauriges Gewinsel dringt, der erhält die Auskunft, dass es das »Lager für lebendiges Tierfutter« sei. Tatsächlich aber, sagt Carlita, ist es der Albtraumkerker, den die Eingeweihten in Tenochtitlan das Menschentierhaus nennen.

Wir blieben drei Wochen in Tlaxcala. Die beiden greisen Könige hatten Cortés in ihr Herz geschlossen und wollten ihn gar nicht wieder ziehen lassen. Als unser Herr ihnen erklärte, dass er nun endlich nach Tenochtitlan marschieren müsse, um ihren gemeinsamen Feind Montezuma in die Knie zu zwingen, da wollten sie ihm eine Streitmacht von achtzigtausend Mann mitgeben. Doch Cortés bat sie, uns lediglich ihre zweitausend besten Krieger und einige Hundert Diener zu überlassen. »Wenn ich mit einer ganzen tlaxcaltekischen Armee anrücke«, sagte er, »wird Montezuma seine Stadt vor mir verrammeln. Ich will aber, dass er mich für seinen Freund hält und mir seine Stadt und sein Herz öffnet. Erst wenn ich mich im Innersten seines Herzens eingenistet habe, soll er erkennen, wen er eingelassen hat.«

Die Könige Maxixcatzin und Xicotencatl rieten Cortés dringend, dann aber zumindest nicht über Chololan zu reisen. Ihre Späher hätten ihnen berichtet, dass die Cholollа Vorbereitungen träfen, um uns in ihrer Stadt einzukesseln und zu ermorden.

Aber unser Herr ließ sich auch diesmal auf nichts festlegen. Das werde er unterwegs entscheiden, erklärte er lediglich und hatte es auf einmal wieder sehr eilig, die Stadt zu verlassen, in der wir so gastfreundlich aufgenommen worden waren.

Kurz zuvor hatte ihm König Maxixcatzin offenbart, was mit der Stute geschehen war, die die Tlaxcalteken bei der zweiten Schlacht von uns erbeutet hatten. Bestimmt hatte es unserem Herrn zugesetzt, dass sie die Stute ihrem Götzen Camaxtli geopfert hatten. Seine Abhandlung über unseren allmächtigen Gott im Himmel hatten sie feierlich verbrannt und schließlich die Überreste des Pferdes zusammen mit dem roten Tafthut vor der Camaxtli-Pyramide vergraben.

Am 12. Oktober im 1519. Jahr des Herrn machten wir uns auf den Weg nach Chalollan.

~ 9 ~

Hätte ich wirklich verhindern können, dass wir in die Schlinge tappten, die Montezuma hier in Chalollan für uns ausgelegt hat? Jetzt, da ich mir alles noch einmal vor Augen geführt habe, bin ich mir sicher: Es stand nicht in meiner Macht.

Wenn ich Cortés von dem Menschentierhaus in Tenochtitlan berichtet hätte, dann hätte er unweigerlich auch noch herausbekommen, dass Carlita von jenem Netz aus Geheimgängen und Schatzkammern weiß. Und dieses Wissen hätte ihn bestimmt nicht davon abgehalten, nach Chalollan und von hier aus weiter nach Tenochtitlan zu marschieren. Ganz im Gegenteil: Es hätte ihn nur noch mehr in seinem Plan bestärkt, in die Hauptstadt der Azteken vorzudringen und den größten Goldschatz der Welt an sich zu bringen – auch auf die Gefahr hin, dass er und seine treuesten Gefolgsleute in jenem Höllenkerker zugrunde gehen. Bis zu den Knien in übelriechendem Schlamm versunken, von dämonischen Dämpfen und giftigen Schlangen gepeinigt – so hat Carlita mir die elende Lage der »Menschentiere« beschrieben.

Aber nicht einmal diese grausige Aussicht hätte ihn abschrecken können – das Goldfieber hätte Cortés weiter vorangetrieben, so oder so.

Kaum hatten wir das Land der Tlaxcalteken hinter uns gelassen, da stießen wir auf eine Gruppe kostbar gekleideter Azteken. Sie hatten in einem Gasthof am Straßenrand auf uns gewartet, und ihre Anführer warfen sich unserem Herrn sogleich zu Füßen und erklärten, der Große Montezuma habe sie ausgesandt. Einen von ihnen erkannte ich wieder, nachdem sie die Geste des Bodenküssens vollendet und ihre Oberkörper wieder aufgerichtet hatten. Es war Cuitlalpitoc, der uns schon zu Ostern im Land der Totonaken aufgesucht hatte, zusammen mit dem Tributeintreiber Teudile.

Cuitlalpitoc war diesmal noch kostbarer gekleidet, falls das überhaupt möglich war. Sein Umhang schimmerte vor Gold und Silber, und er klirrte und klingelte bei jeder Bewegung wie eine Marienkapelle, so verschwenderisch waren sein Hals, seine Handgelenke und sogar seine Fußknöchel mit Gold- und Silberketten umwunden. »Der Große Montezuma ist erstaunt und befremdet, Herr«, verkündete er, »weil Ihr Euch so lange bei seinen Feinden, den Tlaxcalteken, aufgehalten habt. Aber er ist bereit, Euch auch diesmal zu verzeihen, und betrachtet Euch weiterhin als seinen Freund.«

Cortés war stocksteif stehen geblieben, während die Abgesandten vor ihm auf den Knien lagen. »Wie viele Krieger befehligt der Große Montezuma? Und wie oft hat er schon vergeblich versucht, die Tlaxcalteken zu bezwingen?«, fragte er in gleichgültigem Tonfall, so als würde er sich erkundigen, wie viele Paar Schuhe der Aztekenherrscher besaß. »Ich jedoch habe ihnen mit ein paar Hundert Männern widerstanden und bin bis in ihre Hauptstadt marschiert«, fuhr er mit dem gleichen leiernden Stimmklang fort. »Die Herrscher von Tlaxcala haben sich mir, dem Statthalter des Königs von Spanien, als Vasallen unterworfen – und du redest von Verzeihen? Ich verlange, dass sich mir Montezuma gleichfalls unterwirft – sonst wird *er* es sein, der *mich* um Verzeihung anfleht! Aber dann wird es zu spät sein!«

Cuitlalpitoc und die anderen Abgesandten wechselten bestürzte Blicke. »Ihr missversteht, Herr …«, begann einer von ihnen, doch Cortés brachte ihn mit einer Handbewegung zum Schweigen. Die roten Federn wippten an seinem Hut – und in diesem Moment erst wurde mir klar, warum er mir und Diego damals bei der Kapelle »Vitoria« befohlen hatte, gerade diese Federn an seinem Hut zu befestigen. Weil Rot nach dem Glauben der Indianer die Lieblingsfarbe des sanften Götzen Quetzalcoatl ist.

»Ich bin milde und gütig«, sagte Cortés und starrte durch Cuitlalpitoc hindurch. »Ich verschmähe nicht nur Menschenopfer, sondern jede Art von unnötiger Gewalt. Aber selbst meine Geduld ist nicht unendlich – richte das Montezuma aus!«

Cuitlalpitoc stammelte irgendetwas und nickte dazu immer wieder mit dem Kopf. Er winkte ein halbes Dutzend Sklaven heran und sie rollten Matten vor Cortés' Füßen aus und häuften darauf Unmengen kostbarer Geschenke auf: kunstvoll verzierte Umhänge und Federschmuck sowie etliche eindrucksvolle Figuren und Masken aus Jade und Grünstein.

»Nichts davon hilft gegen die Krankheit unserer Herzen!«, rief Cortés aus. »Hat der Große Montezuma etwa kein Gold mehr?«

Cuitlalpitoc versetzte einem der Sklaven einen Tritt, und der beeilte sich, ein weiteres Bündel vor unserem Herrn auszurollen. Zum Vorschein kamen fünf goldene Teller und ebenso viele Becher aus gehämmertem Silber.

»Der Große Montezuma«, verkündete einer der Abgesandten, »lädt Euch ein, Euch nach Chalollan zu begeben und dort in aller Bequemlichkeit auszuruhen. In wenigen Tagen wird eine Abordnung der edelsten aztekischen Fürsten nach Chalollan kommen und Euch in allen Ehren nach Tenochtitlan geleiten.«

Cortés reckte sein Kinn vor und wölbte die Brust heraus. »Um bis dahin zumindest die ärgsten Qualen unserer Herzen zu lindern, gebt uns alles Gold, das ihr bei euch tragt!«

Wieder wechselten die Gesandten erschrockene Blicke. Zögernd griffen sie nach ihren Goldketten, streiften sie über ihre Köpfe und legten sie neben den Bechern und Tellern unserem Herrn zu Füßen.

»Alles«, beharrte Cortés. »Auch die Armbänder und Fußketten. Und eure Umhänge und Sandalen – alles, was auch nur einen Faden Gold enthält!«

Wenig später standen Montezumas Abgesandte nahezu nackt da. Vielleicht hätte Cortés ihnen auch noch befohlen, ihre Hüfttücher abzuwerfen, doch die waren zum Glück für Cuitlalpitoc und die anderen nicht mit Goldfäden durchwirkt. Gedemütigt rissen sie ihren Sklaven die Umhänge von den Schultern und hüllten sich in diese einfachen Gewänder aus Pflanzenfasern, die in Tlaxcala sogar die höchsten Herrscher tragen, jedoch mit viel mehr Würde und Stolz.

»Zwei von euch bleiben bei uns«, befahl Cortés. »Zwei weitere eilen uns voraus. Bevor ich Chalollan betrete, sollen sich die Herrscher dieser Stadt mir als Vasallen unterwerfen! Und der Rest von euch begibt sich auf schnellstem Weg zurück zu Montezuma! Fort mit euch!«

Cuitlalpitoc und ein zweiter Adliger aus Tenochtitlan blieben bei uns. So zogen wir weiter die Straße entlang nach Südwesten. Die Nacht verbrachten wir zum ersten Mal nach Wochen wieder in offenem Gelände. Sandoval teilte doppelt so viele Männer wie üblich als Lagerwachen ein und ordnete an, dass die ganze Nacht über an allen vier Ecken unseres Lagers Feuer unterhalten werden sollten. Auch ich musste in dieser Nacht Wache halten, und das Los bestimmte, dass Cristóbal de Tapia und ich vier Stunden lang zusammen am Feuer saßen.

Tapia nannte mich wieder »mein Retter«, er benahm sich sogar noch feierlicher als sonst. Irgendwann im Verlauf dieser Nacht kam mir der Gedanke, dass er mich so vielleicht vergessen machen wollte, wie er sich an jenem Tag in den Tlaxcalteken-Dörfern betragen hatte. Ich überlegte, wie ich das Gespräch auf den Blutrausch bringen könnte, der ihn und die anderen damals befallen hatte. Aber ich schaffte es einfach nicht und schließlich kam der schlaftrunkene Diego herbeigewankt und löste mich ab.

Am nächsten Morgen erschien tatsächlich eine Delegation aus Chalollan, angeführt von zwei ungemein würdevollen Fürsten. Sie knieten vor Cortés nieder und leisteten ihm den Treueid, indem sie Wort für Wort wiederholten, was Notar Gutierrez vorlas und Marina übersetzte. Auf mich wirkten sie mehr wie Bischöfe oder Oberpriester als wie weltliche Herrscher, und wirklich erklärten sie, dass Chalollan vor allem als Stadt der Tempel und Götterfeste weithin berühmt sei. Zu ihrem Gefolge gehörten zahlreiche Priester, die zu Cortés' Ehren Weihrauch verbrannten und auf Muscheltrompeten spielten.

»Diese verfluchten Teufelspriester – sie beten *dich* an, Hernán!«, dröhnte Portocarrero. »Wenn sie so weitermachen, schließe ich sie doch noch in mein Herz!«

Das stille Lächeln kräuselte Cortés' Lippen. Der Wind spielte mit den roten Federn an seinem Hut.

»Bitte nehmt Platz, Herr!«, sagte einer der Fürsten mit einer ehrerbietigen Verneigung. Er deutete auf eine kostbar verzierte Sänfte, die von sechs Sklaven getragen wurde.

Da stürzte Xicotencatl der Jüngere herbei und fasste unseren Herrn ungestüm beim Arm. Er zog ihn einige Schritte zur Seite und Cortés ließ es geschehen. Der Tlaxcalteken-Prinz persönlich führte die zweitausend Krieger an, die die beiden greisen Könige von Tlaxcala uns überlassen hatten. »Geht nicht nach Chalollan, Herr!«, sagte er leise. »Ihr scheint darauf zu setzen, dass sie Euch für den wiedergekehrten Quetzalcoatl halten. Aber was wäre, wenn sie Euch das nur glauben machen wollen, damit Ihr ihnen arglos in die Falle geht?«

Cortés wechselte einen Blick mit Marina. Auch Alvarado war zu ihnen getreten und unser Herr schaute auch ihn fragend an. Der »Durchtriebene« schüttelte fast unmerklich den Kopf.

»Wenn ChololIan, wie du sagst, eine Falle ist«, antwortete Cortés schließlich Xicotencatl, »was ist dann deiner Meinung nach Tenochtitlan?«

Er wandte sich um und nahm in der Sänfte Platz. Noch vor der Mittagsstunde erreichten wir Chololłan.

Sie brachten uns geradewegs zu ihrem gewaltig großen Tempelplatz im Herzen der Stadt. Dort erklärten uns die beiden Fürsten mit sichtlichem Stolz, welche Götter in welchem Tempel angebetet wurden. Eine stattliche Pyramide, die neuer als alle anderen Bauwerke aussah, war himmelblau bemalt und Huitzilopochtli geweiht – dem Kriegsgott der Azteken, der erst seit gut Hundert Jahren auch in Chololłan verehrt wurde. Die weitaus größte Pyramide, die von einem wuchtigen Würfelbau gekrönt wurde, sah dagegen uralt aus und war es wohl auch. »Die größte Pyramide der Welt!«, erklärte einer der Fürsten. »Hundertzwanzig Stufen misst sie bis hinauf zum Tempel des Tlaloc – sieben Stufen mehr sogar als die Huitzilopochtli-Pyramide in Tenochtitlan!«

Die Stufen waren mit Blut verkrustet. »Quält ihr hier auch Kinder zu Tode, damit euer stinkender Wettergötze euch Regen schenkt?«, schrie Portocarrero.

Falls Marina seine Frage übersetzte und falls irgendjemand ihm darauf antwortete, so bekam ich es jedenfalls nicht mit. Ich starrte die gigantische Bildsäule an, vor der Cortés mitsamt seiner Sänfte abgesetzt worden war. Die Säule steht vor einem lang gezogenen Tempelbau, der sich auf einer steinernen Plattform erhebt und von einer hohen Mauer umschlossen ist.

Cortés stieg aus seiner Sänfte und trat vor das kunstvoll gemeißelte Bildnis. Er legte seinen Kopf in den Nacken und sah es aufmerksam an. Sein Gesicht war ausdruckslos wie fast immer, aber ich spürte, dass er tief beeindruckt war. Geradezu ergriffen, wie ich ihn niemals vorher gesehen hatte.

Ergriffen von sich selbst.

Die Bildsäule ist sicher schon viele Hundert Jahre alt und wenigstens neun Fuß hoch. Sie stellt einen schlanken, fast zierlichen Mann in mittleren Jahren dar. Sein Gesicht ist schmal und wundersamerweise von einem schütteren Bart gesäumt. Er trägt einen weit geschnittenen Umhang, der fast bis zu seinen Fußknöcheln reicht, und eine seltsame Kopfbedeckung, die wirklich einem Hut nach spanischer Mode ähnelt. Sein Kinn ist vorgereckt, die Brust gewölbt. Der helle Marmorstein mag im Lauf der Zeit von der Sonne noch zusätzlich gebleicht worden sein. Jedenfalls sieht es so aus, als ob der steinerne Mann weißhäutig wäre.

»Quetzal-Cortés!«, schrie Portocarrero.

10

Der Morgen dämmert herauf, und ich spüre, dass es unser letzter Morgen ist – hier in Cholollan oder überhaupt auf dieser Welt. Seltsamerweise fühle ich mich ganz ruhig – weder von Angst noch von Schuldgefühlen geplagt wie fast durchweg in den letzten Tagen.

Ich drehe mich zur Seite, stütze meinen Kopf in die Hand und schaue Carlita an. Ihre Augen sind geschlossen, sie seufzt und murmelt im Schlaf. Wie sehr ich dich liebe, Carlita!, denke ich. Aber bevor ich auch nur auf die Idee kommen kann, einen Kuss auf ihre Lippen zu hauchen, höre ich irgendwo neben mir Stimmengemurmel.

Ich rappele mich auf und finde Cortés und seine Vertrauten einige Schritte abseits in leisem Gespräch. Sie kräftigen sich durch ein Frühstück, das offenbar so karg ausfällt wie unsere gestrigen Mahlzeiten: altbackene Fladen und lauwarmes Wasser. Nur am ersten Tag haben uns die Herrscher von Chololan großzügig bewirtet. Danach haben sie uns nur noch ein paar kümmerliche Reste geschickt und gestern Abend – an unserem dritten Tag in ihrer Stadt – sogar bloß Brennholz und Wasser.

Als unser Herr bemerkt, dass ich wach bin, winkt er mich energisch herbei. »Du bleibst hier im Palast, Orteguilla!«, sagt er zu mir. »Behalte die Kleine im Auge – ihr beide dürft das Haus nicht verlassen, bis ich es euch ausdrücklich erlaube.« Seine Stimme klingt ernst, er sieht angespannt und übernächtigt aus.

»Was ist passiert, Herr?«, frage ich.

Er deutet zum Dachrand. »Schau es dir selbst an.«

Unten auf dem Platz haben sich erneut Tausende Cholollа versammelt. Die Feuer an den Straßeneinmündungen sind wieder angezündet worden und daneben liegen frische Brandfackeln aufgestapelt. Ich lasse meinen Blick zu den Dächern der umliegenden Paläste schweifen – die Indianer, die dort gestern Abend neben den Steinhaufen kauerten, sind noch nicht auf ihre Posten zurückgekehrt. Aber eine gewittrige Spannung liegt in der Luft – sie werden uns angreifen, das spüre ich, noch an diesem Morgen!

»Wir kommen ihnen zuvor«, sagt Cortés, der sich erhoben hat und neben mich an den Dachrand tritt. »Ihre Fürsten und sonstigen Würdenträger haben sich da drüben versammelt – im Hof des Quetzalcoatl-Tempels.« Er deutet zur anderen Seite des Platzes hinüber. »Offenbar wollen sie die Gnade ihres Götzen erflehen – bevor sie *mich* angreifen!«

Ich schaue ihn von der Seite an. Er kommt mir geradezu empört vor. Das Tor in der Mauer hinter der Bildsäule ist geschlossen, doch von hier oben aus kann ich erkennen, dass sich auf dem Tempelhof dahinter wenigstens Hundert Indianer drängen.

»Es wird einen Kampf geben«, sagt Cortés noch. »Wir werden die Gewehre und vielleicht sogar die Kanonen einsetzen, also bleibt im Haus und meidet auch das Dach. Sie werden alles mit Steinen und Pfeilen eindecken, was sich hier drüben bewegt.«

»Wie Ihr befehlt, Herr«, sage ich. »Aber kann ich nicht auch dazu beitragen, dass wir diesen Kampf gewinnen?«

Cortés hat sich schon abgewendet und antwortet mir, ohne sich noch einmal umzudrehen. »Behüte die Kleine! *Das* ist dein Beitrag zu unserem Sieg.«

Da wird mir schlagartig klar, dass er längst weiß oder zumindest ahnt, wer Carlita wirklich ist. Sie ist unser Schlüssel zum Goldschatz, sie ist es wahrhaftig!

Während mir diese Gedanken durch den Kopf schießen, sind Cortés und seine drei Vertrauten schon auf dem Weg nach unten. Bestimmt haben sie während der Nacht alles vorbereitet für den Fall, dass die Chololla heute erneut Anstalten machen, uns anzugreifen. Und die Versammlung der Fürsten und sonstigen Würdenträger drüben am Quetzalcoatl-Tempel bietet ihnen eine ideale Gelegenheit, sie durch einen Gegenangriff zu überrumpeln.

Von unserem Palast führen zwei Tore auf den Platz hinaus. In jedem Eingang steht eine Kanone, ihre Mündungsrohre bedrohen den Platz. Der Hof und der Garten hinter dem Palast sind so weitläufig, dass unser gesamtes Gefolge dort untergekommen ist – zweitausend Tlaxcalteken, achthundert Totonaken und nochmals rund fünfhundert Diener und Sklaven. Aus dem linken Tor kommen nun unsere Kompanien eine nach der anderen hervorgestürmt, aus dem rechten die Tlaxcalteken in weniger geordneter Formation. Sie tragen bunte Blumenbüschel auf den Köpfen, und nach einem Moment der Verblüffung wird mir klar, wozu dieser wenig kleidsame Kopfputz gut ist: Er soll verhindern, dass wir versehentlich unsere eigenen Verbündeten beschießen.

»Was ist hier los?«, murmelt eine verschlafene Stimme hinter mir. Carlita ist aufgewacht und reibt sich schlaftrunken die Augen.

»Nichts, was wir uns ansehen sollten«, sage ich rasch. »Komm, Carlita, lass uns nach unten gehen. In deine Kammer – dort sind wir in Sicherheit.«

Sie erhebt sich von der Flechtmatte, auf der wir die Nacht verbracht haben. Ich nehme ihre Hand und ziehe sie zu der Treppenluke weiter hinten im Dach. Da erschallt vom Platz her ein dröhnender Ruf: »Das Tor ist offen!«

Wir fahren herum und laufen zum Rand des Palastdachs zurück. Gerade noch bin ich geistesgegenwärtig genug, um mich flach auf den Bauch zu werfen und Carlita mit mir herunterzuziehen. So sind wir zumindest vom Platz aus nicht zu sehen. Die Indianer auf den Nachbardächern haben allerdings nach wie vor freien Blick auf uns – und freie Wurfbahn, falls sie beschließen sollten, uns mit Steinen zu bombardieren.

Auf der anderen Seite des Platzes stößt eben der »Dröhnende« das Tor zum Quetzalcoatl-Tempel weit auf. Er stürmt in den Hof, wo die Würdenträger versammelt sind. Ihm dichtauf folgen Alvarado und Cortés, Marina und rund dreißig unserer Männer, bewaffnet mit Schwertern und Gewehren. Marina trägt einen Helm und am Gürtel ein Kurzschwert. Sie sieht furchterregend aus und auf düstere Weise wunderschön. Hinter ihnen geht das Tor krachend wieder zu. Wenn die Azteken oder die Chololla an eine Kriegsgöttin glauben würden, geht es mir durch den Kopf – sie müsste aussehen wie Marina!

Die Chololla-Krieger auf dem Platz stehen wie versteinert da. Ohne ihre Anführer wissen sie offenbar nicht, was sie jetzt machen sollen. Unsere Männer und die Tlaxcalteken haben einen zweiten Wall vor der Mauer zum Quetzalcoatl-Tempel gebildet und halten die Chololla mit ihren drohend erhobenen Waffen in Schach.

»Warum wollt ihr uns töten?«, höre ich Cortés drinnen im Tempelhof fragen. Er spricht mit erhobener Stimme, doch in jenem scheinbar gleichgültigen Tonfall – wie immer, wenn ihn kalter Zorn erfüllt. »Wir sind eure Gäste«, fährt er fort, »ihr habt mir und meinem König den Vasalleneid geleistet – und nun trachtet ihr uns nach dem Leben! Aus welchem Grund?«

Marina übersetzt, und noch bevor sie damit fertig ist, rufen und stammeln mehrere Chololla durcheinander. »Montezuma hat es ihnen befohlen«, sagt Marina. »Sie wollten erst nicht gehorchen, aber er hat gedroht, ihre Kinder und Kindeskinder opfern zu lassen, wenn sie nicht tun, was er verlangt.«

Für einen Moment kehrt drüben Schweigen ein. Was hat Cortés vor?, überlege ich fieberhaft. Will er die Fürsten und Würdenträger von Chollollan als Geiseln nehmen und so unseren freien Abzug aus der Stadt erzwingen? Aber warum hat er den größten Teil unserer Männer und der tlaxcaltekischen Krieger auf dem Platz aufmarschieren lassen? Und wieso hat er vorhin zu mir gesagt, dass es einen Kampf geben würde?

»Das ist Hochverrat!«, ruft unser Herr aus. »Nach spanischem Recht habt ihr alle euer Leben verwirkt! Als Statthalter meines Königs ordne ich hiermit an, das Urteil unverzüglich zu vollstrecken.«

»Macht die verfluchten Wilden kalt!«, brüllt Portocarrero.

»Feuer frei!«, ruft Alvarado.

Schüsse krachen hinter der Tempelmauer, Schwerter klirren, und dazu schreien die angegriffenen Chololla ohrenbetäubend durcheinander. Von hier oben aus können Carlita und ich nur ein wildes Hin- und Herwogen von Köpfen sehen, schwarze Schöpfe mit buntem Federschmuck und eisern behelmte Häupter. Doch die gefiederten Köpfe werden immer weniger und nach kürzester Zeit sind dort drüben hinter der Mauer nur noch die Helme unserer Männer zu sehen. Und der Helm von Marina.

Ein Hagel von Steinen prasselt neben Carlita und mir auf das Dach.

»Orteguilla!«, ruft hinter mir irgendjemand. Im Liegen drehe ich meinen Kopf zurück. In der Treppenluke steht einer unserer Armbrustschützen. »Verschwinde von hier!«, ruft er mir zu. »Hat der Kapitän-General dir nichts gesagt? Du sollst die Prinzessin in Sicherheit bringen!«

Die Prinzessin? Fragend blicke ich Carlita an, aber sie scheint überhaupt nicht zugehört zu haben. Sie schaut starr auf den Platz hinab, auf dem nun tatsächlich ein wilder Kampf entbrennt. Doch nein – es ist mehr eine Treibjagd, ein Hetzen und Abschlachten von aufgescheuchtem Wild. Die Chololla-Krieger rennen schreiend durcheinander und unsere Männer laufen mit gezogenen Schwertern hinter ihnen her. Gewehre werden abgefeuert, Armbrustpfeile zischen durch die Luft. Schon liegen überall auf dem Platz Indianer herum, zuckend und schreiend oder so stumm und starr, wie nur Tote daliegen können.

Ich fasse Carlita bei der Hand und ziehe sie wieder hoch. Über dem Platz wabern Schwaden von Pulverdampf, während wir nach hinten zur Treppenluke rennen. In den Augenwinkeln sehe ich, dass die beiden Steinewerfer vom Nachbardach reglos neben ihrem Geröllhaufen liegen. Aus dem Rücken des einen ragt ein Armbrustpfeil und um sie herum ist alles voller Blut.

Unzählige Tote und Verwundete habe ich gesehen, seit wir aus Vera Cruz aufgebrochen sind! Doch der Anblick der beiden Chololla, die wie übereinandergeworfen zwischen den Steinhaufen lagen, geht mir noch nach, als ich mit Carlita zu ihrer Kammer im Erdgeschoss eile. Guerrero postiert sogleich zwei Wächter vor unserer Tür. Er grinst mir aufmunternd zu und aus irgendeinem Grund erinnert mich sein zernarbtes Gesicht erneut an die beiden toten Chololla oben auf dem Dach.

Wir werden wieder alle niedermachen!, geht es mir durch den Kopf. So und nicht anders haben Cortés und Alvarado, Sandoval und Portocarrero es in der Nacht bestimmt geplant: Sie werden jeden einzelnen Chololla abschlachten, den sie hier in der Stadt aufgreifen können. Sie werden ein Blutbad anrichten, sie werden die Indianer massakrieren und verstümmeln, genau wie vor Wochen in den Tlaxcalteken-Dörfern. Nur dass sich hier in der Stadt viele Tausend Krieger aufhalten und nicht nur ein paar Bauern mit ihren Familien!

Doch Cortés wird keinen von ihnen am Leben lassen, das ist mir mit einem Mal schrecklich klar. Bestimmt hat er schon in Tlaxcala vorausbedacht, dass Montezuma uns hier in Chalollan tatsächlich eine Falle stellen könnte – und dass wir aber gerade deshalb hierherkommen müssen, ohne Angst oder Argwohn zu zeigen. Denn schließlich – wie könnte er der wiedergekehrte Quetzalcoatl sein und sich gleichzeitig vor ein paar Tausend Chololla-Kriegern fürchten?

Carlita hat sich sogleich in ihre Hängematte gelegt und die Augen geschlossen. Ich dagegen stehe wie versteinert an einer Fensterluke und schaue hinaus. Der Platz hallt noch immer von Schreien und Gewehrschüssen wider, aber es sind jetzt größtenteils Echos aus den Straßen und Gassen ringsum. Unsere Männer verfolgen die Chololla bis in die äußeren Stadtviertel. Die Luft ist von Brandgeruch erfüllt. Rauchschwaden steigen überall auf.

Sie machen es wirklich wie in den Tlaxcalteken-Dörfern, sage ich mir und vergesse zu atmen. Sie zünden alles an und schlachten alles ab, was sich auf zwei Beinen bewegt! Und dann plündern sie die gebrandschatzten Häuser und raffen alles an sich, was ihnen des Raubens wert scheint. Oh mein Gott!, denke ich und presse meine Zähne zusammen, um nicht laut herauszuschreien, was mir wieder und wieder durch den Kopf geht: Was wir hier machen, ist Unrecht! Ein schreckliches Verbrechen! Auch wenn sie uns angreifen wollten und wir ihnen nur zuvorgekommen sind: Dürfen wir deshalb ihre Stadt anzünden? Ihnen alles wegnehmen – ihre Besitztümer, ihr Leben, sogar ihre Würde?

Ich balle meine Hände zu Fäusten und drücke sie mir auf die Augen, um nichts mehr zu sehen. Aber die Bilder sind in mir, die Schreie, der Schrecken, der Schmerz. Warum bin ich nicht so unbeirrbar wie Guerrero, der niemals an seinem Recht zu töten zweifelt? Warum nicht so selbstgerecht wie Portocarrero, so verschlagen wie Alvarado? Warum kann ich mir nicht einmal mehr wünschen, so unbekümmert wie Sandoval zu sein – der »Tollkühne«, der noch auf Kuba und noch in Potonchan mein strahlender Held war?

Diese und so viele andere Gedanken wirbeln in mir umher wie Papierfetzen im Wind, wie zerrissene Schreie, die der Sturm von irgendwo herbeiweht. Doch die ganze Zeit über ist da in mir auch noch eine andere Stimme, die kühl und gleichmütig bleibt. »Wir werden nach Tenochtitlan gelangen«, sagt diese Stimme, »oder wir werden auf dem Weg dahin sterben.« Und sie sagt: »Ich werde den Thron erklimmen, der für mich bestimmt ist, oder ich werde am Galgen enden!« Es ist Cortés' Stimme, aber es ist auch meine eigene Stimme, das wird mir immer klarer, je länger ich ihr zuhöre. »Ich werde mir hier in der Neuen Welt den Platz erkämpfen, der mir zu Hause verwehrt worden ist!«, sagt die Stimme in mir. »Koste es, was es wolle!«

Erst als der Abend bereits dämmert, kehren unsere Männer zum Tempelplatz zurück. Sie kommen aus allen Himmelsrichtungen, aus allen Vierteln, aus den abgelegensten Stadtteilen. Auch Cortés und seine Vertrauten sind wieder da. Ich stehe bei ihnen auf dem Palastdach und schaue zu, wie sie ihre Blicke über die brennende Stadt schweifen lassen. Ihre Augen glitzern, ihre Hände und Gewänder sind mit Blut befleckt.

Unten auf dem Platz haben unsere Männer die gewaltigen Goldmengen aufgehäuft, die sie überall in der Stadt aus Tempeln, Palästen und Schatzverstecken geraubt haben. Unzählige goldene Becher und Teller, Figuren und Schmuckstücke. Es schimmert und funkelt zu uns herauf wie eine zweite Abendsonne: so blendend, so blutrot.

Vorhin war es Tapia, der an Carlitas Kammertür klopfte und mir auftrug, sofort zu Cortés hinaufzugehen. Auch seine Hände waren noch mit Blut besudelt und seine Augen glänzten fiebrig. Doch zugleich kam er mir niedergeschlagen vor, buchstäblich bedrückt von der neuen Last, die er auf sein Gewissen geladen hat.

»Ich hätte nie gedacht«, murmelte er, »dass sich so etwas wiederholen würde. Du weißt schon, mein Retter: ein solcher Tag, an dem wir uns ganz und gar vergessen. Aber ich habe mich geirrt.«

Er schüttelte den Kopf, und ich sinne seinen Worten noch immer hinterher, während ich hier oben auf dem Dach bei Cortés stehe.

»Glaubst du, dass es falsch war, sie für ihren Verrat so hart zu bestrafen?«, fragt unser Herr. Er legt eine Hand auf meine Schulter, und da erst wird mir klar, dass er es mich gefragt hat.

»Ich, Herr … ich glaube …«, stammele ich und überlege fieberhaft, was ich ihm antworten soll. »Ich frage mich«, bringe ich schließlich hervor, »ob Montezuma jetzt noch glauben wird, dass Ihr der gütige Quetzalcoatl seid.«

»Montezuma und seine Ratgeber werden zutiefst beunruhigt sein, wenn sie erfahren, was hier in ChololLan passiert ist«, antwortet mir Cortés. »Versetze dich in ihre Lage: Sie selbst haben ihre Hauptgötzen grausamer und blutrünstiger gemacht, vor allem ihren unersättlichen Kriegsgott Huitzilopochtli. Für sie muss es jetzt so aussehen, als greife auch Quetzalcoatl zu grausameren Mitteln – und wer könnte das besser verstehen als Montezuma?«

Cortés reckt sein Kinn vor und wölbt die Brust wie sein steinernes Ebenbild unten auf dem Platz. »Gütig und sanft konnte Quetzalcoatl sein, solange er als oberster Götze von allen anerkannt war«, fährt er fort. »Aber um den furchtbaren Kriegsgott zu stürzen und den höchsten Thron zurückzuerobern, muss er noch grausamer als Huitzilopochtli sein.«

Achtes Kapitel

Wie in einem Spinnennetz gefangen

~ 1 ~

Bei strahlendem Sonnenschein marschieren wir über den Dammweg, mitten durch den leuchtend blauen See. Kanus schießen pfeilschnell über das Gewässer, das so weitläufig ist wie ein kleines Meer. Wellen schlagen gegen den Damm, allenfalls eine Lanzenlänge unter unseren Füßen. Höchstens noch eine Meile vor uns, auf der gewaltig großen Insel, liegt Tenochtitlan. Flimmernd und gleißend in der Mittagssonne wie ein ungeheurer Schatz – oder wie die Ausgeburt eines Fieberwahns.

In einem Städtchen namens Ayotzingo, am südlichen Seeufer gelegen, wurden wir heute früh von einem Abgesandten Montezumas erwartet. Ein noch junger Mann mit einnehmenden Gesichtszügen entstieg einer Sänfte, die mit Federn, Gold und Silber verschwenderisch geschmückt war. Er war überaus kostbar gekleidet und stellte sich als Cacama, König von Texcoco, vor. »Mein Onkel, der Große Montezuma«, sprach er, nachdem er vor unserem Herrn den Boden geküsst hatte, »bittet Euch, ihn mit Eurem Besuch in Tenochtitlan zu beehren. Er ist durch eine Krankheit geschwächt und kann Euch deshalb leider nicht persönlich in seine Stadt geleiten. Aber wie Ihr sicher wisst, bilden unsere Königreiche Tenochtitlan, Tlacopan und Texcoco zusammen den ehrwürdigen Dreibund.«

Er deutete nacheinander auf den See hinaus nach Norden,

dann nach Westen und schließlich zum Ostufer, während er die Namen der verbündeten Städte nannte. »Drei Könige bitten Euch, ihr Gast zu sein, bärtiger Statthalter eines mächtigen Herrschers«, fügte Cacama hinzu, »und ich wurde ausgewählt, um Euch nach Tenochtitlan zu geleiten.«

Etwas Düsteres umgibt den jungen König. Ich spürte deutlich, dass er uns gegen seine Überzeugung so gastfreundlich willkommen hieß. Offenbar empfindet er eine starke Abneigung gegen Cortés und uns alle, die er nur mit großer Anstrengung zu verbergen vermag.

Nachdem ihm Cortés mit einer kurzen Rede gedankt hatte, stieg Cacama wieder in seine Sänfte. Inmitten einer Schar von Dienern und Wächtern ließ er sich uns vorantragen – zu dem Städtchen Itzapalapa, dessen Häuser zur Hälfte auf Pfählen im Wasser stehen, und von dort auf einem schmalen Damm durch den südlichsten Seeausläufer etwa anderthalb Meilen weit nach Westen. Auf einer Halbinsel namens Culhuacan beginnt dort der gewaltige Hauptdamm, der in nördlicher Richtung durch den See führt – nach Tenochtitlan und darüber hinaus bis zum acht Meilen entfernten Nordufer des Sees.

Der Damm ist so breit, dass acht Reiter bequem nebeneinander reiten können. Seine Oberfläche ist mit jenem hellen, ebenmäßigen Material überzogen, das wie Stuck aussieht, jedoch so hart ist, dass es weder unter dem Hufschlag unserer Pferde noch unter den eisenbeschlagenen Rädern unserer zentnerschweren Geschütze zerbricht. Während wir über den Damm marschierten, zogen neben uns am linken Ufer kleinere Städte von unwirklicher Schönheit vorüber. Blendend weiße Bauten reihen sich aneinander, gesäumt von blühenden Bäumen und von Pyramiden im Innern der Städte überragt. Zwischen den Städten dehnen sich Mais- und Bohnenfelder, alles wirkt wohlgeordnet.

Wieder einmal grübelte ich über einem Gedanken, der mich seit unserer Ankunft in der Neuen Welt beschäftigt: Der Satan liebt das Chaos! Das hat Fray Bartolomé erst neulich wieder in seiner Predigt verkündet. Das Bestreben des Teufels ist es, die göttliche Ordnung zu zerstören – also kann alles das hier, diese so reich und friedlich wirkende Indianerwelt, auch nicht vom Satan erschaffen worden sein!

Mittlerweile schwebt die Mittagssonne am Himmel und Tenochtitlan liegt zum Greifen nah vor uns. Unsere Kolonne ist so lang, dass sie sich gut zwei Meilen weit auf dem Dammweg dahinzieht. Auf Cortés' Befehl haben sich unsere Männer wie zu einem Siegesmarsch formiert: Vorneweg reiten vier Konquistadoren in eiserner Rüstung. Ihnen folgt Juan Corral, unser Hauptfähnrich, der die königliche Flagge schwenkt. Dahinter marschiert eine Abteilung Fußsoldaten mit gezogenen Schwertern, gefolgt von weiteren Reitern, den Armbrustschützen, die ihre Helme mit Federbusch tragen, und den Gewehrschützen, die ihre Waffen präsentieren. Unser Herr reitet in der Nachhut, umgeben von seinen Vertrauten und weiteren Flaggen schwenkenden Fähnrichen. Diego und ich marschieren hinter ihm und die Tlaxcalteken in unserem Rücken stoßen unaufhörlich gellende Kriegsschreie und -triller aus.

Diego ruft mir etwas zu, doch ich verstehe kein Wort. Seine Augen blitzen, seine Wangen sind gerötet. Er sieht aus, als ob er vor Stolz gleich platzen würde. Mir dagegen schlägt das Herz bis in die Schläfen hinauf. Wir sind am Ziel! Ein Schrei steckt in meiner Kehle, doch ich halte meine Kiefer fest zusammengepresst. Ist es ein Jubel- oder ein Angstschrei? Ich weiß es selbst nicht und ich will es lieber auch nicht ausprobieren. Wir marschieren mitten hinein in das geöffnete Herz des Aztekenreichs – und ich bin mir keineswegs sicher, ob es uns wieder freilassen oder ganz einfach zerquetschen wird.

Zum wiederholten Mal werfe ich einen Blick über meine Schulter nach hinten. Dabei weiß ich ganz genau, dass ich Carlita von hier aus nicht sehen kann – selbst wenn ich mir den Hals verrenken würde! Sie marschiert ganz am Ende unseres Zugs, zusammen mit den tlaxcaltekischen Dienerinnen. Auf Cortés' Befehl ist sie auch wie eine Tlaxcaltekin gekleidet – in einen schmucklosen Wickelrock und eine ebenso einfache Bluse aus Pflanzenfasern, wie die Mädchen und Frauen in Tlaxcala sie tragen.

Seitdem Cortés diesen Befehl erteilt hat, sind meine allerletzten Zweifel verfolgen. Unser Herr weiß offenkundig, dass Carlita aus einer bedeutenden Adelsfamilie in Tenochtitlan stammen muss. Und er hat Vorsorge getroffen, damit sie von niemandem vorzeitig erkannt wird – bevor sie uns preisgegeben hat, wo Montezumas Schätze versteckt sind! Alles hat er wieder einmal vorausplant. Sogar ihr Taufkettchen mit dem libellenzarten goldenen Kruzifix musste Carlita abnehmen und Marina übergeben. Nur an eines hat er anscheinend nicht gedacht: dass wir drauf und dran sind, Carlita zu einem Verrat an ihrem eigenen Volk zu zwingen, der ihr das Herz vollends zerreißen wird.

Als ich wieder nach vorne schaue, bekomme ich gerade noch mit, wie Alvarado auf die Balkenbrücke deutet, die einige Schritte vor uns in den Dammweg eingelassen ist. Er und Cortés wenden einander im Reiten die Köpfe zu und schauen sich bedeutungsvoll an. Ich spüre, dass diese Holzbrücken ihnen überhaupt nicht gefallen – und ich kann mir auch leicht zusammenreimen, aus welchem Grund. Es sind sinnreiche Konstruktionen, hauptsächlich wohl dazu bestimmt, Booten die Durchfahrt zu ermöglichen. Wenn man jedoch einen solchen Brückeneinsatz aus seiner Verankerung entfernt, dann ist der Dammweg unüberwindlich blockiert! Jede dieser Balkenbrücken ist rund sieben Schritte lang – die Lücke wäre viel zu groß, um sie zu Fuß oder selbst mit dem Pferd zu überspringen. Und seit Itzapalapa haben wir mindestens ein Dutzend solcher hölzernen Einsätze überquert.

Schließlich lassen wir den Dammweg hinter uns und erreichen die große Insel. Hier gerät unsere Kolonne ins Stocken. Einige Hundert Schritte voraus erkenne ich die Umrisse einer gewaltigen

Festung mit einem Torturm über der Straße und einem zweiten Turm, dessen Brustwehr drohend auf den See hinausblickt.

König Cacama schickt einen Boten von der Spitze des Zuges zu uns und bittet unseren Herrn, zu ihm nach vorne zu kommen. Begleitet von Portocarrero, Sandoval und Alvarado reitet Cortés zwischen unseren Männern hindurch. Diego und ich, Marina und der unglückliche Cuitlalpitoc eilen hinter den Reitern her, so schnell unsere Füße uns tragen. In Chalollan haben Montezumas beide Gesandte das Schlachten von dem Fenster der Kammer aus mit angesehen, in der Guerrero sie eingesperrt hatte. Der eine Gesandte wurde dort durch einen Pfeil getötet – und sein Gefährte Cuitlalpitoc beteuerte seitdem unaufhörlich, dass weder sein Herrscher noch er selbst in irgendwelche Mordpläne der Cholollа eingeweiht gewesen seien. Doch Cortés antwortete ihm immer nur: »Das will ich von Montezuma persönlich hören.«

Als wir endlich auf dem weiten Platz vorn beim Torturm angekommen sind, ist von Montezuma allerdings nichts zu sehen. Das Tor steht weit offen und dahinter drängen sich Hunderte Männer, einer kostbarer gekleidet als der andere.

Auf der Torschwelle steht Cacama und blickt uns düster lächelnd entgegen. »Die edelsten Männer Tenochtitlans«, sagt er zu Cortés, »bitten untertänigst um die Erlaubnis, Euch an diesem ehrwürdigen Ort willkommen zu heißen, Herr.«

Auf seinem schneeweißen Hengst sitzend, nimmt Cortés die Huldigungen von mindestens fünfhundert aztekischen Edelmännern entgegen. Einige von ihnen tragen anstelle von Federschmuck ganze ausgehöhlte Jaguarschädel auf dem Kopf, andere sind in Umhänge aus Adlerfedern gekleidet. Um den Hals tragen sie kunstvoll gearbeitete Goldketten, auch ihre Hand- und Fußgelenke sind mit goldenen und silbernen Ketten geschmückt. Es dauert mehr als zwei Stunden, bis der Letzte von ihnen vor unserem Herrn den Boden geküsst und eine Begrüßungsfloskel gemurmelt hat.

Wahrscheinlich weiß jeder von ihnen, schießt es mir durch den Kopf, was wir in Chelollan angerichtet haben. Zu Hunderten haben wir dort die Würdenträger niedergemacht, als diese im Tempelhof versammelt waren – und bestimmt waren nicht wenige der hochgestellten Indianer, die sich nun demütig vor Cortés verneigen, mit den Mächtigen von Chelollan befreundet oder verwandt. Ich beobachte sie aufmerksam, doch ob sie unserem Herrn grollen, ihn fürchten oder vielleicht auch bewundern, ist ihnen nicht anzumerken. Ihre Gesichter sind reglos, wie aus kupferfarbenem Holz geschnitzt.

»Auf diesem Platz werden normalerweise die Helden willkommen geheißen, die aus einer Schlacht zurückgekehrt sind«, erzählt Cacama in harmlosem Tonfall. »Aber seit Langem heißt der Platz nur noch *Malcuitlapilco*, ›das Ende der Gefangenenkolonne‹. Als nämlich vor gut dreißig Jahren die große Huitzilopochtli-Pyramide im Herzen von Tenochtitlan eingeweiht wurde, da reichte die Schlange der Gefangenen, die zu ihrer Opferung anstanden, gerade bis hierher.«

Diego und ich wechseln einen Blick. Nicht einmal er kann seine Bestürzung sogleich verbergen. Es war eine Drohung, das ist uns beiden klar – die Drohung, dass es uns genauso ergehen könnte.

»Diese stinkenden Teufelsanbeter!«, beginnt Portocarrero wieder einmal loszuschreien, nachdem Marina übersetzt hat. Doch Cortés gebietet ihm mit einer Handbewegung zu schweigen.

»Der Große Montezuma!«, sagt Cacama und tritt ehrerbietig zur Seite.

~ 2 ~

Von der Stadt her bewegt sich die feierliche Prozession auf uns zu. Ihren Mittelpunkt bildet eine Sänfte von den Ausmaßen eines seetüchtigen Frachtschiffs, die mit einem Baldachin aus grünen Federn überdacht ist. Die Sänfte ist mit Gold- und Silberstickereien verziert, mit Blumengirlanden und Goldketten geschmückt. Die sechs Träger schauen so hochnäsig drein und tragen so kostbare Umhänge aus schimmernd weißem Tuch, dass sie selbst mindestens Prinzen sein müssen. Ihnen voran schreitet ein junger Adliger, der einen mit Gold und Edelsteinen verzierten Stab trägt – eine Art Zepter, wird mir klar.

Die Sänfte schwebt durch das Tor zu uns auf den Platz heraus und wird einige Schritte vor Cortés abgesetzt. Ein schlanker, doch kräftig gebauter Mann steigt heraus, ungefähr so alt wie unser Herr und etwa auch so groß gewachsen. Er trägt einen Umhang, der mit goldenen Stickereien verziert ist, einen hoch aufgetürmten Kopfschmuck aus türkisfarbenen Federn und vergoldete Sandalen, die mit Edelsteinen übersät sind. Sein Gesicht ist ernst, aber offen und freundlich. Allerdings wird es durch einen Pflock aus türkisblauem Stein entstellt, der seine Unterlippe durchbohrt. Auch seine Ohrläppchen sind von solchen Pflöcken verunziert und türkisfarbene Ornamente glitzern in seinen Nasenflügeln.

Unser Herr steigt von seinem Pferd und eilt Montezuma entgegen. Beide wirken bewegt, ja aufgewühlt. Cortés breitet seine Arme aus – anscheinend will er den Aztekenherrscher mit einer ritterlichen Umarmung begrüßen. Doch der Adlige mit dem Edelsteinstab tritt ihm in den Weg und zischt einige Silben hervor.

»Reicht ihm die Hand, Herr!«, übersetzt Marina.

Cortés macht noch einen Schritt auf sein Gegenüber zu. »Seid Ihr es wirklich, Montezuma?«, fragt er.

Der reich Geschmückte neigt bejahend seinen Kopf. Einen Augenblick lang kommt er mir fast verlegen vor, aber das bilde ich mir bestimmt nur ein. Dabei hätte er einen guten Grund, um bei dieser Frage peinlich berührt zu sein.

Noch vor drei Tagen, als wir vom Kamm der Hochebene aus schon den See mit der großen Stadt unter uns im Tal schimmern sahen, da versuchte Montezuma ein letztes Mal, uns von einem Besuch in Tenochtitlan abzuhalten. Er schickte uns einen adligen Azteken, der sich als der Große Montezuma ausgab und weitere Goldgeschenke mitbrachte. Nun, da unser Herr ihn von Angesicht gesehen habe, erklärte er, könnten wir auch wieder auf unsere schwimmenden Inseln steigen und in das Land zurückkehren, aus dem wir gekommen seien. Doch Prinz Xicotencatl, der Anführer unserer tlaxcaltekischen Verbündeten, lachte ihm ins Gesicht und rief aus, er habe Montezuma schon mehr als einmal gesehen und wisse ganz genau, dass dieser da sich nur als Aztekenherrscher ausgebe. Da entriss Portocarrero dem falschen Montezuma die goldenen Schmuckstücke und Sandoval jagte ihn und sein Gefolge mit gezogenem Schwert davon.

»Ich verbeuge mich vor Euch und küsse Euch die Füße«, sagt nun der echte Montezuma zu unserem Herrn.

Marina übersetzt diese erstaunlichen Worte, fügt jedoch gleich hinzu: »Das sagt man so bei uns. Er würde das eine wie das andere niemals tun.«

Cortés zieht eine Schatulle mit drei pflaumengroßen blauen Perlen hervor und winkt Cuitlalpitoc herbei. »Überreiche dieses Geschenk deinem Herrn!«, befiehlt er, und der unglückliche Gesandte beeilt sich zu gehorchen. Vor drei Tagen, als jener falsche Aztekenherrscher bei uns erschien, beteuerte auch Cuitlalpitoc zuerst, dass es der wirkliche Montezuma sei. Portocarrero hatte seine Hände schon um Cuitlalpitocs Hals geschlossen, als Cortés ihm befahl, das Leben des listenreichen Lügners zu schonen. »Ich will, dass Montezuma ihn hinrichten lässt«, sagte er.

Während mir diese Gedanken durch den Kopf gehen, betrachtet Montezuma die taubenblauen Perlen mit offenbarem Entzücken. Auf einen Wink von ihm bringt ein Diener zwei ineinander verflochtene Halsketten aus roten Schneckenhäusern herbei. An jeder Kette hängen acht goldene Garnelen, die leise gegeneinander klirren, als Montezuma höchstselbst unserem Herrn das eigenartige Schmuckstück umhängt.

»Schneckenhäuser gegen echte Perlen – dieser verfluchte ...!«

Diesmal ist es Alvarado, der den »Dröhnenden« mit einer Handbewegung zum Schweigen bringt. »*Rote* Schneckenhäuser«, korrigiert er. »Quetzalcoatls Farbe! Jede Wette, dass auch die Garnelen irgendetwas mit diesem Götzen zu tun haben, den sie in dir sehen, Hernán.«

Cortés starrt Montezuma ausdruckslos an. Er scheint weder den Fluch des einen noch die Erklärungen seines anderen Vertrauten mitbekommen zu haben. Seine Finger tasten über die goldenen Garnelen vor seiner Brust, doch auch von jenem fiebrigen Glitzern in seinen Augen ist nichts zu sehen. »Unlängst träumte mir«, sagt er, »dass ich auf einem Floß über das Meer trieb und beinahe hungers gestorben wäre. Da plötzlich regnete es Garnelen wie diese hier auf mich herab. Ich brach ihre Schalen auf, schlang das zarte Fleisch in mich hinein – und war gerettet!«

Marina übersetzt und Montezumas Augen werden immer größer. Er wechselt einen Blick mit seinem Zepterträger und murmelt ihm etwas zu. »Quetzalcoatl ...«, meine ich zu verstehen – und da wird mir klar, dass Cortés eben keinen Traum erzählt hat, sondern eine Geschichte, die wirklich von Quetzalcoatl überliefert worden ist.

Er kann sie von Marina gehört haben, überlege ich, von unserem Totonaken-Häuptling Mamexi, von Xicotencatl oder von den Herrschern in Cempoallan, bevor er sie umbringen ließ. Oder ist es möglich, dass er diese Geschichte zuerst gehört und anschließend noch einmal geträumt hat – nur dass er in seinem Traum wahrhaftig Quetzalcoatl war? Ich starre ihn an, während er durch Montezuma hindurchstarrt und der Aztekenherrscher um Worte ringt. Oh ja, es ist möglich, sage ich mir – und Bewunderung erfüllt mich für unseren Herrn, für seine so bewegliche Einbildungskraft und seinen einzigartigen Mut. Schließlich, wer außer ihm würde es wagen, sich als wiedergekehrte Gottheit auszugeben – vor dem Herrscher desjenigen Volkes, das diese Gottheit von ihrem Thron gestoßen hat?

Mit sichtlicher Mühe gelingt es Montezuma, seine Fassung zurückzuerlangen. Er knurrt seinem Zepterträger Befehle zu und kurz darauf erscheinen mehrere weitere aztekische Fürsten. Sie nennen ihre Namen, murmeln unterwürfige Begrüßungsfloskeln und küssen die Erde vor Cortés' Füßen. Einer von ihnen heißt Cuitláhuac, er ist ein jüngerer Bruder von Montezuma und der militärische Oberbefehlshaber der Azteken. Er schaut nicht nur düster wie König Cacama, sondern unverhohlen feindselig drein. Cuitláhuac versucht nicht einmal zu verbergen, dass er den Entschluss seines Bruders nicht gutheißt, uns in Tenochtitlan gastfreundlich aufzunehmen. Offensichtlich glaubt er so wenig wie König Cacama, dass Cortés ein wiedergekehrter Gott sein könnte – oder auch nur irgendein Nachkomme des sagenhaften Volkes der Tolteken, das vor den Azteken dieses Tal beherrscht hat. Doch Montezuma ist der Herrscher, und so bleibt Cuitláhuac nichts anderes übrig, als unseren Herrn mit vorgetäuschter Freundlichkeit willkommen zu heißen.

Auf Montezumas Geheiß ergreifen er und Cacama sogar jeder einen Strohbesen, mit dem sie vor Cortés und Montezuma den Boden fegen, während die beiden nebeneinander durch den Torturm in die Stadt schreiten. Die Träger mit der leeren Sänfte eilen ihnen voraus und Diego zieht Cortés' unruhig tänzelnden Hengst am Zügel hinter sich her.

Das feinfühlige Tier verspürt bestimmt genauso wie ich den Drang, sich herumzuwerfen und über den Damm davonzurennen, solange diese Möglichkeit noch besteht. Solange wir noch am Leben und bei guter Gesundheit sind. Und solange die Azteken die Holzbrücken noch nicht aus der Dammstraße herausgerissen haben, um alle Fluchtwege aus der Stadt zu blockieren.

Aber Cortés' Hengst bleibt so wenig wie uns allen eine Wahl. Wir marschieren hinter unserem Herrn und dem Herrscher der

Azteken her in die Stadt, und am Ende unserer Kolonne beginnen die Tlaxcalteken aufs Neue, markerschütternd zu schreien und zu trillern. Für sie muss es ein ungeheurer Triumph sein, in die Stadt ihrer unerbittlichsten Feinde einzuziehen. Doch auch ihnen kann nicht ganz wohl sein bei dem Gedanken, dass sie nicht einmal zweitausend Krieger zählen – und Montezuma allein hier in Tenochtitlan fünfzigtausend Mann unter Waffen haben soll!

Unsere totonakischen Verbündeten hat Cortés in Chalollan mit Geschenken überhäuft und nach Hause zurückgeschickt. Ein Teil von mir beneidet ihren Häuptling Mamexi, weil er mit den Seinen rechtzeitig das Weite suchen konnte – doch der weitaus stärkere Teil von mir kann es kaum erwarten, endlich die Pracht und den Reichtum von Tenochtitlan mit eigenen Augen zu sehen.

Und jene kühle Stimme in meinem Innern flüstert: »Was kann dir schon passieren? Du bist der Page von Quetzal-Cortés! Niemand wird es wagen, dir auch nur ein Härchen zu krümmen.«

∼ 3 ∼

Die Straße ins Innere der Hauptstadt ist von zweigeschossigen Häusern gesäumt. Ihre Fassaden sind weiß getüncht und mit Tier- oder Pflanzenmustern bunt bemalt. Zwischen den Bauwerken erstrecken sich kleine Gemüsebeete und hinter den Häusern zur Rechten der Straße glitzert der See. Kanus jagen über das Gewässer oder treiben gemächlich dahin. Einige von ihnen sind so lang wie hundertjährige Bäume und bieten fünfzig oder sogar sechzig Ruderern Platz. Andere sind so schwer beladen, mit Mais oder Brennholz, Tuchballen oder Netzen voll zappelnder Fische, dass die Ruderer sie kaum mehr voranbewegen können.

In jedem Tor, jedem Fenster drängen sich Menschen, doch niemand sagt ein Wort. Auch auf den Flachdächern sämtlicher Häuser kauern die Indianer in reglosen Klumpen und starren zu uns herab. Vielleicht ist es bei ihnen ja Brauch, in der Nähe ihres Herrschers ehrerbietig zu schweigen – aber ich spüre, dass sie sich nicht deshalb so still verhalten. In ihren Gesichtern kann ich lesen, dass wir ihnen unheimlich sind. Sie scheinen eine Art Grauen vor uns zu empfinden, so als wären *wir* Teufel – dabei sind wir doch gekommen, um sie von ihren teuflischen Götzen zu befreien! Und allerdings auch von dem Gold, das in dieser Stadt gewiss in größeren Mengen gehortet wird als irgendwo sonst in der Welt.

Bald schon weichen die einfachen Häuser prachtvollen Palästen, die sich drei- und viergeschossig in die Höhe türmen. An beiden Seiten säumen Gehwege die Straße, die zur Mitte hin abfällt und an ihrer tiefsten Stelle von einer Rinne durchzogen ist. Die Fassaden der Paläste sind mit Reliefmustern geschmückt und kunstvoll bemalt. Bewaffnete Wächter stehen vor den Toren und halten mit starren Gesichtern ihre schwarz gezähnten Holzschwerter in die Höhe, als Montezuma in seiner Sänfte an ihnen vorüberschwebt.

»Ihr habt ein häupterreiches Gefolge, Don Hernando«, sagt Montezuma zu unserem Herrn, während wir auf einen quadratischen Platz von ungeheuren Ausmaßen zumarschieren. »Aber der Palast, den wir für Euch vorbereitet haben, bietet Platz für alle Eure Hauptleute und Soldaten, Diener und Sklaven. Und notfalls noch für etliche mehr.«

Er geleitet uns zu einem gewaltigen Bauwerk an der vorderen Stirnseite des großen Platzes. Der Platz misst in der Länge wenigstens vierhundert Schritte und an seinem anderen Ende ragt eine gewaltige Pyramide in den Himmel empor. Eine Vielzahl weiterer Bauten von kolossalen Ausmaßen säumt den Platz, und sie alle sind so strahlend weiß wie der marmorartige Belag, der die weite Fläche zwischen den Palästen überzieht. Nur die Pyramide dort drüben hebt sich dunkel, fast schwarz von der schimmernd weißen Umgebung ab.

Mit einem plötzlichen Schauder wird mir klar, dass es die Huitzilopochtli-Pyramide sein muss, auf deren First damals achtzigtausend Menschen hingeschlachtet wurden. Dieser dunkle Überzug auf den mehr als hundert Stufen, schießt es mir durch den Kopf – das sind unzählige Schichten von getrocknetem Menschenblut! Wenn es nach König Cacama von Texcoco oder nach Montezumas Bruder Cuitláhuac ginge, würden sie bei der nächsten Gelegenheit auch noch unser Blut da oben auf der Pyramide ihres gierigen Kriegsgottes vergießen! Und wer weiß schon, ob Montezuma nicht insgeheim genauso denkt? Vielleicht verstellt er sich ja und hat uns nur deshalb hierhergelockt, weil seine Stadt die unentrinnbarste Falle auf der ganzen Welt ist!

Was für ein Wahnsinn!, denke ich und das Herz hämmert mir wieder angstvoll in der Brust. Wie konnten wir es nur wagen, mit dreihundert Mann und einigen indianischen Verbündeten hierherzukommen – in eine feindliche Stadt, die wie eine Festung ausgebaut ist und in der eine Viertelmillion Menschen leben, davon mindestens fünfzigtausend kampferprobte Krieger? »Montezuma ist sich nicht sicher, ob er uns töten lassen kann, ohne dadurch den Zorn seiner Götzen herabzubeschwören« – das hat Cortés selbst mir doch in Chalollan noch erklärt! »Falls es ihm aber gelingt, diese Zweifel zu überwinden, so wird er nicht zögern, die Schlinge zuzuziehen.« Jetzt haben wir ihm auch noch geholfen, diese Schlinge um unsere Hälse zu legen – und können nur noch hoffen, dass der Zweifel ihn niemals verlassen wird!

»In diesem Palast hat mein Vater gelebt und regiert, der weise und furchtlose König Axayácatl«, erklärt unterdessen Montezuma und deutet auf das prachtvolle Bauwerk vor uns. »Nur hochgestellte Gäste, für die ich besonders tiefe Freundschaft und Verehrung empfinde, dürfen hier wohnen.«

Bei diesen Worten schaut er unseren Herrn erwartungsvoll, ja geradezu flehentlich an. Ich blicke in sein Gesicht mit den großen, gefühlvollen Augen, den bebenden Nasenflügeln, den edel geschwungenen Lippen – und da dämmert mir, dass er wahrhaftig um die Freundschaft unseres Herrn wirbt. Was er gerade gesagt hat, war bestimmt nicht nur eine traditionelle Höflichkeitsfloskel – das spüre ich genau. Wie verzaubert schaut Montezuma unseren Herrn an. Kein Zweifel – der mächtige Herrscher der Azteken sehnt sich danach, ihn zum Freund zu gewinnen!

»Ich weiß die Ehre sehr zu schätzen, Großer Montezuma«, antwortet Cortés und jenes Lächeln kräuselt seine Lippen. »Ich lechze danach, Euch von meinem König und von unserem Glauben zu erzählen. Doch zuvor versprecht mir eines, mein hochherziger Freund.«

Marina übersetzt und Montezumas Antwort ist ein eifriges Lächeln und Nicken. »Was immer Ihr wollt, Don Hernando!«

Cortés wendet sich um und winkt abermals Cuitlalpitoc heran. Mit gesenktem Kopf nähert sich der todgeweihte Gesandte. »Nehmt diesen Verräter in Verwahrung, Montezuma!«, sagt unser Herr. »Er hat Verbrechen verübt, die Ihr gewiss verhindert hättet, wenn er nur seine Schliche nicht so tückisch vor Euch verborgen hätte.«

Unser Herr beobachtet Montezuma aufmerksam. Das eben noch rotgoldene Gesicht des Aztekenherrschers ist mit einem Mal aschgrau geworden. »Was werft Ihr ihm vor?«, fragt Montezuma.

Cortés schüttelt den Kopf, dass die roten Federn an seinem Hut erzittern. »Ihr wisst, dass ich unnötige Gewalt verabscheue«, antwortet er. »Doch der Verräter Cuitlalpitoc hat Verbrechen begangen, die keinesfalls ungesühnt bleiben dürfen. Er hat uns in Chalollan in eine Falle gelockt, aus der wir uns nur dank der Gnade Jesu Christi und der heiligen Madonna Maria wieder befreien konnten. Und er hat noch vor wenigen Tagen einen Mann zu mir geschickt, der sich als Montezuma, König der Azteken, ausgab und mich aufforderte, Euer Land auf dem schnellsten Weg wieder zu verlassen.« Er macht eine wegwerfende Handbewegung. »Lasst uns heute nicht weiter davon sprechen«, fährt er fort. »Morgen werde ich Euch, wenn Ihr erlaubt, in Eurem

Thronsaal aufsuchen und von Euch erfahren, welches Urteil Ihr über den Verräter Cuitlalpitoc gesprochen habt. Doch nun will ich mich erst einmal von den Strapazen der Reise erholen.«

Montezumas Gesichtsausdruck verrät, dass er über diesen Zwischenfall nicht gerade glücklich ist. Unser Herr hat ihn vor aller Augen geradezu genötigt, seinen eigenen Gesandten zum Tode zu verurteilen. Doch Montezuma kann sich auch nicht offen gegen diese Erpressung wehren – schließlich hat Cuitlalpitoc stets nur seine Befehle ausgeführt.

Der Herrscher stößt einen Knurrton aus und zwei seiner Wachen treten vor. Sie packen den unglücklichen Cuitlalpitoc bei den Armen und schleifen ihn davon, quer über den Platz.

»Ihr werdet mit allem zufrieden sein, Don Hernando!«, beteuert Montezuma und bittet unseren Herrn mit einer ehrerbietigen Handbewegung, vor ihm in den ehemaligen Königspalast zu treten.

Das Innere des Bauwerks ist noch überwältigender, als die kühne Architektur und die kunstvolle Gestaltung der Fassade erwarten ließen. Auch in diesem Palast gibt es einen Thronsaal, und Montezuma führt unseren Herrn in den gewaltig großen Raum, dessen Wände tatsächlich mit vergoldeten Tapeten bedeckt sind. Er bittet Cortés, auf dem Thron seines Vaters Platz zu nehmen, während er selbst sich darum kümmern werde, dass wir alle eine reichhaltige Mahlzeit bekämen. Wenn wir uns gestärkt hätten, werde er zurückkehren und uns mit einer Ansprache begrüßen, wie es so bedeutenden Gästen gezieme.

So geschieht es tatsächlich: Während Diego und ich den ungeheuer großen Palast erkunden, tragen Scharen aztekischer Diener in einem halben Dutzend gigantischer Säle ein reichhaltiges Abendessen auf. Der Palast verfügt über zahllose Säle und Vorzimmer und jeder einzelne Raum ist mit kostbaren Lederkissen, Baumwoll- und Federdecken, Pelzroben und Flechtmatten ausgestattet. Es gibt Unmengen an kunstvoll geschnitzten Schränken und Holzsesseln und in den einfacher ausgestatteten Nebengebäuden finden auch unsere sämtlichen indianischen Verbündeten Platz. Die Geschütze postieren wir wiederum in den Palasttoren, wie schon in Cempoallan und Chololla, sodass sie den Tempelplatz in seiner gesamten Länge und Breite bedrohen.

Doch vorerst denkt niemand von uns mehr an irgendwelche Bedrohungen. Nachdem wir uns gesättigt und unseren Durst gestillt haben, feuern unsere Gewehrschützen und Artilleristen donnernde Freudensalven in die Luft ab. Wir laufen nach draußen, in den weitläufigen Hinterhof des Palastes, der einem üppigen Park ähnelt, und schreien und rufen alle durcheinander. Auch ich lasse endlich die Schreie heraus, die mir seit heute früh in der Kehle steckten – und zumindest in meinen eigenen Ohren hören sie sich wie Jubelrufe an.

Doch Carlita, die sich im allgemeinen Trubel zu mir herangepirscht hat, schaut mich erschrocken an. »Was ist mit dir, Orte?«, flüstert sie mir zu. »Du schreist, als ob dir jemand ans Leben will!«

»Gar nichts ist mit mir!«, beteuere ich und verschließe Carlitas Mund mit einem hastigen Kuss. »Unser Herr und Montezuma sind schon dabei, Freundschaft zu schließen«, fahre ich fort, nachdem sich Carlita wieder aus meinen Armen befreit hat. »Alles wird gut ausgehen, Carlita«, behaupte ich und weiche ihrem Blick aus. »Das spüre ich ganz genau!«

Später am Abend kommt Montezuma wie angekündigt noch einmal zu uns in den Palast. Er wird von seinen Wächtern und Ratgebern begleitet, und Cortés führt ihn wie selbstverständlich in den Thronsaal und winkt seinen Vertrauten, ihm zu folgen. Im Fackellicht schimmern die Goldtapeten wahrhaftig wie in einem Fiebertraum.

Montezuma wartet, bis Cortés auf dem Thron Platz genommen hat, auf dem in früheren Zeiten Montezumas Vorgänger gesessen haben. Der Thron ist ein kunstvoll geschnitzter Sessel, der verschwenderisch mit Gold und Silberketten geschmückt ist. Auch die Füße des Sessels sind mit Gold überzogen. Montezuma nimmt unserem Herrn gegenüber auf einem bescheideneren Sitzmöbel Platz und beginnt zu sprechen. Schon nach wenigen Sätzen bin ich drauf und dran, meinen eigenen Beteuerungen zu glauben, mit denen ich vorhin Carlita beruhigen wollte. Alles wird gut ausgehen, ja wie denn sonst!

»Betrachtet Tenochtitlan als Eure Stadt, Don Hernando, und diesen Palast als Euer Haus!«, ruft Montezuma aus. »Versichert Eurem König, dass ich sein ergebenster Diener bin!«

Marina übersetzt, und Cortés sagt halblaut zu Alvarado: »Ergebenster Diener – das heißt doch, dass er sich zum treuen Vasallen von König Karl erklärt.«

Der »Durchtriebene« grinst verschlagener denn je. Zusammen mit Cortés' anderen Vertrauten steht er hinter dem Thron. Gerade beugt er sich nach vorn, um unserem Herrn etwas zuzuraunen, doch da redet Montezuma schon weiter.

»Seid Ihr der wiedergekehrte Quetzalcoatl, bärtiger Herr?«, fragt der Herrscher in unterwürfigem Tonfall. »Meine Hohepriester und meine weisesten Ratgeber sind seit vielen Monden bemüht, dieses Geheimnis zu erforschen. Noch haben wir die Antwort nicht gefunden, doch ich fühle in der tiefsten Tiefe meines Herzens, dass Ihr ein Herrscher und Gott seid. Also zögert nicht, ich flehe Euch an, im ganzen Land in meinem Namen Befehle zu erteilen, als ob dies Euer eigenes Land wäre! Und verfügt über all mein Hab und Gut, wie es Euch gefällt!«

Nachdem Marina diese Worte übersetzt hat, kommt mir sogar unser Herr beeindruckt, ja bewegt vor. »Oder waren das auch wieder nur Höflichkeitsfloskeln?«, fragt er Marina. »Mir schien es, als meinte er das wirklich so!«

Marina zuckt mit den Schultern. »Ich bin nur die Tochter eines Dorfkönigs«, sagt sie. »Montezuma und seine Edelleute sprechen ein so vornehmes Nahuatl, dass ich sowieso schon Mühe habe, alles zu verstehen. Einige Höflichkeitsformeln wie ›Ich küsse Eure Füße‹ kennt bei uns jedes Kind. Aber ob der Große Montezuma Euch eben tatsächlich sein Land und Eigentum zu Füßen gelegt hat, vermag ich nicht zu sagen.«

Cortés starrt durch sie hindurch. »Aber ich!«, sagt er in abwesendem Tonfall und erhebt sich.

Montezuma richtet sich gleichfalls auf. Erwartungsvoll, mit einem fast kindlichen Gesichtsausdruck schaut er Cortés an.

»Seid bedankt für Eure freundlichen Worte, Großer Montezuma«, sagt unser Herr in seinem sanftesten Tonfall, »und für die gastfreundliche Aufnahme in diesem Palast Eures ehrwürdigen Vaters. Seid versichert, dass ich Euch liebe, Montezuma. Mein Herz ist heute zufrieden. Seit so langer Zeit wünschte ich, Euch zu sehen und mit Euch zu sprechen. Dieser Wunsch beginnt sich nun zu erfüllen. Fürchtet nichts!«, sagt Cortés und bemüht sich um ein warmes Lächeln. »So lange schon sehnt sich Euer Herz nach mir und nun kann uns nichts mehr trennen.«

Sichtlich gerührt dankt Montezuma unserem Herrn und wünscht ihm und uns allen eine gute Nacht. Bevor er uns verlässt, lädt er »Don Hernando, seine Hauptleute und Ratgeber« für morgen Abend in seinen Palast ein.

4

Als ich am nächsten Tag erwache, ist meine Hochstimmung vom Vorabend verflogen. Diego steht am Fenster unserer Kammer, das auf den großen Platz hinausgeht. Als er sieht, dass ich meine Augen geöffnet habe, winkt er mich aufgeregt zu sich her.

Ich werfe meine wunderbar leichte Federdecke zur Seite und rappele mich von der weichen Matratze auf. Sogar unsere Pagenkammer ist bequemer und kostbarer ausgestattet als die Königsgemächer in Cempoallan! Unser Herr ruht nebenan auf schneeweißen Pelzroben, unter einem Betthimmel aus roten Vogelfedern, und die Wände seines Schlafgemachs sind mit Blattgold überzogen. Zumindest waren sie das gestern Abend noch, sage ich mir – gut möglich allerdings, dass der »Dröhnende« unterdessen jeden goldenen Krümel von den Wänden abgekratzt hat.

»Sieh dir das an, Orte!«, sagt Diego mit gepresster Stimme.

Ich trete neben ihn und spähe durch das Lukenfenster hinaus. Da draußen auf dem Platz ist alles schwarz vor Menschen. Männer und Frauen, kleine Kinder und Greise. Manche stehen in Gruppen beisammen, die meisten aber kauern am Boden, wie es bei den Indianern üblich ist: die Arme um die Knie geschlungen, reglos wie Pilze.

»Sie starren alle hierher!«, flüstert Diego. »Das ist unheimlich, findest du nicht? Noch unheimlicher als in Cholollan – da haben sie uns wenigstens gezeigt, dass sie uns für ihre Feinde halten!«

Die Sonne steht schon hoch über der Stadt. Anscheinend haben wir den halben Tag verschlafen – kein Wunder nach den Strapazen der letzten Zeit. »Bestimmt sind sie einfach nur neugierig«, sage ich. »Wir sind die Gäste ihres Königs! Montezuma hat Cortés als seinen Freund bezeichnet. Glaub mir nur, hier ist alles anders als in Cholollan!«

Diego schaut mich an und plötzlich beginnt er zu grinsen. »Du hast recht, Orte – ich sehe Gespenster«, sagt er und schlägt mir auf die Schulter. »Weißt du, ich bin eben ein Soldat! ›Lieber von Feinden umzingelt als zwischen Leuten sein, die freundlich tun und denen ich nicht über den Weg traue.‹ So hat sich Guerrero neulich in Cholollan ausgedrückt – und ich empfinde es genauso.«

»Aber lass dir nichts anmerken!«, gebe ich zurück und täusche einen Faustschlag in seine Magengrube vor. »Wenn uns Montezuma aus irgendeinem Grund plötzlich für seine Feinde statt für seine Gäste hält, kann er uns in seiner Faust zerquetschen.«

Ich mache es ihm mit meiner linken Hand vor, während ich mit der rechten nach meinem Obergewand angele. Diego lacht auf und wendet sich vom Fenster ab. Zu meinem Erstaunen scheint er mir tatsächlich zu glauben – dafür bin nun ich von kribbelnder Unruhe erfüllt. Nur mit Mühe gelingt es mir, meinen Blick von der geisterhaft schweigsamen Menge da draußen abzuwenden. Meinen Blick – und vor allem meine ahnungsvollen Gedanken.

»Ich schaue mal rasch nach Carlita«, sage ich und fahre mir mit gespreizten Fingern durch mein Haar. »Bestimmt muss sie schon wieder mit den tlaxcaltekischen Dienerinnen Tortillas backen!«

»Das arme Adelsfräulein!«, antwortet Diego und grinst noch breiter. »Willst du mir nicht endlich mal erzählen, wer sie in Wirklichkeit ist?«

Ich schnalle mir meinen Gürtel um und schlüpfe in meine Stulpenstiefel. »Ein Mädchen aus einer einfachen Kleinadelsfamilie«, sage ich. »Das habe ich dir doch schon hundertmal erklärt.«

Diego verschränkt die Arme vor der Brust und macht schmale Augen. »Und warum hat Cortés dann angeordnet, dass sie sich als tlaxcaltekische Dienerin verkleiden soll? Kannst du mir das vielleicht auch noch erklären, Orte? Das kann doch nur bedeuten, dass irgendjemand aus Montezumas Gefolge sie erkennen könnte, wenn sie sich in Cortés' Nähe aufhält!«

Ich starre durch ihn hindurch, bis Diego gereizt auflacht. »Du machst ihn nach, Orte, merkst du das eigentlich?«, ruft er aus.

Bevor Diego sehen kann, wie mir das Blut in die Wangen schießt, fahre ich herum und stürze aus der Tür. »Keine Ahnung, wovon du redest!«, sage ich über die Schulter – dabei weiß ich ganz genau, dass Diego recht hat. Auch diese Gewohnheit, über die Schulter zu sprechen, ohne mich richtig umzuwenden, habe ich von Cortés abgeschaut.

Die Königsgemächer, in denen Cortés logiert, liegen im ersten Stock des Palastes. Gerade eile ich den mit Pelzteppichen und Baumwollmatten ausgelegten Flur entlang zur Treppe, da fliegt eine Tür auf und Sandoval tritt heraus. »Ah, Orteguilla!«, sagt er. »Gut, dass ich dich hier erwische – wir versammeln uns unten im Thronsaal. Große Lagebesprechung – und du sollst auch dabei sein!«

»Jetzt sofort?«, frage ich und gebe mir Mühe, meine Enttäuschung zu verbergen.

Sandoval lacht auf. »Ja – jetzt gleich! Die Liebe muss warten, Junge!« Er tritt näher zu mir heran, zieht schnüffelnd die Luft ein und rümpft die Nase. »Unten im Palast gibt es übrigens ein vorzügliches Bade- und Schwitzhaus. Was hältst du davon, erst einmal dorthin zu gehen, bevor du deine Schöne das nächste Mal umarmst?«

Vor Empörung atme ich heftig ein und da steigt mir ein seltsamer Duft in die Nase: Der »Tollkühne« riecht nach Rosen und Veilchen wie ein ganzes Blumenbeet!

»Ich habe es schon ausprobiert«, sagt er und lässt sein unbekümmertes Lachen ertönen. »Man fühlt sich wirklich besser danach. Die Indianer hier sind erstaunlich, findest du nicht?«, fährt er fort, während wir den Flur entlang zur Treppe gehen. »Sie sind reinlich wie Jungfrauen, sie waschen sich ihre Haare sogar mit Seife, die sie aus Avocadokernen gewinnen. Ihre Stadt und ihr Land sind allem Anschein nach so wohlgeordnet wie bei uns zu Hause nicht einmal ein dominikanisches Klostergut – und gleichzeitig beten sie diese Teufelsgötzen an! Das passt doch nicht zusammen, Junge – findest du nicht auch?«

Darauf fällt mir nicht gleich eine Antwort ein. Aber wie denn auch – es ist ja dieselbe Frage, mit der ich mich seit Wochen immer wieder herumschlage! Während ich über Sandovals Worten brüte, eilen wir die breite Treppe hinab ins Erdgeschoss und unten durch die prachtvolle Vorhalle zum Thronsaal. Dort sitzt Cortés schon auf dem mit Goldketten geschmückten Thronsessel – in der gleichen stolzen Haltung wie gestern Abend, als Montezuma ihm sein Reich zu Füßen gelegt hat. Er sieht aus, als würde er dort am liebsten für immer sitzen bleiben – oder nein: als ob er dort eigentlich immer schon gethront hätte. Was ja in gewisser Weise auch zutrifft: In seinen Träumen ist unser Herr seit Langem ein König, mächtig und reich.

Außer seinen engsten Vertrauten, Marina und Fray Bartolomé hat er etliche weitere unserer Hauptleute herbeibefohlen. Ich entdecke Cristóbal de Tapia, den narbigen Guerrero und sogar die beiden Franciscos – Montejo und Morla. Gut zwanzig Männer sind hier versammelt und die Stimmung ist angespannt. Auch Geronimo de Aguilar schlüpft zuletzt noch in den Saal. Was hat der Tätowierte hier zu suchen? Seit unser Herr ihn nicht mehr als Übersetzer braucht, habe ich den einstigen Minoritenmönch kein einziges Mal mehr in Cortés' Nähe gesehen.

Auf einen Wink von Alvarado hin schließen die Wachen die Tür. Cortés beginnt sofort zu sprechen. »Wir sind kurz vor dem Ziel, Männer«, sagt er, »aber wir haben es noch nicht ganz erreicht. Wir sind weiter, viel weiter gekommen, als manch einer es uns zugetraut hätte – aber wir sind nun in der Lage des bewundernswerten Antoine de Ville, der auf Befehl seines Königs im Jahr 1492 den Mont Aiguille bestiegen hat: Kurz vor dem Gipfel klammerte sich de Ville an die überhängende Felswand, zitternd vor Erschöpfung und Schwindelgefühl. Doch kurz darauf gewann er seine Selbstbeherrschung zurück. Er hatte einen wohldurchdachten Plan, so beschwor er sich, und er würde niemandem erlauben, diesen Plan zu durchkreuzen. Nicht einmal sich selbst, so kurz vor seinem Ziel!«, ruft Cortés aus.

Er erhebt sich von seinem Thron und starrt in der üblichen Weise durch die Umstehenden hindurch. »Antoine de Ville hat den Gipfel bezwungen – und damit seine eigene Angst und Schwäche«, fährt er fort. »Und in derselben Lage sind nun auch wir. Ihr habt es gestern mit euren eigenen Ohren gehört: Montezuma hat mir sein Reich zu Füßen gelegt – und jetzt müssen wir nur noch dafür sorgen, dass er diesen Worten auch Taten folgen lässt. Er muss mir die Herrschaft über sein Reich wahrhaftig in die Hände geben – kampflos und sozusagen freiwillig, sodass seine Untertanen gegen diesen Umschwung nicht aufbegehren. Wenn uns auch dieser Schritt mit der gnädigen Hilfe der Muttergottes noch geglückt ist, sind wir am Ziel. Aber bis dahin dürft ihr alle keine Sekunde lang vergessen, wie unsicher unsere Lage jetzt noch ist. Wie jener Bergbezwinger Antoine de Ville werden wir schmählich abstürzen, wenn wir einen Fehlgriff tun – oder aber uns auf den höchsten Punkt hinaufschwingen, wenn wir unsere Kaltblütigkeit bewahren. Und das bedeutet ...«

Er unterbricht sich und sieht einige der Umstehenden durchbohrend an. »Niemand von euch«, fährt er fort, »darf sich in irgendwelche Kampfhandlungen verwickeln lassen. Niemand von euch darf sich auch nur die kleinsten Übergriffe erlauben. Brecht keinen Streit mit den Azteken vom Zaun und lasst euch von ihnen nicht provozieren! Lasst die Frauen und Mädchen in der Stadt zufrieden! Lasst die Finger auch von den Besitztümern der Leute – ihrem Gold, Silber, Schmuck oder was auch immer! Wir sind die Gäste ihres Königs, vergesst das nie. Sie halten uns für Götter oder zumindest für eine Art übermächtiger Wesen – unterlasst alles, was sie auf den Gedanken bringen könnte, dass wir gewöhnliche Räuber wären! Wer gegen diese Gebote verstößt, muss auf strengste Bestrafung gefasst sein! Habt ihr das verstanden?«

Wieder sieht er einen nach dem anderen durchdringend an. So ernst hat unser Herr schon lange nicht mehr zu uns gesprochen. Wir alle murmeln, dass wir verstanden haben und alles so ausführen werden, wie er es uns aufgetragen hat.

»Dann geht jetzt und schärft euren Männern ein, wie sie sich zu verhalten haben!«, fährt Cortés fort. »Erinnert sie an den Galgen in Vera Cruz. Und an das Gold in Montezumas Schatzkammern, von dem jeder von ihnen seinen gerechten Anteil bekommen wird, wenn diese Stadt und das Land erst in meine Hände gefallen sind! Geht jetzt! Ihr nicht – mit euch habe ich noch zu sprechen«, fügt er hinzu und winkt Fray Bartolomé und den Tätowierten zu sich heran. »Und mit dir, Orteguilla, auch.«

5

Als die anderen gegangen sind, schließen unsere Wachen erneut die Tür. Cortés hat wieder auf dem Thron Platz genommen. Außer seinen drei Vertrauten, den beiden Geistlichen, Marina und mir ist niemand mehr in dem weitläufigen Saal. Obwohl es hier drinnen stickig heiß ist, trägt Cortés seinen goldbesetzten Umhang und sogar den Hut mit den roten Federn. Er sieht grau und übernächtigt aus. Doch seine Augen funkeln vor Zuversicht und Tatendrang.

»Du hast ihnen einen ganz schönen Schrecken eingejagt«, sagt Alvarado zu Cortés. »Aber du hast recht, es ging nicht anders – jeder muss sich darüber klar sein, dass wir hier nicht mehr lebendig rauskommen, wenn Montezuma das nicht will.«

»Oder sein verdreckter Bruder«, grollt Portocarrero, »dieser Cuitlá-kack oder wie der verdammte Oberkrieger heißt!«

»Cuitláhuac«, korrigiert Sandoval mit einem Lachen und verströmt Veilchenduft. »So schwer finde ich ihre Namen gar nicht zu merken. Gib dir einfach mal ein bisschen Mühe!«

Er schlägt dem »Dröhnenden« aufmunternd auf die Schulter und der prallt zurück und hält sich sogar die Nase zu. »Bist du auch waschsüchtig geworden?«, schreit er. »Wie diese verweichlichten Wilden?«

Sandoval lacht noch lauter. »Du musst dich schon entscheiden, Alonso«, sagt er, »wie du die Indianer beschimpfen willst: dreckig oder waschsüchtig, wild oder verweichlicht – beides zusammen geht nicht!«

Alvarado bricht gleichfalls in schallendes Gelächter aus. »So wenig wie gottesfürchtig und teufelsgläubig!«, bringt er prustend hervor.

Schlagartig werden alle wieder ernst. Ich schaue Sandoval erwartungsvoll an, doch er schüttelt nur leicht den Kopf. Offenbar hat er nicht die Absicht, vor aller Ohren zu wiederholen, was er vorhin zu mir gesagt hat. Aber warum nicht?

»Kommen wir zur Sache«, sagt unser Herr. »Auch wenn wir noch nicht in sämtlichen Einzelheiten wissen, wie dieses Königreich und seine Vasallenstaaten organisiert sind, liegt doch klar zutage, dass sie alles vortrefflich eingerichtet haben. So vorzüglich sogar, wie das eigentlich gar nicht sein kann in einem Land, dessen Bewohner doch offenbar vom Teufelsglauben verblendet sind.« Er wendet sich an Fray Bartolomé. »Pater, erklärt uns diesen Widerspruch!«

Fray Bartolomé streckt seine gedrungene Gestalt und räuspert sich. Anscheinend fühlt er sich mit diesem Thema nicht allzu behaglich. »Nun, das ist im Grunde wirklich nicht möglich«, antwortet er und räuspert sich nochmals ausgiebig. »Der Heilige Vater hat in seiner Bulle über die Eroberung der Neuen Welten dargelegt, dass eine Welt, in der der Satan herrscht, notwendigerweise einem teuflischen Tohuwabohu verfallen sein muss. Denn wo der Teufel herrscht, herrscht auch das Chaos. Alle Harmonie und Ordnung dagegen ist göttlich.«

Er zieht ein Tuch unter seiner Kutte hervor und fährt sich damit über die Stirn. »Demzufolge muss entweder die Ordnung ihrer Lebensverhältnisse«, fährt er fort, »die uns auf den ersten Blick so vortrefflich scheint, eine bloß oberflächliche und scheinbare sein – oder … oder …« Fray Bartolomé verstummt und schaut Cortés unglücklich an.

»Oder?«, wiederholt unser Herr in strengem Tonfall. »Sprecht weiter, Pater!«

»Oder … oder dasselbe trifft auf ihren Glauben zu«, setzt der Priester mit bebender Lippe erneut an. »Dann nämlich müsste der teuflische Aberglaube, dem diese Indianer ganz und gar verfallen scheinen, bloß eine oberflächliche und scheinbare Abirrung sein – während sie in der Tiefe ihrer Herzen dem wahren Glauben anhängen würden!«

Er wischt sich abermals mit dem Tuch über sein Gesicht. Portocarrero hat sich drohend vor ihm aufgebaut, aber Fray Bartolomé scheint ihn gar nicht zu bemerken. »In diesem Fall hätten wir keinerlei Recht, dieses Land für die spanische Krone zu erobern«, fügt er murmelnd wie im Selbstgespräch hinzu. »In seiner Bulle hat der Heilige Vater unserem König ausdrücklich nur solche neu entdeckten Länder zum Lehen gegeben, die dem Satan verfallen sind und durch die Entdecker zum wahren Glauben bekehrt werden. Hier aber …«

Weiter kommt er nicht. Portocarrero hat die Schultern des Paters mit seinen Pranken gepackt und schüttelt Fray Bartolomé hin und her. »Aber sie sind ja dem Satan verfallen, du Weihrauchrülpser!«, schreit er. »Oder was glaubst du, wen sonst sie da draußen mit Tausenden zuckender Menschenherzen mästen – wenn nicht den Teufel?«

»Lass ihn los!«, geht Sandoval dazwischen. »Auch wenn ich dir recht gebe, Alonso: Sie sind offensichtlich dem Teufel verfallen und dürfen sich glücklich schätzen, dass wir uns die Mühe machen, sie vom Leibhaftigen zu befreien.«

»Und von ihren Goldvorräten«, stimmt Alvarado mit wölfischem Grinsen zu.

Ich starre Sandoval entgeistert an. Habe ich ihn vorhin falsch verstanden? Als er meinen Blick bemerkt, hebt er die Schultern und setzt sein strahlendstes Lächeln auf. Da wird mir klar, dass es auch ihm ganz egal ist, so egal wie Alvarado oder Portocarrero, ob wir hier Recht oder Unrecht tun. Hauptsache, die Indianer geben uns ihr Gold!

»Also hört auf herumzustreiten, Caballeros«, fährt Alvarado fort. »Lasst uns lieber zu dem Punkt kommen, um den es hier wirklich geht: Wir müssen Montezuma und seine Oberpriester dazu bringen, ihren Teufelsgötzen abzuschwören und zu unserem

Glauben überzutreten. Sonst wird man uns zu Hause den Prozess machen, weil wir die Indianer angeblich nur ausgeplündert haben, anstatt ihre Seelen für das himmlische Jenseits zu retten. Aber gleichzeitig dürfen wir Montezuma nicht so sehr erzürnen, dass er uns ein paar Hunderttausend von seinen zwei oder drei Millionen Kriegern vorbeischickt – dann nämlich wären wir es, deren Seelen vorzeitig ins Jenseits hinüberflattern.«

Er winkt Fray Bartolomé näher zu sich heran. »Mit *diesem* Widerspruch haben wir es hier zu tun, Pater, und hierzu benötigen wir Euren Rat! Nicht zu irgendwelchen theologischen Spitzfindigkeiten!«

Der »Durchtriebene« wirft Cortés einen Blick zu, der seine Verärgerung verrät. Unser Herr aber sitzt starr auf seinem Thron und schaut nachdenklich vor sich hin – und in diesem Moment wird mir noch etwas klar: *Ihm* ist es keineswegs egal, ob die Azteken tatsächlich dem Teufelsglauben verfallen sind! Ganz im Gegenteil, sage ich mir, Cortés ist wirklich von dem Wunsch erfüllt, den Indianern den wahren Glauben zu bringen! Deshalb hat er selbst schon in Potonchan die Priesterrobe übergestreift und zu Ostern von der Auferstehung unseres Erlösers gepredigt! Und deshalb hat er sogar eigens für die Tlaxcalteken-Herrscher einen theologischen Traktat verfasst – obwohl natürlich auch er wissen musste, dass sie seine Worte nicht lesen konnten! Doch es war ihm eben ein Herzensanliegen, sage ich mir, und das unterscheidet ihn so sehr von Alvarado, Portocarrero und sogar von Sandoval! Diesen dreien ist es immer nur ums Gold gegangen – für Cortés aber gehört das alles untrennbar zusammen: der Thron, der ihm durch prophetische Träume vorherbestimmt ist, die Bekehrung der Indianer und das Gold!

Ich starre Cortés unverwandt an und steigere mich geradezu in einen Rausch der Begeisterung hinein. So und nicht anders verhält es sich!, sage ich mir. Und aus allen diesen Gründen muss sich ihm ja auch die Frage aufdrängen, ob die Indianer nicht ursprünglich einem Glauben anhingen, der unserem Glauben keineswegs so sehr fernsteht! Diese Frage muss ihn umso mehr beschäftigen, seit er begonnen hat, sich in die Rolle des gütigen Quetzalcoatl hineinzuversetzen! Hat Quetzalcoatl nicht große Ähnlichkeit mit unserem Erlöser Jesus Christus – so wie seine Schwester Xochiquetal unserer gütigen Madonna Maria gleicht?

»He, Orteguilla, du träumst ja mit offenen Augen!« Sandoval hat mich von hinten bei den Schultern gepackt und schiebt mich auf den Thron zu. »Du kannst es wohl nicht erwarten, deine Kleine zu sehen?«

Das Blut schießt mir in die Wangen. Alle starren mich an und lachen – sogar der Tätowierte und Fray Bartolomé. Nur Cortés bleibt vollkommen ernst.

»Hör mir gut zu, Orteguilla!«, sagt er. »Nachher werde ich Montezuma in seinem Palast einen Besuch abstatten – und du sollst mich begleiten. Du verstehst doch mittlerweile ihre Sprache?«

Ich hebe unsicher die Schultern. »Nicht besonders gut, Herr.«

Doch das scheint ihn nicht weiter zu bekümmern. »Ich bin mir noch nicht ganz schlüssig, wie ich vorgehen werde«, sagt er in geistesabwesendem Tonfall. »Möglicherweise werde ich ihm vorschlagen, dass er und ich deine Pagendienste gemeinsam in Anspruch nehmen könnten.«

Meine Augen werden so groß wie Kanonenkugeln, jedenfalls fühlt es sich so an. »Gemeinsam, Herr?«, wiederhole ich. »Wie meint Ihr das?«

»Das wird sich zeigen«, antwortet Cortés. »Mir träumte, dass Montezuma und ich zusammen auf seinem Thron säßen und gemeinsam über sein Reich herrschten. Und dann wieder, im gleichen Traum, sah ich dich, Orteguilla, wie du zu Montezumas Füßen kauerst – und er erzählt dir in unaufhörlichem Redestrom alles, was wir von ihm zu wissen begehren!«

Ich muss krampfhaft schlucken. »Wollt Ihr, Herr, dass ich bei ihm bleibe – in seinem Palast?«

Cortés hat sich schon halb von mir abgewendet. Er winkt den Tätowierten zu sich heran, während er mir über die Schulter noch zuruft: »Vielleicht mache ich dich ihm zum Geschenk – natürlich nur zum Schein! Aber du selbst hast es in der Hand, Orteguilla!« Er wirft mir einen durchbohrenden Blick zu, und mit einem Schlag wird mir klar, wie er diese Worte gemeint hat: Finde heraus, wo Montezumas Schätze sind – wenn du nicht willst, dass wir Carlita befragen!

Ich verbeuge mich und weiche ein paar Schritte vom Thron zurück. »Ich sehe mit Freuden«, sagt Cortés eben zu Aguilar, »dass Ihr die Priesterrobe angezogen habt, die Fray Bartolomé Euch auf meinen Wunsch überlassen hat. Das ist gut so, denn Eure geistlichen Dienste werden bald schon gebraucht werden.«

Er winkt den Tätowierten näher zu sich heran. Mit dem Schildkrötenmuster an Gesicht, Hals und Händen, die aus der schwarzen Robe hervorschauen, sieht Aguilar wunderlich aus. »Haltet Euch in meiner Nähe, Fray Geronimo!«, fährt unser Herr fort. »Sehr bald schon werden wir dem Satan den großen Teufelstempel da drüben auf der anderen Seite des Platzes entreißen. Wir werden die Götzenbilder zertrümmern und in die Tiefe schleudern, wo sie hingehören! Wir werden den Tempel säubern und unserem Erlöser und der Muttergottes weihen – und Ihr, Fray Geronimo, sollt diese Aktion anführen und von da an der verantwortliche Priester dieses Heiligtums sein!«

Trotz des Schildkrötenmusters in seinem Gesicht kommt es mir vor, als ob Aguilar erbleicht wäre. Cortés hat auch ihn in der Hand, sage ich mir – genauso wie mich! Wenn er Aguilars Geheimnis verrät, dann ist dem abtrünnigen Minoritenmönch ein Prozess vor der Heiligen Inquisition gewiss! Schließlich hat der Tätowierte jahrelang die Teufelsgötzen angebetet und die Teufelspriester haben ihn und seine heidnische Geliebte zu Mann und Frau erklärt!

»Wie Ihr befehlt, Herr«, stammelt Aguilar. Sein Blick irrt zu mir herüber. So unsicher hat er mich schon unzählige Male angesehen, seit wir ihn vor dem Messer jenes Opferpriesters gerettet haben. Doch kein einziges Mal hat es der Tätowierte gewagt, mich offen zu fragen: Was habe ich damals in meinem Fieberwahn verraten? Und was davon hast du Cortés weitererzählt?

Genauso wie immer nicke ich ihm nur kurz zu und wende meinen Blick wieder von ihm ab. Er tut mir leid, aber ich bin viel zu durcheinander, um mich in meinen Gedanken noch länger mit ihm abzugeben. Unser Herr will, dass ich Montezumas Geheimnisse erforsche, sage ich mir – und wenn der Aztekenherrscher darauf eingeht und bemerkt, dass ich ihn ausspioniere, dann wird er mich seinem blutdürstigen Kriegsgott opfern! Das Herz hämmert mir in der Brust. Aber wenn ich herausfinde, wo die Goldschätze der Azteken versteckt sind, schießt es mir im nächsten Moment durch den Kopf – dann braucht Carlita ihr eigenes Volk nicht zu verraten und dann bleibt ihr auch die grässliche Befragung durch Fray Bartolomé erspart! Also muss ich nicht nur machen, was Cortés von mir verlangt – ich muss sogar alles in meinen Kräften Stehende tun, um Montezumas Vertrauen zu gewinnen und ihn so gründlich wie überhaupt möglich auszuhorchen!

Für dich, sage ich mir, während ich mit weichen Knien aus dem Thronsaal taumele – für uns, Carlita!

6

Am Nachmittag erscheint Montezumas Bruder Cuitláhuac mit einem Gefolge kostbar gekleideter und geschmückter königlicher Beamter. In ausgesucht höflichen Worten bittet er Cortés, ihn in den Königspalast zu begleiten. Doch dazu blickt er so finster drein wie gestern, als er uns am Stadttor begrüßt hat.

Unser Herr dankt ihm mit einem Lächeln und gibt vor, Cuitláhuacs Feindseligkeit nicht zu bemerken. Aber ich spüre, dass sie ihn beunruhigt, und wie könnte es auch anders sein: Montezumas Bruder ist schließlich der oberste aztekische Armeekommandeur, Herr über Millionen kampferprobter Krieger!

Cortés hat schon vorher angeordnet, dass ihn außer Marina und mir nur vier seiner Hauptleute begleiten sollen – Alvarado und Sandoval sowie die beiden Velazquez-Getreuen Montejo und Morla. Zwanzig Mann nehmen wir außerdem als unsere Leibwache mit. Als wir aus dem Tor hinaustreten, ist der Platz noch immer schwarz vor Menschen.

Cuitláhuac und sein Gefolge bahnen uns einen Weg durch die Menge. Die meisten kauern wie seit Stunden reglos am Boden. Träge weichen sie zurück, gerade weit genug, um keinen Fußtritt abzubekommen. Alle starren uns an, niemand spricht ein Wort. Wieder meine ich eine Art Grauen in ihren Gesichtern zu sehen. Wenn sie überhaupt einmal eine Miene verziehen, dann rümpfen sie höchstens angewidert die Nase.

Vor mir können sie allerdings keinen Abscheu empfinden – ich war vorhin tatsächlich in den Baderäumen in einem Nebengebäude unseres Palastes, um mich auf Sandovals Geheiß zu säubern. Ein halbes Dutzend aztekischer Diener wusch und schnitt mir die Haare, schnitt mir Finger- und Fußnägel und walkte mich durch, bis ich mich so sauber und wohlig müde fühlte wie ein Baby. Währenddessen wuschen weitere Diener sogar meine Kleidung, die in der Sonne bereits wieder getrocknet war, als sie endlich mit mir fertig waren. »Duftend wie eine jungfräuliche Braut«, behauptete Sandoval, kam ich schließlich wieder aus Dampf und Dunst hervor – und ein wenig fühle ich mich auch wie eine Braut, die an Montezuma verschachert werden soll, während wir über den Platz zu seinem Palast marschieren.

Der Platz heißt »Herz Unserer Welt«, erklärt uns Cuitláhuac. Er misst vierhundert Schritte in der Länge und ebenso viele in der Breite. Zahlreiche Pyramiden und Paläste säumen die gewaltige Fläche, dessen weißes Steinpflaster blassrot geädert ist. Die Bauwerke sind allesamt strahlend weiß getüncht und die meisten von ihnen laufen nach oben spitz zu. Vielleicht liegt es daran, dass ich mir wie im Innern eines gigantischen Mauls vorkomme, dessen Zähne drohend über uns emporragen. Mitten auf dem Platz klafft überdies ein gewaltiger Abgrund im Boden, der von kunstvoll gemeißelten und bemalten Statuen und sonstigen Steingebilden umgeben ist. »Der Tempel des Unterweltgottes Mixcoatl«, erklärt uns Cuitláhuac, »und der Eingang zur Welt der Schatten und der Toten.«

Während wir in den schlundartigen Abgrund blicken, pirscht sich ein alter Indianer zu uns heran. Er schaut Alvarado furchtsam an, dann nimmt er anscheinend all seinen Mut zusammen und fasst dem »Durchtriebenen« an den Bart.

Alvarado fährt zurück und ballt die Fäuste. »Verschwinde, du Knochenbündel!«, murmelt er. Doch dann nimmt er sich zusammen und schiebt den Alten bloß sachte von sich weg.

Nicht die geringsten Übergriffe dürften wir uns erlauben, hat Cortés uns ermahnt – und wohl deshalb hat er Portocarrero bei diesem ersten Besuch in Montezumas Palast lieber nicht mitgenommen. Der »Dröhnende« wäre bestimmt schon auf dem Weg dorthin mehrfach aus der Haut gefahren.

Wir anderen dagegen mustern nur mit stummen Blicken die gigantischen Schädelgerüste, die vor jedem einzelnen Tempel stehen, beladen mit sonnengebleichten Totenköpfen und Oberschenkelknochen. Ein flaches, lang gezogenes Bauwerk weist im Erdgeschoss eine Reihe eng vergitterter Fenster auf.

»Was befindet sich in diesem Haus?«, will Cortés wissen.

»Die Opferzellen«, antwortet Cuitláhuac bereitwillig. »Es sind drei Räume, der linke für weibliche Opfer, der größte in der Mitte für die männlichen und der dritte für die Kinder, die wir Tlaloc opfern. Momentan sind sie leer, werft ruhig einen Blick hinein!«, ermuntert er unseren Herrn. »Diese Räume sind sinnreich ausgestattet, überzeugt Euch nur selbst! Sie dienen als Kerker und gleichzeitig als Küchen, in denen die Gliedmaßen der Geopferten zubereitet werden.«

Cortés ist dicht an eines der Fenster herangetreten und wirft einen raschen Blick ins Innere. Ich folge seinem Beispiel und pralle regelrecht zurück. Als Erstes ist mein Blick auf einen Bottich voller Knochen gefallen, an denen noch Fleischstücke kleben.

»Gleichzeitig?«, wiederholt Alvarado, nachdem Marina übersetzt hat. »Wer noch nicht geopfert worden ist, muss also zusehen, wie diese Teufel die Überreste seiner Leidensgefährten kochen und braten?«

Cortés macht Marina ein Zeichen, und anstatt die Frage zu übersetzen, beantwortet sie sie selbst. »Die Opfer bekommen vorher alle vom ›Fleisch der Götter‹ zu essen – das sind heilige Rauschpilze, nach deren Genuss man keinen Schrecken und keinen Schmerz mehr spürt.«

Unser Herr starrt Cuitláhuac grimmig an. Wenn der Tätowierte jetzt bei uns wäre, sage ich mir – vielleicht würde Cortés ihm in seinem Zorn befehlen, augenblicklich die Huitzilopochtli-Pyramide hinaufzustürmen und die Götzenbilder in den Tempelbauten dort oben zu zertrümmern! So aber marschieren wir nur schweigsam hinter Montezumas Bruder her, der uns ohne weitere Erklärungen an der gewaltigen Pyramide vorbeiführt. Wahrscheinlich spürt er, wie sehr uns der Anblick des Opferkerkers erschüttert hat – und vielleicht wollte er ja gerade das mit seiner Vorführung erreichen.

Der Königspalast zieht sich die gesamte Nordseite des gigantischen Platzes entlang. Er ist größer als jedes andere Bauwerk im Herz Unserer Welt, auch wenn ihn die blutverkrustete Huitzilopochtli-Pyramide überragt. Seine Außenmauern sind schimmernd weiß und mit Jaguar- und Adlermotiven in leuchtenden Farben geschmückt. Vor siebzehn Jahren, erklärt Cuitláhuac, wurde dieser neue Königspalast erbaut, nachdem durch eine verheerende Überschwemmung große Teile von Tenochtitlan zerstört worden waren. Es ist gleichsam eine eigene kleine Stadt, mit Hundert Sälen, Dutzenden Nebengebäuden, Gärten und Parks in den zahlreichen Hinterhöfen. Der Königspalast beherbergt die gesamte Reichsverwaltung, Werkstätten für Goldschmiede, Federarbeiter und Bildhauer, Schatz- und Waffenkammern, Speicher und Magazine, Tempel für zahlreiche Götter und natürlich die Wohnungen für die häupterreiche königliche Familie.

»Wie viele Häupter zählt seine Familie denn?«, frage ich und beiße mir auf die Unterlippe, als mich Cuitláhuacs finsterer Blick trifft. Aber nun ist es zu spät – die Frage ist heraus.

»Der ehrwürdige Montezuma hat siebzehn Frauen«, antwortet sein Bruder, »und hunderteinundzwanzig Kinder, davon siebenundsiebzig Söhne.«

Der Mund bleibt mir beinahe offen stehen.

»Vielleicht schenkt er dir ja ein paar Töchter, Hernán«, sagt Sandoval und zwinkert mir zu. »Ich meine, so als kleine Gegengabe – falls ihm dein Geschenk gefällt.« Er beugt sich zu mir herüber, schnüffelt an meiner Halsbeuge und grinst mir anerkennend zu.

Bei dem Gedanken, dass sie mich vielleicht wirklich allein in Montezumas Palast zurücklassen werden, wird mir ganz elend vor Bangigkeit. Aber kurz darauf habe ich meine Angst zumindest für den Moment wieder vergessen: An den Wachen vorbei, die mit Speer und Schwert bewaffnet sind und ausgehöhlte Jaguarschädel als Kopfschmuck tragen, treten wir in die Vorhalle des Palastes. Dieser Raum ist so gewaltig groß und kunstvoll ausgeschmückt, dass es mir fast den Atem verschlägt. Ich weiß gar nicht, was ich zuerst anstaunen soll – die aus Holz geschnitzten und aus Stein gemeißelten Jaguare und Adler, die grimmig dreinblickenden Könige und Krieger auf den übergroßen Wandgemälden oder die unzähligen lebenden Kolibris, Quetzal-Vögel und Papageien, die in riesengroßen Volieren unter der Decke umherfliegen.

Cuitláhuac führt uns eine breite Treppe hinauf, danach durch ein Labyrinth von Sälen und Fluren. Einige Säle sind mit Landschaftsbildern ausgemalt, andere mit kunstvollen Holzdecken geschmückt. Die Flure sind mit Matten aus Fell und Federn ausgelegt. Überall begegnen wir Scharen von Dienern und Wächtern.

Endlich erreichen wir den Thronsaal. Einen prächtigeren Raum habe ich in meinem Leben noch nicht gesehen und es kann auch auf der ganzen Welt nichts Prachtvolleres geben. Nicht einmal in Venedig oder in Konstantinopel – ja nicht einmal im Palast des Kaisers von China!

~ 7 ~

Montezuma sitzt auf einem Thron von gewaltigen Ausmaßen, der mit Gold, Silber und Edelsteinen übersät ist. Er trägt einen Umhang aus türkisblauen Vogelfedern und sein Kopf ist mit einem hoch aufgetürmten Federputz in der gleichen Farbe geschmückt. Um den Hals hat er eine Goldkette mit nahezu daumenlangen Gliedern und einem türkisblauen Edelstein, der wie ein starres, übergroßes Auge aussieht. Wenigstens zwei Dutzend seiner Ratgeber stehen im Halbkreis hinter seinem Thron. Die meisten von ihnen sind alte Männer, die uns aus verrunzelten Gesichtern ausdruckslos anstarren. Ob auch sie uns für Götter oder andere »übermächtige Wesen« halten? Montezuma dagegen schaut uns freundlich und fast ein wenig scheu entgegen.

Sein Thronsaal ist noch sehr viel prächtiger als der alte Thronsaal drüben in unserem Palast. Sämtliche Wände und sogar die Decke sind mit Gold überzogen. Jaguarfelle, weiße Bärenpelze und andere kostbare Tierfelle liegen in verschwenderischer Fülle um den Thron herum verstreut – das einzige Sitzmöbel in dem riesigen Saal, der gewiss fünfzig auf fünfzig Schritte misst.

An der Wand hinter dem Thron, hoch über alle Köpfe erhoben, hängen eine gigantische goldene Scheibe und ein ebenso großes Rad aus Silber. Genau solche Scheiben hat Montezuma unserem Herrn vor vielen Monaten durch seinen Tributeintreiber Teudile schenken lassen – nur sind diese hier drei- oder sogar viermal so groß. Die Goldscheibe stellt offenbar die Sonne dar, die silberne den Mond. Beide Räder sind mit Bildzeichen verziert und schimmern fast so hell wie ihre himmlischen Ebenbilder.

»Ich eile und spute mich, um Euch ehrenvoll willkommen zu heißen!«, ruft Montezuma aus.

Doch dabei bleibt er ruhig auf seinem Thron sitzen, sein Zepter in der Hand. Erst als unser Herr fast schon vor ihm steht, erhebt er sich und reicht ihm beide Hände. Cortés ergreift sie und Montezuma zieht ihn zu sich heran, als wollte er die gestern verweigerte Umarmung nun doch noch nachholen. »Nehmt den Platz ein, der Euch gebührt!«, sagt er und zieht Cortés neben sich auf den Thron.

Unser Herr wirft Alvarado einen Blick zu und jenes Lächeln kräuselt seine Lippen. »Mein Herz hat sich nach Euch gesehnt, edler Freund«, sagt er und schaut Montezuma aufmerksam von der Seite an. »Letzte Nacht träumte mir, dass ich ganz genauso wie jetzt neben Euch auf diesem Thron saß. Lasst Euch sagen, Montezuma, dass Gott selbst mir durch solche Träume Seinen Willen kundtut.«

Marina übersetzt und Montezuma wechselt Blicke stummer Bestürzung mit seinen Ratgebern. Doch ehe er etwas erwidern kann, redet Cortés bereits weiter.

»Wie lange schon lechze ich danach, Euch von Gott dem Herrn, von Seiner Macht und den Wundern zu erzählen, die er durch Seinen Sohn Jesus Christus auf Erden gewirkt hat. Und nun endlich habe ich dazu Gelegenheit!«

In leidenschaftlichen Worten und bewegtem Tonfall beginnt er zu erzählen. Von der Jungfrau Maria, die den Gottessohn zur Welt gebracht hat, von der Frohen Botschaft, die Gott uns durch Seinen Sohn gesandt hat, von der Kreuzigung Jesu und Seiner Auferstehung am dritten Tag. »Und Gott selbst«, verkündet unser Herr schließlich, »hat mich zu Seinem Statthalter ernannt und mir durch jene Träume befohlen, mich hierher zu Euch zu begeben, edler Freund, um Euch den wahren Glauben und die Frohe Botschaft zu bringen.«

Montezuma hat sich das alles aufmerksam und mit einem Gesichtsausdruck angehört, der zwischen Erschrecken und Entzücken gewitterhaft zu wechseln scheint. »Was Ihr von Euren Göttern kündet, klingt wundersam in meinen Ohren«, erklärt er, nachdem er sich mit seinen Ältesten beraten hat. »Mit Freuden werde ich Euren Priestern einen Tempel anweisen lassen, in dem Ihr Eure Götter anbeten könnt, sooft Euch und Euren Leuten danach ist, Don Hernando!«

Cortés wechselt einen Blick mit Sandoval und Alvarado und beide nicken ihm heftig zu. Doch ich bin mir sicher, dass unser Herr ihrem Ratschlag nicht folgen wird. »Ich danke Euch für Eure Großzügigkeit, Montezuma«, sagt er, »aber ein einziger Tempel ist bei Weitem nicht genug! Es gibt nur einen Gott – unseren Herrgott! Was Ihr Eure Götter nennt, sind bloß Dämonen, hässliche und unheilbringende Wesen, die dem Teufel untertan sind. Ihnen müsst Ihr abschwören, und ich hoffe sehr, dass Ihr das bald einsehen werdet. Alle Tempel im ganzen Land müssen von den Teufelsgötzen gesäubert und in Anbetungsstätten für den einzigen und allmächtigen Gott umgewandelt werden! Als Erstes aber müsst Ihr Euren Priestern verbieten, Euren Götzen weitere Menschenopfer zu bringen. Der Mensch ist das edelste Geschöpf Gottes – und in Seinem Zorn wird der Herr einen jeden strafen, der dem Teufel Seine kostbarsten Kreaturen in den Rachen wirft!«

Montezuma starrt ihn mit großen Augen an. Wieder berät er sich mit seinen Ältesten und schließlich winkt er einen seiner Diener zu sich her. Der Diener, ein kräftiger, hochgewachsener Mann, nähert sich mit demütig gesenktem Kopf dem Thron. Er trägt eine Art Topf vor sich her, eine flache Kupferschale mit einem hoch gewölbten Deckel darauf.

Auf ein weiteres Zeichen von Montezuma bleibt der Diener stehen und reißt den Deckel in die Höhe. Alvarado stößt einen Pfiff aus und Sandoval zieht zischend Luft durch die Zähne ein. Auch die beiden Franciscos stöhnen, so wie ich, unwillkürlich auf. Nur Cortés gibt keinen Laut von sich. Die Augenbrauen in die Stirn gezogen, schaut er starr auf das schaurige Etwas, das unter dem Kupferdeckel zum Vorschein gekommen ist.

Es ist Cuitlalpitoc – oder, besser gesagt, der Kopf des unglücklichen Gesandten, und das bluttriefende Fleischstück, das ihm aus dem Mund hängt, ist höchstwahrscheinlich sein eigenes Herz!

»Jetzt bin ich mir ganz und gar sicher«, sagt Montezuma mit einem scheuen Lächeln, »dass Ihr jener Erhabene seid, Don Hernando, dessen Wiederkehr aus der Richtung des Sonnenaufgangs uns prophezeit worden ist. Bitte verzeiht, dass ich Euch nicht gleich erkannt und freudig willkommen geheißen habe. Ich wurde schlecht beraten – und überdies hintergangen von Lügnern und Verrätern wie Cuitlalpitoc!«

Er macht eine Handbewegung zu seinem Diener hin. Der stellt die Schale mit dem Schädel zwischen Cortés' und Montezumas Füßen vor den Thron, bevor er sich rückwärts zur Tür hin entfernt.

»Zweifelt nicht länger an meiner Freundschaft und der Verehrung, die ich für Euch empfinde«, sagt Montezuma in bittendem Tonfall. »Erlaubt meinem Neffen Plicocatl, Euch mit Tränen des Sonnengottes zu verzieren!«

Cortés bekundet mit einem huldvollen Nicken sein Einverständnis. Daraufhin tritt ein junger Azteke von edlem Aussehen aus der Menge der runzligen Ratgeber hervor. Er hält etliche Goldketten mit eingelassenen Edelsteinen in der linken Hand. So tritt er vor Cortés, verbeugt sich ehrfürchtig und hängt ihm die prunkvollste Kette um den Hals. Dann geht er zu Alvarado und Sandoval, zu Morla und Montejo und jeder von ihnen wird mit einer kostbaren Goldkette geschmückt.

Unser Herr dankt Montezuma, aber an seinem gleichgültigen, nahezu leiernden Tonfall merke ich, dass ihn wieder einmal jener kalte Zorn erfüllt. Zu seinen Füßen steht noch immer der abgeschlagene Kopf des armen Cuitlalpitoc, mit seinem eigenen Herzen zwischen den Zähnen. »Ihr seid mir noch eine Antwort schuldig, edler Freund«, sagt Cortés schließlich und sieht Montezuma durchbohrend an. »Wann werdet Ihr Euren Priestern befehlen, von ihren schändlichen Riten abzulassen?«

Marina übersetzt, und im nächsten Moment wird Montezumas Miene so düster, dass mir der Schrecken in die Glieder fährt. Jeder Anschein von Freundlichkeit, von Scheu oder gar Furcht ist mit einem Mal von ihm abgefallen. Grimmig starrt er unseren Herrn an, und es bereitet ihm ersichtlich Mühe, seinen Zorn wieder herunterzuschlucken.

»Nun, davon kann gar keine Rede sein«, sagt er schließlich mit einem mühsamen Lächeln. »Geht jetzt, mein Freund«, fügt er hinzu, »und erfreut Euch des schmackhaften Abendessens, das meine Diener im Palast meines Vaters für Euch zubereitet haben.«

Nur die barsche Handbewegung, mit der er uns aus dem Saal weist, lässt noch erahnen, wie heiß der Zorn weiterhin in ihm kocht. Doch ich bin unendlich erleichtert, als Cortés mir zu verstehen gibt, dass ich ihm folgen soll.

Dem Herrn sei Dank, ich muss nicht allein bei Montezuma bleiben!

»Wir haben unsere Pflicht getan«, sagt Cortés im Hinausgehen zu Sandoval. »Natürlich war das hier nur der erste Versuch.«

»Mit dem nächsten sollten wir uns nicht übereilen«, antwortet Sandoval.

Still für mich stimme ich ihm zu. Auch ohne mich noch einmal umzuwenden, sehe ich den unglücklichen Cuitlalpitoc vor mir, wie er uns von seiner Kupferplatte aus hinterherstarrt.

~ 8 ~

Die Große Pyramide ist so hoch wie ein kleiner Berg und beinahe so steil wie eine Hauswand. Hundertunddreizehn Stufen führen an jeder Seite zum First mit der Tempelanlage hinauf.

Montezuma persönlich führt unseren Herrn zum Allerheiligsten der Azteken empor. Es ist der zweite Tag nach unserer Ankunft in Tenochtitlan. Der Aztekenherrscher trägt auch diesmal ein Gewand aus türkisblauen Vogelfedern und seine Füße stecken in goldenen Schnürsandalen. Eine unabsehbar große Schar von Dienern und Wächtern, Ratgebern und Priestern umgibt ihn. Doch als zwei Diener ihn beim Aufstieg stützen wollen, stößt er sie zurück und erklimmt die kolossalen Stufen so leichtfüßig wie ein junger Geißbock.

Cortés bleibt nichts anderes übrig, als seinem Beispiel zu folgen. Auch er weist die hilfreichen Hände der Diener zurück und klettert eilends hinter dem Aztekenherrscher her. »Ihr seid in guter Verfassung!«, lobt er Montezuma. »Ihr steigt wohl öfter hier hinauf?«

Sein Atem geht ein wenig keuchend. Montezuma wirft ihm von der Seite einen Blick zu, der beinahe kindlichen Stolz verrät. »Fast jeden Tag«, bestätigt er. »Aber mehr noch als durch diese Übung kräftige ich mich durch den Krieg.« Er schießt einen weiteren Seitenblick auf Cortés ab, doch der verzieht keine Miene. Ohnehin hat unser Herr seine liebe Mühe, um mit Montezuma auf der nahezu senkrechten Treppe Schritt zu halten.

Marina musste auf dem Platz zurückbleiben, bewacht von einem halben Dutzend unserer Männer und ebenso vielen aztekischen Wächtern. Nun steht sie unten am Fuß der Pyramide, neben einem kunstvollen Bodenrelief, und schaut uns mit weit in den Nacken gelegtem Kopf hinterher. Das Relief stellt Coyolxauhqui dar, die Schwester von Huitzilopochtli – so jedenfalls hat es uns Montezuma eben erklärt. Der schreckliche Kriegsgott hat seiner Schwester einst den Kopf abgerissen und ihn in den Himmel emporgeschleudert, wo er seither als Mond um die Erde kreist.

»Huitzilopochtli duldet keine Frauen in seinem Tempel!«, hat Montezuma verkündet. »Er verschmäht weibisches Geschwätz genauso wie weibliches Opferfleisch!«

Atemlos klettere ich hinter unserem Herrn und dem Aztekenherrscher her. Alvarado und Sandoval, Fray Bartolomé und etliche unserer Wachsoldaten stapfen hinterdrein. Mir ist ein wenig übel vor Aufregung, weil ich zwischen Cortés und Montezuma dolmetschen muss. Eigentlich sollte Fray Geronimo diese Aufgabe übernehmen, aber der Tätowierte hat mit Schwindelanfällen zu kämpfen. Von vier Dienern mehr getragen als geleitet, schleppt er sich weit hinter uns die Treppe hoch. Mit Montezumas vornehmem Nahuatl komme ich besser zurecht, als ich selbst das erwartet hatte. Aber manche aztekischen Wörter sind einfach Zungenbrecher, die ich beim besten Willen nicht über meine Lippen bringen kann.

»Das Relief unten vor der Pyramide, Don Hernando« sagt Montezuma und schaut Cortés erwartungsvoll an, »heißt bei den einfachen Leuten ›Huitzilopochtlis Esstisch‹.« Er deutet zum First der Pyramide hinauf. »Unsere Priester werfen die Überreste der Geopferten von dort oben die Stufen hinunter – die Köpfe und Gliedmaßen werden natürlich vorher abgetrennt«, fährt er in harmlosem Plauderton fort. »So schlagen nur die Rümpfe unten auf ›Huitzilopochtlis Esstisch‹ auf. Kadavereinsammler laden sie dann in ihre Tragen und bringen sie in die königliche Menagerie. Dort werden sie meinen Jaguaren und Alligatoren zum Fraß vorgeworfen.«

Cortés wirft mir über die Schulter einen Blick zu. Seine Lippen sind zusammengepresst. Ich kann mir leicht zusammenreimen, was in ihm vorgeht – bestimmt ist er wieder von jenem kalten Zorn erfüllt. Doch auch er fragt sich gewiss, was Montezuma mit seinen auftrumpfenden Reden bezweckt. Hat er plötzlich beschlossen, unserem Herrn doch noch die Stirn zu bieten?

Endlich haben wir den First der Pyramide erreicht. Die Tempelanlage besteht aus zwei verwinkelten, anscheinend fensterlosen Bauwerken mit einem freien Platz dazwischen. Von den Opferaltären vor den Tempeltüren verlaufen Rinnen über das flache Dach zu den Treppen. Alles ist mit Blut verkrustet und aus den höhlenartigen Tempeln quillt ein süßlicher Geruch nach Verwesung.

Doch der Ausblick von hier oben ist überwältigend. Von diesem gigantischen Bauwerk aus kann man ganz Tenochtitlan und den großen See ringsherum überblicken, an dessen Ufern unzählige kleinere Städte wie Perlen aufgefädelt liegen.

»Dieses Land ist groß und reich und wunderschön, edler Freund«, sagt Cortés. Er wirkt aufrichtig beeindruckt, und er gibt sich weiterhin friedfertig, auch wenn jedes Wort, das Montezuma über den blutdurstigen Huitzilopochtli gesagt hat, seinen Zorn angefacht haben muss.

»Dort hinten«, erklärt Montezuma eifrig, »liegt mein Tierpark – auch meine kostbaren Jaguare und Ozelots will ich Euch bald einmal zeigen, Don Hernando.« Er nimmt Cortés beim Arm, zieht ihn zur Nordseite des Bauwerks und deutet auf einen weitläufigen Park. Kleine Seen und die Dächer der Tierhäuser schimmern dort in der Abendsonne – eines dieser Bauwerke, denke ich schaudernd, muss das Menschentierhaus sein, von dem Carlita immer nur zitternd, in geflüsterten Halbsätzen spricht. Die Stätte des äußersten Grauens.

Montezuma zeigt auf weitere Punkte in seiner Stadt und erklärt, was es damit auf sich hat. »Dort hinten, ganz im Norden, das ist Tlatelolco – ursprünglich war es eine eigene Stadt auf einer eigenen Insel. Aber mein Vater Axayacatl hat den Herrscher von Tlatelolco vor mehr als vierzig Jahren besiegt. Der Zwischenraum zwischen beiden Inseln wurde mit Schutt, Schlamm und Dammwegen aufgefüllt. Heute ist Tlatelolco nur noch der fünfte Stadtbezirk von Tenochtitlan. Auch dort solltet Ihr Euch einmal umsehen, Don Hernando – in Tlatelolco findet Ihr den größten Markt der Welt.«

Unaufhörlich erklärt und erzählt er und zieht Cortés von einer Pyramidenseite zur anderen. Ich komme mit dem Übersetzen kaum noch nach und bald schon dröhnt mir vor Anstrengung der Schädel. Aber mir entgeht keineswegs, dass mir Montezuma immer öfter anerkennende Blicke zuwirft. Anscheinend ist er mit meinen Bemühungen als Dolmetscher recht zufrieden.

»Nun lasst mich aber einen Blick dort hinein werfen!«, sagt schließlich Cortés. Er deutet auf den düsteren Tempel an der Südseite der Pyramide.

Der Tempel ist mit einem Strohdach versehen, die Außenwände sind weiß getüncht, mit blutroten und leuchtend blauen Mustern bemalt. Wenigstens zwanzig Priester kauern vor dem Heiligtum, weitere kommen mit schleppenden Schritten aus dem lichtlosen Innern hervorgeschlurft. Mit ihren schwarzen Roben ähneln sie unseren Priestern, aber nur auf den ersten Blick. Ihre Gesichter sind aschfahl, ihre Ohrläppchen hängen in Fetzen herunter – jeder von ihnen, erklärt uns Montezuma, opfert den Göttern mehrmals am Tag von seinem eigenen Blut. Sie zapfen es sich aus den Ohren, den Fingerspitzen und anderen Körperteilen ab. Aber die fingerdicke Schorfkruste, die ihre Arme und Gewänder überzieht, stammt von dem Blut der Opfer, die sie auf den Steintischen vor ihren Tempeln schlachten.

»Willst du wirklich da hinein, Hernán?«, fragt Alvarado.

»Um Jesu Christi willen«, mischt sich Fray Bartolomé ein, »hütet diesmal Eure Zunge, Herr! Wenn wir ihre Götzen schmähen, reizen wir nur ihren Zorn. Wir müssen den rechten Zeitpunkt abwarten!«

»Und wann kommt der Eurer Meinung nach – der rechte Zeitpunkt?«, gibt Cortés in jenem kalten, scheinbar gleichgültigen Tonfall zurück.

Fray Bartolomé macht eine unbestimmte Handbewegung und

Cortés wendet sich an den Tätowierten. »Was sagt Ihr, Fray Geronimo? Wie lange muss ich – muss unsere Liebe Frau Maria sich noch gedulden?«

Aguilar läuft der Schweiß über die Schildkrötenwangen. Er klammert sich krampfhaft an zwei aztekischen Dienern fest. »Ich bin bereit«, presst er hervor. »Wenn der Herr mich ruft, werde ich meine Ohren nicht verschließen!«

Cortés sieht ihn durchbohrend an und macht dann einen Schritt auf den Tempel zu. Sofort erheben sich wenigstens zehn Götzenpriester und stellen sich schützend vor den Eingang ihres Heiligtums.

»Geht Ihr voraus, Montezuma!«, sagt unser Herr, und ich beeile mich, seine Worte zu übersetzen. Die Teufelspriester mögen durch die ständigen Blutopfer geschwächt sein, doch in ihren Gürteln stecken spitzzahnige Opfermesser, in deren Gebrauch sie zweifellos geübt sind.

Montezuma wedelt sie mit einer Hand beiseite. Hinter dem Herrscher und Cortés trete ich in den stockfinsteren Tempel und der Verwesungsgeruch würgt mich in der Kehle.

9

»In diesem Heiligtum«, erklärt Montezuma, »verehren wir unsere Kriegsgötter Huitzilopochtli und Tezcatlipoca.« Unaufhörlich erzählt er weiter – von Tezcatlipoca, dem alten Kriegsgott, und von dem jungen, wilden Huitzilopochtli, der die alte Gottheit an Blutdurst und Kriegsgeist weit übertrifft.

Nur allmählich gewöhnen sich meine Augen an die Dunkelheit. Doch schließlich kann ich zwei Altarsteine unterscheiden, die einander gegenüber an den Schmalseiten des Tempelraums stehen. Neben jedem Altar ragt eine kolossale Steinskulptur empor. Das Bildnis des Huitzilopochtli ist eine hünenhafte Kriegergestalt mit weit aufgerissenem Mund und drohend erhobener Faust. Die Augen des schrecklichen Götzen bestehen aus blauen

Edelsteinen. Sein Kopf ist mit unzähligen türkisblauen Federn geschmückt – genauso wie der Kopf des Großen Montezuma, der überdies einen Umhang aus blauen Vogelfedern trägt. Der Name *Huitzilopochtli*, das wird mir in diesem Moment klar, bedeutet »Kolibri des Südens«.

In den geöffneten Mund des Götzenbildes, erklärt uns Montezuma eifrig, stecken die Priester bei den Opferfesten die noch zuckenden, bluttriefenden Herzen der Hingeschlachteten. Die Skulptur ist hohl und so passen etliche Hundert Herzen hinein. Man lässt sie im Innern des Steins verwesen – daher also kommt der grauenvolle Fäulnisgeruch in diesem Tempelraum.

Aber nicht allein daher. Ich folge Cortés, der hinter das Götzenbildnis getreten ist – und diesmal kann nicht einmal er sein Erschrecken gänzlich verbergen. Er atmet krampfhaft ein und dann längere Zeit nicht wieder aus.

Die gesamte Rückseite des Götzenbildes hat das täuschend echte Aussehen eines jungen Mannes. Sein Gesicht ist verzerrt, seine Brust gewölbt, die Beine sind stark und starr wie Säulen. Doch es ist nur die Haut eines Geopferten, die von grässlich kunstfertigen Priestern abgezogen und über die Rückseite des Götzenbildes gestreift worden ist. Faulige Fleischfetzen quellen unter den Hauträndern hervor.

Cortés starrt die schaurige Reliquie mindestens eine halbe Minute lang an, dann wendet er sich um und geht mit großen Schritten zurück ins Freie. Ich eile hinter ihm her und weiß im Voraus, dass er seinen Zorn nun nicht länger unterdrücken wird.

»Montezuma, hört mich an!«, sagt er, kaum dass uns der Herrscher auf das Pyramidendach hinaus gefolgt ist. »Diejenigen, die Ihr hier anbetet, mein Freund, sind keine Götter, sondern Dämonen – teuflische Geister, die Euch zu teuflischen Untaten verleiten! Darum bitte ich Euch noch einmal von Herzen: Gestattet uns, die Götzenbilder zu zertrümmern und diesen Tempel stattdessen dem einen und allmächtigen Gott, Seinem Sohn Jesus Christus und der gütigen Muttergottes Maria zu weihen!«

Alvarado, Fray Bartolomé und Sandoval schütteln abwehrend ihre Köpfe in meine Richtung. Doch Cortés wölbt seine Brust heraus und reckt das Kinn vor. »Wiederhole ihm meine Worte, Orteguilla!«, befiehlt er.

Mein Mund ist staubtrocken, vor Angst falle ich fast in Ohnmacht – und doch jubelt mein Herz Cortés zu! Seinem Wagemut und seiner unbedingten Treue zu allem, was ihm lieb und teuer ist. Und dazu zählt eben nicht das Gold allein! Sondern auch sein Glaube und sein Stolz.

Doch ich habe Cortés' Worte noch nicht zu Ende übersetzt, da verzerrt sich Montezumas Antlitz erneut in maßlosem Zorn. Seine Wachen reißen ihre Waffen hervor und dringen von allen Seiten gleichzeitig auf uns ein. Auch unsere Männer ziehen ihre Schwerter und nehmen Kampfstellung ein.

Zweifellos hätte im nächsten Moment ein schreckliches Gemetzel begonnen, doch da hebt Montezuma beide Hände und ruft aus: »Lasst die Waffen schweigen! Wer an diesem heiligen Ort sein Schwert erhebt, gehört den Göttern! Jeder, ausnahmslos! Wer er auch sei oder zu sein vorgibt – er wird geopfert werden!«

Cortés und Montezuma messen sich mit Blicken. Unser Herr macht keinerlei Anstalten, irgendetwas zu erwidern. Doch sein Gesichtsausdruck und seine ganze starre, stolze Haltung drücken aus, dass er nichts bereut und niemals zurückweichen wird. Ganz im Gegenteil, das kann Montezuma so gut wie jeder andere von seinem Gesicht ablesen: Bei der nächsten Gelegenheit wird er das Gleiche aufs Neue versuchen.

»Ich hatte gehofft, dass Ihr unsere Götter nicht noch einmal beleidigen würdet, Don Hernando«, sagt schließlich Montezuma, »sonst hätte ich Euch niemals hier heraufgeführt.« Einen Augenblick lang ringt er noch mit sich, dann kehrt jenes scheue Lächeln in sein Gesicht zurück. »Jeden anderen Wunsch will ich Euch von Herzen gern erfüllen«, fährt er fort, »nur das, was Ihr eben verlangt habt, kann Euch niemals gewährt werden. Also sprecht auch nie wieder davon! Wenn Ihr aber im Palast meines Vaters einen Tempel für Eure Götter errichten wollt, so bin ich gerne bereit, Euch Zimmerer und Bildhauer und alles andere zur Verfügung zu stellen, was Ihr dafür benötigt.«

Unser Herr schaut sinnend vor sich hin. »Ich werde darüber nachdenken«, sagt er schließlich nur und stürmt ohne ein weiteres Wort die Stufen hinab.

Ich folge ihm, so rasch ich es auf der halsbrecherisch steilen Treppe wage. Hinter mir höre ich behände Schritte und im nächsten Moment legt sich eine Hand auf meine Schulter.

»Warte noch, Junge«, sagt Montezuma.

Vor Schreck wäre ich fast die Treppe hinuntergefallen. Der König der Azteken spricht mit mir – nicht nur durch mich, einen beliebigen Dolmetscher, sondern mit mir, Orteguilla de Villafuerte!

Auf wachsweichen Knien wende ich mich um. »J-ja, Euer Gnaden?«, stammele ich. »Womit kann ich Euch dienen?«

Montezuma sieht mich durchdringend an. »Bist du sein Sohn, Junge?«, fragt er. »Ist Don Hernando dein Vater?«

Ich schüttele meinen Kopf. »Nein, Euer Gnaden«, murmele ich. »Aber ich wünschte, er wäre es.«

Das Blut schießt mir in die Wangen. Habe ich das wirklich gerade gesagt?

»Er ist ein großer Mann!«, sagt Montezuma und starrt mich noch durchdringender an. »Und er wird mein Bruder sein, *weil* ich das so wünsche!«

Damit lässt er mich stehen und eilt behände weiter die Stufen hinab. Ich aber denke immer noch über seine Worte nach, als ich mit Sandoval und den anderen längst wieder in unserem Palast bin.

~ 10 ~

In Windeseile hat sich unter unseren Männern herumgesprochen, dass Montezuma und Cortés oben auf der Großen Pyramide heftig zusammengestoßen sind. Von der Siegeszuversicht, die uns alle bei unserem Einmarsch in die Stadt beflügelt hat, ist seitdem nur noch wenig zu spüren.

Ganz im Gegenteil: Mehr und mehr beschleicht uns das Gefühl, dass wir in einer ausweglosen Falle sitzen. Montezuma hat unserem Herrn schon vor Tagen eine Botschaft geschickt, unmittelbar nach jenem Zwischenfall auf der Pyramide: Eilige Regierungsgeschäfte zwängen ihn, die Stadt für unbestimmte Zeit zu verlassen. Sein Bruder Cuitláhuac werde unterdessen »wie ein Vater« für unsere Bequemlichkeit sorgen. Ausgerechnet der grimmige Militärkommandeur, der seine Feindseligkeit nicht einmal vor uns versteckt!

Zu Tausenden belagern die Azteken nach wie vor unseren Palast, und wir wagen es kaum noch, vor die Tür zu gehen. Sie verhalten sich weder freundlich noch abweisend – sie starren uns an, als ob wir Geister wären, Spukerscheinungen, die irgendwann wieder verblassen werden. Nach wie vor versorgen uns Montezumas Diener mit Nahrung und allem, was wir von ihnen verlangen – und währenddessen beobachten sie uns auf Schritt und Tritt. »Dreihundert Diener hat Montezuma uns geschickt«, sagte Cristóbal de Tapia erst unlängst zu mir, »und dreihundertfünfzig davon sind Späher und Spione! Ich komme mir vor wie in einem Spinnennetz, mein Retter!«

Der »Würdevolle« ist keineswegs der Einzige, der immer tiefer in düsteren Gedanken versinkt. »Wie soll das alles weitergehen, Hernán?«, fragt nun sogar Sandoval. »Wir haben es zwar bis ins Herz des Aztekenreichs geschafft, aber jetzt stehen wir vor drei turmhohen Hürden.«

Es ist die Mittagsstunde am fünften Tag nach unserer Ankunft in Tenochtitlan. Wieder einmal haben wir uns im Thronsaal unseres Palastes versammelt. Cortés sitzt auf dem Thron, wir anderen auf den kunstvoll geschnitzten Holzsesseln im Halbkreis davor. Nur Sandoval geht ruhelos auf und ab.

»Erstens«, sagt er und reckt den Daumen seiner rechten Hand empor, »wie finden wir heraus, wo Montezuma seine Goldschätze hortet? Zweitens« – der Zeigefinger – »wie bringen wir ihn dazu, uns sein Gold zu übergeben?« Er lässt seinen Mittelfinger hervorschnellen. »Und drittens: Wie schaffen wir es, dieses Schlangennest wieder zu verlassen – und zwar lebendig und mitsamt den Goldschätzen, die wir dann hoffentlich zusammengerafft haben?«

Cortés schüttelt missbilligend den Kopf. Die roten Federn an seinem Hut wogen hin und her. »Wir sind keine Räuber, Gonzalo, muss ich dich wirklich daran erinnern?«, fragt er. »Montezuma muss unseren Glauben annehmen und die Herrschaft über sein Reich in meine Hände legen«, fährt er fort, »alles andere ergibt sich dann von selbst.«

»Und wie willst du diesen verschissenen Teufelsanbeter dazu bringen?«, brüllt Portocarrero und springt auf. »Würdest du uns das bitte mal verraten, Quetzal-Cortés?« Sein Gesicht wird erst feuerrot und dann so blau wie Kolibrifedern.

Unser Herr schaut geistesabwesend vor sich hin. Außer seinen Vertrauten, den beiden Fratres, Marina und mir ist glücklicherweise niemand anwesend, der diesen Streit mit anhören könnte. Aber natürlich spüren auch unsere Soldaten und sogar unsere tlaxcaltekischen Verbündeten, dass es für unsere Sache nicht zum Besten steht. Wir sitzen fest und können weder voran noch zurück!

»Letzte Nacht träumte mir wieder, dass ich mit Montezuma auf dem Thron sitze und Orteguilla uns beiden Pagendienste leistet«, sagt Cortés zu niemand Bestimmtem. Abermals schaut er mindestens eine Minute lang ins Leere. »Wenn wir nur an unserem Glauben unerschütterlich festhalten, kann uns der Teufel mit all seinen Heerscharen nichts anhaben«, verkündet er schließlich. »Wir werden eine Marienkapelle bauen – hier im Palast!«

Portocarrero, Alvarado und Sandoval wechseln grimmige Blicke.

»Denkt darüber nach, wo wir die Kapelle errichten sollten!«, weist Cortés uns an. »Betet um Erleuchtung, damit wir den richtigen Ort finden! Heute Abend bei Sonnenuntergang will ich eure Vorschläge hören. Auch deinen, Orteguilla«, fügt er hinzu und sieht mich durchbohrend an.

Verwirrt nicke ich ihm zu – ich habe keine Ahnung, was er jetzt von mir erwartet. Oder überhaupt, warum es so wichtig sein soll, wo wir die Kapelle errichten. Natürlich, es wird unseren Mut und unsere Zuversicht stärken, wenn wir uns an einem geweihten Ort versammeln und die Muttergottes anflehen können, uns den rechten Weg zu weisen. Aber ob der Zimmerer Mendoza unseren Altar nun neben dem Thronsaal aufstellt oder in einem der Nebengebäude – das kann doch eigentlich keine Rolle spielen!

Unter diesen Gedanken gehe ich hinaus in den Innenhof und suche nach Carlita. Seit wir hier in Tenochtitlan sind, habe ich sie nur noch selten zu sehen bekommen – und auch dann jedes Mal nur für ein paar heimliche Minuten. Schließlich ist sie jetzt eine tlaxcaltekische Sklavin und Montezumas Diener beobachten uns alle auf Schritt und Tritt. Und wie groß ist die Gefahr, dass einer von ihnen sie wiedererkennen könnte!

Solange sie sich immer nur bei den tlaxcaltekischen Mädchen und Frauen aufhält, wird wohl keiner von Montezumas Spähern auf den Gedanken kommen, dass sie in Wahrheit die junge Edeldame Carapitzli ist, die sich vor zwei Jahren eines todeswürdigen Verbrechens schuldig gemacht hat. Ohnehin müssen sie hier ja alle glauben, dass keine der Priesterinnen, die an der »Ringelblumen-Verschwörung« beteiligt waren, jene Nacht überlebt hat. Aber noch als Mädchen von zwölf und dreizehn Jahren war Carlita mit zwei Nichten Montezumas befreundet und ging in seinem Palast aus und ein. Da könnte ein einziger Moment genügen, in dem ein königlicher Späher den Pagen von Cortés mit der vermeintlichen Tlaxcaltekin heimlichtun sieht – und schon würden alle sie mit anderen Augen sehen! Zu ihrer Entlarvung als jene Todgeweihte wäre es dann nur noch ein winziger Schritt, aber dahin darf und wird es niemals kommen.

Ich schlendere durch den Innenhof, wo die tlaxcaltekischen Frauen und Mädchen unter dem Baldachin damit beschäftigt sind, unser Abendessen vorzubereiten. Ohne auch nur zu ihnen hinüberzuschielen, mache ich Carlita das vereinbarte Zeichen – Zeige- und Mittelfinger meiner herabhängenden rechten Hand zu einem kopfstehenden V gespreizt. Ich durchquere den Hof und gehe zwischen dem Badehaus und einem Lagerschuppen hindurch in den kleinen Park. Mein Herz klopft schneller, und in meinem Bauch spüre ich ein höchst angenehmes Ziehen, wie jedes Mal, wenn ich sie auf diese Weise anzulocken versuche. Nicht immer kann sich Carlita dann auch tatsächlich unter irgendeinem Vorwand davonstehlen – mehr als einmal schon habe ich in unserem Versteck vergeblich auf sie gewartet. Aber diesmal wird sie kommen, das spüre ich.

Ich schlüpfe in die kleine Rundhütte. Durch Ritzen und Astlöcher sickert Dämmerlicht herein. Es riecht nach warmem Holz und frisch geschnittenem Gras. Ich setze mich auf eines der Heubündel, die in dieser Hütte gelagert werden. Mein Herzschlag ist immer noch beschleunigt. Ich sehne mich so sehr nach ihr!

Im nächsten Moment kommt sie durch die Tür gehuscht und fliegt in meine Arme. »Carlita!«, flüstere ich und küsse sie und will sie gar nicht wieder loslassen. »Wie sehr ich dich vermisst habe!«, flüstere ich. »Du kannst es dir gar nicht vorstellen!«

Sie kauert vor mir im Heu, hält meinen Kopf zwischen ihren Händen und lacht mich lautlos an. »Und wie ich es mir vorstellen kann!«, flüstert sie und küsst mich aufs Neue. »Aber sag, Orte«, fordert sie dann, »weshalb hast du mir das Zeichen gemacht? Doch nicht nur, weil du mich küssen wolltest?«

»Auch umarmen und streicheln und fühlen, wie dein Herz unter meinen Fingern schlägt!«, flüstere ich in ihr Ohr. Wir küssen uns noch zärtlicher. Vom Hof her höre ich die tlaxcaltekischen Frauen rufen und singen.

»Ich muss zurück!«, murmelt atemlos Carlita und schiebt mich um Armesbreite von sich fort. »Also sag schnell, was ist bei euch da oben los?«

Ich berichte ihr alles, so gut mir das mit meinem hämmernden Herzen und dem Geschmack ihrer Lippen auf meinem Mund gelingt. »Wie recht du hattest!«, sage ich zu ihr. »Tenochtitlan ist eine Falle, tausendmal schlimmer als Chololllan! Unser Herr hatte ja bestimmt irgendeinen Plan, wie wir weiter vorgehen sollten, wenn wir erst hier bei Montezuma wären. Aber der hat die Stadt vor Tagen verlassen – vielleicht bereiten sie sogar schon einen Überfall auf uns vor! Und Cortés hat nun befohlen, dass wir hier im Palast eine Marienkapelle errichten sollen, um unseren Glauben zu stärken. Wir alle sollen überlegen, wo die Kapelle am besten erbaut werden soll – und dabei hat er gerade mich so bedeutungsvoll angesehen! Aber woher soll ich denn wissen …«, flüstere ich und die Verzweiflung überwältigt mich mit jedem Wort noch etwas mehr.

Carlita legt ihre Arme um mich und zieht meinen Kopf an ihre Schulter. »Wie gut ich dich verstehen kann!«, flüstert sie. »Aber wie gut auch ihn, deinen Herrn! Was gäbe ich nicht darum, wenn ich wieder in unserem Xochiquetal-Tempel wäre und vor dem blumengeschmückten Altar der gütigen Göttin tanzen und singen und beten könnte! Und was ist eine Marienkapelle schon anderes als ein Tempel für die Liebesgöttin?«, flüstert Carlita und verschließt ihren und meinen Mund mit einem weiteren zärtlichen Kuss.

»In früheren Zeiten muss es hier im Palast sogar einen Xochiquetal-Tempel gegeben haben«, fährt sie geraume Zeit später fort, »im Südflügel neben dem ›Klingenden Schrein‹, in dem damals die Muscheltrompeten und andere Musikinstrumente aufbewahrt wurden. Doch der einstige Tempelraum ist seit Langem zugemauert und dient nur noch als geheimes Lager für Bildnisse der verbotenen und entthronten Gottheiten. Ich weiß es von Tante Ixhuicatli«, raunt Carlita und klingt immer aufgeregter. »Sie selbst und einige andere Ringelblumen-Verschwörerinnen haben ja unsere Xochiquetal-Statue damals bei Nacht aus jenem Versteck geholt. Natürlich nicht sie allein, sie hatten Helfer im Königspalast, die die Wachen bestachen …«

So flüstert Carlita atemlos in mein Ohr. Dabei umarmen und streicheln wir einander immer leidenschaftlicher – bis plötzlich ein großer, blau gefiederter Papagei in unsere Hütte gestelzt kommt und misstönend krächzt. Erschrocken fahren wir auseinander und müssen im nächsten Moment losprusten: Er sieht aus wie Montezuma, so würdevoll, so eitel, so türkisblau!

Carlita ordnet Haare und Gewand, haucht mir einen Abschiedskuss auf den Mund und schlüpft wieder nach draußen. Ich warte noch ein paar Augenblicke, bis sich mein Herzschlag beruhigt hat und ihre Schritte draußen im Park verklungen sind. »Komm schon, komm her, Montezuma!«, locke ich den Papagei an, doch der grämliche Vogel würdigt mich keines Blickes.

Ich springe auf und scheuche ihn mit einem angedeuteten Fußtritt davon. Er gibt ein empörtes Krächzen von sich – und erst in diesem Moment wird mir so richtig bewusst, was Carlita eben zwischen Küssen und Umarmungen zu mir gesagt hat: Im Südflügel unseres Palastes gibt es ein Schatzversteck, das einst ein Xochiquetal-Tempel war – und dort sollen wir die Marienkapelle errichten!

~ 11 ~

Als wir uns bei Sonnenuntergang erneut im Thronsaal versammeln, sind Cortés' Vertraute in noch gewittrigerer Stimmung als bei unserem letzten Treffen. Offenbar haben sie miteinander gestritten – jetzt jedenfalls suchen sie sich weit voneinander entfernte Sitzplätze und werfen einander wütende Blicke zu.

»Lasst hören!«, sagt unser Herr und starrt in seiner üblichen Art ins Leere. »An welchem Ort wollen wir künftig zum Gebet niederknien?«

»Das ist doch so egal wie ein Furz!«, schreit Portocarrero. »Um hier lebendig wieder herauszukommen, brauchen wir mehr Männer und verdammte Kanonen, aber keine Kapellen!«

Cortés schenkt ihm keinerlei Beachtung. Er sitzt aufrecht auf seinem Thron und nickt dem »Durchtriebenen« auffordernd zu.

»Lass Mendoza meinetwegen einen Altar bauen und irgendwo aufstellen, wenn es dir so wichtig ist!«, sagt Alvarado mit müder Stimme. »Aber in der Falle sitzen wir dann trotzdem noch – nur eben in einer Falle mit Kapelle!«

»Das ist auch meine Meinung«, pflichtet Sandoval bei.

»Ihr enttäuscht mich, alle drei«, sagt Cortés und schaut sinnend vor sich hin. »Und was ist mit dir, Orteguilla?«

Ich erhebe mich von meinem Stuhl und muss erst einmal krampfhaft schlucken. Seit mehr als einer Stunde habe ich hin und her überlegt, was und wie viel ich offenbaren kann, ohne Carlita in Gefahr zu bringen.

Ich recke mein Kinn vor und starre durch Cortés hindurch. »Früher, als das hier noch der Königspalast war«, sage ich in gleichgültigem Tonfall, »da gab es im Südflügel anscheinend einen Tempel für Xochiquetal. Der Raum soll seit Ewigkeiten zugemauert sein – jedenfalls laut Carlita, die das alles natürlich auch nur vom Hörensagen weiß. Vielleicht könnten wir dort die Marienkapelle errichten? Die gütige Göttin Xochiquetal erinnert ja wirklich ein wenig an unsere Muttergottes«, füge ich hinzu.

Cortés sieht mich durchdringend an und einen Moment lang wirkt er fast ein wenig beeindruckt. Der »Dröhnende« fängt natürlich wieder an herumzuschreien, dass verdreckte Teufelsgötzinnen nicht die geringste Ähnlichkeit mit der Madonna Maria aufweisen könnten. Aber Cortés bringt ihn mit einer Handbewegung zum Schweigen.

»Gonzalo«, sagt er zu Sandoval, »lass dir von Orteguilla zeigen, wo dieser zugemauerte Tempel sein soll. Verständige unsere Handwerker, aber sorge dafür, dass Montezumas Späher nichts mitbekommen! Sie sollen den Raum nur so weit öffnen, dass man einen Blick hineinwerfen kann – und dann ruft mich herbei!«

Genauso geschieht es. Ich eile Sandoval voraus in den Südflügel des Palastes. In einem entlegenen Flur im Erdgeschoss künden Bildzeichen an Wänden und Türsturz noch davon, wo sich einst der »Klingende Schrein« befunden hat. Dieser Raum aber, in dem ehemals Muscheltrompeten, Rasseln und Trommeln aufbewahrt wurden, ist deutlich kleiner, als es der davor verlaufende Flur erwarten ließe.

Sandoval befiehlt unseren Handwerkern, mit Hämmern und Eisenstangen eine Bresche in die Mauer zu stemmen. Dann schickt er die Männer wieder weg und zündet die bereitliegende Fackel an.

Wenigstens eine Minute lang starrt er in die dunkle Höhle hinter dem Wandloch. »Sieh dir das an!«, sagt er in ergriffenem Tonfall. »Da drinnen ist der größte Schatz der Welt versteckt!«

Seine Wangen sind gerötet, sein Atem geht keuchend. In seinen Augen bemerke ich jenes irrsinnige Glitzern – kein Zweifel, das Goldfieber hat ihn gepackt! Beinahe bereue ich, dass ich Carlitas Ratschlag gefolgt bin – dieser Goldschatz wird die Begierde in den Herzen der Männer nur noch heißer entfachen, das weiß ich genau!

Zögernd nehme ich die Fackel, die mir der »Tollkühne« reicht, und leuchte damit in das Mauerloch hinein. Und dann vergesse ich vor Staunen wieder einmal zu atmen. Der Raum hinter der Bresche ist mit kostbaren Bildnissen regelrecht vollgestopft! Goldene Götzenköpfe starren mich aus dem Halbdunkel an, schaurige Dämonen grinsen silbrig. In Regalen sind goldene Teller und Schalen zu Dutzenden aufgestapelt. An den Wänden hängen golddurchwirkte Umhänge und Hunderte goldener Ketten säuberlich nebeneinander aufgereiht. Auf einem kniehohen Steinsockel aber steht ein Bottich, so groß, dass drei ausgewachsene Männer sich nebeneinander darin ausstrecken könnten – bis zum Rand mit »Tränen des Sonnengottes« gefüllt!

»Hole Cortés – mach schon!«, sagt Sandoval und ein irrsinnig anmutendes Grinsen verzerrt seine Züge. »Ich weiß wahrhaftig nicht, worüber ich mehr staunen soll«, ruft er mit überkippender Stimme aus, »über ihn, weil er die Eingebung hatte, eine Kapelle zu errichten – oder über deine Kleine!«

Mir wird immer mulmiger zumute. »Von dem Gold wusste sie bestimmt nichts«, versichere ich. »Carlita hatte nur damals von den anderen Priesterinnen aufgeschnappt, dass es gerade hier in früheren Zeiten einen Xochiquetal-Tempel gab. Das ist alles!«, füge ich hinzu, und Sandovals Blick verrät mir, dass er gar nicht zugehört hat.

Niedergeschlagen mache ich mich auf die Suche nach Cortés. Doch bereits auf der Treppe hinauf zum Thronsaal kommt er mir entgegen. »Was habt ihr gefunden?«, fragt er. »Einen Schatz, nicht wahr? Deine Kleine hat uns den Weg zu einem Schatzversteck gewiesen!« Er legt mir einen Arm um die Schultern. »Sie ist der Schlüssel, Orteguilla – erinnerst du dich?«

Ich nicke unbehaglich und versuche, mich aus seinem Griff zu befreien. Aber Cortés zieht mich mit sich, die Treppe wieder hinab und in den Gang, der in den Südflügel führt.

»Alle meine Träume haben sich erfüllt – bis auf den einen«, sagt unser Herr. »Und der wird sich auch noch erfüllen – du weißt schon, Orteguilla: Montezuma und ich zusammen auf dem

Thron und du bist unser gemeinsamer Page.« Er schaut mich von der Seite an, und obwohl er das Gold noch gar nicht erblickt hat, glitzern seine Augen fiebriger als jemals zuvor.

Dann steht er vor der Mauerbresche und nimmt Sandoval die Fackel aus der Hand. Er leuchtet nur kurz in die Höhle hinein, wendet sich gleich wieder ab und befiehlt in seinem kältesten, gleichgültigsten Tonfall: »Reißt die Mauer weg und schafft den Schatz in den großen Saal neben meinen Gemächern! Aber verstaut alles in Körben und umhüllt diese mit Tüchern und Teppichen, damit niemand auch nur ein Funkeln zu sehen oder ein Klirren zu hören bekommt! Und sorgt dafür, dass der Saal Tag und Nacht bewacht wird!«

Noch einmal wendet er sich um, greift durch das Mauerloch und nimmt eine goldene Götzenfigur an sich, kaum größer als seine Hand. Er verstaut sie in seinem Gewand und winkt mir, ihm zu folgen. »Du begleitest mich in den Königspalast«, befiehlt er mir. »Ich werde Montezuma von unserem Fund erzählen – und er wird mir den gesamten Schatz vor den Augen und Ohren seiner Ratgeber schenken.«

Verwirrt schaue ich ihn an. »Aber ich dachte, er wäre auf Reisen?«, sage ich.

»Nicht mehr«, antwortet mir unser Herr. »Guerrero hat vom Dach aus beobachtet, wie er in der Abenddämmerung zurückgekehrt ist.«

~ 12 ~

Die Nacht ist schon hereingebrochen, als wir über den weiten Platz zum Königspalast hinübergehen. Auf den Pyramiden brennen Feuer, und überall auf dem Platz stehen Becken voll glühender Kohlen, an denen man seine Fackel anbrennen kann. Auch die Wächter vor den Tempeln und Pyramiden haben Lichter angezündet – dennoch kommt mir diese Nacht so schwarz vor wie das Innere eines Grabes.

Ich bin unruhig und von bösen Vorahnungen erfüllt. Warum will Cortés unbedingt noch heute Abend Montezuma sprechen? Von unserem Schatzfund könnte er ihm ja genauso gut morgen berichten. Ginge es nach Alvarado oder Portocarrero, dann würde Montezuma ohnehin niemals erfahren, was wir in jenem vermauerten Winkel gefunden haben: Dutzende goldener Bildnisse von so bewundernswerter Kunstfertigkeit, wie sie gewiss die besten Goldschmiede in Valladolid oder sogar in Venedig niemals zustande bekämen. Dazu Körbe voll kostbaren Geschmeides – und sogar die Goldklümpchen in jenem Bottich sind sorgsam zu Tränen geformt!

Unser Herr eilt mit großen Schritten voran, gefolgt von seinen drei Vertrauten und Marina, von mir und einem Dutzend bewaffneter Fußsoldaten. Am Tor des Königspalastes wollen die Wachen uns nicht einlassen. Sie entsenden einen Boten hinauf in den Thronsaal und nach wenigen Minuten erscheint Cuitláhuac und bittet uns einzutreten. »Der Große Montezuma erwartet Euch, Herr«, sagt er zu Cortés und ein Ausdruck grimmiger Zufriedenheit fliegt über sein Gesicht.

Wir werden in den Thronsaal des Aztekenherrschers hinaufgeführt, und tatsächlich wirkt Montezuma erfreut, unseren Herrn wiederzusehen. »Ich eile und spute mich, um Euch ehrenvoll willkommen zu heißen!«, ruft er wiederum aus und macht abermals keine Anstalten, sich auch nur von seinem Thron zu erheben. Doch als Cortés vor ihm steht, ergreift er wie beim letzten Mal seine Hände und zieht ihn neben sich auf den Thron.

Zahlreiche Ratgeber, greise und jüngere, stehen im Halbkreis hinter seinem Thron. Fackeln erhellen den Saal. Ihr flackernder Schein wird von den goldenen Wänden zurückgeworfen und färbt auch den Qualm, der von den Fackeln ausgeht, mattgolden ein.

»Ich habe eine Neuigkeit für Euch, die Euch freuen wird«, sagt Cortés, nachdem sie etliche Höflichkeitsformeln ausgetauscht haben. »Wir haben begonnen, einen Tempel für unsere Muttergottes Maria zu errichten, drüben im Palast Eures Vaters. Und dabei sind wir auf etwas gestoßen …«, will Cortés fortfahren, nachdem Marina übersetzt hat, doch Montezuma fällt ihm ins Wort.

»Ich habe auch eine Neuigkeit für Euch, Don Hernando«, sagt er und schaut unseren Herrn auf eigenartige Weise an. Er kommt mir aufgewühlt vor, zugleich freudig erregt und zutiefst erschreckt. »Sie hängt mit meiner Reise zusammen«, fügt er hinzu, »aber erst vorhin habe ich Gewissheit erhalten.«

Cortés scheint nicht zu bemerken, wie durcheinander Montezuma ist. Ein Diener tritt zu Cuitláhuac und übergibt ihm verstohlen einen Gegenstand, den der Heerführer hinter seinem Rücken verbirgt. Aber auch dieser kleine Vorfall scheint der Aufmerksamkeit unseres Herrn zu entgehen.

Er zieht die handtellergroße Goldfigur unter seinem Umhang hervor und überreicht sie Montezuma. »Kennt Ihr dieses Bildnis, edler Freund?«, fragt er. Seine Augen glitzern fiebrig.

Es ist ein Bildnis der Göttin Xochiquetal und sie sieht wirklich ganz genau wie unsere Liebe Frau Maria aus. Ihren Blick und ihr lächelndes Gesicht hat sie ein wenig zum Himmel erhoben. Ihre ganze Haltung strahlt Güte und Sanftmut aus.

»Das ist Xochiquetal«, sagt Montezuma und auf einmal wirkt er nur noch verstört. »Woher habt Ihr diese Figur – und warum bringt Ihr sie mir so spät in der Nacht?«

»Es drängte mich, Euch meiner Freundschaft zu versichern«, antwortet Cortés so herzlich, wie er das hinbekommen kann. »Deshalb musste ich Euch unbedingt heute noch sehen. Unlängst, als Ihr mich in Euren Götzentempel führtet, da war ich zu ungeduldig mit Euch – und das schmerzt mich sehr. Bitte verzeiht mir, edler Freund! Ich muss Euch nur beharrlich weiter vom Glanz unseres Glaubens und von der Macht des einzigen Gottes berichten – dann werdet Ihr freudig Euren Götzen abschwören, das weiß ich genau! Deshalb habe ich auch beschlossen, Euer Angebot anzunehmen. Und kaum hatten wir begonnen, den Tempel für unsere Muttergottes zu errichten, da stießen wir auf einen Hohlraum, der unzählige Kleinodien wie dieses hier enthält.«

Er umschließt Montezumas Hand, die die Göttin umklammert, mit seinen beiden Händen. Es sieht beinahe aus, als würden sie gemeinsam beten. »Macht mir den Schatz zum Geschenk, Großer Montezuma!«, ruft Cortés aus. »Zum Zeichen, dass Ihr mir verzeiht und dass Ihr mich weiterhin anhören wollt, wenn ich Euch von Gott dem Herrn erzähle!«

Montezuma wechselt einen Blick mit seinem Bruder. Cuitláhuac nickt ihm mit großen Augen und hoch in die Stirn gezogenen Brauen zu. »Habt Ihr wirklich an meiner Freundschaft gezweifelt, Don Hernando?«, fragt der Aztekenherrscher und schaut Cortés mit scheuem Lächeln von der Seite an. »Natürlich verzeihe ich Euch, und den Schatz dürft Ihr gerne behalten – auch wenn Ihr nicht Quetzalcoatl seid!«

Er befreit seine Hand aus Cortés' Umklammerung und reicht unserem Herrn die goldene Statuette zurück. »Und auch wenn diese Göttin hier folglich nicht Eure Schwester ist!«, fügt er hinzu und schaut seinen Bruder halb ängstlich, halb erwartungsvoll an.

Cuitláhuac zieht seinen Arm, den er die ganze Zeit über verborgen hatte, blitzschnell hinter seinem Rücken hervor. Da stöhnen Portocarrero und Alvarado, Sandoval und selbst Marina wie aus einem Mund auf! Auch ich kann mein Entsetzen nicht verbergen und sogar Cortés gibt einen schmerzerfüllten Seufzer von sich.

Was da an blutverkrusteten Strähnen von Cuitláhuacs Hand herunterhängt, das ist ein abgehackter Menschenkopf! Das Gesicht ist in tödlichem Schrecken verzerrt, die Augen sind weit aufgerissen. Und wir alle kennen dieses gutmütig runde Gesicht nur zu genau! Es gehört einem unserer Fußsoldaten, die wir bei Juan de Escalante in Vera Cruz zurückgelassen haben – einem noch jungen Mann namens Juan de Argüello.

Cortés starrt ihn an, und ein Zucken überläuft ihn, als erwache er aus einem süßen, trügerischen Traum. Er steckt das goldene Bildnis in sein Gewand zurück und steht auf. Sein Gesicht ist aschgrau, er bewegt sich ruckartig und ungelenk. »Ihr habt unsere Stadt Vera Cruz angegriffen, Montezuma«, sagt er in jenem kalten Tonfall, als ob nichts auf der Welt ihm gleichgültiger wäre, »aus welchem Grund?«

Montezuma sieht ihn nur mit bebenden Lippen und weit aufgerissenen Augen an und bringt kein Wort hervor.

»Eure Männer haben *uns* angegriffen!«, antwortet stattdessen Cuitláhuac. »Unsere Gesandten suchten wie üblich die Totonaken in Cempoallan auf, um den Tribut einzutreiben. Doch ihr König Pazinque behauptete, er sei uns keinen Tribut mehr schuldig, und rief Eure Männer zu Hilfe. Der Hauptmann Eurer Siedlung griff unsere Soldaten an, aber seine Bataillone wurden von unserer Streitmacht aufgerieben. Er musste überstürzt den Rückzug befehlen und dabei wurde dieser hier von einem unserer Krieger gefangen genommen.«

Als Cuitláhuac »dieser hier« sagt, schwenkt er den Kopf des armen Argüello an seinen blutverschmierten Haaren hin und her. »Er wurde noch am selben Tag geopfert«, fährt er fort. »Ich habe eine genaue Untersuchung angeordnet, und falls einer unserer Männer einen Fehler gemacht hat, wird er dafür büßen müssen. Aber was auch immer diese Untersuchung ergeben wird – eines wissen wir jetzt schon: Ihr seid keine Götter, keine Geister oder irgendeine andere Art von übernatürlichen Wesen. Ihr seid sterbliche Menschen wie wir!«

Er wirft Cortés die makabre Trophäe zu – und diesmal bin ich es, der sie mit einem tollkühnen Sprung auffängt. Dann allerdings stehe ich wie erstarrt vor Ekel und Grauen da. Ich habe den Kopf mit einer Hand im schmierigen Haar, mit der anderen an der Unterseite zu fassen bekommen, wo vom Hals des unglücklichen Argüello nur ein paar verkrustete Knorpelstücke übrig geblieben sind. Besonders diese Seite fühlt sich unglaublich ekelhaft an, aber aus Respekt vor dem Toten und mehr noch vor Grauen schaffe ich es einfach nicht, meine Hand von ihm wegzuziehen und ihn einfach an seinen Haaren festzuhalten, wie es Cuitláhuac gemacht hat.

»Montezuma hat Euch erlaubt, den Schatz zu behalten, den Ihr im Palast unseres Vaters gefunden habt«, sagt Cuitláhuac und verzieht sein Gesicht zu einer verachtungsvollen Grimasse. »Also sputet Euch, Eure Beute zusammenzuraffen, bärtige Fremde! Die Gastfreundschaft ist uns heilig, und so dürft Ihr Euch noch eine letzte Nacht in unseren Mauern sicher fühlen. Aber morgen müsst Ihr unsere Stadt wieder verlassen – oder Ihr alle werdet enden wie er!«

Cuitláhuac deutet auf den Kopf, der zwischen meinen Händen erbebt, als ob doch noch ein wenig Leben in ihm wäre – genug jedenfalls, um zu zittern vor Todesangst.

NEUNTES KAPITEL

Seid mein Gast in Eurem Reich

~ 1 ~

Mitternacht ist vorbei, doch in dieser Nacht wird niemand von uns ein Auge zutun. Cortés hat angeordnet, die Wachen zu verdoppeln, die Kanonen zu laden und die Zünder zu überprüfen. Auch unsere Armbrustschützen sind in Alarmbereitschaft versetzt. Sie liegen oben auf dem Palastdach auf der Lauer und beobachten unaufhörlich das Herz Unserer Welt.

Doch auf dem Platz scheint alles ruhig zu sein. Nur die Götzenpriester drüben auf der Großen Pyramide haben mit ihren Muscheltrompeten zur Mitternachtsstunde geblasen. Morgen früh werden sie in gleicher Weise wie immer den Sonnenaufgang verkünden – und unseren schmählichen Abzug dazu?

In meinem Kopf geht alles durcheinander, und mehr noch in meinem Herzen. Was bleibt uns jetzt noch übrig, als unser Heil in der Flucht zu suchen? Aber in mir sträubt sich alles gegen diesen Gedanken: davonzuschleichen wie Diebe in der Nacht. Aus der Alten Welt verstoßen und aus der Neuen verjagt!

Auf Cortés' Geheiß haben wir uns wiederum in unserem Palast im Thronsaal der früheren Aztekenherrscher versammelt. Vorher hat er uns in den Saal neben seinen Gemächern befohlen, in dem die Funde aus jenem Versteck aufgehäuft liegen. Dort ließ er seine Vertrauten und die anderen Hauptleute den ungeheuren Schatz aus dem vermauerten Tempel begutachten. Mit ausdrucksloser Miene schaute er zu, wie sie die goldenen Figuren betasteten, Goldketten durch ihre Finger rinnen ließen, sich grinsend in Tellern aus Gold und in Schalen aus Silber spiegelten. Sie badeten ihre Hände in jenem Bottich, der mit Tausenden von Tränen des Sonnengottes gefüllt ist. Ihre Augen begannen zu glitzern, ihre Stimmen wurden schrill, auf ihren Stirnen schimmerte der Schweiß. Und sobald die Gier nach dem Gold in ihnen allen aufs Neue geweckt war, schickte Cortés sie hinaus und befahl ihnen, sich unten im Thronsaal zu versammeln.

Ließ er sie deshalb vorher den gewaltigen Schatz sehen – damit sie, vom Goldfieber ergriffen, nicht das Irrsinnige seines Plans erkennen? Schließlich kann einen solchen Plan nur ein Wahnsinniger ausbrüten – oder ein Mann, dessen Wege Gott selbst vorherbestimmt!

»Du glaubst doch nicht im Ernst, Hernán, dass sie uns freiwillig mit ihrem Gold abziehen lassen?«, rief Alvarado aus, kaum dass wir hier im Thronsaal zusammengekommen waren. »Was dieser Cuitlá-Sonstwas vorhin gesagt hat, war keine leere Drohung! Der Kerl will uns die ganze Zeit schon an den Kragen – und nur weil sein Bruder bisher glaubte, dass du Quetzal-Cortés wärest, musste er stillhalten! Aber damit ist es jetzt offenbar vorbei: Er wird uns angreifen – entweder noch hier in der Stadt oder draußen auf dem Damm, falls wir so dumm sein sollten, uns auf diesem Weg davonzumachen.«

»Einen anderen Weg gibt es allerdings nicht«, sagte Sandoval. »Und der Kerl heißt Cuitláhuac – aber in allem anderen gebe ich dir recht, Pedro: Wir sitzen in der Falle und werden unter dem Messer ihrer Opferpriester enden, wenn uns nicht ganz schnell ein überzeugender Plan einfällt.«

Daraufhin schrien alle durcheinander – Portocarrero sowieso, aber auch die beiden Franciscos, Tapia und einige andere Hauptleute, die Cortés zu dieser Besprechung befohlen hatte.

»Ich war immer dagegen, dass wir hierhermarschieren«, behauptete Morla und raufte sich den honigblonden Bart. »Wenn Velazquez wüsste, wo wir uns hier hineingeritten haben …«

Alvarado sah ihn so drohend an, dass er es vorzog, seinen Satz nicht zu beenden.

»Und ich sage: Wir gehen jetzt zu dem verdammten Oberhäuptling hinüber und zünden ihm seinen stinkenden Palast unter seinem verschissenen Hintern an!«, brüllte der »Dröhnende«. Er schüttelte seine Faust in Sandovals Richtung. »Da hast du deinen überzeugenden Plan, Ritter vom Veilchenhain!«

»Recht hat er!«, murmelte Diego, der neben mir an der Wand lehnte. »Wenn wir schon sterben müssen, dann im offenen Kampf!«

Ich warf ihm einen raschen Blick zu. Diego sah elend aus vor Angst. Den Kopf des armen Argüello hat er glücklicherweise nicht zu sehen bekommen – auf Geheiß unseres Herrn habe ich ihn Fray Bartolomé übergeben, damit der ihn bis zur feierlichen Bestattung verwahrt. Aber die Nachricht, dass an der Küste einer der Unseren von aztekischen Kriegern gefangen und ihren Götzenpriestern geopfert worden ist, verbreitete sich bei uns natürlich in Windeseile. Und sich den abgehackten Kopf eines Gefährten vorzustellen ist wahrscheinlich sogar noch grauenvoller, als ihn leibhaftig zu sehen. Wenn auch nicht annähernd so grässlich, wie ihn in Händen zu halten.

»Wenn du willst, dass sie dir dein Herz herausreißen – nur zu, Alonso! Geh rüber und zünde seinen Palast an!«, entgegnete Sandoval dem »Dröhnenden«.

Aufs Neue schrien alle durcheinander. Ihre Stimmen klangen erregt, ihre Augen glitzerten – vor fiebriger Gier, doch ebenso vor Angst.

»Jetzt haben sie einen von uns dem Teufel geopfert!«, schrie einer von Velazquez' Gefolgsleuten. »Und damit haben sie den Satan selbst auf ihrer Seite, mit seiner ganzen Heerschar böser Geister – ihr werdet schon sehen!«

»Lieber nicht – lasst uns verschwinden, Kapitän-General!«, schrie ein anderer. »Solange uns noch ein Herz in der Brust schlägt und solange wir unseren Kopf noch auf dem Hals tragen!«

»Ihr habt doch das Gold gesehen!«, hielt Tapia entgegen. »Davon gibt es hier bestimmt noch viel mehr! Wir können doch nicht einfach verschwinden, ohne das alles vorher einzusammeln!«

»Aber ihre Zauberer können grässliche Geister beschwören – sagen die Tlaxcalteken!«, schrie wieder ein anderer Konquistador. »Gespenster, die ihren Kopf unter dem Arm tragen und ihren Brustkorb auf- und zuschnappen lassen!«

Unser Herr nahm seinen Hut vom Kopf und ließ ihn achtlos neben sich auf den Thron fallen. Auf sein Geheiß hat Diego heute früh die roten Federn wieder von der Krempe entfernt. »Hört auf, wie Hühner durcheinanderzugackern!«, befahl er uns. »Wir haben eine Mission zu erfüllen, wie könnt ihr das nur vergessen?« Er saß so aufrecht auf dem Thron, als ob er Montezumas Zepter verschluckt hätte. »Gott selbst hat uns hierhergeschickt!«, rief er aus. »Wir sind getaufte Christen – kein Teufelszauber kann einem von euch etwas anhaben, solange ihr nur euren Glauben bewahrt! Unsere Mission wird erst dann erfüllt sein, wenn sich Montezuma zum einzig wahren Glauben bekannt und unserem König den Vasalleneid geleistet hat. Und noch dazu ist die ganze Stadt voller Gold! Es quillt aus allen Kellern und Mauerlöchern! Was bringt euch nur auf die Idee, das alles aufzugeben – ohne jede Not?«

Wir starrten ihn ungläubig an. Wieder schrien alle durcheinander.

»Ohne jede Not?«, wiederholte Alvarado. »Was bei allen Heiligen soll das heißen, Hernán?«

Unser Herr reckte sein Kinn vor und starrte ins Leere – oder in eine glänzende Zukunft, die allein er vor sich ausgebreitet sah. »Habe ich euch nicht schon mehrfach von dem Traum erzählt, der mich in letzter Zeit immer wieder heimsucht?«, fragte er in anklagendem Tonfall. »Es ist einer jener Träume, die Gott der Herr mir schickt, um mir den Weg zu weisen.«

Seine Vertrauten wechselten verstohlene Blicke. Francisco de Morla verdrehte sogar die Augen und schaute den anderen Francisco in einer Weise an, als wollte er sagen: Siehst du jetzt, dass er den Verstand verloren hat?

»In dem Traum sitze ich mit Montezuma zusammen auf einem Thron«, fuhr Cortés fort. »Die Botschaft, die Gott der Herr mir durch diese Vision schickt, ist vollkommen klar: Ich soll Montezuma nicht gewaltsam von seinem Thron verdrängen, sondern mit ihm und durch ihn das Land regieren und auf diese Weise langsam und unmerklich die Herrschaft an mich ziehen.«

Unser Herr unterbrach sich und schaute sich suchend um, bis sein Blick auf mich traf. Er nickte mir zu und jenes Lächeln kräuselte seine Lippen. Doch ehe er weitersprechen konnte, rief Sandoval aus: »Die Herrschaft an dich ziehen – wie stellst du dir das um Himmels willen vor, Hernán? Du hast doch selbst gesehen, dass sein Bruder ihm die Zügel aus der Hand genommen hat!«

Noch nicht!, schoss es mir durch den Kopf, und mein Herz begann mit einem Mal, wie irrsinnig zu hämmern. Noch ist es nicht so weit!, dachte ich und verstand selbst nicht einmal zur Hälfte, was diese Gedankenfetzen bedeuteten. Aber ich spürte, dass ich drauf und dran war, einen Blick in Montezumas Herz zu erhaschen. Vor Aufregung vergaß ich wieder einmal zu atmen.

»Ich habe mich getäuscht«, räumte Cortés freimütig ein, »wenn auch nicht im Grundsatz, so doch in einer wichtigen Einzelheit. Der Thron, von dem aus ich mit Montezuma dieses Reich regieren soll – als Statthalter Gottes und unseres Königs –, steht nicht drüben in Montezumas Palast.«

Er klopfte neben sich auf den mit kunstvollen Schnitzereien verzierten Sitz. »Dieser Thron steht hier! Was starrt ihr mich so an?«, fuhr er fort. »Gleich morgen früh werde ich zu Montezuma hinübergehen und ihn einladen, für eine gewisse Zeit mein Gast zu sein.«

»Dein Gast zu sein?«, schrie Portocarrero. »In seiner eigenen verfluchten Stadt, seinem eigenen mit Teufelsfladen zugeschütteten Reich?«

»Wo sonst, Alonso?«, gab Cortés zurück. Er erhob sich von seinem Thron. »Und jetzt lasst uns bei einem kräftigenden Mahl besprechen, wie wir die Aktion im Einzelnen durchführen werden.«

~ 2 ~

Während wir uns mit Kakao, Tortillas und kaltem Truthahnbraten stärken, erklärt uns Cortés, wie »die Aktion« im Groben ablaufen soll. Unter dem Vorwand, von Montezuma Abschied zu nehmen, wird er mit vier Hauptleuten und dreißig Leibwächtern am frühen Vormittag in den Königspalast hinübergehen. Auch Marina und ich sollen dabei sein, sonst aber niemand, damit die Palastwache keinen Verdacht schöpft. Unsere Soldaten werden wie jedes Mal im Vorraum vor Montezumas Thronsaal zurückbleiben. Auf ein Zeichen von Cortés hin sollen sie notfalls hereingestürmt kommen. Montezumas Leibwache vor dem Thronsaal besteht allerdings aus mehreren Dutzend schwer bewaffneten Kriegern und auch im Saal selbst halten sich meist einige bewaffnete Wächter auf.

»Montezuma müsste freiwillig mitkommen«, sagt Alvarado. »Aber wie willst du ihn dazu bringen, Hernán? Wenn Cuitláhuac anwesend ist, können wir unseren Plan sowieso gleich vergessen. Aber selbst wenn wir in diesem Punkt Glück haben sollten – was könnte Montezuma veranlassen, dich hierherzubegleiten?«

»Nach dem Zusammenstoß gestern Abend wird er auf der Hut sein«, pflichtet Sandoval bei. »Auch wenn er wohl nicht im Traum daran denkt, dass wir so dreist sein könnten, ihn aus seinem eigenen Palast zu entführen.«

»Das haben wir auch nicht vor!«, entgegnet Cortés in strengem Tonfall. »Wir sind keine Räuber und wir entführen erst recht keine Könige.«

Francisco Montejo gibt ein Schnauben von sich, das halb empört und halb belustigt klingt. Doch Cortés sieht ihn durchbohrend an, und so zieht es Montejo vor, seine Ansichten für sich zu behalten.

»Er wird mitkommen, ohne Gewalt«, beharrt Cortés. »Ich bin mir nur noch nicht ganz im Klaren, wie wir ihn in Bewegung setzen werden.«

Wieder schaut er suchend umher. »Orteguilla, dich wollte ich vorhin schon nach deiner Meinung fragen«, sagt er und sieht mich erwartungsvoll an.

Ich stoße mich von der Wand ab, an der ich neben Diego gelehnt habe, und schlucke krampfhaft. Alle Blicke sind auf mich gerichtet – und ich habe nicht die blasseste Ahnung, was ich jetzt antworten soll! Oder vielmehr, eine Ahnung habe ich schon, aber sie ist so verworren, dass ich sie unmöglich vor Cortés und seinen Hauptleuten ausbreiten kann. Ich würde mich für alle Zeiten lächerlich machen – und unseren Herrn dazu, weil er mir zugetraut hat, dass ich ihnen irgendwie weiterhelfen kann!

»Nun, Orteguilla«, ermahnt mich Cortés, »öffne uns dein Herz!«

Da bricht es aus mir heraus: »Montezuma ist wie Leonel, Herr! Wie mein Zwillingsbruder, der nur wenig vor mir zur Welt gekommen und deshalb aber der rechtmäßige Erbe ist! Für mich dagegen war kein Platz auf dem Hof unseres Vaters – und so herrschte von früh an Zwietracht zwischen Leonel und mir! Genauso verhält es sich bei Montezuma und seinem Bruder Cuitláhuac – das weiß ich genau!«

Plötzlich wird mir bewusst, was ich da für ein wirres Zeug gestammelt habe, und ich beiße mir auf die Zunge. Gleichzeitig wird mir heiß, und ich spüre, wie ich glühend rot werde – wenn auch nicht halb so rot wie das Gesicht von Portocarrero, der mich aus voller Kraft anschreit: »Lass uns mit deinen weichkäsigen Kindergeschichten zufrieden, du Milchbart! Was interessiert es uns, dass dein Papa dich vom Hof gejagt hat! Der Alte wird schon gewusst haben, warum!«

»Halte einmal deinen Mund, Alonso!«, sagt Cortés halb in Gedanken. »Und du rede weiter, Orteguilla!«, wendet er sich wieder an mich. »Wie meinst du das: Du *weißt*, wie es um Montezuma und seinen Bruder steht?«

»Das … das … nun ja, Herr«, stammele ich. »Es ist nicht leicht zu erklären. Bitte hört mich noch einen Moment länger an!« Ich hole tief Luft und beginne von Neuem. »Bei meinem Bruder Leonel war es so, dass er sich immer gewünscht hat, mit mir in brüderlicher Eintracht zu leben – nur ging es eben nicht, weil er der Begünstigte war und ich es ihm neidete und deshalb in allem schlecht von ihm dachte! Und auch ich konnte nicht anders, obwohl ich ja wusste, dass ihn keine Schuld traf! Und so hat er sich einem Jungen aus der Nachbarschaft angeschlossen, den er ›Bruder‹ nannte, obwohl dieser andere nicht einmal entfernt mit uns verwandt ist! Aber Leonel liebte und bewunderte ihn wie einen Bruder – und genauso«, schloss ich endlich, »verhält es sich wohl mit Montezuma und Cuitláhuac. Und, Herr, mit Euch.«

»Mit mir?«, wiederholt Cortés, und an seinem Gesichtsausdruck erkenne ich, dass er anfängt zu begreifen. »Du meinst, Montezuma sieht in mir jenen anderen Bruder, der ihm den wirklichen, aber verfeindeten ersetzen soll? Aber wie kommst du darauf?«

Ich stülpe meine Unterlippe vor und puste mir Kühlung zu. Noch immer glüht mein Gesicht bis in die Stirn hinauf, aber nun ist es ein Glühen vor Stolz. Ich spüre, dass Cortés mir glaubt, und vor allem spüre ich, dass es mir wahrhaftig geglückt ist, Montezumas Herz zu ergründen!

»Er selbst hat es mir offenbart, Herr«, antworte ich. »Beim Abstieg von der Großen Pyramide sagte er zu mir: ›Don Hernando wird mein Bruder sein, weil ich das so wünsche!‹ Damals verstand ich nicht, was seine Worte bedeuten sollten, aber jetzt spüre ich ganz deutlich: Wenn Ihr ihn als *sein Bruder* darum bittet, wird er Euch hierherbegleiten und diesen Thron mit Euch teilen.«

Wieder starren mich alle an. Doch diesmal lese ich auf ihren Gesichtern, dass ich sie überzeugt habe oder dass sie zumindest nachdenklich geworden sind.

»Also dann, Hernán«, sagt schließlich der »Durchtriebene«, »machen wir uns bereit, deinen Herzensbruder heimzuholen!«

Cortés schenkt ihm keinerlei Beachtung. »So könnte es wirklich gehen«, sagt er. »Wir werden ihn hier in allen Ehren aufnehmen und weiterhin als König behandeln. Er soll von diesem Thron aus regieren wie bisher – nur mit dem Unterschied, dass ich neben ihm sitzen werde. So wie es mir geträumt hat und so wie er selbst es sich anscheinend wünscht.«

Cortés hebt seinen Blick und ein heiteres Lächeln fliegt über sein Gesicht. »Und du, Orteguilla, wirst unser beider Page sein!«

~ 3 ~

»Ist es Euer schmerzendes Herz, Don Hernando«, fragt Montezuma lächelnd, »das Euch zu so früher Stunde zu mir treibt? Lechzt ihr nach weiteren Tränen des Sonnengottes?«

»Ihr seid zu großzügig, edler Freund«, antwortet Cortés.

Hinter Montezumas Thron sind wieder die greisen Ratgeber versammelt. Doch im Augenblick sind keine Wächter im Saal und auch den grimmigen Cuitláhuac kann ich nirgends entdecken.

Cortés grüßt die Ratgeber ehrerbietig. Dabei geht er auf Montezuma zu, gefolgt von seinen drei Vertrauten, Tapia und mir. Marina hält sich dicht neben unserem Herrn. Sie trägt ihre Halskette mit dem massiven Goldkreuz, und ihre Augen sind unverwandt auf Cortés gerichtet, so als ob sie ihn verzaubern wollte.

»Ihr habt sicher bemerkt, dass ich sehr beschäftigt bin«, sagt Montezuma zu unserem Herrn und macht eine Handbewegung zur Tür hin. »Aber für Euch habe ich immer Zeit, mein Freund.«

Obwohl wir keinen Boten vorausgeschickt haben, um uns anzumelden, hat er uns unverzüglich in seinen Thronsaal vorgelassen. Dabei drängen sich unten in der Halle und im Innenhof unzählige Bittsteller und Abgesandte.

»Wollt Ihr die wirklich alle empfangen?«, fragt Cortés.

»Jeden Einzelnen«, bestätigt Montezuma. »Sie alle haben eine Beschwerde vorzubringen oder wollen einen Rat erbitten. Und ich habe für jeden ein offenes Ohr – so bin ich immer auf dem Laufenden und weiß ganz genau, was in den Köpfen und Herzen meiner Untertanen vorgeht.«

Cortés wechselt einen Blick mit Alvarado. »Ihr seid ein guter Herrscher, Montezuma«, sagt er, »und Euer Land ist wohlbestellt.« Er scheint wirklich beeindruckt.

Das Lob unseres Herrn heitert Montezuma noch weiter auf. »Vielleicht schmerzt Euer Herz heute ja auf eine Art, gegen die kein Gold hilft?«, fragt er mit schelmischem Lächeln. »Auch dafür weiß ich eine Arznei: Ich gebe Euch eine meiner Töchter zur Frau! Was haltet Ihr davon, Don Hernando? Oder auch zwei, wenn Ihr mögt«, fügt er hinzu und sein Lächeln wird zum verschwörerischen Grinsen.

Marina hat diese letzten Sätze des Herrschers nur widerwillig übersetzt. Grimmig schaut sie Cortés an, doch gleich darauf hellt sich ihr Gesicht wieder auf.

»Ich bin ein Christ und achte die Gebote Gottes«, antwortet unser Herr in feierlichem Tonfall. »Eine ungetaufte Frau kann niemals mein Herz für sich gewinnen. Außerdem habe ich bereits eine Frau.«

Er wölbt seine Brust heraus und reckt das Kinn vor. Seine Miene verhärtet sich. »Genug der scherzhaften Vorreden!«, sagt er. »Ihr habt im Land der Totonaken gegen meine Garnison Krieg geführt, Montezuma! Wie könnt Ihr mich Freund nennen, wenn Ihr gleichzeitig Euren Offizieren befehlt, gegen meine Männer zu kämpfen? Soll sich alles, was in Chololllan geschehen ist, noch einmal wiederholen?«

Montezuma starrt ihn entgeistert an. »Aber so war es nicht!«, wendet er in kläglichem Tonfall ein. »Ihr wart doch selbst zugegen, als mein Bruder Cuitláhuac erklärt hat, dass sich die Dinge in Cempoallan ganz anders zugetragen haben!«

»Euer Bruder!«, wiederholt Cortés. »Merkt Ihr nicht, dass er Euch zu schaden versucht? Wahrscheinlich säße er gerne selbst auf Eurem Thron!«

Montezuma beobachtet ihn mit bebenden Lippen. »Bei allen Göttern, worauf wollt Ihr hinaus?«

»Ich hatte so sehr gehofft, mein Freund«, gibt Cortés zurück, »dass Ihr *mich* als Euren Bruder ansehen würdet!«

Da erhebt sich Montezuma von seinem Thron und streckt unserem Herrn seine Hände entgegen. »Für mich *seid* Ihr mein Bruder!«, ruft er aus. »Es ist mein heißester Herzenswunsch!«

Cortés ergreift seine Hände und zieht den Herrscher nahe an sich heran. »Dann kommt mit mir in meinen Palast, mein Bruder!«, sagt er in eindringlichem Tonfall. »Ich bin bereit, Euch zu vergeben, doch meine Hauptleute bestehen darauf, dass Ihr uns begleitet.« Er deutet mit dem Kopf zu seinen drei Vertrauten und Tapia. »Sie werden Euch auf der Stelle töten«, fügt er hinzu, »wenn Ihr um Hilfe ruft oder Euch in irgendeiner Weise sträubt.«

Montezuma ist nun vollkommen fassungslos. Abwechselnd starrt er Cortés und Marina an, Portocarrero und die anderen Hauptleute, deren Hände auf dem Knauf ihrer Waffen ruhen. Schließlich löst er sich aus Cortés' Griff und sinkt auf seinen Thron zurück.

»Ich bin der König!«, murmelt er. »Ich bin nicht dazu geschaffen, in den Kerker zu gehen.« Seine Augen sind weit aufgerissen, seine Nasenflügel beben. Er wendet sich zu seinen Ratgebern um, doch die alten Männer wirken allesamt wie versteinert.

»Wer redet denn vom Kerker?«, antwortet ihm Cortés. »Begleitet mich, und ich schwöre Euch bei allem, was mir heilig ist, dass Euch kein Leid geschehen wird.«

Montezuma schüttelt bekümmert sein blau gefiedertes Haupt. »Die Götter werden Euch zürnen, wenn Ihr mich, den König, gefangen nehmt! Ihr würdet den Himmel kränken, die Mächtigen der Ober- und der Unterwelt!« Einige Augenblicke brütet er vor sich hin. »Ich weiß einen Ausweg!«, ruft er dann und schaut Cortés fast triumphierend an. »Ich übergebe Euch drei meiner Söhne! Nehmt sie in Gewahrsam – so vermeidet Ihr die Kränkung der Götter und die Beschmutzung der Königswürde!«

Cortés wendet sich um. »Was sagt ihr dazu?«, fragt er seine Hauptleute.

Wie sie es vorher abgesprochen haben, schütteln alle vier gleichzeitig den Kopf. »Kommt nicht infrage!«, sagt Alvarado. »Auch wenn er dein brüderlicher Freund ist, Hernán – wir bestehen darauf, dass er mitkommt. Wenn du ihn nicht davon überzeugen kannst, werde ich ihn hier auf seinem Thron hinrichten.«

Unser Herr ringt die Hände. »Ihr seid hart und herzlos!«, ruft er seinen Vertrauten zu. »Vielleicht hat sich ja doch alles so zugetragen, wie es Cuitláhuac dargestellt hat?«

»Um das herauszufinden«, gibt Alvarado prompt zurück, »müssen wir zuerst Boten zur Küste hinunterschicken. Und bis dahin muss Don Montezuma auf jeden Fall unser Gast sein.«

»So müsste es gehen«, murmelt Cortés und schaut scheinbar nachdenklich vor sich hin. »Meint Ihr nicht auch, mein Freund?«, wendet er sich an Montezuma. »Am besten schickt Ihr unverzüglich einige Gesandte los. Und bis sie zurück sind, führt Ihr einfach von meinem Palast aus Eure Regierungsgeschäfte weiter! Niemand wird etwas Besonderes daran finden – warum auch? Ihr werdet einfach erklären, dass Ihr Euren Amtssitz für ein paar

Wochen in den alten Königspalast verlegt, um unsere Freundschaft zu festigen. Was sagt Ihr nun, mein edler Bruder?«

Cortés ergreift erneut beide Hände des Herrschers und zieht ihn von seinem Thron hoch. Er schaut ihn so durchbohrend an, wie nur er das kann, und da gibt sich Montezuma schließlich geschlagen.

»Um Euch zu zeigen, dass ich guten Willens bin«, sagt er mit leiser Stimme, »werde ich mit Euch gehen. Und ihr«, wendet er sich an seine Ratgeber, »folgt mir hinüber in den Palast meines Vaters!«

Die Ältesten wechseln Blicke. Ihre Lippen sind zusammengekniffen, ihre Augen schmale Schlitze. Ich kann den meisten von ihnen ansehen, dass sie diesem Befehl nicht folgen werden.

Eine halbe Stunde später hat Montezuma drei Gesandte nach Cempoallan losgeschickt, begleitet von Sandoval und seinen kampferprobtesten Soldaten. Der Aztekenherrscher tritt zusammen mit unserem Herrn aus dem Thronsaal in den Vorraum. Er weist seine Wächter an, auf ihrem Posten zu bleiben, und geht mit Cortés die Treppe hinunter in die Halle. Dort warten schon seine fürstlichen Träger mit der blau gefiederten Sänfte, die mit Gold und Edelsteinen übersät ist.

Montezuma setzt sich hinein, ohne nach links oder rechts zu schauen. Er wirkt benommen und niedergedrückt. »Macht alles, was Don Hernando Euch befiehlt!«, sagt er zu seinen Trägern.

Sie schauen ihn voller Bestürzung an und wechseln besorgte Blicke. »Wollt Ihr, dass wir zu unseren Waffen greifen, Großer Montezuma?«, fragt einer von ihnen. »Drohen die bärtigen Fremden Euch mit Gewalt, falls Ihr nicht mit ihnen geht?«

Montezuma schüttelt den Kopf, ohne irgendjemanden anzusehen. »Huitzilopochtli hat mir eine Botschaft gesandt«, antwortet er. »Um meiner Gesundheit willen soll ich einige Zeit mit meinen spanischen Freunden verbringen. Ich folge ihnen aus freien Stücken.«

Mittlerweile steht die Sonne hoch am Himmel und der Platz ist wieder voller Schaulustiger. Der Zepterträger marschiert der königlichen Sänfte voran und Cortés wandelt neben Montezuma her. Seine Hauptleute und unsere dreißig bewaffneten Soldaten folgen – ein lachhaft kleiner Trupp inmitten Tausenden von Indianern. Doch alle sehen nur stumm und starr zu, wie wir uns einen Weg zu unserem Palast bahnen.

»Sollen wir gegen die Fremden kämpfen, Großer Montezuma?«, ruft einer der Wächter vor den Opferzellen zu uns herüber. »Haben sie Euch in ihrer Gewalt?«

Aber Montezuma antwortet nur: »Nein, ich begleite sie, weil Huitzilopochtli das so will.« Vier oder fünf seiner Ratgeber folgen ihm und so sieht es zumindest nicht ganz und gar nach einer Entführung aus.

Während der Eingang zu unserem Palast mit den drohend auf den Platz gerichteten Kanonenrohren bereits in Sicht kommt, winkt mich Montezuma an seine Sänfte heran. *»Brüder«*, sagt er mit benommenem Lächeln zu mir. »Du erinnerst dich doch an unser Gespräch?«

Ich nicke heftig. »Und wie ich mich erinnere, Euer Gnaden!«, antworte ich und werde förmlich überflutet von gegensätzlichen Gefühlen: Stolz und Reue, Triumph und Schuldgefühl … Ich habe sein Herz ergründet!, sage ich mir. Nur deshalb ist er ohne Gegenwehr mitgekommen – weil ich erspürt habe, dass er sich nach der brüderlichen Freundschaft unseres Herrn sehnt!

Doch mein Triumph hat den bitteren Beigeschmack von Verrat. Nur durch jenen schwarzen Zorn, der tief in mir umherrast, konnte ich Montezumas geheime Sehnsucht erspüren und ihn so in die schmachvolle Falle locken – eine Falle, in der ich in dunklen Stunden mit Freuden meinen eigenen Bruder schmachten sähe!

Ich bin nun vollkommen durcheinander. So muss also Montezuma für meine Zurücksetzung büßen, klage ich mich an, für die er doch nicht das Mindeste kann! Durch meine Schuld glaubt er in Cortés den ersehnten Bruder gefunden zu haben. Dabei würde sich unser Herr niemals mit irgendwem verbrüdern – außer mit sich selbst, mit dem Bildnis seiner eigenen strahlenden Zukunft.

~ 4 ~

Montezuma sitzt auf dem Thron seines Vaters und um ihn herum ist es gespenstisch still und leer. Außer jener Handvoll greiser Ratgeber ist dem Herrscher niemand in unseren Palast gefolgt. Auch von den unzähligen Bittstellern, Beschwerdeführern und Ratsuchenden, die sich drüben in der Halle seines Palastes drängten, hat kein Einziger den Weg hierhergefunden. Dabei sind bereits drei Tage seit unserer »Aktion« vergangen.

Nur eine Handvoll untergeordneter Beamter und Offiziere, die ihm persönlich Bericht erstatten oder Befehle von ihm entgegennehmen müssen, haben sich bisher zu Montezuma vorgewagt. Ab und zu erscheint ein Tributeintreiber, der mit Missernten zu kämpfen hat, oder ein Garnisonskommandeur, dem aufsässige Vasallenhäuptlinge das Leben sauer machen. Den größten Teil des Tages aber erscheint niemand. Und doch harrt Montezuma auf dem Thron aus, als ob alles wie immer wäre.

Er ist bester Laune und scherzt mit Cortés. Stundenlang hält unser Herr ihm Vorträge über Gott und den spanischen König und unser erst seit Kurzem geeintes Königreich. Marina und ich übersetzen, bis uns die Köpfe rauchen. Meine Zunge fühlt sich schon wund und unförmig an, so unablässig muss ich Nahuatl sprechen. Doch Montezuma hört sich alles mit unersättlicher Wissbegierde an. Immer wieder stößt er Begeisterungsrufe aus, wenn unser Herr von den Mirakeln erzählt, die Jesus Christus auf Erden gewirkt hat, und von Seiner wundersamen Auferstehung. Draußen auf dem großen Platz wirkt alles noch immer vor Schrecken wie versteinert – nur Montezuma selbst, der Gegenstand dieser Bestürzung, scheint sein neues Leben förmlich zu genießen.

Fürs Erste darf niemand von uns den Palast verlassen. Montezumas Diener versorgen uns wie bisher mit Lebensmitteln und Wasser, Brennholz und allem anderen, was wir verlangen. Nach wie vor sind unsere Schützen in Alarmbereitschaft und die Wachtposten bei Tag und Nacht verdoppelt. Aber alles bleibt friedlich und still – unheimlich still. So als ob die ganze Stadt um uns herum vergessen hätte zu atmen.

Am fünften Tag nach der »Aktion« kommt ein Bataillon von rund hundert aztekischen Kriegern quer über den Platz auf unseren Palast zumarschiert. Was hat das zu bedeuten? Vielleicht ist es ein Ablenkungsmanöver, auf das der eigentliche Angriff gleich folgen wird?

Guerrero befiehlt den Gewehrschützen, ihre Waffen durchzuladen. Doch da hebt der voranmarschierende Krieger eine Fahne aus weißen Federn und ruft irgendetwas auf Nahuatl. Guerrero versteht »Cempoallan« und »Vera Cruz« – und dann sieht er, dass die Krieger zahlreiche Gefangene mit sich führen.

Der Anführer mit der weißen Fahne und die Gefangenen werden in den Thronsaal gebracht. »Diese fünfzehn Offiziere haben den Angriff auf Eure Männer befohlen, Don Hernando«, sagt Montezuma, nachdem er sich den Bericht des Anführers angehört hat. »Sie gehören allesamt zu unserer Garnison bei Cempoallan. Anscheinend wollten sie sich den Tribut von den Totonaken in die Tasche stecken, doch dann kamen Eure Kämpfer ihnen in die Quere. Sie haben gestanden, dass sie auf eigene Faust gehandelt haben. Hier in Tenochtitlan hat niemand von ihren verbrecherischen Plänen gewusst.«

Montezuma und unser Herr sitzen nebeneinander auf dem Thron, wie so oft in den letzten Tagen. Die Gefangenen kauern vor ihnen auf dem Boden, an Händen und Füßen gefesselt.

»Übergebt sie mir, mein brüderlicher Freund!«, sagt Cortés. »Ich will sie noch einmal befragen und dann das Urteil über sie sprechen.«

Er sieht Montezuma argwöhnisch an, doch der hebt bloß die Schultern und stimmt ohne zu zögern zu. »Sie gehören Euch, Don Hernando«, sagt er. »Macht mit ihnen, was Ihr für richtig haltet. Aber sputet Euch, ich bitte Euch – ich kann Eure Gesellschaft nicht lange entbehren.«

Cortés schaut einen Moment lang wie sinnend vor sich hin. »Das braucht Ihr auch nicht«, entgegnet er dann. »Wir werden sie hier vor Euren Augen befragen.«

Ich zucke zusammen und meine Kehle verkrampft sich vor Schreck. Er will sie befragen lassen! Ich weiß ja, was das zu bedeuten hat!

»Diego«, befiehlt unser Herr, »rufe Fray Bartolomé herbei! Er soll mitbringen, was er für die Befragung braucht. Und dann bestelle Guerrero, dass ich die beiden Juans sehen will – die Raufbolde, die er gestern in den Kerker gesteckt hat, weil sie sich gegenseitig fast die Schädel eingeschlagen haben.«

»Ihr wollt sie sehen?«, wiederholt Diego. »Soll ich sie denn hierher bringen lassen – in den Thronsaal, Herr?«

Cortés hat sich schon wieder abgewendet. Er nickt Diego über die Schulter zu und sagt gleichzeitig zu Montezuma: »Ich hoffe so sehr, mein Freund, dass Ihr die Wahrheit gesprochen habt und Eure Offiziere wirklich ohne Euer Wissen gehandelt haben.«

»Es schmerzt mich, Don Hernando, dass Ihr an meiner Aufrichtigkeit zu zweifeln scheint«, antwortet Montezuma. »Aber befragt sie, solange Ihr wollt – sie werden Euch nur immer wieder versichern, dass sie allein die Schuld an allem tragen.«

Cortés erhebt sich und geht zwischen dem Thron und der Reihe der Gefangenen auf und ab. »Für dieses Verbrechen gibt es nach spanischem Recht nur eine Strafe«, verkündet er, »die Verbrennung bei lebendigem Leib!« Er sieht Montezuma durchbohrend an. »Wer auch immer in diese Verschwörung verwickelt ist – er wird den Flammentod sterben!«

Noch immer wirkt Montezuma durchaus nicht alarmiert. Er

schaut von Cortés zu seinen fünfzehn Offizieren, die ihr Leben jetzt schon verwirkt haben, was immer sie aussagen werden. Doch auch Mitgefühl kann ich in seinem Gesicht nicht entdecken. Aber wie könnte er auch ahnen, zu welchen Grausamkeiten Fray Bartolomé fähig ist – ein christlicher Priester von leutseligem Aussehen, der bei jeder Gelegenheit von Güte und Gnade spricht!

Der Pater tritt ein, unter dem Arm ein unheilvoll klirrendes Bündel. Ihm auf dem Fuß folgen die beiden blutdürstigen Soldaten, die unser Herr als »Raufbolde« bezeichnet hat. Tatsächlich sind es Wölfe in Menschengestalt.

Was sodann geschieht, ist grausiger als jede Schlacht, die ich bis dahin miterlebt habe. Gütiger Gott, was würde ich dafür geben, wenn ich auch nur einen kleinen Teil davon ungeschehen machen könnte! Oder wenn ich es zumindest aus meinem Gedächtnis löschen könnte! Das Zuschnappen der glühenden Zange, die Fray Bartolomé so schrecklich kunstfertig gebraucht! Die Schreie, den Geruch nach Blut und verschmorter Haut! Die Fausthiebe und Fußtritte, die die beiden Juans den Azteken versetzten, und das alles immer wieder, bei jedem einzelnen Gefangenen aufs Neue, bis der letzte der gepeinigten Körper sich ein letztes Mal aufgebäumt hat und in sich zusammengesackt ist, von krampfhaftem Zucken geschüttelt!

Am Ende haben sie alle fast wortwörtlich ein und dasselbe ausgesagt: Zuerst das, was sie auf Befehl ihrer Vorgesetzten gestehen sollten, und unter der Folter das, was Fray Bartolomé ihnen in den Mund gelegt hat. Zuerst »Außer uns wusste niemand davon!« und unter der Folter dann »Montezuma hat es uns befohlen«. Und so fünfzehn Mal nacheinander, und am Ende ist der Boden vor dem Thron mit Blut beschmiert, ebenso wie die Hände und Zangen unseres Priesters und die Fäuste unserer beiden »Raufbolde«.

Als alles vorbei ist und die »geständigen« Offiziere abgeführt worden sind, ist Montezuma halb ohnmächtig vor Grauen und Angst. Unser Herr setzt sich mit düsterer Miene wieder neben ihn auf den Thron und gibt sich den Anschein, über einer schwierigen Frage zu brüten.

»Sie werden alle im Feuer sterben, gleich morgen früh«, sagt er schließlich. »Sie werden draußen auf dem Platz brennen – und Eure Priester und Offiziere und alle anderen Würdenträger sollen zusehen, Montezuma!« Er sieht den Herrscher durchbohrend an. »Auch Ihr habt Euer Leben verwirkt«, fährt er fort. »Doch ich habe Euch in mein Herz geschlossen, edler Freund, und so will ich Euch noch einmal vergeben.«

Er reicht Montezuma seine Hand und der Herrscher ergreift sie und bricht in krampfhaftes Schluchzen aus. »Mein Bruder!«, ruft Montezuma aus und zieht unseren Herrn an seine gefiederte Brust.

5

»Montezuma war immer ein grausamer Herrscher«, sagt Carlita, »aber dein Herr übertrifft ihn bei Weitem!«

Vom Herz Unserer Welt her ertönen die Schreie der fünfzehn Männer, die bei lebendigem Leib verbrannt werden. Cortés hat befohlen, sie mit einer Ankerkette, die wir seit Vera Cruz mit uns führen, nebeneinander an Pfähle zu fesseln, damit sie »wie Fackeln zum Ruhm des Allmächtigen« brennen. Graue Qualmwolken wabern über den Platz und bis in den kleinen Park hinter unserem Palast. Der Gestank ist entsetzlich, aber viel schlimmer sind die Schreie der lebenden Fackeln.

Alle sind auf den Platz hinausgelaufen – unsere Männer, die Tlaxcalteken, unsere aztekischen Diener –, alle wollen sie das grauenvolle Schauspiel unbedingt mitansehen. Ich aber habe unseren Herrn gebeten, im Palast bleiben zu dürfen, und glücklicherweise hat er es mir erlaubt. Mir ist so elend zumute, dass ich fürchte, mich erbrechen zu müssen. Ich halte Carlita fest umschlungen, aber nicht einmal ihre Nähe, ihre Küsse, der Duft ihrer Haare können mich heute ermuntern. Wir liegen auf dem

Heu in unserer heimlichen Hütte – und doch sehe ich alles, was draußen auf dem Platz geschieht, so überdeutlich vor mir, als ob ich neben Cortés und Montezuma auf der Tribüne säße, die unsere Handwerker eilends zusammengezimmert haben. Alle sind gekommen, wie unser Herr es vorgesehen hat: die Priester, Offiziere und Würdenträger, überdies Tausende Schaulustige aus der ganzen Stadt.

Vielleicht gehen ihnen die lebenden Fackeln nicht einmal allzu sehr zu Herzen – schließlich haben sie hier auf dem Platz schon unzählige Opfer auf die grässlichste Weise sterben sehen. Aber unser Herr hat befohlen, nicht nur die Todgeweihten in Eisen zu legen. Für jeden sichtbar, thronen er und Montezuma ganz oben auf der Tribüne, und der Aztekenherrscher trägt ein Eisenband um den Hals und eiserne Ketten um seine Hand- und Fußgelenke. Sein Gesicht drückt Angst und tiefe Beschämung aus – auch das sehe ich überdeutlich vor mir, denn mein Gewissen malt es mir seit gestern unablässig vor!

»Cortés setzt nur dort Grausamkeit ein, wo alle anderen Mittel versagen würden«, antworte ich und mir wird noch elender zumute. »Er führt deinen Leuten vor, dass Montezuma seine willenlose Puppe ist – damit sie begreifen, dass er selbst nun ihr wahrer Herrscher ist.«

»Damit werden sie sich nicht abfinden«, murmelt Carlita. »Dein Herr hätte Montezuma nicht vor aller Augen demütigen dürfen. Mein Volk verehrt seine Herrscher seit jeher als große Beschützer, die die Götter ausgewählt haben, damit sie uns vor Not und Leid bewahren. Aber ein König, der sich wie ein Hund an der Leine führen lässt – was für einen Wert hat der schließlich noch?« Sie presst sich an mich und ich spüre ihr ängstlich pochendes Herz an meiner Brust. »Sie werden Montezuma umbringen«, flüstert sie und streicht mir wie tröstend übers Haar. »Und ihr neuer Herrscher wird gegen euch kämpfen, bis keiner von euch mehr am Leben ist!«

»Aber was sollen wir tun, Carlita?«, frage ich.

»Es ist zu spät, Liebster«, flüstert sie. »Ihr hättet niemals hierherkommen dürfen! Jetzt gibt es keine Rettung mehr – für euch nicht und für uns beide erst recht nicht!«

Hastig verschließe ich ihren Mund mit meiner Hand. »Das ist nicht wahr!«, erwidere ich. »Cortés hat alles vorausbedacht. Sein Plan wird aufgehen!«

Die Schreie vom großen Platz her sind endlich verstummt. Doch der Gestank nach brennendem Haar und kochendem Blut liegt immer noch erstickend in der Luft, als Carlita nach einem letzten zärtlichen Kuss wieder nach draußen schlüpft. Ich warte wiederum einige Augenblicke, dann trotte ich durch den Park zurück zum Palast, wo gerade eben Cortés eintrifft. Er winkt mich zu sich, seine Augen funkeln – anscheinend ist er in heiterster Stimmung. »Alles ist ganz genauso verlaufen, wie ich es vorgesehen hatte«, erzählt er mir. »Zum Abschluss des großen Strafgerichts habe ich selbst Montezuma die Fesseln abgenommen und vor aller Ohren verkündet, er sei frei und könne in seinen Palast zurückkehren. Und was, glaubst du, hat der wackere Herrscher mir geantwortet?«

Ich hebe meine Schultern und spüre, wie sich gleichzeitig meine Augenbrauen aufwärtsbewegen. »Hat er Euch gedankt und Euch seinen edlen Bruder genannt, Herr?«, antworte ich aufs Geratewohl.

Cortés lässt jenes Lächeln kurz um seine Lippen spielen. »Ganz recht«, sagt er. »Das ungefähr waren die Worte, die er für alle hörbar gesprochen hat. Dann aber hat er sich zu mir herübergebeugt und etwas geflüstert, das nicht für die Ohren seiner Untertanen bestimmt war.« Er packt mich beim Handgelenk, wie es seine Art ist, und zieht mich mit sich die Treppe hinauf. »Errätst du auch das, Orteguilla?«, fragt er mich.

Ich überlege fieberhaft, während wir ins Obergeschoss hinaufeilen. Offenbar zieht es Cortés geradewegs wieder in den Thronsaal, und das kann doch eigentlich nur einen einzigen Grund haben! Nun wird mir auch klar, warum er so glänzender Laune ist. »Montezuma hat erklärt, dass er nicht in seinen Palast zurückkehren will – ist es das, Herr?«

Cortés nickt mir zu und lässt mein Handgelenk wieder los. »Genau das, Orteguilla!«, lobt er mich. »Du bist wahrlich ein begabter Herzensergründer! Er äußerte die Befürchtung, dass seine Ältesten ihn drängen könnten, gegen uns vorzugehen. Aber wir seien nun einmal seine Freunde und deshalb könne er derlei Aktionen nicht gutheißen.« Unser Herr bleibt unvermittelt stehen. »Was sagst du dazu?«, fragt er und schaut mich argwöhnisch an. »Du wirkst bedrückt, Orteguilla«, fügt er hinzu. »Aus welchem Grund? Glaubst du denn, dass Montezuma sich verstellt?«

Ich senke meinen Blick und überlege verzweifelt, was ich ihm antworten soll. Die Wahrheit, auch wenn er die gewiss nicht hören will? Oder lieber irgendwelche tröstlichen Lügen?

Schließlich gebe ich mir einen Ruck. »Ihr könnt es bestimmt viel besser als ich beurteilen, Herr«, antworte ich. »Aber vielleicht will Montezuma auch deshalb lieber bei Euch bleiben, weil er in seinem eigenen Palast um sein Leben fürchten müsste.«

Cortés schaut mich verwundert an. »Du glaubst, sie würden ihren eigenen König ermorden – aber weshalb?«

Wieder ringe ich einen Moment lang mit mir. »Wenn ich Cuitláhuac wäre«, stoße ich hervor, »würde ich ihn bei der ersten sich bietenden Gelegenheit umbringen und mich selbst zum König krönen lassen!«

6

Das restliche Jahr vergeht ohne weitere Zwischenfälle. Anscheinend hat Cortés doch wieder einmal alles richtig vorausbedacht – und Carlita hat viel zu schwarzgesehen!

Montezuma regiert sein Land von unserem Palast aus und niemand scheint mehr daran Anstoß zu nehmen. Die Bittsteller und

Beschwerdeführer drängen sich nun in unserem Innenhof und warten in langen Schlangen die Treppe hinauf bis zum Thronsaal. Wie früher versammeln sich die greisen Ratgeber hinter dem Thron ihres Herrschers – nur dass dieser Thron jetzt in unserem Palast steht und unsere Männer die Tore bewachen. Montezuma lebt in einer Flucht von Gemächern im dritten Geschoss, dort empfängt er seine Haupt- und Nebenfrauen, und von dort steigt er in manchen Nächten aufs Dach hinauf, um die Sterne zu beobachten.

Wie Cortés es in jenen Träumen vorausgesehen hat, verbringen er und Montezuma viele Stunden gemeinsam auf dem Thron oder zumindest im Thronsaal. Fast immer bin auch ich zugegen – als Übersetzer oder um mit den beiden zusammen Toloqui oder Patolli zu spielen. Beim Toloqui-Spiel geht es darum, kleine Goldkugeln nach bestimmten Regeln über ein Spielfeld zu bewegen. Patolli dagegen ist ein Würfelspiel, das unserem Tric Trac ähnelt. Als Spielfiguren dienen Kakaobohnen, in die Zahlensymbole eingeritzt worden sind.

Wir spielen halbe Tage lang mit Würfeln und Bohnen, auf Fellen oder Matten vor dem Thron. Manchmal bin ich auch mit Montezuma allein und dann erzähle ich ihm von meiner spanischen Heimat. Von den prachtvollen Kirchen und Palästen in Valladolid und den weniger prachtvollen in Medellín, wo ich zur Schule gegangen bin. Montezuma beteuert immer wieder, dass er Cortés »wie einen Bruder« liebe. Auch für mich scheint er mehr und mehr Zuneigung zu hegen. Er beschenkt mich mit kleinen Goldstücken, und ab und an fragt er mich, wie es mit mir in Liebesdingen bestellt sei. »Du hast doch bestimmt eine kleine Gefährtin, Orteguilla!«, sagt er dann beispielsweise. »Willst du sie mir nicht einmal vorstellen? Ich würde sie gerne beschenken – mit einer hübschen Bluse oder einer Kette!« Ich murmele dann jedes Mal, dass meine Pagendienste mir für derlei keine Zeit ließen, und wechsele hastig das Thema.

Längst hat Fray Bartolomé die Marienkapelle im Südflügel eingeweiht. An jedem Tag besuchen Diego und ich seitdem mit unserem Herrn die Heilige Messe. Mehrmals pro Woche lässt sich Montezuma von einem unserer Priester im christlichen Glauben unterweisen. Zum nächsten Osterfest will er sich taufen lassen und in einer feierlichen Zeremonie auf dem großen Platz zu unserem Glauben bekennen. Das zumindest verspricht er Cortés immer wieder. Doch bis Ostern sind es noch rund zwei Monate, als Montezuma unseren Herrn zu einer eiligen Besprechung herbeirufen lässt.

»Das ist Coquatzin, der Fürst von Tollocan«, sagt Montezuma ohne Umschweife, kaum dass Cortés eingetreten ist. Er deutet auf einen würdevoll aussehenden Indianer mittleren Alters, der einen golden bestickten Umhang aus weißem Hirschleder trägt. »Coquatzin hat mir soeben von einer Verschwörung berichtet«, fährt Montezuma fort. »König Cacama hat die Fürsten der größeren Städte an den Seeufern dazu angestiftet, mich zu stürzen! Sie wollen an meiner Stelle einen neuen Herrscher einsetzen – und dann Euch, Don Hernando, und Eure Männer ermorden! Auch Coquatzin wollte sich an dem Komplott anfangs beteiligen«, fährt er mit einem düsteren Seitenblick zu unserem Besucher fort. »Zu sechst trafen sie sich in einem von Cacamas Landhäusern und wurden sich anscheinend rasch einig. Nur gefiel es Coquatzin nicht, dass Cacama auch noch den Thron von Tenochtitlan an sich reißen will – mein ungetreuer Neffe Cacama!«, ruft Montezuma aus. »Nur durch mich ist er zum König von Texcoco aufgestiegen und so dankt er es mir!«

Mit Cortés sind seine drei Vertrauten herbeigeeilt. Unser Herr winkt sie ein paar Schritte beiseite und bedeutet auch mir, mich zu ihnen zu gesellen.

»Nun, du hattest offenbar nicht ganz unrecht«, sagt er zu mir. »Auch wenn anscheinend nicht sein Bruder, sondern sein ungetreuer Neffe dahintersteckt. Aber wie auch immer – wir werden

den Spieß einfach umdrehen und eine Entscheidung erzwingen, die längst überfällig ist.«

Alvarado sieht ihn verständnislos an. »Eine Entscheidung erzwingen?«, wiederholt er. »Wie stellst du dir das vor?«

»Das wird sich zeigen«, antwortet Cortés. »Jetzt wisst ihr jedenfalls, was auf uns zukommt.«

Mit raschen Schritten kehrt er zu Montezuma und Coquatzin zurück, die in feindseliges Schweigen versunken sind. »Edler Freund«, sagt er zu Montezuma, »Euer Neffe Cacama hat ein todeswürdiges Verbrechen begangen! Ihr müsst ihn angemessen bestrafen, damit er so etwas nie wieder wagt! Greift Texcoco an! Ich verspreche Euch, ich werde mit meinen Männern an Eurer Seite kämpfen.«

Montezuma sieht Cortés entgeistert an. »Texcoco angreifen? Das ist vollkommen unmöglich!«, ruft er aus. »Texcoco ist der Hort unserer Kultur. Jedermann bewundert und verehrt die Texcoca für ihre Dichtkunst, Weisheit und verfeinerte Lebensart. Wer es wagt, Texcoco anzugreifen, macht sich damit selbst zum verachteten Außenseiter, dem jeder ins Gesicht spucken darf!«

Portocarrero verdreht die Augen. Er will eben anfangen loszupoltern, als ihn Cortés mit einer Handbewegung zum Schweigen bringt.

»Ihr habt recht, edler Freund«, lenkt er ein. »Einen Angriff auf die Wiege Eurer Zivilisation sollten wir möglichst vermeiden. Aber das lässt sich nur dann bewerkstelligen, wenn uns Fürst Coquatzin alles offenbart, was er über die Verschwörung weiß.«

Der Herrscher von Tollocan schaut Cortés unsicher an. »Ich habe Euch alles gesagt!«, beteuert er.

»Das ist wahr – jedenfalls im Großen und Ganzen«, stimmt ihm unser Herr zu. »Nur eines habt Ihr noch nicht erwähnt, sicher bloß aus Vergesslichkeit. An welchem Ort und zu welcher Stunde soll die nächste Zusammenkunft der Verschwörer stattfinden?«

Von Coquatzins Gesicht kann ich ablesen, was in ihm vorgeht. Natürlich hat auch er von der grausamen Strafe gehört, die jene fünfzehn aztekischen Offiziere erleiden mussten – für ein ungleich kleineres Vergehen! Einen Moment lang starrt er noch vor sich auf den Boden. »In drei Tagen«, sagt er dann, »in demselben Landhaus wie beim ersten Mal.«

Cortés kniet vor Coquatzin nieder und beugt seinen Oberkörper vor, als wollte er den Boden küssen. Überrumpelt wirft sich der Fürst von Tollocan gleichfalls zu Boden.

»Ich danke Euch von Herzen, Don Coquatzin, für Eure Treue zu König Montezuma«, sagt Cortés. »Geht in drei Tagen wie vereinbart zu dem Treffen der Verschwörer und lasst Euch nichts anmerken! Ich versichere Euch, dass Euch nichts Arges geschehen wird.«

Damit entlässt er den Fürsten von Tollocan und kurz darauf ziehen auch er selbst und seine drei Vertrauten sich zurück. Mir schärft Cortés vorher noch ein, dass ich Montezuma in den nächsten Tagen nicht aus den Augen lassen soll. »Falls er irgendwelche ungewöhnlichen Besucher empfängt, gib mir sofort Bescheid!«

Ich verspreche ihm, alles auszuführen, wie er es wünscht. »Wie werdet Ihr nun vorgehen, Herr?«, frage ich.

Cortés wendet sich ab und geht zur Tür. »Was du nicht weißt«, sagt er über die Schulter zu mir, »kannst du auch nicht versehentlich ausplaudern!«

~ 7 ~

Was genau sich am 12. Januar im 1520. Jahr des Herrn in jenem Landhaus abgespielt hat, weiß ich nicht – und bei Gott, ich will es auch nicht wissen. Weder Cortés, der die »Aktion« persönlich leitete, noch Tapia oder Alvarado wollten anschließend darüber sprechen. Ihre Männer hatten sie zu eisernem Schweigen verpflichtet und selbst Diego brachte so gut wie nichts aus ihnen heraus. Dabei fragte er jeden, der dabei war, ob das Landhaus bewacht gewesen sei und ob die Verschwörer sich gewehrt oder sofort die Waffen gestreckt hätten.

Als die königlichen Gefangenen hier im Palast eintrafen, waren sie jedenfalls in einem elenden Zustand. Von ihren kostbaren Gewändern waren nur ein paar Fetzen übrig. Ihre Gesichter waren grau, ihre Augen fast so starr wie Glasmurmeln. Sie schleppten sich mühsam voran, so als ob jedes bisschen Lebenskraft aus ihnen herausgeprügelt worden wäre.

Der Herrscher von Itzapalapa – dem Fürstentum am Südufer, dessen Bauwerke teilweise auf Pfählen stehen – kroch auf allen vieren aus seiner Sänfte und die Treppe hinauf. Der Fürst von Coyoacan – eines der bezaubernden Städtchen, an denen wir bei unserem Einmarsch nach Tenochtitlan staunend vorbeigezogen sind – verzerrte bei jedem Atemzug schmerzlich das Gesicht. König Cacama hatten sie gar nicht erst mitgebracht: Er war mit Alvarado »weitergereist«, um ihm »die Goldvorräte von Texcoco zu übergeben«. Das erklärte mir jedenfalls Tapia, um im nächsten Atemzug hinzuzufügen: »Bitte frage mich nichts, mein Retter! Cacamas Bruder Conacochtzin wird der neue König von Texcoco. Er und die anderen werden tun, was man von ihnen erwartet. Dafür dürfen sie weiterleben und weiterhin Fürsten spielen.«

Doch vorerst durften sie nicht einmal so tun, als ob sie noch die Herrscher ihrer Völker und Städte wären. Cortés ließ sie, mit Ketten und Eisenbändern gefesselt, in den Thronsaal bringen. Er selbst sah furchterregend aus, sein Gesicht noch verzerrt und mit kaltem Schweiß bedeckt, seine Hände mit Blut bespritzt. »Morgen Abend«, sagte er zu Montezuma, »werden diese Herrscher mir den Vasalleneid leisten. Und Ihr werdet mit gutem Beispiel vorangehen, mein brüderlicher Freund.«

Ich war dabei, und ich sah, wie sich Montezumas Augen mit Tränen füllten.

Es geht zu Ende!, durchzuckte es mich und ein heftiges Schwindelgefühl erfasste mich, dabei verstand ich nicht im Mindesten, was diese Vorahnung eigentlich besagte. Dass wir endlich den Sieg errungen hatten – oder dass die Ereignisse in jenem Landhaus unsere endgültige Niederlage bedeuteten.

Am Tag darauf stakste jedenfalls Notar Gutierrez zur anberaumten Stunde in den Thronsaal, das *Requerimiento* unter dem Arm. Cuitláhuac war gleichfalls zugegen, ebenso wie Dutzende weiterer hochgestellter Ratgeber und Offiziere aus Tenochtitlan und aus den anderen Königshäusern. Außerdem hatte unser Herr natürlich alle Hauptleute herbeibefohlen, seine Vertrauten, den »Würdevollen« und den »Narbigen«, die beiden Franciscos und alle anderen. Nur der »Tollkühne« fehlte – er war als Stadtkommandant in Vera Cruz geblieben. Cortés' treuer Gefolgsmann Juan de Escalante war in jenem Kampf gegen die aztekische Garnison schwer verletzt worden und wenige Tage später gestorben.

Montezuma weinte aufs Neue, als Gutierrez die entscheidende Passage aus dem *Requerimiento* vortrug. Dabei schaute der Notar so verdrießlich wie immer drein, weil es wieder einmal keine Sitzgelegenheit für seine knochigen Gliedmaßen gab und weil er voraussah, dass sich die Vereidigung von sieben indianischen Fürsten elend lang hinziehen würde. Zumal Marina wiederum übersetzen musste und vier der künftigen Vasallen mehr tot als lebendig schienen. Während der fünfte hemmungslos weinte und selbst Conacochtzin, der neue König von Texcoco, sichtlich um Fassung rang.

»Hiermit erklären wir, die Herrscher von Tenochtitlan, Texcoco und Tlacopan, Tollocan und Itzapalapa, Matalcingo und Coyoacan, dass wir uns Seiner Majestät, König Karl I. von Spanien, als Vasallen unterwerfen und der spanischen Krone für alle Zeiten Tribut und Gehorsam schulden.«

Marina übersetzte und Montezuma schluchzte noch lauter und verbarg sein Gesicht in den Händen. Unser Herr aber saß neben ihm auf dem Thron, das aufgeschraubte Tintenfass in der Hand. »Taucht Eure Fingerspitze hier hinein, mein edler Bruder«, sagte er sanft, »und drückt sie dann auf das Dokument. Das ist alles – und Ihr werdet sehen, danach fühlt Ihr Euch leicht und frei.«

Wie Montezuma sich anschließend fühlte, weiß ich nicht zu sagen – sein Herz war vor Schmerz so verkrampft, dass ich es nicht zu ergründen vermochte. Doch er tunkte seinen Finger fügsam in die Tinte und drückte ihn dann auf das *Requerimiento.* Und mit einiger Mühe, unter Tränen und Ächzen machten es ihm die anderen Könige nach.

Kurz darauf feuerten unsere Artilleristen die Kanonen ab – sieben donnernde Salutschüsse zum Lob Gottes, unseres Königs und unseres siegreichen Anführers Cortés. Ich stand an einem der großen Fenster des Thronsaals und da erfasste mich aufs Neue jenes Schwindelgefühl. Ich schaute hinaus und erblickte eine der großen Steinkugeln, die aus unseren Kanonen abgefeuert worden waren. Sie flog zum Himmel empor und stand einen atemberaubenden Augenblick lang so groß und strahlend am Firmament wie die Sonne selbst. Doch nur einen Wimpernschlag darauf wurde sie vom Sog der Schwere erfasst und stürzte zur Erde zurück.

Es geht zu Ende!, dachte ich wieder, noch ganz benommen von meiner Vision.

~ 8 ~

Nun, es sollte noch länger als einen Wimpernschlag dauern, bis auch uns jener Sog ergriff. Fast vier Monate sind vergangen, seit Montezuma und die anderen Fürsten unserem Herrn den Treueeid schworen – doch im Rückblick erscheint mir auch diese Zeitspanne unwirklich kurz. Als hätten sich das Rieseln der Körner in der Sanduhr, der Wechsel von Tag und Nacht, die Drehungen der Gestirne am Himmel irrsinnig beschleunigt, seit wir am höchsten Punkt unseres Triumphs für einen Moment wie schwerelos schwebten.

Während ich diese Sätze aufs Papier werfe, bin ich gefangen in der Pagenkammer unseres Palastes, und einer jener »Raufbolde« steht als Wache vor meiner Tür! Cortés ist fort und mit ihm der größte Teil unserer Männer! Auch Diego ist mit unserem Herrn davongezogen, und Alvarado soll als Cortés' Statthalter hier die Stellung halten. Doch der »Durchtriebene« ist drauf und dran, uns alle ins Verderben zu reißen! Aus Angst, gewiss nur aus Angst, dass die Azteken uns abschlachten werden, wenn er ihnen nicht zuvorkommt. Seit Tagen sehen wir ihnen dabei zu, wie sie draußen auf dem Platz unzählige Pfähle aufrichten. Die Trommeln grollen und donnern bei Tag und bei Nacht. Oben auf der großen Pyramide haben sie gleichfalls einen Pfahl aufgestellt. Xicotencatl, der Anführer unserer tlaxcaltekischen Verbündeten, schwört Stein und Bein, dass sie Alvarado an diesen Pfahl gebunden opfern wollen – morgen Abend, als Höhepunkt ihrer teuflischen Zeremonie!

Aber der Reihe nach, immer der Reihe nach! Ich habe nur noch einen kleinen Vorrat an Schreibpapier und Tinte, und ich will ihn nutzen, um möglichst klar und knapp zu berichten, was seit jenen Salutschüssen geschehen ist. Zunächst sah wirklich noch alles so aus, als wären wir zumindest mit einem Fuß schon im Ziel. Wir waren nach Tenochtitlan gekommen, um unserem König das Reich der Azteken tributpflichtig zu machen und Montezuma zu unserem Glauben zu bekehren. Das eine Ziel hatten wir schon erreicht, wenngleich mit Zwang und Gewalt, und das zweite schien gleichfalls zum Greifen nah: Schließlich hatte Montezuma mehrfach beteuert, dass er sich an Ostern vor aller Augen taufen lassen wollte. Und überdies hatten wir mehr Gold an uns gebracht, als alle abendländischen Könige zusammen ihr Eigen nennen.

Wenige Tage nachdem Montezuma den Vasalleneid geleistet hatte, forderte ihn unser Herr auf, eine Sondersteuer zu erheben. Schließlich müsse er seine Vasallenpflicht gegenüber unserem König erfüllen. »Am besten erhebt Ihr die Tributsteuer gleich in

Gold, mein brüderlicher Freund«, schlug er vor – und Montezuma stimmte nach kurzem Zögern zu. Noch am selben Tag wurden Eintreiber in Marsch gesetzt, um die Goldvorräte herbeizuschaffen, die bei den im Land verstreuten Goldminen gelagert wurden. Unser Herr schickte jeweils zwanzig unserer Männer mit, angeführt von einem unserer Hauptleute, die herausfinden sollten, wie viel Gold die Minen enthalten.

»Auch hier in der Stadt gibt es doch sicher noch weitere Schatzkammern?«, fragte er kurz darauf Montezuma.

Ein schmerzlicher Ausdruck flog über das Gesicht des Aztekenherrschers. »Hat Cacama Euch nicht schon die unermesslichen Schätze von Texcoco übergeben?«, gab er zurück und bemühte sich um einen scherzhaften Unterton. »Habe ich Euch nicht die goldenen Bildnisse aus jenem vermauerten Tempelraum geschenkt? Sind nicht unsere Gesandten unterwegs, um die Goldlager im ganzen Land für Euch zu leeren? Euer Goldhunger ist unstillbar, Don Hernando!«

»Mir persönlich bedeutet materieller Reichtum überhaupt nichts«, behauptete unser Herr. »Ich führe nur die Befehle meines Königs aus. Außerdem verlangen meine Hauptleute ihren Anteil. Ihr wisst, wie aufbrausend sie sein können, mein Freund. Und unglücklicherweise sind sie nicht bereit, sich zu gedulden, bis Eure Eintreiber aus den Goldminen zurückkehren.«

Während er das sagte, trat jenes fiebrige Glitzern in seine Augen. Vielleicht sah auch Cortés in diesem Moment wieder vor sich, wie Alvarado mit einer ganzen Kolonne schwer bepackter Träger aus Texcoco zurückgekehrt war. Jeder Träger hatte eine Rückentrage geschleppt, die bis zum Rand mit Goldklumpen, goldenen Bildnissen und Schmuckstücken gefüllt war. Den gestürzten König Cacama hatte Alvarado an einem Strick hinter sich hergeführt, der an einem Halseisen befestigt war.

Auch den Goldschatz von Texcoco ließ Cortés in den großen Saal neben seinen Gemächern bringen. Dort ist mittlerweile so viel Gold aufgehäuft, dass man sich nur noch auf schmalen Pfaden zwischen den gestapelten Platten und Tellern und den Bildsäulen voranbewegen kann, die wie gefällte Baumstämme übereinanderliegen.

Montezuma stieß einen Seufzer aus. »Also wieder Eure Hauptleute, Don Hernando?«, rief er und zwang sich zu einem ergebenen Lächeln. »Warum seht Ihr Euch nicht einmal meinen Tiergarten an? Im Haus der Vögel werdet Ihr finden, wonach sie so unersättlich gieren.«

9

Nur ein paar Tage nach jener Unterredung suchten wir den Tiergarten auf. Er lag in einem der Außenbezirke von Tenochtitlan und die ganze Anlage war von bewundernswerter Schönheit: Der weitläufige Park mit seinen künstlich angelegten Bächen und kleinen Seen. Die Jaguare und Ozelots in ihren geräumigen Bambuskäfigen. Die Schlangenhäuser und selbst die Alligatorsümpfe, die von einer hohen Mauer umschlossen waren.

Durch schmale Sehschlitze konnte man in das düstere Reich der Panzerechsen hinüberspähen. Meist lagen diese Ungeheuer nur reglos wie Treibholz im dampfenden Schlamm, und doch sahen sie so gefährlich aus, dass vielleicht sogar den Jaguaren vor ihnen graute.

Die grellen Angst- und Alarmschreie der Vögel klingen mir noch immer in den Ohren. Ebenso das Fauchen der Raubkatzen, die Rufe der Affen – und das albtraumhafte Röcheln und Winseln aus jenem Bauwerk hinter den Alligatorsümpfen. Unter dem Kommando von Tapia brachen unsere Männer das Haus der Vögel auf. Seine Wände bestanden aus Bambusgittern und es bot Scharen von Papageien und Quetzal-Vögeln sowie Hunderten Kolibris Platz.

Montezuma hatte nicht erwähnt, wo genau der Goldschatz versteckt war. Doch Tapia befahl unseren tlaxcaltekischen Sklaven aufs Geratewohl, den Boden unter dem Kolibrigehege aufzuhacken, und nach kurzer Zeit kam eine reich verzierte Steinplatte zum Vorschein. Darunter befand sich eine sorgsam gemauerte Kammer, ungefähr fünf auf fünf Schritte groß und etwa ebenso hoch. Sie enthielt keinerlei Götzenbildnisse, Kunstwerke oder Schmuckstücke, doch sie war bis zum Rand mit Goldbarren und Säcken voller Goldstaub gefüllt.

Cortés kauerte am Rand des Erdlochs, sein Gesicht war verzerrt und in seinen Augen war jener fiebrige Glanz. Er schien nicht einmal zu bemerken, dass er die Säume seines Umhangs mit Vogelkot verschmutzte. Ich überlegte, wie ich ihn von dort weglocken konnte, ehe das Goldfieber noch mehr Gewalt über ihn bekam. Zu sehen, wie er dort im Dreck kniete und gierig in die Schatzhöhle hinabspähte, während Hunderte Vögel kreischend zwischen den zerbrochenen Gitterwänden umherstoben, tat mir richtiggehend weh.

»Habt Ihr einen Augenblick Zeit, Herr?«, fragte ich schließlich und kauerte mich neben ihn. »Mir ist etwas aufgefallen, das ich Euch zeigen möchte.«

Erstaunt schaute er mich an. Doch nachdem er noch einige Anweisungen erteilt hatte, gelang es mir, ihn von der Schatzhöhle fortzulocken. »Pass nur auf, Cristóbal, dass kein Krümel in irgendwelchen Taschen verschwindet!«, rief er Tapia noch zu. »Du bist mir persönlich verantwortlich dafür!«

Der »Würdevolle« salutierte. »Seid unbesorgt, Kapitän-General!«, antwortete er. »Ich passe auf wie ein Adler.«

Mir war ziemlich mulmig zumute, als ich Cortés zwischen dem Jaguarkäfig und dem Schlangenhaus hindurch zu den Alligatorsümpfen führte. »Das Bauwerk dort hinten«, sagte ich und zeigte auf den unscheinbaren Flachbau. »Vorhin, als ich mir die Alligatoren angesehen habe, hörte ich von dort ein sonderbares Gewinsel. Ich fragte einen der Wächter, aber der sagte nur, dass dort ›lebendiges Futter‹ gelagert würde.«

Cortés sah mich argwöhnisch an. »Und jetzt glaubst du, dass dort Menschen eingesperrt sind?« Offenbar versuchte er herauszufinden, worauf ich eigentlich hinauswollte – doch das wusste ich selbst nicht so genau.

Ich zuckte mit den Schultern. »Dieses Gewinsel – es klang nicht nach Ratten, Mäusen oder was immer sie hier unter ›lebendigem Tierfutter‹ verstehen. Es klang wie …« Ich unterbrach mich mitten im Satz. »Da ist es wieder – hört Ihr?«

Warum habe ich Cortés gerade zu dieser grässlichen Stätte geführt?, frage ich mich nun zum wiederholten Mal. Aus Mitleid mit den dort eingekerkerten Kreaturen? Das sicherlich auch. Aber ich würde mich selbst belügen, wollte ich behaupten, dass ich hauptsächlich aus Mitgefühl handelte. Irgendwie hat es wohl auch – oder sogar vor allem – mit Leonel zu tun. Mit meinem vom Glück begünstigten Bruder, der sich, als wir beide noch Kinder waren, in der Nachbarschaft einen Vertrauten suchte – nicht anders, als Montezuma unserem Herrn seine brüderliche Liebe geschenkt hat!

Wie dem auch sein mag: Tief in mir spürte ich jedenfalls ein altvertrautes eifersüchtiges Brennen – obwohl ich ja wusste, dass Cortés seine brüderliche Zuneigung zu Montezuma nur aus Berechnung vortäuschte. Ein Teil von mir konnte es einfach nicht ertragen, dass diese beiden sich scheinbar so gut verstanden – weil ihr Bündnis auf Kosten eines Dritten ging, des wahren Bruders! Dieser ausgebootete Dritte war in fernen Kindertagen ich selbst gewesen – hier und heute aber ist es Montezumas Bruder Cuitláhuac, der grimmige Heereskommandeur.

Was für ein Wahnsinn!, denke ich jetzt, nachdem ich diese letzten Sätze noch einmal gelesen habe. Cuitláhuac ist unser ärgster, gefährlichster Gegner – aber irgendetwas tief in mir fühlte dennoch mit ihm! Mit ihm, dem zurückgesetzten Bruder, der gewiss ein weiserer, mutigerer Herrscher gewesen wäre!

Montezuma hat es nicht verdient, auf dem Thron zu sitzen!, zischte jene innere Stimme mir zu. Er hat es nicht verdient, dass

Cortés ihm seine brüderliche Freundschaft schenkt – und sei es auch nur zum Schein! Das alles gebührt einzig mir!, zischte es in mir – und wohl auch aus diesen dunklen Herzensgründen lenkte ich damals die Blicke unseres Herrn auf das »Menschentierhaus«. Ich wollte, dass er Montezuma nicht länger achtungsvoll behandelte. Ich wollte, dass er ihn schmähte und von sich stieß! Oder vielmehr – ich, sein getreuer Page, wollte all das natürlich nicht! Aber jene Stimme tief in mir wollte es umso mehr.

»Also los«, sagte Cortés, »sehen wir es uns an.«

Wir gingen um die Alligatorsümpfe herum zu dem abweisenden Bauwerk. Zwei Wächter standen vor der Tür, und Cortés befahl ihnen, den Eingang freizugeben. Sie wechselten angstvolle Blicke und liefen Hals über Kopf davon. Cortés nickte mir zu und da stieß ich die Tür auf.

Finsternis quoll uns entgegen, so dick wie die Tinte, mit der ich diese Sätze schreibe, dazu ein in der Kehle würgender Gestank. Mit bebenden Händen kramte ich in meinen Taschen. Ach, hätte ich doch nichts gefunden, womit sich ein Licht anzünden ließ! Aber wie stets hatte ich alles Nötige bei mir und schaffte es nach einigem Gezittere auch, einen Kienspan anzuzünden.

Cortés trat ein und schob mich dabei vor sich her. Zu sehen war nach wie vor so gut wie nichts. Doch ich spürte, dass irgendwo zu meiner Rechten die »Menschentiere« sein mussten.

»Da vorne – Fackeln«, sagte Cortés. »Zünde sie an!«

Ich tappte fast blindlings in die Richtung, in die er mich schob, und stieß gegen eine Fackel, die senkrecht aus dem Boden ragte. Ich zündete sie an und entdeckte weitere Fackeln, ging wie ein Schlafwandler von einer zur anderen und setzte sie in Brand.

Dann erst wandte ich mich nach rechts, wo die Grube mit den »Menschentieren« sein musste. Im Voraus schon hielt ich den Atem an, auf einen entsetzlichen Anblick gefasst. Doch was ich zu sehen bekam, war so über alle Maßen grauenvoll, dass nicht einmal die grellste Einbildung mich hätte wappnen können.

Es war der Abgrund der Hölle, nichts anderes! Ein Loch voller Schlamm, in dem sich Schlangen wanden und in dem ein Dutzend elender Kreaturen an Pfähle angebunden kauerte und lag. Augenpaare, die geblendet ins Licht blinzelten, ausgemergelte Gesichter, von Grauen, Schmerz und Verzweiflung entstellt. Knochige Hände streckten sich uns entgegen, zahnlose Münder öffneten sich und stießen jenes Winseln und schwankende Heulen aus, das ich von den Alligatorsümpfen aus gehört hatte.

»Eine Hölle auf Erden, wenn es je eine gegeben hat!«, presste Cortés zwischen den Zähnen hervor. »Viel zu lange habe ich Nachsicht geübt! Aber jetzt wird ausgemistet!«

Er winkte mir, ihm zu folgen, und stürmte davon. Niemals vorher habe ich ihn derart wütend gesehen. Er schien sogar das Gold vergessen zu haben – jedenfalls würdigte er das Haus der Vögel keines Blickes, sondern eilte geradewegs zurück zu unserem Palast. Dort stellte er jedoch nicht etwa Montezuma zur Rede, wie ich das befürchtet (und ein Teil von mir es wohl insgeheim erhofft) hatte. Vielmehr rief er Portocarrero, Alvarado, die beiden Patres und unseren Festungskommandanten Guerrero zu sich.

»Verdopple die Torwachen!«, befahl er Guerrero. »Montezuma darf den Palast nicht verlassen, bis ich es ausdrücklich erlaube.«

»Was habt Ihr vor, Kapitän-General?«, wagte Guerrero zu fragen.

Unser Herr packte ihn wortlos bei den Schultern und stieß ihn in Richtung Treppe. »Jetzt wird nicht mehr disputiert und gezögert – jetzt wird ausgemistet!«, rief er aus. Sein Gesicht war grau und verzerrt vor Wut. »Folgt mir!«, befahl er dem Dröhnenden und dem Durchtriebenen. »Nehmt dreißig Bewaffnete mit! Jeder soll einen Eisenknüppel unter seinem Gewand verbergen. Und ihr kommt auch mit!«, wies er Fray Bartolomé und den Tätowierten an.

Damit stürmte er wieder los, die Treppe hinab und zum Tor. Mich hielt er am Handgelenk fest und zog mich hinter sich her. Gewiss ahnte er, dass ich mich am liebsten davongestohlen hätte, und wahrscheinlich spürte er auch, wie aufgewühlt ich war. Aber spürte er auch, was für ein Wirbelsturm peinvoller Gefühle in mir tobte? Oh, er ist ein guter Herzensergründer, also spürte er vielleicht sogar die zermalmende Reue in meinem Innern und noch viel tiefer in mir die umherrasende Schadenfreude. Wie der erbärmlichste Verräter kam ich mir vor, und zugleich fühlte ich mich so eins mit mir selbst wie seit Langem nicht mehr.

Als wir auf den Platz hinaustraten, hatte unser Herr sich wieder in der Gewalt. »Wir gehen hinauf und auf mein Zeichen ziehen wir die Eisenstangen aus dem Gürtel und hauen die Götzenbilder in Stücke. Es hat keinen Sinn, Pater!«, schnitt er Fray Bartolomé das Wort ab. »Was Ihr einwenden wollt, weiß ich sehr wohl. Aber wir müssen den Teufel und seine Götzen aus diesem Land vertreiben – oder er wird uns doch noch besiegen, obwohl wir so kurz vor unserem Ziel sind.«

Daraufhin wagte niemand mehr, irgendetwas einzuwenden. Wir erreichten die Pyramide, teilten uns auf und stürmten auf allen vier Seiten gleichzeitig empor. Oben waren nur ungefähr ein Dutzend Götzenpriester zwischen den beiden Tempeln versammelt. Als sie uns sahen, flohen sie in die finsteren Altarräume und einer von ihnen hob vorher seine Muscheltrompete und blies hinein. Der Pfiff schallte über den weiten Platz und hallte von Pyramiden und Palästen wider.

»Schnell!«, befahl Cortés und seine Augen blitzten vor Tatendurst. Er zog seine Eisenstange unter dem Umhang hervor und stürmte damit in den rechten Tempel, der dem glotzäugigen Wettergott Tlaloc gewidmet war. Ich folgte ihm und wieder konnte ich zunächst nur ein paar Schatten unterscheiden. Doch dann sah ich, wie Cortés auf die Götzenfigur neben dem Altar zustürmte und ihr mit aller Kraft die Eisenstange auf den Kopf schlug. Es schepperte gewaltig, und die aztekischen Priester, mit ihren schwarzen Kutten unsichtbar im Dunkeln, schrien wie aus einer Kehle auf.

»Bitte, Herr«, riefen sie, »greift Tlaloc nicht an! Er wird die ganze Stadt mit Feuersbrünsten und Sturzfluten zerstören in seinem Zorn!«

Sie schrien so gellend, dass unten auf dem Platz eine Menschenmenge zusammenströmte. »Wenn Montezuma es uns befiehlt, werden wir gehorchen«, beteuerten sie, und schließlich ließ sich Cortés erweichen. Er befahl, den Herrscher herbeizuschaffen. Kaum war Montezuma eingetroffen, da begann ihn Cortés mit jählings wieder aufflammender Wut zu beschimpfen: Ein Teufelsjünger sei er, der in seinen Tempeln dem Satan Menschen opfere und in seinem Tiergarten eine Hölle auf Erden betreibe. »Diese Götzenbildnisse müssen augenblicklich gestürzt, die Tempel gesäubert und unserer Muttergottes geweiht werden!«, schrie er. »Befehlt das Euren Priestern, Montezuma – oder ich lasse Euch in Eure Tierhölle sperren!«

Montezuma erbleichte, soweit das bei einem Mann mit rotgoldener Haut möglich ist. Doch er gewann seine Fassung rasch zurück und machte einen Vorschlag, dem Cortés nach einigem Sträuben zustimmte.

»Also meinetwegen«, sagte unser Herr. »Lasst Eure Götzen wegschaffen und an einen Ort Eurer Wahl bringen – aber sofort!«

Montezuma dankte ihm sichtlich erleichtert und erteilte seinen Priestern die nötigen Befehle.

»Und erklärt ihnen außerdem, dass sie Fray Geronimo aufs Wort gehorchen müssen!«, fuhr Cortés fort. »Er ist ab sofort der oberste Priester dieser Stätte«, fügte er hinzu und sah den Tätowierten durchbohrend an.

Fray Geronimo wirkte kaum weniger unglücklich als Montezuma. Anscheinend machte die Höhenangst ihm wieder zu schaffen, jedenfalls schwitzte und schlotterte er zum Erbarmen. Aber er nickte nur ergeben und versicherte unserem Herrn, dass er die Tempel und die ganze Pyramide im Handumdrehen in eine strahlende Stätte unseres Glaubens umwandeln werde.

Sein Blick irrte zu mir herüber und wie stets nickte ich ihm flüchtig zu. Doch diesmal fasste er sich ein Herz, trat zu mir und fragte mich mit leiser Stimme: »Habe ich damals im Fieber geredet?« Ich nickte abermals. »Und hast du deinem Herrn davon berichtet?« Ich nickte zum dritten Mal und überlegte zugleich, ob ich mich bei ihm entschuldigen sollte. Da legte mir Fray Geronimo eine Hand auf die Schulter und sagte: »Verzeih mir, dass ich dich mit meinen Sünden belastet habe!«

Tränen schossen mir in die Augen – hätte nicht ich viel eher ihn, unseren Herrn und wen sonst noch alles um Vergebung bitten müssen? Doch ich kam nicht dazu, dem Tätowierten zu antworten.

Weiter hinten auf dem Pyramidenfirst stieß einer der Priester einen markerschütternden Pfiff mit seiner Muscheltrompete aus. »Feuer! Zu Hilfe!«, schrie er. »Der Tiergarten brennt!«

Die Götzenpriester begannen nun allesamt zu zetern und zu wehklagen. Sie schrien, dass sich Tlaloc und Huitzilopochtli für ihre Vertreibung aus den Tempeln grässlich rächen würden – das Feuer im Tiergarten sei schon der Anfang ihres Rachefeldzugs!

Doch Fray Geronimo befahl ihnen, die blutverkrusteten Bildsäulen unverzüglich ins Freie zu schaffen. Mit einer Vielzahl von Seilen, Holzrollen und Matten ließen sie die Götzenbilder geschickt auf den fast senkrechten Stufen hinabgleiten und brachten sie auf einem Boot über den See davon.

Das Feuer verwüstete währenddessen den Tiergarten und einige Häuser im Umkreis. Es war im Lager für lebendiges Tierfutter ausgebrochen, in dem irgendjemand leichtsinnigerweise einige Fackeln angezündet hatte. »Meine herrlichen Jaguare und sogar meine Ozelots sind elend in den Flammen umgekommen!«, erzählte Montezuma am nächsten Tag unserem Herrn.

Die »Menschentiere« erwähnten weder er noch Cortés auch nur mit einem Wort.

ZEHNTES KAPITEL

Eine Nacht so schwarz vor Schmerz

~ 1 ~

Tenochtitlan, am 15. Mai im 1520. Jahr des Herrn. Vor meinem Kerkerfenster im zweiten Obergeschoss des Palastes dämmert der Abend. Und doch schwebt die steinerne Kanonenkugel wieder hoch oben am Himmel – ich sehe sie vor mir, sowie ich meine Augen schließe. Sie sieht wirklich fast so glänzend und mächtig wie die Sonne aus – und im nächsten Moment beginnt sie zu stürzen, ein wirbelnder Steinbrocken, der beim Aufprall auf die Erde in Tausend Krumen zerstieben wird …

Draußen auf dem Platz werden unterdessen immer noch weitere Pfähle aufgerichtet – mittlerweile müssen es schon etliche Hundert sein. Es ist ein unheimlicher, höchst beunruhigender Anblick: Wozu sollen diese vielen Pfähle gut sein, wenn nicht dazu, eben so viele Opfer daran festzubinden? Und wer könnten diese Opfer sein – wenn nicht wir, die verhassten Fremden? Seit wir nach Tenochtitlan gekommen sind, hat sich den Azteken niemals eine bessere Gelegenheit geboten, uns wieder loszuwerden. Unser Herr muss mittlerweile schon weit unten im Tiefland sein, im Land der Totonaken – und mit ihm zwei Drittel unserer Männer und die Hälfte unserer tlaxcaltekischen Kämpfer!

Es ist wahr, Cortés selbst hat Montezuma schon vor Monaten erlaubt, dieses Götzenfest zu feiern – natürlich ohne Menschenopfer und ohne die Götzenbilder wieder aus ihrem Versteck hervorzuholen. Doch damals wusste er ja noch nicht, dass er just zu dieser Zeit würde ins Tiefland marschieren müssen. Er, der sonst immer alles vorausberechnet hat – diese Katastrophe hat nicht einmal er vorhergesehen.

Aber der Reihe nach! Zunächst einmal zwang Fray Geronimo die Götzenpriester, die Große Pyramide mitsamt beiden Tempeln zu säubern und strahlend weiß zu tünchen. Jesus Mendoza zimmerte einen Altar und ein fast hundert Fuß hohes Holzkreuz. Fray Bartolomé steuerte eine anmutig lächelnde Muttergottes aus seinen scheinbar unerschöpflichen Vorräten bei. Etwa zwei Wochen nachdem die Götzen aus ihren Tempeln vertrieben worden waren, weihten unsere Patres die Marienkapelle auf der Pyramide mit einer Heiligen Messe ein. Am selben Tag erneuerte Montezuma sein Versprechen, sich zu Ostern taufen zu lassen, und gelobte überdies, dass seine Priester in der ganzen Stadt fortan auf Menschenopfer verzichten würden.

Zu jener Zeit war es auch, dass ich Carlita vorschlug, sich nicht länger bei den tlaxcaltekischen Sklavinnen zu verstecken. »Montezuma kann dir nichts mehr anhaben«, flüsterte ich in unserer Hütte auf sie ein. »Unser Herr ist jetzt auch der Oberste Richter der Stadt. Wenn du zustimmst, bitte ich ihn noch heute, dich wie Marina im Palast leben zu lassen. Vor allem aber will ich, dass er dich freilässt! Du sollst nicht länger eine Sklavin sein, Carlita«, flüsterte ich in ihr Ohr. »Ich liebe dich und nichts soll uns mehr trennen dürfen!«

Sie schaute mich ernst, ja feierlich an. »Ich liebe dich auch, Orte«, sagte sie. »Aber für uns gibt es kein gemeinsames Leben – und das weißt du so gut wie ich! Ich kann außerhalb meiner Welt nicht leben – so wenig wie du!« Sie küsste mich zärtlich, und als ich später noch einmal auf meinen Vorschlag zurückkommen wollte, verschloss sie meinen Mund mit ihrer Hand. »Sprich nicht mehr davon«, sagte sie, »es tut mir zu sehr weh. Uns bleibt nicht mehr viel Zeit, Geliebter – also lass uns die Stunden, die wir noch zusammen sein können, lieber mit schönen Dingen verbringen.«

Damit fingen wir auch gleich an, und unsere Umarmungen wurden immer leidenschaftlicher, je mehr Verzweiflung sich in unsere Zärtlichkeit mischte. In den folgenden Wochen blieb um uns herum scheinbar alles still und friedlich – aber wir beide spürten, dass es zu Ende ging. Wir spürten es jedes Mal noch etwas deutlicher, wenn wir uns wieder in unserer Hütte trafen. Doch Carlita und ich sprachen nie wieder über unseren Schmerz, unsere Verzweiflung, das gemeinsame Leben, das uns nicht vergönnt ist. »Eure Herzen sind verbunden«, hatte Marina schon im Land der Totonaken zu uns gesagt. Nur unsere Umarmungen wurden immer fiebriger, unsere Küsse immer gieriger. Wir umklammerten einander, als ob wir uns so vor dem Absturz retten könnten.

Und dann Anfang März kam der Tag, an dem Montezuma unserem Herr einige bunt bemalte Leintücher zeigte. Er hatte eine ganze Truhe voll davon und er holte die Tücher eines nach dem anderen hervor und breitete sie vor Cortés aus. Seine Späher waren ausgezeichnete Maler. Sie hatten alles so genau wiedergegeben, dass wir insgesamt achtzehn Schiffe unterscheiden konnten – Karavellen und Frachtschiffe, Briggs und einige leichte Brigantinen, alle mit der spanischen Flagge geschmückt. Es war eine schreckenerregend große Flotte – in der halbmondförmig geschwungenen Bucht, in der sie vor Anker gegangen war, wimmelte es vor Schiffen, Booten und bärtigen Männern. Und bei der Bucht handelte es sich offenkundig um Puerto Deseado unten im Tiefland der Maya.

Auch die Gestalt und die Gesichtszüge des Anführers und einiger seiner Hauptleute hatten Montezumas Späher mit bewundernswerter Kunstfertigkeit wiedergegeben. »Narváez!«, presste Cortés hervor, nachdem er das Porträt des Anführers einige Zeit angestarrt hatte. »Dieser Mann heißt Pànfilo de Narváez«, wandte er sich an Montezuma. »Wann ist er eingetroffen?«

Montezuma überging seine Frage mit einer Handbewegung, als ob er Fliegen beiseitewedeln wollte. Er hatte es so eingerichtet, dass bei diesem Gespräch außer mir kein Zeuge zugegen war. »Ihr solltet lieber fragen, *warum* Narváez gekommen ist!«, sagte er und sein Gesicht nahm einen verschlagenen Ausdruck an. »Ihr habt mich getäuscht, Don Hernando, Ihr habt mich von Anfang an belogen!« Er schüttelte missbilligend den Kopf und das Kolibrigefieder auf seinem Haupt wogte hin und her. »Ihr habt behauptet, dass Ihr der Statthalter Eures Königs wäret – aber Narváez hat mir versichert, dass Ihr ein gewöhnlicher Verbrecher seid! Er ist ausgesandt worden, um Euch zu verhaften, damit Ihr zu Hause Eure gerechte Strafe erhaltet. Wenn Ihr Euch aber sträubt, so soll er Euch und jeden Eurer Männer, der ihm Widerstand leistet, an Ort und Stelle töten.«

Cortés starrte ihn an wie vom Donner gerührt. Für einen Moment hatte es ihm wahrhaftig die Sprache verschlagen. Doch schon nach kürzester Zeit hatte er sich wieder in der Gewalt.

»Er hat es Euch also versichert«, wiederholte er in jenem kalten, scheinbar gleichgültigen Tonfall. »Ihr habt hinter meinem Rücken mit Narváez verhandelt. Ihr wisst doch, dass das Verrat ist, Montezuma – Verrat an Eurem Herrn, dem König von Spanien, dem Ihr den Vasalleneid geleistet habt?«

»Dieser Eid ist ungültig, Don Hernando«, entgegnete Montezuma. »Euer König hat Euch niemals beauftragt – ja, er weiß nicht einmal, dass es Euch überhaupt gibt!« Er schüttelte wieder den Kopf und drohte unserem Herrn sogar mit dem Zeigefinger, wobei sich ein düsteres Lächeln über sein Gesicht verbreitete. »Ihr beklagt Euch, dass ich Euch nicht gleich eingeweiht habe, als ich von der Ankunft dieser schwimmenden Inseln erfuhr? Meint Ihr etwa, ich wüsste nicht, was Ihr mir alles verschwiegen habt? Ihr habt eine Ehefrau auf jener Insel Kuba – und teilt hier mit Eurer Marina das Bett! Ist das nicht Sünde nach Eurem Glauben, mein brüderlicher Freund? Und Euer tätowierter Priester, der in

Eurer Marienkapelle auf der Großen Pyramide predigt – hat er nicht jahrelang bei den Maya in Sünde gelebt? Er hat dort eine ungetaufte Frau geheiratet und mit ihr Kinder gezeugt. Unzählige Male hat er an Zeremonien teilgenommen, bei denen Eurer Ansicht nach der Teufel angebetet wird! Und nun lasst Ihr ihn in Eurer Kapelle predigen, dass ein jeder mit Höllenqualen bestraft wird, der gerade so gelebt und gesündigt hat wie er selbst? Wie könnt Ihr erwarten, Don Hernando, dass ich einen Gott verehre, dessen Botschaft von Lügnern und Betrügern verkündet wird?«

Cortés erhob sich vom Thron und begann, im Saal auf und ab zu gehen. Sein Gesicht war grau und von kalter Wut verzerrt. »Seid Ihr fertig mit Eurer Aufzählung von Irrtümern und Verdrehungen?«, fragte er und blieb vor Montezuma stehen, die Brust gewölbt und das Kinn hervorgereckt.

»Noch nicht ganz.« Der Aztekenherrscher richtete seine Augen auf mich. »Auch du warst nicht ehrlich zu mir, aber ich vergebe dir, Orteguilla«, sagte er. »Du hast nur getan, was dein Herr dir befohlen hat. Obwohl es mich kränkt, dass auch du mich für dumm und blind zu halten scheinst: Natürlich weiß ich seit Langem, dass du eine kleine Geliebte hast, die sich als tlaxcaltekische Sklavin ausgibt – und dass es in Wirklichkeit das Mädchen Carapitzli ist, das damals zu den Ringelblumen-Verschwörerinnen gehörte! Anfangs glaubte ich«, wandte er sich wieder an Cortés, »dass Ihr den alten Xochiquetal-Kult wiederbeleben und die Kleine als Hohepriesterin einsetzen wolltet. Aber auch dass Ihr der wiedergekehrte Quetzalcoatl wäret, stellte sich schließlich als Lüge heraus – und so ist von all Eurer scheinbaren Herrlichkeit nicht viel übrig geblieben, mein falscher Bruder. Meine Zauberer vermochten gegen Euch nichts auszurichten, und Eure Waffen sind den unseren überlegen, aber das ist auch schon alles. Wenn euresgleichen letzten Endes den Sieg davontragen sollten, dann allein aus diesem Grund: weil ihr im Morden besser seid als wir.«

Montezuma erhob sich gleichfalls vom Thron seines Vaters, legte seine Hände wie zum Gebet aufeinander und streckte sie Cortés entgegen. »Und nun schlagt mich in Fesseln oder tötet mich oder was immer Ihr glaubt, mit mir beginnen zu müssen. An Eurem Schicksal wird es nichts mehr ändern, mein falscher Bruder – Narváez ist mit Tausend Bewaffneten auf dem Weg hierher.«

~ 2 ~

Nach diesen schockierenden Eröffnungen beriet sich Cortés lange mit seinen Vertrauten und einigen weiteren Hauptleuten aus seinem engeren Kreis. Sie beschlossen, als Erstes einen zuverlässigen Kundschafter ins Tiefland zu schicken, um herauszufinden, was dort unten tatsächlich vorging. Tapia wurde ausgewählt und der »Würdevolle« legte die ganze Strecke bis Vera Cruz in dreieinhalb Tagen zurück. Tagsüber marschierte er, nachts ließ er sich in einer Hängematte von tlaxcaltekischen Dienern tragen. Als er nach neun Tagen wieder in Tenochtitlan eintraf, war er so erschöpft, dass er nur gerade noch Bericht erstatten konnte, ehe er für zwei Tage und Nächte im Schlaf versank.

Was er in Erfahrung gebracht hatte, war so beunruhigend, dass bei uns niemand mehr an Schlaf auch nur denken konnte. Narváez hatte sich tatsächlich mit seinem gewaltigen Heer in Bewegung gesetzt und näherte sich von Süden her dem Land der Totonaken. Als Tapia in Vera Cruz eingetroffen war, hatte Sandoval erst wenige Tage vorher durch totonakische Späher von der Ankunft der Flotte erfahren, die Gouverneur Velazquez ausgesandt hatte. Narváez' Streitmacht war offenbar bestens ausgerüstet – mit zahlreichen Feldgeschützen, wenigstens dreißig Pferden und einer ganzen Garnison von Armbrustschützen.

Sie beratschlagten lange, was sie gegen Narváez unternehmen könnten. »Wir müssen uns irgendwie mit ihm verständigen«, sagte Alvarado – und ich erschrak, als ich die Angst in seinem

Gesicht sah. Niemals hätte ich es für möglich gehalten, dass der »Durchtriebene« sich so kleinmütig zeigen könnte. Und doch war es so, das spürte ich – und er war keineswegs der Einzige, der den Mut verlor.

»Ich kenne Narváez«, sagte unser Herr. »Die einzige Sprache, die er versteht, ist das Schwert.« Er saß auf dem Thron, das Kinn vorgereckt. Auf Marinas Rat hin hatte er den Aztekenherrscher nicht bei den anderen Vasallenfürsten im Palastkeller eingekerkert, sondern in Montezumas Privatgemächern im dritten Obergeschoss gefangen gesetzt. Doch er hatte angeordnet, dass Montezumas Diener und Ratgeber nicht mehr zu ihm vorgelassen werden durften, so wenig wie seine Priester und Offiziere – vor allem nicht sein Bruder Cuitláhuac. »Und ich kenne auch einige von Pànfilos sogenannten Hauptleuten«, fuhr er fort. »Diese Männer haben wenig Kampferfahrung und sehr viel Hunger auf Gold.«

Er befahl, ein Pferd mit Säcken voll kleiner Goldstücke zu beladen und vier Bataillone von jeweils fünfzig Mann zusammenzustellen. Auch zwei Kanonen und die Hälfte unserer tlaxcaltekischen Verbündeten würde er mitnehmen. Außerdem würde er einen Boten nach Vera Cruz schicken, damit Sandoval mit seinen waffenfähigen Männern fünfundzwanzig Meilen vor Cempoallan zu ihm stieß.

Unter dem Kommando von Alvarado sollten die restlichen knapp Hundert unserer Männer hier im Palast bleiben und unsere Stellung verteidigen. »Mit einem Keller voll königlicher Faustpfänder müsstest sogar du das schaffen, Pedro«, scherzte unser Herr. »Aber schau nicht so düster, sonst untergräbst du die Moral. Sieh dir nur Orteguilla an!«, fügte er hinzu und zeigte anklagend auf mich. »Er macht ein Gesicht, als ob gleich die Sonne vom Himmel fallen würde!«

Er trat zu mir und ergriff mein Handgelenk. »Sage uns, du Ergründer der Herzen«, befahl er mir, »wird es mir gelingen, Narváez zu besiegen – auch wenn er viermal so viele Soldaten unter Waffen hat wie ich?«

Ich reckte mein Kinn vor und starrte durch ihn hindurch. »Ihr werdet ihn besiegen, Herr«, antwortete ich. Aber was danach kommt, könnt auch Ihr nicht abwenden, setzte ich in Gedanken hinzu.

Unser Herr ließ mein Handgelenk los. »Du bleibst hier bei Alvarado!«, befahl er mir. »Kümmere dich um Montezuma, achte darauf, dass er keinerlei Boten aussendet oder empfängt!« Er legte mir seinen Arm um die Schultern und zog mich ein paar Schritte beiseite. »Und pass auf«, fügt er mit gedämpfter Stimme hinzu, »dass Don Pedro nichts Unbedachtes anstellt!«

Ich schluckte und nickte. Wie um Himmels willen sollte ich den »Durchtriebenen« daran hindern zu tun, wonach ihm gerade der Sinn stand? »Ja, Herr«, murmelte ich, »ich werde alles so ausführen, wie Ihr es wünscht.«

Am 3. Mai brach unser Herr mit seiner Streitmacht auf. Sie zogen über den breiten Dammweg in Richtung Süden und vom First der Großen Pyramide aus sah ich den lang gezogenen Heerwurm noch bis zur Höhe von Coyoacan in der Sonne schimmern. Dann verlor ich sie aus den Augen – Cortés und Fray Bartolomé, Diego, den »Würdevollen« und viele andere, die mir trotz allem ans Herz gewachsen waren. Auch Marina zog mit ihnen fort, ebenso die beiden Franciscos, die unser Herr gegen Alvarados Rat eingeweiht hatte: Gerade weil sie Velazquez so lange die Treue gehalten hatten, würde es Narváez' Männer beeindrucken, dass Morla und Montejo nun fest auf seiner Seite standen. Das hatte zumindest Cortés verkündet, und wie jedes seiner Worte hatte es mich mit Zuversicht erfüllt, solange unser Herr noch bei uns war. Doch kaum war er aus der Stadt, da begann auch in mir die Angst emporzukriechen.

Fast zwei Wochen sind seitdem vergangen und Alvarado hat noch immer keine Nachricht von Cortés. Zumindest hat er das noch gestern Mittag behauptet, als wir alle beim Essen beisammensaßen. Da fragte ich ihn, ob er Neuigkeiten von der Küste habe, und Alvarado schüttelte den Kopf und starrte dann nur noch schweigend vor sich auf den Tisch.

Wie seit Tagen dröhnten die Trommeln vom Platz zu uns herein. Dazu die Axt- und Hammerschläge, mit denen sie da draußen die Pfähle anspitzten und in kreisrunde Aussparungen im Boden trieben. Auch auf der Pyramide hatten die Götzenpriester mit ihren Muscheltrompeten wieder das Regiment übernommen. Schon vor Wochen hatte Montezuma unseren Herrn gefragt, ob sie für das große Huitzilopochtli-Fest das Bildnis ihres wilden Kriegsgötzen noch einmal auf der Pyramide aufstellen dürften – nur für diesen einen Tag. Doch Cortés hatte abgelehnt und Montezuma überdies daran erinnert, dass er keinerlei Menschenopfer dulden werde.

»Vielleicht habt Ihr ja doch Nachricht von unserem Herrn, Don Pedro«, beharrte ich unklugerweise, »und wollt uns nur nicht beunruhigen?«

Alvarado hob ruckartig seinen Kopf und starrte mich an. In seinem Gesicht konnte ich keine Spur seiner alten Verschlagenheit mehr entdecken, nur noch dumpfe Angst und dunklen Zorn. »Du bezichtigst mich der Lüge, Junge?«, fuhr er mich an. »Wärst du ein Mann, ich würde dir mit dem Schwert dein Schandmaul stopfen!«

Alle starrten mich an. Was sollte ich nur tun? Cortés hatte mir befohlen, auf Alvarado mäßigend einzuwirken – und ich spürte nur zu genau, dass der »Durchtriebene« drauf und dran war, etwas ganz und gar Unbedachtes zu tun. Also konnte ich auch nicht einfach klein beigeben – selbst auf die Gefahr hin, dass er mich beschimpfen oder sogar zu Boden schlagen würde.

»Ich weiß so gut wie alle hier«, lenkte ich scheinbar ein, »dass Ihr nur versucht, Eure Pflicht zu erfüllen, Don Pedro. Aber ich weiß auch, dass es die vornehmste Pflicht eines Anführers ist, gerade in bedrängter Lage kaltblütig zu bleiben. Und darum bitte ich Euch von Herzen: Was auch immer Eure Angst Euch einflüstern mag – glaubt ihr kein Wort! Lasst Euch zu keinem Angriff hinreißen, der uns …«

Weiter kam ich nicht. Alvarado sprang auf und war mit wenigen Schritten bei mir. Er packte mich beim Handgelenk und zog mich hinaus auf den Flur. Zwei seiner Männer folgten uns. Einer von ihnen versetzte der Saaltür einen Tritt, dass sie krachend zuflog.

»Hör mir zu, Orteguilla!«, sagte Alvarado und sein Kinn und seine Wangen bebten. »Ich weiß, dass Cortés deine Ratschläge schätzt, aber darauf kommt es jetzt nicht an! Es steht vollkommen fest, dass die Teufelsjünger da draußen den Plan gefasst haben, uns alle ihren Satansgötzen zu opfern! Morgen Abend wollen sie ihr Götzenbild wieder auf die Pyramide schaffen – und das soll das Zeichen für ihre Krieger sein, unseren Palast anzuzünden und uns zu überwältigen, wenn wir ins Freie getaumelt kommen! Mich wollen sie an den Pfahl oben auf der Pyramide binden und alle anderen an die Pfähle auf dem Platz. Und dann wollen sie uns bei lebendigem Leib die Herzen aus der Brust reißen, einem nach dem anderen, bis keiner von uns mehr am Leben ist!«

Ich versuchte, mein Handgelenk freizubekommen, aber Alvarado hielt mich eisern fest. »Woher wollt Ihr das so genau wissen?«, fragte ich. »Doch nicht von den Tlaxcalteken?«

Unsere indianischen Verbündeten verbreiteten seit Tagen die wildesten Gerüchte, das wusste ich von Carlita. Seit Cortés davongezogen war, glaubten sie immer weniger, dass sie jemals wieder lebend aus der Stadt herauskommen würden. Andauernd erzählten sie neue Schauergeschichten, und jede von ihnen lief darauf hinaus, dass die Azteken uns abschlachten wollten.

Alvarado kniff die Augen zusammen und nickte. »Xicotencatl selbst hat mir alles erzählt«, sagte er. »Und er hat mir versichert, dass sie an unserer Seite kämpfen werden, wenn wir morgen …«

»Kämpfen?«, fiel ich ihm ins Wort. »Da draußen auf dem Platz werden sich morgen Zehntausende Azteken versammeln! Was wollt Ihr gegen die ausrichten – mit Hundert Mann?«

»Hundert von uns und Tausend Tlaxcalteken«, wandte er ein, und sein Kinn zitterte noch stärker. »Wir müssen es versuchen!«, stieß er hervor. »Wir können doch nicht einfach hier sitzen und warten, bis sie kommen, um uns das Herz herauszureißen!«

»Aber wer außer Xicotencatl sagt Euch denn, dass sie wirklich vorhaben, uns zu töten?«, rief ich aus. »Wenn sie den Palast anzünden, bringen sie doch Montezuma und die anderen Könige mit um! Außerdem wisst Ihr so gut wie ich, dass Xicotencatl die Azteken hasst und auch uns nicht über den Weg traut. Vielleicht hat er diese Geschichte ja erfunden, damit Cuitláhuacs Krieger und wir uns gegenseitig niedermachen?«

Alvarado schaute mich unsicher an, und einen Moment lang schien es mir möglich, dass er sich doch noch umbesinnen würde. Doch dann stieß er mich von sich, in die Arme seiner beiden Männer. »Sperrt ihn in seine Kammer«, befahl er, »und sorgt dafür, dass die beiden Juans – ihr wisst schon, die Blutsäufer – ihn abwechselnd bewachen. Aber sie sollen ihm kein Haar krümmen, verstanden? Außer natürlich, wenn er zu fliehen versucht.«

Sie schleppten mich hier hoch und verriegelten hinter mir die Tür. Das war gestern Mittag und seitdem sitze ich hier fest und die Angst kriecht in mir immer höher. Ich starre auf den Platz hinab und beobachte, wie die Azteken ihr grausiges Fest vorbereiten. Dann wieder setze ich mich auf die Steinbank unter dem Fenster und schreibe mit fliegenden Fingern eines dieser Blätter nach dem anderen voll. Als ob ich auf diese Weise irgendetwas aufhalten könnte! Ja, als ob auch nur ein einziges meiner kostbaren Blätter den morgigen Abend überstehen könnte, falls

Xicotencatl recht hat und die Azteken wirklich unseren Palast in Brand stecken werden!

Meine letzten Gedanken aber, bevor ich an diesem Abend die Feder zur Seite lege, gelten Carlita und Cortés. Ach, meine Geliebte, wärest du jetzt bei mir! Ich hoffe so sehr, dass sie die bedrohlichen Vorzeichen rechtzeitig erkennt und sich in Sicherheit bringt. Schließlich kennt sie Geheimgänge und Verstecke, von denen außer ihr kaum jemand weiß.

Und unser Herr? Ich fühle, dass er am Leben und sogar guter Dinge ist. Er wird Narváez besiegen, und seine mächtigste Waffe werden nicht Stahlklingen oder Bleikugeln, sondern die Tränen des Sonnengottes sein.

Ich schließe meine Augen – und da erblicke ich wieder jene steinerne Kugel, die aus dem Himmel herabstürzt wie ein Unheil bringender Komet.

~ 3 ~

In der Nacht wälze ich mich auf meinem Lager, mal schlaflos grübelnd, dann wieder in bestürzenden Träumen. Draußen wummern die Trommeln, gellen die Knochenflöten. Erst in der Morgendämmerung wird es ruhiger und ich sinke in unruhigen Schlaf. Doch es ist immer noch nicht richtig hell, als ich durch heftiges Poltern schon wieder geweckt werde.

Ich fahre auf und blinzle schlaftrunken zur Tür. »Seid Ihr es, Herr?«, murmle ich, aber es ist nur einer von Alvarados Männern. Er bringt mir ein paar kalte Tortillas, einen Lederbecher und einen Krug Wasser. »Wo sind die Juans?«, frage ich ihn, noch immer nicht ganz wach. »Alvarado hat doch angeordnet, dass sie mich bewachen sollen – die Blutsäufer oder Raufbolde oder wie ihr sie nennt.«

Der Soldat schüttelt den Kopf. »Die werden nachher da draußen gebraucht«, knurrt er, schon auf dem Rückweg zur Tür. »Cortés hatte wieder mal den richtigen Riecher«, murmelt er vor sich hin. »Er hat sich rechtzeitig aus dem Staub gemacht! Dumm nur, dass er uns hier sitzen gelassen hat.«

Mit einem Satz springe ich aus meiner Hängematte und renne hinter ihm her. »Was sagst du da?«, schreie ich. »Du elender Verräter!« Ich packe ihn von hinten bei den Schultern, aber er wirbelt herum und schleudert mich zu Boden. »Wie kannst du es wagen«, stoße ich hervor, »unseren Herrn zu schmähen?«

Der Soldat zuckt mit den Schultern. »Darauf kommt es jetzt nicht mehr an«, sagt er. »Wir haben keine Lebensmittel mehr und sie werden uns wohl auch keine mehr bringen. Gerade eben haben wir ein Dutzend unserer aztekischen Diener erhängt aufgefunden – und der Rest ist spurlos verschwunden. Alvarado hat Montezuma gefragt, ob er etwas von einem geplanten Aufstand weiß, aber der verdammte Oberhäuptling hat alles abgestritten. Daraufhin hat Alvarado zwei der jungen Neffen oder Söhne, die oben bei Montezuma hausen, mitgenommen und Fray Geronimo angewiesen, sie mit der Zange zu befragen.«

»Fray Geronimo!«, wiederhole ich erschrocken.

Der Soldat verzieht angewidert sein Gesicht. »Du hast recht, der Pater ist auf diesem Gebiet ein elender Stümper – aber Fray Bartolomé ist eben mit Cortés auf und davon! Also hat Alvarado unseren Schildkrötenmann vor die Wahl gestellt: Zwacke aus den beiden Burschen die Wahrheit heraus – oder du musst zurück auf die Pyramide und die Marienkapelle gegen die Teufelspriester verteidigen!«

Er unterbricht sich und sieht argwöhnisch zu, wie ich mich vom Boden aufrappele. »Na, das Ergebnis kannst du dir sicher denken«, fährt er fort. »Die beiden Prinzen, oder was sie darstellen sollen, haben erst alles abgeleugnet – aber als die Stellen, an denen Fray Geronimo die Zange noch ansetzen konnte, allmählich knapp wurden, sind sie dann doch mit der Wahrheit herausgerückt.«

Ich trete ans Fenster und schaue auf das Herz Unserer Welt hinaus. Am liebsten würde ich mir die Ohren zuhalten oder den

Soldaten anschreien, dass er den Mund halten soll. Aber ich mache weder das eine noch das andere. Über der Stadt geht gerade die Sonne auf. Der Platz ist mit Pfählen übersät. Drüben vor der großen Pyramide entdecke ich eine gewaltige Bildsäule, die dort gestern noch nicht gestanden hat. Ist es die Huitzilopochtli-Statue, die sie damals auf Cortés' Befehl weggeschafft hatten? Stimmt es also doch, frage ich mich, was die Tlaxcalteken seit Tagen behaupten?

»Sie wollen uns überfallen, heute vor Einbruch des Abends«, sagt der Soldat in meinem Rücken. »Das Götzenfest ist die perfekte Tarnung für sie – in der Menschenmenge können sie mühelos ein paar Tausend bewaffneter Krieger verstecken!«

»Das haben Montezumas Neffen ausgesagt?«, frage ich und krümme mich innerlich zusammen. Ich habe die beiden nur ein paarmal flüchtig gesehen, aber ich weiß, dass sie kaum älter sind als ich.

»Ganz genau«, antwortet der Soldat. »Fray Geronimo selbst hat übersetzt, was sie endlich hervorgekeucht haben. Und nachdem der Schildkrötenmann mit ihnen fertig war, hat Alvarado sie vom dritten Stock auf den Platz hinabwerfen lassen.«

»Er hat was gemacht?« Ich stöhne auf und fahre herum. »Das ist Wahnsinn!«, rufe ich aus. »Alvarado zwingt sie ja förmlich dazu, uns anzugreifen! Vielleicht waren sie noch gar nicht sicher, ob sie uns wirklich überfallen sollen. Aber wenn ihr anfangt, Mitglieder der Königsfamilie zu foltern und aus den Fenstern zu werfen – was bleibt ihnen da noch anderes übrig?«

Das Gesicht des Soldaten verhärtet sich zu einer Maske aus Stein. »Wenn du einen guten Rat hören willst – halte besser deinen Mund!«, knurrt er. »Alvarado ist im Augenblick ziemlich aufbrausend – am Ende lässt er dich noch aus dem Fenster schmeißen!«

Damit dreht er sich um und hinter ihm kracht die Tür zu. Er schiebt einen Balken vor und dann auch den zweiten. Kurz darauf höre ich, wie sich seine Schritte, gedämpft durch Felle und Baumwollmatten, über den Flur entfernen. Und da schießt wieder die Angst in mir hoch: Sie lassen mich hier zurück! Eingesperrt in dieser Kammer, obwohl sie glauben, dass die Azteken unseren Palast anzünden werden! Sie wollen, dass ich hier umkomme – damit ich unserem Herrn nicht erzählen kann, was Alvarado angerichtet hat! Aber was hat der »Durchtriebene« überhaupt vor?, frage ich mich dann. Vielleicht will *er* sich ja mit seinen Getreuen aus dem Staub machen – mitsamt den unermesslichen Goldschätzen, die Cortés in unserer Obhut zurückgelassen hat?

So brüte ich vor mich hin, bekritzle meine schwindenden Papiervorräte mit sinnlosen Grübeleien und kaue zwischendurch an meiner kargen Mahlzeit herum. Die Sonne beginnt bereits wieder gen Westen zu sinken und unten vor unserem Palast ist nach wie vor nichts Ungewöhnliches zu sehen. Keine Aufmärsche von schwer bewaffneten Soldaten, keine Kanonen, die auf rumpelnden Rädern aus dem Tor geschoben werden, keine Ritter auf schnaubenden Pferden – nichts!

Drüben bei der Großen Pyramide aber kommt das Götzenfest mehr und mehr in Schwung. Neben »Huitzilopochtlis Esstisch« lodern zahlreiche Feuer, ebenso oben bei den Tempeln, wo unser gigantisches Holzkreuz zwischen den Qualmschwaden verschwindet. Um die Pyramide herum haben sich Tausende Azteken versammelt – ob auch bewaffnete Krieger unter ihnen sind, kann ich von meinem Ausguck aus nicht erkennen. Jedenfalls tanzen sie alle zum aufpeitschenden Klang der Trommeln und Muscheltrompeten, der Rasseln und Knochenflöten – unablässig tanzen sie um die Pyramide herum und bald schon überall auf dem Platz. Sie tanzen sich in Trance, kommt es mir vor – sie werfen ihre Arme in die Luft, sie zucken und winden sich und stoßen dabei Töne hervor, die dumpf und kehlig klingen wie aus der Tiefe eines Traums.

Und dann plötzlich geht unter mir das Palasttor auf und unsere Männer kommen auf den Platz marschiert. Auch das zweite Tor fliegt auf und die Tlaxcalteken stürmen in wilder Unordnung hervor. Mit Alvarado an der Spitze eilt der größte Trupp unserer Männer zur Pyramide hinüber, drei kleinere Abteilungen marschieren zu den Zugängen zum Herz Unserer Welt und riegeln sie ab.

Alvarado zieht im Laufen sein Schwert und die anderen machen es ihm nach. Ohne irgendwelche Umschweife greifen sie die Tanzenden an. Das ist kein Kampf, es ist ein Massaker – die Azteken sind in Trance, sie tanzen einfach weiter, sie zucken und winden sich, und währenddessen mähen Alvarado und die anderen sie mit ihren Schwertern um. Sie fallen wie Halme unter der Sense des Schnitters, jeder Schwerthieb haut gleich mehrere von ihnen entzwei. Abgeschlagene Köpfe und Arme wirbeln umher. Enthauptete Rümpfe, mit einem mächtigen Schlag von den Beinen heruntergehauen, torkeln durch die Luft und fallen krachend zu Boden.

Ganz allmählich erst, nachdem Hunderte von ihnen niedergemäht worden sind, erwachen die anderen Tänzer aus ihrer Trance. Die Trommeln und Flöten sind verstummt und für einen langen, schrecklichen Augenblick sind nur die Schreie der Sterbenden, das Keuchen der Kämpfer und jener grässliche Klang zu hören, mit dem Stahl durch lebendige Leiber fährt. Ein Schleifen und Knacken, grauenvoller als jedes andere Geräusch. Dann setzt von den Tempeln hoch oben auf der Pyramide ein mächtiges, donnerndes Grollen ein. Es klingt wie der Herzschlag eines Riesen, der aus tiefem Schlaf erwacht. Auch wenn ich diese gewaltige Trommel niemals vorher vernommen habe, ist mir auf der Stelle klar, was ihr zorniger Ruf besagt: Greift zu den Waffen, eilt herbei – es ist Krieg!

Von allen Seiten kommen Krieger auf den Platz zugerannt. Sie schwenken ihre Waffen, sie überrennen unsere Trupps, die die

Zugänge abriegeln sollten, sie dringen mit ihren schwarz gezähnten Schwertern auf unsere Männer ein. Doch umso klarer ist nun, dass die Tausende Tänzer, die abgeschlachtet am Boden liegen, allesamt unbewaffnet waren!

Die Krieger reißen Pfähle aus dem Boden, nutzen sie als Lanzen oder Speere und drängen Alvarado und seine Männer, Xicotencatl und die tlaxcaltekischen Krieger zu unserem Palast hin zurück. Hagel von Pfeilen gehen auf sie nieder, Steine prasseln von den Dächern auf sie herunter und in das Donnern der Kriegstrommeln mischen sich Wut- und Schmerzensschreie – auch von Alvarado selbst! Gerade noch kann ich sehen, wie er, von einem Stein an der Stirn getroffen, sich vornüberkrümmt. Dann heben seine Männer ihre Schilde, decken ihren Anführer und ziehen sich fluchtartig in den Palast zurück. Ein Kanonenschuss donnert, und diesmal sind es die Azteken, die Schreie ausstoßen, vor Schreck oder Schmerzen, während aus der Vorderseite der turmartigen Pyramide uns gegenüber Mauerbrocken auf den Platz herunterpoltern. Unter mir geht das Tor krachend zu, und bis in mein Gefängnis herauf höre ich Alvarado mit überkippender Stimme schreien: »Wo ist der Wundarzt? Ich blute wie ein Schwein!«

Als ich wieder nach draußen schaue, wird mir klar, dass sich die Azteken mit unserem Rückzug keineswegs zufriedengeben. Im Laufschritt tragen sie Dutzende Leitern herbei und lehnen sie gegen die Palastwand. Schon kommen die Ersten von ihnen mit katzenartiger Raschheit die Leitern emporgeschnellt. Unsere Gewehr- und Armbrustschützen nehmen sie durch die Fensterluken ins Visier, Schüsse krachen, Pfeile schwirren mit stählernem Sirren durch die Luft.

Wenigstens zehn Angreifer stürzen getroffen von den Leitern oder fallen mit ihren hölzernen Gestellen um. Aber noch ehe die Verteidiger nachgeladen haben, sind die Leitern schon wieder aufgerichtet und wieder klettern Dutzende Krieger an unserer

Palastwand hoch! Dann abermals Schüsse, Schreie, umstürzende Leitern – doch etliche Krieger haben es diesmal bis zu einer Fensterluke geschafft! Sie klammern sich an den Waffen, den Armen, den Hälsen unserer Männer fest, reißen sie durch die Fenster nach draußen oder lassen sich ins Innere unserer Festung ziehen. Und während die Leitern aufs Neue aufgerichtet werden, eine weitere Welle von Angreifern an ihnen emporklimmt, kommen von der Mitte des Platzes her Hunderte von Kriegern herbeigerannt – brennende Fackeln in der Hand!

Sie werden unseren Palast anzünden, genau wie Xicotencatl und die anderen Azteken es vorausgesagt haben! Es ist aus mit uns, schießt es mir durch den Kopf, vor allem aber ist es aus mit mir! Ich bin hier oben gefangen, und wenn sie den Palast anzünden, komme ich in den Flammen um!

Ich stürze zur Tür, schlage mit meinen Fäusten dagegen und schreie wie von Sinnen: »Alvarado! Zu Hilfe! Hört mich denn keiner? Lasst mich hier raus!«

Niemand antwortet mir. Irgendwann höre ich auf, zu schreien und meine Fäuste am Türholz blutig zu schlagen, und sacke kraftlos zu Boden. Die Trommeln von der Großen Pyramide, die Kriegs-, Wut- und Schmerzensschreie, das Krachen der Schüsse und nun auch noch das Prasseln von Feuer – das alles zusammen erzeugt einen so höllischen Lärm, dass mich sowieso niemand hören könnte. Mir bleibt nur noch die Wahl, hier drinnen zu verbrennen oder am Rauch zu ersticken – oder mich kopfüber aus dem Fenster zu stürzen, in der jämmerlichen Hoffnung, dass ich mir zumindest das Genick brechen werde! Dann bekommen sie mich wenigstens nicht lebend, sage ich mir, dann können sie mir immerhin nicht das Herz aus der Brust reißen und an ihren Götzen verfüttern – jedenfalls nicht, solange es noch schlägt!

Ich lehne mich mit dem Rücken gegen die Tür und lasse meinen Kopf auf die Brust sinken. Carlita!, denke ich. Geliebte Carlita! Hoffentlich konntest du dich in Sicherheit bringen!

»Orteguilla«, wispert es irgendwo in meiner Nähe. Zuerst glaube ich, dass ich träume oder vor Angst den Verstand verloren habe. »Orte!«, flüstert es von einem Loch in der linken Seitenwand her, das eben noch ganz bestimmt nicht vorhanden war. »Liebster, komm schnell!«, ruft es leise aus dem Loch. Es ist Carlitas Stimme, kein Zweifel, aber wie kann das nur sein?

Ich rappele mich auf und trotte zu dem Loch hinüber. Es befindet sich knapp über dem Boden und tatsächlich schaut mich Carlita durch die Öffnung an. Ihre Haare sind voller Staub und Spinnweb, aber sie ist es, sie ist wirklich da!

Ich werfe mich vor dem Loch – vor ihr – auf die Knie. Neben mir entdecke ich eine runde Scheibe am Boden. Sie ist von der einen Seite so weiß getüncht wie die Zimmerwand und von der anderen aus altersdunklem Holz. »Carlita!«, stammele ich. »Wie kommst du da hinein? Was hast du vor?«

Draußen krachen Schüsse, gellen Schreie. Die Trommeln grollen. Rauchschwaden wabern durch das Fenster herein. Abermals fliegt das Tor krachend auf – unsere Männer unternehmen einen weiteren Ausfall!

»Schnell, Orte!«, sagt Carlita wieder. »Das hier ist einer der Geheimgänge – ich habe dir doch davon erzählt! Diese Kammer hier muss früher einmal zu den königlichen Gemächern gehört haben – und die sind alle an die Geheimgänge angeschlossen, damit unser König heimlich Boten empfangen oder notfalls auch selbst unbemerkt kommen und gehen kann.«

Ich starre sie aus großen Augen an. Vor Erstaunen vergesse ich einen Moment lang sogar meine Angst. »Alle königlichen Gemächer haben Zugang zu diesen Geheimgängen?«, frage ich und deute zur Decke hinauf. »Auch die Zimmer im dritten Stock, in denen Montezuma gefangen ist?«

Carlita nickt und wirkt nun ein wenig schuldbewusst. »Komm jetzt Orte!«, sagt sie erneut. »Und verschließe hinter dir wieder den Zugang! An der Rückseite des Deckels ist ein Griff.«

Sie verschwindet wieder in dem Wandloch. Rasch stopfe ich noch die bekritzelten Blätter, Feder und Tintenfass in mein Bündel, dann folge ich ihr mit den Füßen voran. Im letzten Moment ergreife ich den Deckel und setze ihn in die Wand ein, wie Carlita es mir aufgetragen hat.

Jetzt ist es stockdunkel. Ich bin mir immer noch nicht ganz sicher, ob das hier ein Traum ist oder ob Carlita wirklich gekommen ist, um mich zu retten. Doch der Knotenstrick, an dem ich hinter ihr abwärtsklettere, fühlt sich vollkommen echt an. Genauso wie der runde Schacht aus Holz, der uns umschließt. Mir wird langsam klar, dass wir uns im Innern eines ausgehöhlten Baums befinden. Carlita hat mir schon früher einmal erzählt, dass die Paläste der Azteken meist doppelte Außenwände besitzen und die Hohlräume dazwischen als Verstecke oder einfach als Lager für allerlei dienen. Da liegt es natürlich nahe, diese Zwischenräume auch für geheime Verbindungen zwischen den Etagen zu benutzen – auch wenn es eine seltsame Vorstellung ist, dass ein königlicher Bote oder sogar der König selbst an so einem Knotenstrick heimlich durch den Palast turnt.

Als wir unten angekommen sind, umarmt und küsst mich Carlita. Doch sie löst sich gleich wieder von mir und flüstert mir ins Ohr: »Wir sind jetzt unter dem Palast. Hinter mir führen Stufen zu einem weiteren Geheimgang hinab. Der zieht sich unter dem ganzen Herzen Unserer Welt hindurch. Aber er ist eng und modrig und stellenweise müssen wir kriechen.«

»Wohin bringst du mich?«, frage ich sie.

»Dorthin, wo ich glücklich war«, gibt Carlita zurück. »Und wo auch wir beide glücklich sein werden – zumindest für kurze Zeit.«

Sie nimmt mich bei der Hand und zieht mich hinter sich her.

~ 4 ~

»Wo sind wir hier, Carlita?«, frage ich. Dabei ahne ich, was sie antworten wird, aber ich will es aus ihrem Mund hören.

Kaum eine Stunde ist vergangen, seit sich jenes Loch in meiner Kerkerwand aufgetan hat. Groß und glühend rot schwebt die Abendsonne über den Baumwipfeln, die ineinander verflochten sind zu einem Dach aus Blättern und Schatten, Ästen und Licht. Singvögel schwirren zwischen blühenden Büschen umher. Eine Quelle, glasklar bis zum sandigen Grund, lädt zum erfrischenden Bad ein. Daneben erhebt sich ein rußschwarzer Steinsockel mit einem kleinen Tempelbau darauf, dessen Außenwände gleichfalls brandgeschwärzt sind. Doch durch das lückenhafte Dach fällt Sonnenlicht ins Innere des Tempels und sein Widerschein ist strahlend hell und rein.

»Beim Xochiquetal-Tempel natürlich.« Carlita führt mich die Stufen hoch zur Tür und bleibt vor der Schwelle stehen. »Wirf einen Blick hinein«, sagt sie, »damit du dich schon einmal freuen kannst!«

Der Altartisch ist mit Blumen übersät. Daneben steht ein hölzernes Bildnis der Göttin, anmutig lächelnd, mit Blumengirlanden geschmückt. Auch der Boden um den Altar herum ist mit Blumen bestreut und mitten im Raum befindet sich ein üppiges Lager aus duftendem Heu.

»Die goldene Göttin ist unten in ihrem Versteck geblieben«, sagt Carlita, »aber dieses Bildnis ist doch auch sehr schön, oder?«

»Es ist wunderschön«, antworte ich. »Aber du bist noch tausendmal schöner, Liebste!«

»Ich bin vor allem tausendmal dreckiger!«, ruft Carlita aus und zieht mich wieder die Treppe hinab. »Bevor wir in den Tempel dürfen, müssen wir uns säubern.«

Noch auf dem Weg zur Quelle fangen wir an, uns gegenseitig auszuziehen. Unsere Gewänder sind mit Staub und Spinnweb überzogen, genauso wie unsere Haare. Meine Stiefel sind triefnass von der schlammigen Brühe, durch die wir in den Geheimgängen gewatet sind. Aber mit jedem Kleidungsstück, das wir von uns werfen, lassen wir auch ein wenig von den Schrecken und der Mühsal der letzten Tage hinter uns. Als wir schließlich in die Mulde voll herrlich klarem Quellwasser tauchen, fühle ich mich so leicht und unbeschwert wie seit langer, langer Zeit nicht mehr.

An einem Baum neben der Quelle hängen Tücher und Gewänder für uns bereit. Im Gras liegen Ananas und Melonen, Kokosnüsse und Bananen, alles frisch gepflückt und liebevoll arrangiert. »Ich habe immer noch Angehörige und Freunde hier in der Stadt«, sagt Carlita. »Sie haben auf meine Bitte hin alles hier vorbereitet, und sie werden auch jemanden schicken, um dich zu fragen, wenn die Zeit gekommen ist.«

Um mich was zu fragen? Wenn die Zeit wofür gekommen ist? Dunkel ahne ich, was diese Rätselworte bedeuten sollen. Als mich Carlita an sich zieht, lasse ich mir bereitwillig meine Lippen mit einem Kuss verschließen.

Wir umarmen und streicheln einander, wir waschen uns gegenseitig und bespritzen uns mit dem Quellwasser, das angenehm warm und doch köstlich erfrischend ist. »Fühlst du, wie rasch mein Herz schlägt?«, frage ich und lege ihre Hand auf meine linke Brustseite, wie damals, als Montezumas Magier unser Hüttendorf unten am Meer verzauberten.

Doch diesmal ist es Carlita, die mich verzaubert – Carlita und ihre Göttin Xochiquetal, deren Lächeln diese liebliche Stätte bescheint.

»Und fühlst du auch mein Herz, Liebster?«, fragt Carlita.

Ich beginne sogleich, mit meinen Händen und Lippen ihre Herzgegend zu erkunden.

»Nicht so stürmisch!«, flüstert meine Hohepriesterin. »Jetzt sind wir gereinigt und dürfen ihren Tempel betreten.«

Wenig später liegen wir auf dem duftenden Bett aus Heu und Blumen vor Xochiquetals Altar. Der Mond scheint silbern zu uns herein. Wir flüstern uns Liebesschwüre zu und füttern uns gegenseitig mit den köstlichen Happen, die Carlitas Verwandte und Freunde rund um unser Liebeslager für uns bereitgestellt haben.

Wie oft habe ich mir ausgemalt, wie es sein mag, Carlita in dieser Weise zu umarmen! Auch für sie ist es das erste Mal und so sind wir beide anfangs etwas ängstlich und stellen uns ziemlich unbeholfen an. Aber wir lernen rasch dazu, und wir sind unersättlich – wir beide spüren ja, wie uns die Zeit zwischen den Fingern zerrinnt. Wir sind wie Verdurstende, die gierig einer vom anderen trinken, wie Verhungernde, die einander am liebsten lebendig verschlingen würden – damit nichts und niemand uns je wieder entzweien kann!

So vergeht die Nacht und der nächste Tag. Wir lachen miteinander und küssen uns, wir baden in der Quelle und kräftigen uns mit Ananasschnitzen und Kokosnussmilch. Carlita erzählt mir von den Zeremonien zu Ehren der Liebesgöttin und zeigt mir einige rituelle Tänze. Ich muss mit ihr tanzen, und da es Liebestänze sind, landen wir schließlich wieder auf unserem Lager aus Blumen und Heu. Und so vergeht auch die nächste Nacht und ein weiterer Tag.

»Ich bin so froh«, sagt Carlita, »dass uns zumindest diese Frist geschenkt worden ist.«

»Wie meinst du das?«, frage ich beunruhigt. Plötzlich fallen mir auch ihre Rätselworte wieder ein: Wenn die Zeit gekommen ist, würden ihre Freunde jemanden zu uns schicken, um mich zu fragen.

Sie verschließt meinen Mund mit ihren Lippen – noch einmal, ein letztes Mal! Ich spüre es nun auch: Es geht zu Ende, Carlita, auch mit unserer Zweisamkeit!

»Immer, immer werde ich dich lieben«, flüstere ich irgendwann später atemlos.

Carlita weint. Sie gibt nicht den leisesten Schluchzer von sich, aber ich sehe, dass sie weint. Dabei ist längst wieder die Nacht hereingebrochen, doch die Mondsichel spiegelt sich in den Tränenschleiern auf ihren Augen.

»Hörst du, Liebster?«, haucht sie. »Er kommt! Welche Botschaft mag er bringen?«

»Wer?«, frage ich. »Wen meinst du, Carlita?«

Sie wirft sich eines der silberfarbenen Gewänder über, die an der Quelle für uns bereitgelegen hatten, und widerstrebend folge ich ihrem Beispiel. Nur ein paar Atemzüge später tritt ein junger Azteke zu uns in den Tempelraum, in der Hand eine brennende Fackel.

»Das ist Mixtli, ein entfernter Cousin von mir«, sagt Carlita und heißt ihn freundlich willkommen. Er verneigt sich ehrerbietig vor ihr und grüßt mich mit einem knappen Kopfnicken.

»Drei Tage lang sind unsere Krieger gegen die Festung der Bärtigen angerannt«, beginnt er ohne weitere Umschweife zu berichten. »Sie haben den Palast mehrmals in Brand gesteckt, doch den Fremden gelang es immer wieder, das Feuer zu löschen. Sie haben Breschen in die Außenmauern geschlagen und die Bärtigen Tag und Nacht von den umliegenden Dächern mit Steinen bombardiert. Die Gegenwehr der Fremden wurde immer schwächer, und gestern früh schien unser Sieg fast schon sicher zu sein – doch dann ist ihr Anführer Cortés aus dem Tiefland zurückgekehrt.«

»Er ist wieder da?«, rufe ich aus und versuche vergeblich, meine Freude zu verbergen.

Mixtli wirft mir einen düsteren Blick zu. »Wie er das angestellt hat, weiß ich nicht«, antwortet er, »aber er hat seine Gegner bei Cempoallan überrumpelt. Der andere Bärtige, der ihn gefangennehmen sollte, ist tot, und seine gesamte Streitmacht ist zu Cortés übergelaufen. Gestern ist er mit tausenddreihundert Eisenmännern und noch einmal so vielen tlaxcaltekischen Kämpfern über den großen Dammweg zurückgekehrt. Es kam erneut zu erbitterten Kämpfen mit unseren Kriegern, die gestern und heute fast ununterbrochen andauerten. Momentan ist im Herz Unserer Welt alles ruhig, aber es ist eine trügerische Ruhe.«

Ich schaue von Carlita zu ihrem Cousin. »Eine trügerische Ruhe?«, wiederhole ich. »Wie meinst du das, Mixtli?«

Er wirft mir wieder einen finsteren Blick zu, und Carlita sagt mit einem begütigenden Lächeln: »Orteguilla kann nichts dafür, ich habe es dir doch erklärt.«

Mixtli zuckt mit den Schultern. »Mehr als dreißigtausend unserer Krieger sind bei den Kämpfen gefallen«, berichtet er weiter. »Auch von den Bärtigen sind etliche umgekommen, vielleicht zweihundert oder ein paar mehr und wenigstens fünfhundert von den tlaxcaltekischen Aasfressern. Der Große Cuitláhuac schätzt, dass die Fremden außerdem drei- oder vierhundert Verletzte zu beklagen haben.«

Cuitláhuac!, schießt es mir durch den Kopf. Er hat es also geschafft, die Macht an sich zu reißen! Und obwohl es wirklich der reine Wahnsinn ist, empfinde ich abermals eine seltsame Genugtuung.

»Die Bärtigen sind also ziemlich am Ende«, berichtet Mixtli weiter, »zumal sie heute Abend auch noch ihr letztes Faustpfand verloren haben.«

»Ihr letztes Faustpfand«, fragt Carlita. »Heißt das, unsere Krieger haben Montezuma doch noch befreit?«

»Im Gegenteil«, antwortet ihr Cousin. »Die Bärtigen haben ihn auf das Palastdach gebracht, damit er unsere Krieger auffordert, die Waffen niederzulegen. Aber er kam über den ersten Satz nicht hinaus: Eine Salve von Steingeschossen ging auf ihn und seine Begleiter nieder und Montezuma wurde tödlich am Kopf und an der Brust getroffen. Vorhin haben die Bärtigen seine Leiche vor ihrem Tor auf den Platz gelegt. Unsere Leute haben sich daraufhin mit dem toten Montezuma zurückgezogen. Cuitláhuac ist sich sicher, dass die Fremden noch heute Nacht ihr Heil in der Flucht suchen werden. Und ich glaube, er hat recht: Sie haben nichts mehr in der Hand! Sie haben seit Tagen nichts mehr zu essen bekommen und mindestens die Hälfte von ihnen ist mehr oder weniger schwer verwundet.«

Mixtli verstummt und ich denke bedrückt über seine Worte nach.

»Sie haben noch die anderen Fürsten als Geiseln«, wende ich schließlich ein. »Cacama und die Herrscher von Itzapalapa und ...«

Er schneidet mir mit einer müden Handbewegung das Wort ab. »Sie sind alle tot«, sagt er. »Deine Leute haben ihnen die Kehlen durchgeschnitten und sie gleichfalls vor ihrem Tor abgelegt – schon vor drei Tagen, nachdem sie unsere Tänzer zu Tausenden abgeschlachtet hatten.«

Ich senke meinen Kopf und schweige erneut. Was könnte ich zu unserer Rechtfertigung auch anführen? Dass Cuitláhuacs Kämpfer uns genauso abgeschlachtet hätten, wenn wir ihnen nicht zuvorgekommen wären? Schließlich hat uns niemand gezwungen, in ihre Stadt einzumarschieren – geschweige denn, ihren König aus seinem eigenen Palast zu entführen und in seiner eigenen Stadt als Geisel festzuhalten.

»Und wenn sich die Spanier tatsächlich entschließen, heute Nacht abzuziehen«, fragt Carlita ihren Cousin, »glaubst du denn, dass Cuitláhuac sie gehen lässt?«

Mixtli zuckt wieder mit den Schultern. »Zurückhalten wird er sie bestimmt nicht. Deshalb bin ich hier, wie Carapitzli es wünschte«, wendet er sich an mich. »Wenn du willst, bringe ich dich zu deinen Leuten zurück. Aber du musst dich sofort entscheiden.«

»Gib uns noch einen Moment«, sagt Carlita mit einem bittenden Lächeln. »Wir nehmen nur noch Abschied.«

Ich will ihr widersprechen – schließlich liegt es bei mir, ob ich bei ihr bleiben oder Cortés folgen will! Aber ich schließe meinen

Mund wieder, ohne eine einzige Silbe hervorzubringen. Wäre Cortés nicht zurückgekehrt, dann sähe alles anders aus. Aber so bleibt mir keine Wahl.

Ich ziehe meine alten Kleidungsstücke und meine Stiefel wieder an. Das silberfarbene Gewand lasse ich auf dem Heubett zurück. Carlita umwickelt unterdessen die Papiere aus meinem Bündel mit Palmblättern und Wachstuch. »Gegen den Regen«, sagt sie, und obwohl mir das reichlich übertrieben vorkommt, wende ich nichts ein.

Wir umarmen uns ein letztes Mal. Wir klammern uns aneinander wie zwei Gebirgskletterer, die kurz vor dem Gipfel abgestürzt sind und eng umschlungen den Steilhang hinabkollern. Oder nein, denke ich dann: Zwei Tage und Nächte durften wir zusammen auf dem Gipfel des Glücks verbringen. Und in meinem Herzen, Carlita, sind wir für immer vereint.

5

Auf geheimen Wegen bringt mich Mixtli an den westlichen Stadtrand. Tatsächlich hat leichter Regen eingesetzt und die Gestirne sind hinter dunklen Wolken verborgen. Längst hat der Götzenpriester auf der Großen Pyramide in seine Muscheltrompete geblasen – Mitternacht ist vorbei.

»Bleib hier im Graben«, flüstert mir Mixtli zu. Die Nacht ist so finster, dass ich nur seine Zähne und das Weiße seiner Augen sehe, obwohl er direkt neben mir kauert. »In ein paar Minuten wird deine Räuber- und Mörderbande hier sein.« Ehe ich etwas antworten kann, ist er auf und davon.

Räuber und Mörder, denke ich, weniger empört als verwundert – sind wir wirklich nichts anderes?

Der Regen wird stärker. Mein Gewand, meine Haare triefen vor Nässe. In Gedanken kehre ich zurück zu Carlita und mein Herz zieht sich schmerzlich zusammen. Warum bin ich nicht für immer bei ihr geblieben? Doch wie Aguilar als Fremder unter den

Indianern zu leben, mich von Kopf bis Fuß tätowieren zu lassen, ihre Bräuche anzunehmen, gar bei den Götzenfeiern mitzutun – nein, das könnte ich nicht. Und Carlita würde es in meiner Welt genauso gehen – aber wo und was soll das überhaupt sein, schießt es mir dann durch den Kopf: meine Welt? Aus der Alten Welt verjagt, aus der Neuen verstoßen!, denke ich wieder – doch ehe jener dunkle Zorn von mir Besitz ergreifen kann, beschwöre ich Carlitas liebes Gesicht erneut in mir herauf. Und sogleich wird mir ein wenig leichter ums Herz.

Der Graben, in dem ich kauere, zieht sich entlang der Straße zum westlichen Stadttor, hinter dem der eigentliche Dammweg zum Seeufer beginnt. Doch auch hier, auf der letzten Meile innerhalb der Stadt, verläuft die Straße schon auf dem Damm durch den See. Da und dort erheben sich ärmliche, eingeschossige Häuser am Straßenrand, auf Pfählen errichtet oder waghalsig in den Schlamm gebaut, der sich im Lauf der Zeit an den Damm angelagert hat. Unmittelbar dahinter erstreckt sich die weite Fläche des Sees. Tropfen prasseln darauf nieder und Nebelschwaden wehen über dem Wasser umher.

Von der Stadt her nahen nun Schritte, gedämpft und doch von so zahlreichen Füßen, dass es wie leises Donnern klingt. Ich ducke mich tiefer in den Graben und starre zugleich angestrengt nach links. Doch es vergehen noch unzählige weitere Augenblicke, bis ich endlich die Spitze unseres Zuges herannahen sehe.

Der Nebel wird immer dichter, der Regen stärker. Nur mit Mühe erkenne ich Sandoval und Tapia, die auf ihren Pferden vorwegreiten – zumindest diese beiden haben also alle Kämpfe überlebt! Der »Tollkühne« trägt seinen linken Arm in der Schlinge und der »Würdevolle« hat einen Verband um seine Stirn gewickelt, doch sie wirken beide munter und bei Kräften. Ihnen folgen rund zweihundert Fußsoldaten, und fast jeder von ihnen weist irgendeine Verwundung auf. Etliche ziehen ein Bein nach, viele tragen Verbände um Kopf oder Arm. Zu fünfzigst oder sechzigst schleppen sie ein ungeheures hölzernes Trumm mit sich, das gegen dreißig Fuß lang ist und kaum weniger breit.

Eine bewegliche Brücke!, wird mir klar – offenbar rechnet unser Herr damit, dass Cuitláhuacs Krieger die Holzbrücken aus den Dammwegen entfernt haben, damit wir nicht heimlich fliehen können. Also haben unsere Zimmerer aus Palasttüren und Deckenbalken einen Steg gebaut, um die Lücken im Dammweg zu überwinden. Doch dieses Trumm zu tragen ist offenkundig mühsam, und bevor man eine weitere Bresche damit schließen kann, muss erst die ganze Kolonne darüber hinweggezogen sein.

Hinter den Fußsoldaten entdecke ich nun unsere Priester, außerdem Marina und zahlreiche andere Frauen, Diego und weitere Pagen. Eben will ich aus dem Graben hervorklettern und mich unauffällig unter sie mischen, da fällt mein Blick auf Cortés.

Er sitzt hoch aufgerichtet auf seinem Schimmelhengst, dessen Hufe wie bei allen anderen Pferden mit Filztüchern umwickelt sind. Seine Haltung ist noch stocksteifer als gewöhnlich – wie niedergeschlagen er ist, sieht ihm wahrscheinlich niemand an außer mir. Und mein Herz – verzeih mir, Carlita! – mein Herz jubelt ihm zu!

Ihr seid wieder bei uns, mein geliebter Herr, so rufe ich im Stillen – ich wusste, dass Ihr Narváez besiegen würdet! Und dass Ihr uns niemals im Stich lassen würdet, wusste ich sowieso! Aber wie soll es nun weitergehen? Wie ist es um die strahlende Zukunft bestellt, die Ihr für Euch selbst und uns alle vorausgesehen habt?

So begrüße und befrage ich ihn still für mich, und der Moment, um mich unbemerkt einzureihen, ist längst verstrichen. Weiterhin hocke ich im Graben, der Regen strömt auf mich herab. Hinter unserem Herrn reitet sein Schatzmeister Escobar, der vier kräftige Stuten am Zügel führt. Die Pferde sind mit Kisten und Säcken beladen und durch das Dröhnen der unzähligen Sohlen und Hufe hindurch höre ich es leise scheppern und klirren. Goldene Bildnisse ragen aus den Umhüllungen hervor, Säulen und

Vasen aus Gold und Silber, besetzt mit funkelnden Edelsteinen. Unser Herr hat eigens zwei Metallschmelzer aus Kuba mitgenommen, aber um die ungeheuren Gold- und Silbermengen vollständig zu Barren einzuschmelzen, hätten sie gewiss noch Wochen gebraucht.

Hinter Cortés und Escobar marschieren sieben- oder sogar achthundert weitere Soldaten. Viele von ihnen habe ich nie zuvor gesehen – das müssen die Männer sein, die unser Herr mit List und Gold auf seine Seite gezogen hat. Auch sie sind vielfach bandagiert, humpeln oder tragen gebrochene Arme in der Schlinge. Aber in ihren Augen bemerke ich jenes ungut vertraute Glitzern – und nun erkenne ich auch, dass es aus den Taschen jedes einzelnen Soldaten golden hervorblitzt. Jeder von ihnen trägt offenbar ein paar goldene Platten oder Barren mit sich – und so glauben sie alle, dass doch nicht alles umsonst war und unser Spiel noch nicht verloren ist!

Erst als das Hauptheer an mir vorübergezogen ist, löse ich mich aus dem Dunkel des Grabens und klettere auf den Damm hinauf. Von links kommt in einiger Entfernung unsere Nachhut herangetrabt. Sie besteht aus vielleicht fünf Dutzend Reitern und nochmals rund hundert Soldaten zu Fuß. Falls Alvarado und Portocarrero noch am Leben sind, werden sie wohl wie üblich unsere Reiterschar anführen. Oder vielmehr, berichtige ich mich – falls Cortés seinen engsten Vertrauten Alvarado nicht zur Strafe degradiert hat, weil der Durchtriebene in kürzester Zeit unsere Stellung zerstört hat.

Aber trifft Alvarado überhaupt irgendwelche Schuld an dem, was während der Abwesenheit unseres Herrn in Tenochtitlan geschehen ist? Hat unser Absturz nicht schon viel früher begonnen? Ich komme nicht dazu, mir über diese Frage den Kopf zu zerbrechen: Von Westen her, bei der Spitze unseres Zugs, erschallen plötzlich schrille Schreie, die die nächtliche Stille förmlich in Fetzen reißen.

»Azteken, eilt herbei!«, kreischt ein anscheinend altes Weib auf Nahuatl. »Unsere Feinde wollen sich davonstehlen!«, schreit sie mit überkippender Stimme. »Zu den Waffen, lasst nicht zu, dass sie …«

Ihre Warnrufe ersticken in einem Gurgeln, aber zu spät, viel zu spät! Nur ein paar Atemzüge später beginnen im Innern der Stadt die Kriegstrommeln machtvoll zu dröhnen.

6

Noch ist es tiefe Nacht, der Himmel so schwarz, wie ich ihn hier in der Neuen Welt noch nie gesehen habe. So schwarz wie ein Priestergewand, so schwarz wie die Seelen der »Räuber und Mörder«, die wir in den Augen von Carlitas Cousin sind. Und in den Augen fast aller anderen Azteken wohl auch.

Ich renne an unserem Hauptheer vorbei, überhole Bataillon um Bataillon, bis ich endlich zu Cortés aufgeschlossen habe. Von seinem Pferd schaut er starr zu mir herunter und befragt mich stumm: Wo warst du, Orteguilla? Wir dachten schon, du wärest tot!

Ganz im Gegenteil, antworte ich ihm mit meinen Blicken. Zwei Tage und zwei Nächte lang war ich so lebendig, so von Liebe und Lebendigkeit erfüllt wie niemals vorher.

Von beiden Seiten des Dammwegs kommen nun Kanus herbeigeschossen – ich höre sie mehr, als dass ich sie im nebligen Dunkel erkennen kann. Die Ruder klatschen ins Wasser, die schlanken Boote zerpflügen mit leisem Zischen die Fluten – und dann prasseln Hagel von Pfeilen auf uns hernieder!

»Den Steg her – schnell!«, schreit Sandoval. »Die Hunde haben tatsächlich den Damm blockiert!« Vorne wird geflucht, und das Holztrumm kracht auf den Boden, dass der Damm erzittert. »Vorsicht!«, schreit der »Tollkühne«. »Wenn der Steg zu Bruch geht, sind wir verloren!«

Neben und hinter uns schwingen sich unzählige Azteken aus

ihren Kanus auf den Damm. Sie schwingen ihre steinern gezähnten Knüppel und nach kürzester Zeit liegen um mich herum fünf unserer Männer am Boden! Ihre Köpfe sind zerbrochen, das Blut schwappt nur so hervor – und mir wird blitzartig klar, welchen Befehl Cuitláhuac seinen Kämpfern erteilt haben muss: Schlagt die Bärtigen tot! Versucht nur nicht, Gefangene zu machen! Schlagt sie tot, wie es Räubern und Mördern zukommt – mit dem Knüppel auf ihre Köpfe!

Unsere Gewehrschützen laden ihre Waffen, drücken ab – doch es erklingt nur ein jämmerliches Klacken. Bei Regen wird das Schießpulver feucht und so sind auch noch unsere Feuerwaffen unbrauchbar.

Ich renne weiter und schaffe es endlich, zu der Gruppe der Frauen, Priester und Pagen aufzuschließen. »Wo kommst du denn her?«, schreit Diego und haut mir auf die Schulter. Ich tätschele ihm den Arm. »Ich bin so froh«, schreie ich zurück, »dass du noch lebst!«

Wir rennen über den Steg, den Sandoval und seine Männer über die Lücke im Dammweg gewuchtet haben. Wir lassen das Stadttor hinter uns und um uns herum ist nur noch der weite, nachtdunkle See. Nebel wallt über das Wasser und im Schutz der wabernden Schwaden kommen unzählige weitere Kanus herangejagt. Wieder prasseln Hunderte Pfeile auf uns herab. Ich ducke mich hinter Diegos Schild. Von allen Seiten wird jetzt gerufen und geflucht und geschrien. Schwerter klirren, Knochen knacken, Knüppel krachen auf Eisen oder Fleisch. Die Indianer stoßen ihre markerschütternden Kriegsschreie aus, und unsere Männer schreien vor Wut oder vor Schmerzen, wenn sie von einem Pfeil oder einem gezähnten Knüppel getroffen worden sind.

Ich wende mich um und sehe, dass auch Cortés die bewegliche Brücke hinter sich gelassen hat. Er treibt Escobar mit energischen Armbewegungen an, doch die vier Pferde sind so schwer bepackt, dass sie nur mühsam einen Huf vor den anderen setzen können. Der See links und rechts von uns wimmelt mittlerweile vor Kanus.

»Macht schon!«, schreit Sandoval. »Holt den Steg!«

»Aber die Nachhut ist noch weit zurück!«, schreit irgendwer.

»Die sollen sehen, wie sie zurechtkommen!«, antwortet der »Tollkühne«. »Alvarado hat uns das alles hier schließlich eingebrockt! Los jetzt!«

Tatsächlich schaffen es seine Männer irgendwie, in dem Chaos aus Toten und Verletzten, im Hagel der Pfeile und Speere, im Wirrwarr unserer panisch vorandrängenden Soldaten die tonnenschwere Brücke bis zur Spitze unseres Zugs zu schleppen. Auf Sandovals Kommando senken sie den Steg über die nächste Bresche. Abermals rennen und reiten wir alle darüber hinweg, und ohne auf unsere Nachhut zu achten, lässt Sandoval die Brücke gleich wieder nach vorne holen. Die zusammengezimmerten Bretter und Balken sehen bald schon reichlich mitgenommen aus. Aber uns bleibt keine Wahl – wir müssen weiter fliehen, über Breschen hinweg, unter Pfeilhageln hindurch – hinaus auf den offenen See!

Diego und ich rennen neuerlich über den Steg, gefolgt von Fray Geronimo und Fray Bartolomé. Cortés reitet dicht hinter ihnen her, und als Schatzmeister Escobar zögert, winkt er ihm energisch, uns mit den Pferden zu folgen. Eine weitere Pfeilsalve geht auf uns nieder. Escobars Pferd macht einen Satz, die vier Packpferde trotten hinterdrein – und da bricht der Holzsteg unter ihnen entzwei! Es kracht und knirscht entsetzlich und die Pferde stoßen erbärmliche Wieherschreie aus. Escobar flucht und versucht, sich aus den Steigbügeln und dem Gewirr der Zügel zu befreien. Aber es hilft alles nichts: Unter ihm öffnet sich ein Abgrund, der ihn mit allen fünf Pferden verschlingt!

Sandoval, Diego, Marina, sogar unsere beiden Priester – alle schreien und stöhnen wie aus einer einzigen Kehle auf, als vor unseren Augen die unermesslichen Goldschätze untergehen.

Nur unser Herr schaut stumm und scheinbar ungerührt in das schwarze Wasser hinab. Weder von Escobar noch von einem der Pferde ist auch nur die geringste Spur zu sehen. Der See hat sie verschluckt – und ich ahne, dass er sie auch nicht wieder hergeben wird. So wenig wie das Gold.

»Weiter!«, ruft Cortés und deutet gebieterisch auf den offenen See hinaus. »Den Schatz holen wir uns später zurück!«

Diego schaut mich aus weit aufgerissenen Augen an. »Was hat er da gesagt?«, fragt er. Und wieder komme ich nicht dazu, ihm zu antworten, aber ich hätte auch diesmal keine Antwort gewusst.

Der Dammweg vor und hinter uns wimmelt vor aztekischen Kriegern. Diego hat längst sein Kurzschwert aus dem Gürtel gezogen und verteidigt sich selbst, die Priester und die Frauen, so gut es gehen mag.

Ich bin kein mutiger Kämpfer, ich bin es nie gewesen. Ich verabscheue den Krieg, und er zahlt es mir heim, indem er mich zu Tode ängstigt. Aber jetzt bleibt auch mir keine Wahl mehr: Ich beuge mich zu einem unserer Männer hinab, die kreuz und quer auf dem Dammweg liegen, so starr, wie nur Tote daliegen können. Ich nehme ihm weg, was er nie wieder brauchen wird – seinen Schild, seinen Helm und sein Schwert. Aus seinen Taschen schimmert es golden hervor, aber die rühre ich nicht an.

Das Schwert ist so schwer, dass ich den Knauf mit beiden Händen umklammern muss. Ich schwinge es hoch empor und lasse es niedersausen. Bis in meine Schultern hinein spüre ich, wie die furchtbare Klinge in einen Körper fährt und durch ihn hindurchgeht. Bitte verzeih mir, Carlita!, denke ich wieder. Ich will das hier nicht tun, ich verabscheue es, aber mir bleibt keine Wahl! Ich will leben, auch wenn ich im Moment überhaupt nicht weiß, wie und wozu! Aber ich kann und will mich nicht einfach so abschlachten lassen – und so schwinge ich mein Schwert und kämpfe mich den Dammweg voran, auf das Westufer zu, das quälend langsam näher rückt.

Schließlich stehen wir vor der nächsten Lücke im Damm, doch nun haben wir keinen Steg mehr – nur noch ein sieben oder acht Schritte breites Loch vor uns, mit schwarzem Wasser gefüllt! Die Azteken beschießen uns vom See her mit Speeren und Pfeilen. Sie sind überall, auch auf dem Weg um uns herum, und für jeden Krieger, den mein Schwert trifft, scheinen drei weitere aus dem Boden zu wachsen.

»Springt!«, schreit Sandoval und macht es uns auch gleich vor. Er schwingt sich aus dem Sattel, springt in den See hinab und zieht sein sich sträubendes Pferd am Zügel hinter sich her. Seine Stute wiehert erschrocken, mit gewaltigem Platschen schlagen Pferd und Reiter auf dem Wasser auf. Doch kurz darauf sehe ich den »Tollkühnen« neben dem Damm mit Händen und Füßen paddeln, und sein Pferd folgt ihm schnaubend und mit den Hufen stampfend. »Bis zum Ufer … eine Viertelmeile!«, hören wir Sandovals abgerissene Rufe, dann verschlucken ihn der Nebel und die Nacht.

Unser Herr schwingt sich aus dem Sattel. Mit seiner Schwerthand wehrt er die Angreifer ab, mit seiner Linken packt er Marina beim Handgelenk. »Die Armbrustschützen geben uns Feuerschutz!«, ruft er. »Alle anderen mir nach! Hinab in den See und auf zu neuen Ufern!« Es klingt wahrhaftig so, als ob ihn diese irrwitzige Verfolgungsjagd erfreuen würde!

Unsere Armbrustschützen senden Pfeil auf Pfeil in die Nebelschwaden hinaus und halten die Kanus auf Abstand. Beklommen sehe ich zu, wie unser Herr in die Tiefe springt, die schreiende Marina an seiner Seite und seinen Schimmelhengst im Schlepptau. Wie Sandoval tauchen sie kurz darauf aus den Fluten auf und streben prustend und paddelnd dem Ufer entgegen.

Immer paarweise, Hand in Hand, springen nun eine Frau und ein Page in den See hinab, bis von unserer Gruppe schließlich nur Aguilar und ich noch übrig sind. Der Tätowierte reicht mir seine Hand, und nach kurzem Zögern ergreife ich sie und ziehe ihn mit mir, wie Cortés es machen würde. Und wie unser Herr springe ich mit einem Satz in die schwarzen Fluten hinab und rufe: »Auf zu neuen Ufern!«

~ 7 ~

Als über Texcoco auf der anderen Seeseite die Sonne aufgeht, sitzen wir unweit dem Westufer im Gras unter einem gewaltig großen Baum. Seine Blätter sind so fein wie Vogelfedern gefächert und bewegen sich flirrend im leichten Wind. Wir – das sind Cortés und seine Vertrauten, Tapia und Guerrero, Marina und die beiden Patres, Diego und ich. Der Rest unseres grausam geschlagenen Trupps lagert im Gras um uns und den Baum herum.

Von den mehr als Tausend Mann, die sich um Mitternacht aus dem alten Königspalast davongestohlen haben, sind nur noch rund dreihundert am Leben. Wir haben fast alle unsere Pferde verloren, sämtliche Geschütze und fast alles Gold. Von unseren tlaxcaltekischen Verbündeten haben weniger als Hundert überlebt, darunter Prinz Xicotencatl. Viele unserer Männer sind ertrunken, weil die Goldbarren in ihren Taschen sie zum Grund des Sees hinabzogen. Unsere gesamte Nachhut mit allen sechzig Reitern und sämtlichen Fußsoldaten wurde bei der ersten Bresche im Dammweg von den Azteken regelrecht abgeschlachtet. Die Toten und Verwundeten häuften sich in der Lücke schon meterhoch übereinander – da rannten Portocarrero und Alvarado über diesen makabren Steg aus Leibern hinweg und waren gerettet. Doch sie ließen unzählige ihrer Männer im Stich. Noch von weit draußen auf dem See hörten wir sie wehklagen und schreien. »Bringt uns um, ihr Hunde! Erschlagt uns, wie unsere Kameraden!«, schrien sie. Und kurz darauf: »Alvarado, du verdammter Feigling, komm zurück! Sie bringen uns zu ihren Teufelspriestern!«

Doch schließlich verstummten ihre Schreie, so wie endlich auch alle anderen Kampfgeräusche erstarben. Aus irgendeinem Grund gaben sich Cuitláhuacs Krieger damit zufrieden, dass sie uns aus ihrer Stadt vertrieben hatten. Vielleicht glaubten sie, dass von uns keine Gefahr mehr ausging, oder ihre Vorstellungen von ehrenvollem Verhalten hinderten sie, einen bereits besiegten Gegner vollständig zu vernichten.

Aber wozu sollten sie sich diese Mühe auch machen? Wir sind geschlagen und werden uns niemals mehr von dieser Niederlage erholen – davon ist nach dieser schrecklichen Nacht gewiss jeder von uns überzeugt. In tödlichem Schweigen sitzen oder liegen wir da, während die Sonne langsam am Himmel emporsteigt.

Cortés sitzt mit dem Rücken an den mächtigen Baumstamm gelehnt, so starr, so grau, als ob auch er nicht mehr unter den Lebenden weilte. Irgendwann am späten Nachmittag rafft er sich auf und geht zum Seeufer zurück und bleibt dort lange stehen, wieder so reglos wie eine Säule aus Stein.

Der Abend dämmert schon, als er zu uns zurückkehrt. »Diese Nacht verbringen wir noch hier unter freiem Himmel«, verkündet er. »Morgen früh beim ersten Tageslicht ziehen wir weiter. Wir marschieren auf der Nordseite um den See herum. Dieser Weg ist weiter und beschwerlicher, als wenn wir den See auf der Südseite umgehen würden. Aber gerade deshalb wird Cuitláhuac nicht damit rechnen und so werden wir unbehelligt nach Tlaxcala gelangen.«

Er wölbt seine Brust und reckt sein Kinn vor. Seinen Hut hat er in der Schlacht verloren, sein Umhang ist zerfetzt und verschmutzt. Doch seine Augen funkeln schon wieder vor Tatendurst.

»Was wir hinter uns haben«, fährt er fort, »ist eine Nacht der Niederlage. Eine Nacht so schwarz vor Schmerz und Schmach, wie sie bis dahin wohl keiner von uns erlebt hat. Noch drücken Entkräftung und Trauer uns alle nieder. Aber hört mich an! Wir werden uns das Gold aus der Tiefe des Sees zurückholen – und alle Goldschätze, die noch in Tenochtitlan versteckt sind, dazu. Als Erstes werden wir in Tlaxcala neue Kräfte sammeln. Dann werden wir mit Tausend tlaxcaltekischen Trägern nach Vera Cruz gehen und dort einige unserer Schiffe zerlegen. Die Tlaxcalteken werden die Schiffsteile in ihre Hauptstadt tragen und dort werden unsere Zimmerer uns leichte Schiffe bauen, die hier auf dem See manövrieren können.«

Er hat alles schon wieder vorausberechnet!, denke ich, während Cortés unablässig weiterspricht. Neue Zuversicht durchströmt mich, und ich spüre, dass es auch den anderen so geht. So als ob wir alle bereits frische Kräfte gesammelt hätten, rappeln wir uns auf und umringen unseren Kapitän-General.

»Diese Schiffe werden wir mit Geschützen bestücken und drüben bei Texcoco zu Wasser lassen«, erklärt uns Cortés. »Und dann werden wir die Stadt vom See aus beschießen, bis Cuitláhuac kapituliert oder bis dort kein Stein mehr auf dem anderen steht. Wir werden ihre Aquädukte zerstören und die Abflusskanäle auf der Südseite des Sees öffnen und so wird er in kurzer Zeit austrocknen. Wir werden die versunkenen Goldschätze aus dem Schlamm hervorholen und danach werden wir die Seefläche mit dem Schutt der zerschossenen Häuser auffüllen. Wo heute Tenochtitlan und der See ist, wird die neuspanische Hauptstadt Mexiko entstehen, die größte und prächtigste Stadt in der Neuen Welt ...«

So beschwört Cortés vor uns eine glanzvolle Zukunft herauf, und obwohl wir eben noch alles verloren glaubten, spüren wir mit jeder Faser unseres Herzens: So wird es kommen, ganz genau so!

Ich werde Carlita wiederfinden, träume ich still für mich, und ich werde ihre Tränen trocknen und sie für immer in meine Arme schließen. Wir werden uns ein bescheidenes Haus bauen, gerade dort, wo heute die rußgeschwärzte Tempelruine steht. Wir werden wieder in Xochiquetals Quelle baden und für immer in Liebe zusammenleben.

Nachwort

Heutigen Lesern mag die Welt der Azteken mit ihren seltsamen Göttern und Ritualen so bizarr vorkommen wie die Kreaturen und Gebräuche in einem Fantasy-Roman. Und doch waren die düsteren Gottheiten und blutrünstigen Zeremonien, von denen in *Goldfieber* erzählt wird, ganz selbstverständliche Bestandteile der aztekischen Wirklichkeit. Auch die einzelnen Etappen von Cortés' Expedition werden in meinem Roman im Wesentlichen wahrheitsgetreu geschildert. Nur den zeitlichen Ablauf habe ich hier und dort gestrafft sowie einige untergeordnete Ereignisse und Verwicklungen weggelassen oder vereinfacht dargestellt.

So wusste Cortés beispielsweise schon vor seinem Aufbruch aus Kuba, dass Gouverneur Velazquez ihn als Expeditionsleiter absetzen und sogar verhaften lassen wollte. Beunruhigt durch die Größe der Flotte, die sein ehrgeiziger einstiger Sekretär auf eigene Kosten zusammenstellte, befürchtete Velazquez, dass Cortés die ihm erteilten Instruktionen ignorieren und die neuen Gebiete auf eigene Faust erobern würde. Cortés seinerseits verdächtigte Velazquez, sich selbst zum Statthalter der neu entdeckten Gebiete aufschwingen und dadurch ihn und seine Gefolgsleute um den Lohn für ihre Mühen und Wagnisse prellen zu wollen. Ehrenmänner unter sich; beide hatten gute Gründe für ihren Argwohn.

Um Velazquez zuvorzukommen, schickte Cortés bereits von der neu gegründeten Stadt Vera Cruz aus ein mit Gold und anderen Schätzen beladenes Schiff direkt nach Valladolid, zum spanischen Königshof. In seinem Begleitschreiben an König Karl V.

pries er den Reichtum der neu entdeckten Gebiete und vor allem sich selbst, den kühnen und treuen Entdecker. Außerdem bat er darum, die Majestät möge ihn (und nicht Velazquez) zum königlichen Statthalter ernennen.

Anders als im Roman dargestellt, beließ Cortés also noch ein viertes Schiff seiner Expeditionsflotte in seetüchtigem Zustand. Als seinen Botschafter, der dem König die eingesammelten Kleinodien zu Füßen legen sollte, entsandte er Alonso Portocarrero. Doch Portocarrero kehrte Monate später in die Neue Welt zurück, ohne den in seinem weiten Reich umherreisenden Monarchen auch nur zu Gesicht bekommen zu haben.

Da diese Episode in *Goldfieber* nicht erzählt wird, ist der »Dröhnende« hier von Anfang an bei der »Intrada«, dem Marsch nach Tenochtitlan, dabei. Auch Portocarreros Neigung zu derben Flüchen ist übrigens historisch bezeugt, ebenso wie die Verschlagenheit von Alvarado und der Wagemut des jungen Sandoval.

Der Marsch der Spanier nach Tenochtitlan verlief in der historischen Wirklichkeit allerdings weniger geradlinig als in meinem Roman. Hätte ich von jeder kleinen Eroberung erzählt, die Cortés unterwegs gelang, so hätte Orteguilla selbst nach Tausend Seiten noch nicht von der Pracht Tenochtitlans berichten können. Das Gleiche gilt für Cortés' Rückmarsch ins Tiefland und seinen Sieg über Narváez, dem zahlreiche Briefwechsel, Bestechungen und Intrigen vorausgingen.

Orteguilla hieß tatsächlich einer der Pagen von Cortés. Im Auftrag seines Herrn lernte auch der historische Orte Nahuatl, unterhielt sich häufig mit Montezuma und gewann das Vertrauen des gefangenen Aztekenherrschers. Carlita dagegen habe ich erfunden, damit Orteguilla – und mit ihm seine Leserinnen und Leser – nicht nur Kämpfe um Macht und Gold, sondern auch Leben und Liebe, Sitten und Gebräuche im Reich der Azteken kennenlernt. Die übrigens nannten sich selbst »Mexica«; »Azteken« hießen sie ursprünglich nur in einer Legende, nach der ihre

Vorfahren einst aus einem Ort namens »Aztlán« eingewandert sein sollen.

Höchst unwahrscheinlich klingt Cortés' Ankündigung nach der »traurigen Nacht«, dass sie nach Tenochtitlan zurückkehren und die Stadt diesmal unterwerfen würden – und doch hat sich alles ziemlich genauso abgespielt. Nach ihrer Vertreibung flohen die überlebenden Spanier nach Tlaxcala, pflegten dort ihre Wunden und kehrten ein knappes Jahr später zurück.

Sie belagerten Tenochtitlan vom Wasser und vom Land aus, beschossen die Stadt mit Kanonen und schnitten sie von der Versorgung durch das Festland ab. Die Belagerten litten an Hungersnot und an Seuchen, die die Spanier schon bei ihrer ersten Invasion eingeschleppt hatten. Die geschwächten Azteken leisteten dennoch erbitterten Widerstand. Als die Spanier schließlich über die Dammwege in die Stadt eindrangen, verteidigten die Einwohner verzweifelt jedes einzelne Haus. Zweieinhalb Monate – vom 30. Mai bis zum 13. August 1521 – dauerten Belagerung und Kampf, und am Ende bestand Tenochtitlan nur noch aus Trümmern und Ruinen.

Cuauhtémoc, der letzte Aztekenherrscher, wurde bei einem Fluchtversuch gefangen genommen. Er war ein Neffe von Montezuma (der eigentlich den für spanische Zungen unaussprechlichen Namen Motecuhzoma trug), und Cortés behandelte ihn nicht anders als seinen unglücklichen Vorvorgänger auf dem Herrscherthron: Anfangs ließ er ihn nur unter Arrest stellen. Doch nicht lange danach bezichtigte er Cuauhtémoc, eine Verschwörung gegen ihn angezettelt zu haben, und ordnete seine Hinrichtung an.

Ob Orteguilla in diesen blutigen Wirren sein Glück gefunden hat? Er war ein treuer Gefolgsmann seines Commandante, aber so wie wir ihn in *Goldfieber* kennengelernt haben, kann er mit dem Überfall auf Tenochtitlan, mit der Abschlachtung der Bewohner und der Zerstörung der prachtvollen Aztekenmetropole unmöglich einverstanden gewesen sein. Ich jedenfalls stelle mir vor, dass er sich an dem Massaker keinesfalls beteiligt hat und bei der nächsten Gelegenheit nach Spanien zurückgekehrt ist. Reicher nicht an Goldstücken, aber an unvergesslichen Eindrücken und Erfahrungen – übergenug, um seinen Landsleuten bis zum Ende seines Lebens in spannenden Abenteuerromanen davon zu erzählen.

Andreas Gößling,
Coburg, im August 2011

Andreas Gößling, geboren 1958, lebt und arbeitet als freier Autor in Coburg. Der promovierte Literatur- und Kommunikationswissenschaftler beschäftigt sich seit vielen Jahren mit mythen- und kulturgeschichtlichen Themen, insbesondere der alten Maya-Kultur, mit Drachenmythen sowie mittelalterlicher Magie und Alchemie. Neben Romanen für erwachsene und junge Leser hat er auch zahlreiche Sachbücher publiziert.

MIX
Papier aus verantwortungsvollen Quellen
FSC® C006701
FSC
www.fsc.org

Dieser Titel ist auch als E-Book erschienen

Boje Verlag in der Bastei Lübbe GmbH & Co. KG

Originalausgabe

Textredaktion: Frank Griesheimer, Starnberg
Umschlaggestaltung: © Johannes Wiebel, punchdesign, München
unter Verwendung von Motiven von Shutterstock
Satz: Helmut Schaffer, Hofheim
Gesetzt aus der Minion Pro
Druck und Einband: CPI – Ebner & Spiegel, Ulm

Printed in Germany
ISBN 978-3-414-82213-0

2 4 5 3 1

Sie finden uns im Internet unter: www.boje-verlag.de